龍谷大学真宗学会編

真 宗 学 論 叢

1	曇鸞教学の研究	
2	法然とその門下の教学	
3	親鸞教学の諸問題	定価：本体5,000円＋税
4	親鸞教学の諸研究	定価：本体6,000円＋税
5	親鸞和語聖教の研究	定価：本体6,000円＋税
6	日本浄土教と親鸞教学	定価：本体6,000円＋税
7	親鸞思想の研究	定価：本体7,000円＋税
8	浄土教思想の研究	定価：本体7,000円＋税
9	日本文化と浄土教	定価：本体6,000円＋税
10	親鸞浄土教の研究	定価：本体7,000円＋税
11	浄土教と親鸞教学	定価：本体6,000円＋税
12	親鸞仏教の研究	定価：本体6,000円＋税

永田文昌堂刊

浄土仏教と親鸞教義—真宗学論叢13—

2018年3月13日　第1刷

編　集　龍谷大学 真宗学会

発行者　永田　悟

印刷所　㈱図書印刷同朋舎

製本所　㈱吉田三誠堂

発行所　永田文昌堂

京都市下京区花屋町通西洞院西入
電話　075（371）6651番
FAX　075（351）9031番
振替　01020-4-936番

ISBN978-4-8162-3049-3 C3015

CONTENTS

SProblems in Master-Disciple Relationships as Seen in the Writings of Honen, Shinran, Eshinni, and Yuien
……………………Taishin Kawasoe (1)

A Study of Kaneko Daiei's Thought of Pure Land: Analyzing from his Book "The ldeas of Pure Land (『浄土の観念』)"
……………………Akio Tatsudani (21)

A Basic Study of Shin Buddhism Mission
— The Meaning of Mission as Buddha's Way —
……………………Nobuyuki Kishima (39)

About an unselfish act (another person support) in the Shin-buddhist
—About Kigoshi Yasushi work "Is the volunteer against teaching of Shinran"— ……………………Nobuhiro Fukagawa (59)

hinran's Perspectives on The Way of Freedom from Birth and Death(2): The Significance of "Transcending Crosswise, Cut Off The Four Currents"……………………Naoki Nabeshima (83)

"The Origin Story of the Buddha's Law and King's Law" (*Buppō ōbō no engi yurai*): The Multi-layered Worldview of a Medieval Japanese Priest as Told in the *Shijū hyakuinnen shū* (Hundred Tales of Buddhism Collected Personally)
……………………Eisho Nasu (107)

The significance of the study of International Propagation theory
……………………Hiroaki Kadono (125)

Nishida' s philosophy and Shinran's thought: The Logic of the Place of Nothingness and the Relationship between Buddha and All sentient beings. ……………………Takanori Sugioka (149)

The idea of "Gratitude" in Shin Buddhism
……………………Susumu Takeda (171)

The Meaning of the Twentieth Vow in Shinran's Works
…………………………Hisashi Tonouchi (191)

Propagation of the Path by Shakyamumi and Shinran:
Shakyamuni's Transmission of the Teaching Expounded
in the Three Pure Land Sutras …………………………Kōji Tamaki (209)

Reading the sentence of "the recompensed land and the transformed
one of Amida Buddha" quoted in "Kyogyoshinsho": Historical
tendency of Kemangai teaching ……………………Bunei Takada (231)

"Study on Controversy as to Whether Children (from fetus to
adolescence) Can Be Born in Pure Land"- Focusing on
"Myoudai-Danomi (名代だのみ)"- 《Part 1》
………………………………Kenjun Inoue (253)

Practice of Shin Buddism — That range and what makes it stand up
…………………………Ryogo Nakahira (277)

A Study of Ablative Calculation Theory in the Five Evils Paragraphs
………………………………Daigo Sasaki (299)

Object Loss and Shinran —Seeking Connection with
Grief Care(1) ………………………………………Koyu Uchimoto (325)

Female Kyōka on Shin Buddhism in the Meiji: Focusing on
Myokonin Katori Hisako and Onojima Gyōkun
…………………………………Mami Iwata (345)

The Various Problems of the Kakuten in the *Kyōgyōshinshō*
………………………………Junshi Noumi (365)

The Basis of Mahāyāna—Shinran's Understanding of the
One Buddha Vehicle, the Vow ……………………Yoshiyuki Inoue (*35*)

Universality and Exclusivism in Religious Dialogue from the
Perspective of Shinran's Thought …………………Mitsuya Dake (*19*)

A Study of Life in the Yogācāra-vijñāna-vāda of the Mahāyāna
Buddhism in India ………………………………Osamu Hayashima (*1*)

インド大乗仏教瑜伽行唯識学派における いのち観

A Study of Life in the Yogācāra-vijñāna-vāda of the Mahāyāna Buddhism in India

早 島 理

は じ め に

「生老病死」はいのち[1]に関する仏教の基本的な考え方である。生も老も病も死もみないのちの具体的な顕れであり、「人は何故死ぬの？」に対するブッダの答えは「生まれたからだよ」である。そうであればこそ、私たちの願いは「不老不死」や「延命長寿」ではなく「いのちの限りを生き抜き、心おきなく死に逝く」こととなる。それも老若男女にかかわらず、である。

それでは「生老病死」の視点からいのちを説示する仏法では、具体的にいのちの有り様はどのように説き明かされているのであろうか。さらにいのちの等しさや尊さはどの様に考えられているのであろうか。ここではインド大乗仏教、特に弥勒―無著―世親によって完成されたとされる初期瑜伽行唯識学派の論書に展開されるアーラヤ識論[2]を「いのち」の視点から、さらに生命科学が説く「生命《いのち》」と関連させて[3]、考察する。言うまでもなくアーラヤ識論は輪廻転生する迷いの存在を構造的に解明するものである。したがって本稿は迷いの存在としての「いのち」の有り方を考察するものである。他方、関連するテーマとして、悟りの主体（往生の主体）に関する問題がある。迷い・雑染分のアーラヤ識から悟り・清浄分への転換は、この学派ではアーラヤ識から仏智・無漏界への転換（いわゆる「転識得智」あるいは「阿頼耶識から浄識へ」（法相宗））として論及されるが、その場合の迷いから悟りへむかう「主体」の問題である。ただし迷いの存在として「いのち」を考察する本稿では、往生する主体の問題[4]には論及しない。

アーラヤ識縁起[5]　—無常・無我にして縁起している「いのち」—

瑜伽行唯識思想では、私が今ここでこの様に生きているという事実を「識の転変 vijñāna-pariṇāma」あるいは「表象のみ vijñapti-mātratā」の視点から説示する。三様の有り方で識が転変している（第八アーラヤ識〈根本的な潜在識〉転変、第七末那識〈自我執着をもたらす識〉転変、前六識身〈五種類の感覚と第六意識〔思考・認識・判断・言語作用など、身は集合の意〕〉転変の三種）、すなわち心がダイナミックに瞬間ごとに変容しつつ働いているということ、それこそが生きていることに他ならないと説くのである。いわゆる三層八識構造と称される心である。その場合、識＝心が瞬間ごと刹那ごとに生と滅とを繰り返しながら変化しつつ継起している、いわば非連続に連続して働いている有り様、それが無常ということなのであるが、いのちとはそのような働きそのものである。ただし、識（心）があって働いているのではなく、働いているという事実、働きそのもののなかに「識＝心」という主語が浮かび上がってくる。たとえば風があって吹いているのではなく、吹いているそれを「風」と言う如くである。もし吹いているという働き以前に「風」が実体として存在し、その「風」が時に吹き時に吹かないというなら、吹いている風と同じように吹いていない風があることになる。だが吹いてもいない風などありようもない。そのように私がいて生きているのではなく、生きているという働き・作用が働いていて、その働きのなかに「私」が措定される、あるいは仮に「私」と言い表しているのである。生きているという働き以前に「私」が実体として存在しているのではない。それが無我に他ならない。このようにいのちは無常（瞬間的に変容）にして無我（実体はない、ただし生きている非実体的な主体はある）であり、様々な原因条件に依存しているという意味で縁起（他に依存して生成している）の有り方をしているのである。

このように、いのちが働いている有り様は、潜在的な識（第八アーラヤ識・第七末那識）と現象的な識（前五識身・第六意識）とが相互に因となり果となる有り方で働き、瞬間的に生滅する同時因果の関係、およびその刹那に生滅する識の非連続に連続する継時因果の関係という二重の因果関係として説明される。『攝大乗論』では、前者は分別自性縁起、後者は分別愛非愛縁起と称され、両者合わせてアーラヤ識縁起と言われる。

分別自性縁起　―「いのち」の瞬間的生滅と空間世界の生成―

上述のように、この学派は、潜在的な識（第八アーラヤ識・第七末那識）と現象的な識（前五識身と第六意識）との瞬間的相互因果関係（相互に因となり果となる関係）で、今この瞬間に生きていることを説明する。分別自性縁起と言われるものである。このうち、前六識身と第七末那識は第八アーラヤ識に依拠して生起するので、広義では八識すべてを含んで「アーラヤ識」でもある（以下広義では「アーラヤ識」、第八識は「第八アーラヤ識」と記す）。このように分別自性縁起は潜在的な識と現象的な識との瞬間的相互因果関係からなる働きを示している。それを図式化したものが次の［図１］[6]である。

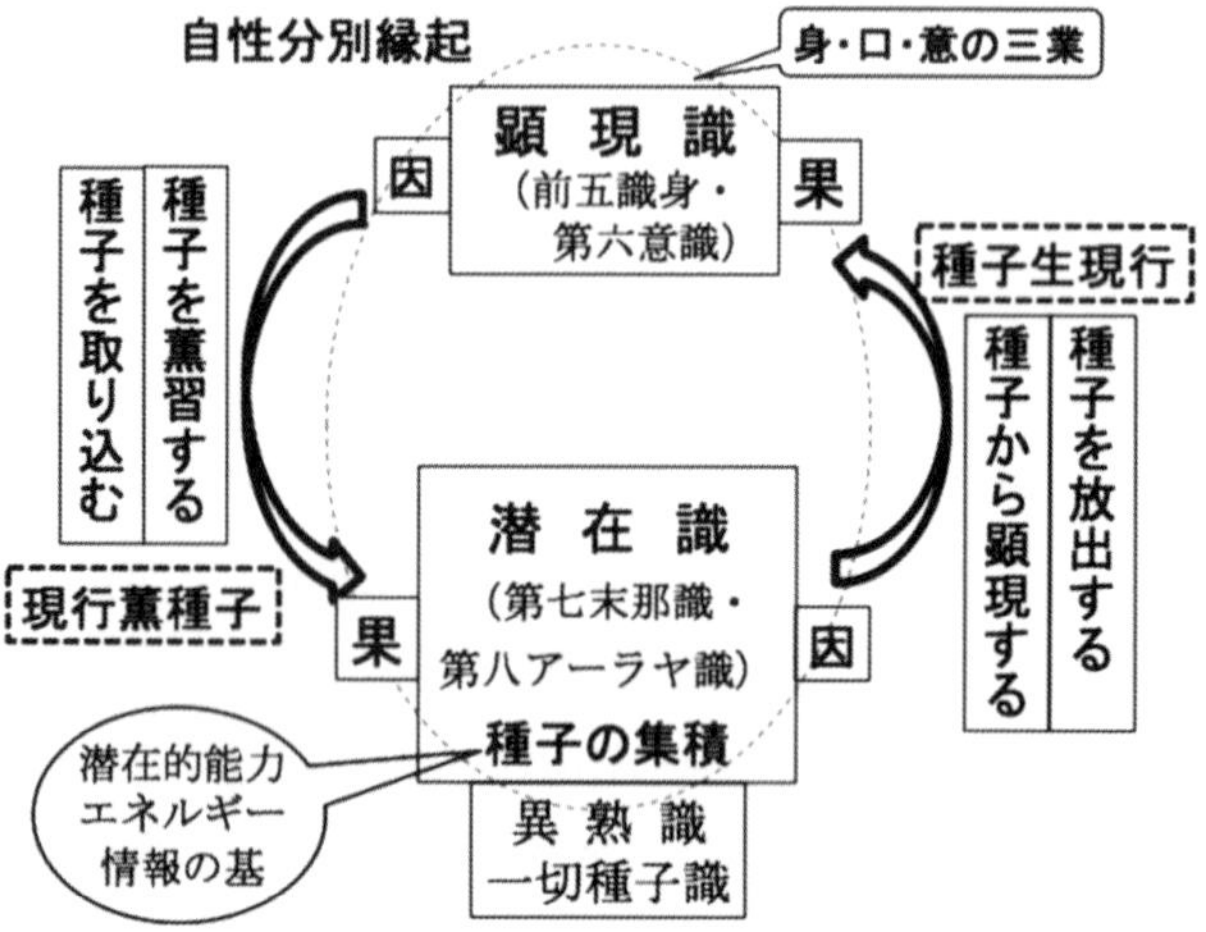

［図１］

さらに生きていることすなわち現象的な識が働いているとは、一つには身体的・言語的・精神的な活動（身口意の三業）を行っていることである。これらの行為自体は生じたその瞬間に消滅するが、同時に行為の潜在的余力（譬喩的に「種子」と表現されるが、物質としてのタネではなく潜在的可能力である。以下、種子と記す）を第八アーラヤ識に薫じる（薫習する）、あるいは置き溜め込む（「現行薫種子」）。この場合、現象的世界の行為（三業）が因であり、薫じられた種子が果である。この薫習は「業の習気」と称されるものである。現象的な識の働きのもう一つは言語活動である。現象世界の顕現は言語化されることにより、具体的な世界の有り方として顕現する。この言語活動の薫習は「二取の習気」と呼ばれる。この二取の習気による種子から現象世界が言語をともなって顕現するのである。すなわち「現行薫種子」と同一瞬間に、無限の過去から薫じられた無量無数の種子から特定の現象識が言語化されて生起し、具体的な三業として顕現する（種子生現行）。

例えば何かあるモノを認識する場合、認識したという潜勢力を潜在識に薫じつつ（現行薫種子)、同時に「これは本である」との判断がなされる[7]（種子生現行)。「本」という判断は過去に本という学習経験の積み重ね（記憶、種子）がすでになされているからである（以前に未薫習の場合は「これは何？」が現行する)。この場合は潜在識中の種子が因で、具体的な行為（「本」という理解判断）が果である。この二種類の逆方向に働く因果関係が同時に生起しているのがいのちの具体的な有り様なのであり、繰り返すが、これは潜在的な識と現象的な識との二重の「同時因果関係」である。

このように、生きているとは、瞬間的に何かしらの三種の行為を行いながらその潜在的余力である種子を薫習して蓄え、同時に、無限の過去から薫習され積み上げてきた無量無数の種子から言語活動を通してこの現象世界が顕現するとういう、瞬間的に働く同時因果的な働きそのものである。そしてこの種子の集積されようの個別性こそが人間一人一人の個性として形成・現出しているのである。生きていることがそれぞれの個性を形成する、あるいは個性を生み出しながら生きているのである。したがって、この瞬間までの種子の積み重ね、それは一瞬前乃至無限の過去からの積み重ねであるのだが、からなる「私」の有り方は、私だけに固有の有り方であり、唯一無二にして他の如何なるいのちとも替わることのできない独自性を含んでいる。その意味で、迷いの世界内存在ではあるが、他の何ものとも交替不可能な、この世界で唯一無二の有り方なのである。これこそが「私」の「いのちの尊厳性」なのである。

さらに、現行薫種子と種子生現行は、前者は種子の蓄積・増加の方向に働き、後者は種子の放出・減少という方向に働く。すなわち、識の転変、すなわち生きているとは、瞬間的に真逆の働きが同時に生じているという、不思議な現象なのである。これは根本的には、アーラヤ識の刹那生滅に起因している。仏教は無常を説くが、無常とは刹那生滅をいう。刹那生滅とは文字通り、瞬間的に生起と消滅という、真逆に働く働きがこの一瞬に同時に働いている現象であり、生きているといういのちの有り方そのものなのである[8]。

さらに、潜在的な識から現象的な識が瞬時に顕現しそれが空間世界（私と私を取り巻き支えている空間世界）として現出しているということは、生きているといういのちの働きが空間世界を生成しているとも言い得よう。常識的には時間・空間世界のなかで私が生きていると考えるのであるが、瑜伽行唯識学派が説くアーラヤ識の転変の視点からすると、生きていることがこの瞬間の空間世界を（そして次に述べるように、その非連続的連続が時間世界を）生成現出していると言うことが出来よう[9]。

分別愛非愛縁起　―「いのち」の非連続的連続性と時間世界の生成―

上記の分別自性縁起で示された、一瞬間のいのちの有り方（アーラヤ識の刹那的存在）が非連続に連続している有り様、換言すると私が生き続けている有り様を説示するのが分別愛非愛縁起である。因としての前刹那のアーラヤ識が滅することにより果としての次刹那のアーラヤ識が生起する（種子生種子)。これは継時的な因果関係であり、それをもたらすのはアーラヤ識の異熟相続である。異熟相続の詳細は割愛するが、アーラヤ識は異熟識にして無覆無記なるが故に、迷いの存在でありながら、煩悩の拡大再生産にも仏道修行という煩悩の縮小再生産にも、いずれにも向かい得るのである。それ故に輪廻転生の迷いの中で愛非愛のいずれの有り方の可能性も、そして輪廻転生から超脱する道もあり得るのである[10]。「愛・非愛」とは文字通り愛（好ましい境遇)・非愛（好ましくない境遇）の存在として輪廻転生する有り方である。以上を図示したのが［図２］であり、アーラヤ識が非連続的に連続する有り様である。これはアーラヤ識の相続であるから厳密には刹那滅相続で

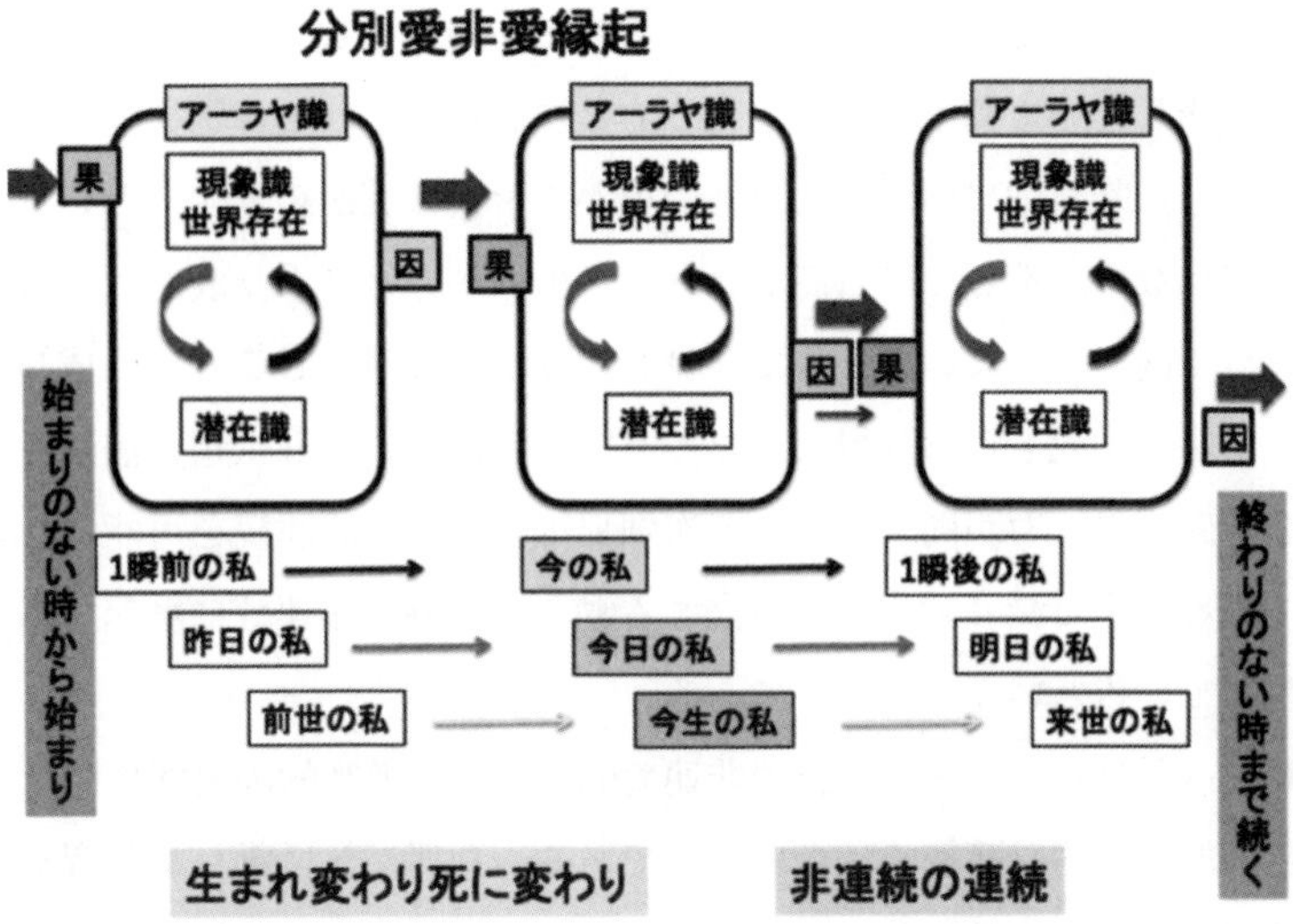

［図 2］

あり、一瞬前の私が現瞬間の私を、現瞬間の私が次瞬間の私を、刹那生滅しつつ現出し続けるのである。ただ譬喩的に言えば、昨日の私の生き方が今日の私の（好ましいもしくは好ましくない、以下同様）有り様を生み出し、今日の私の生き方が明日の私の有り様に繋がる。あるいは前世の私から今生の私へ、今生の私から来世の私へと繋がる（輪廻転生する）ことを示している。留意すべきは、「今現在、私がどう生きるか」という自由意志による生き方の選択が次刹那の（明日の、一年後の、来世の）そして好ましいもしくは好ましくない私を生み出す如くに繋がるのであり、決して宿命論や決定論ではないことである。

繰り返すが、この分別愛非愛縁起と称されるアーラヤ識の非連続的連続性は、［図 2］が示すように、アーラヤ識の刹那生滅が根幹である。前刹那のアーラヤ識の（生じると同時に）滅することが次刹那のアーラヤ識が生じ

（同時に滅す）ることを可能にしているのである。そして、前刹那のアーラヤ識を構成している種子集合体の有り方と次刹那とそれとは別異でもなく同一でもない。昨日畑に蒔かれたマメの種からマメの実が結実するという意味で、別ではない。そして昨日蒔かれたマメの種が今日はより成熟しつつあるという点で同一ではない。そうでなければ種から芽が生じるという成長・熟成は（そして枯死も）あり得ないだろう。さらにここでも生起と消滅という真逆の方向に働く力が同時に働いて次刹那への非連続的連続を可能にしているのである。生と滅という矛盾対立する働きが同時に非連続に継起する、それが生きているということなのである。

留意すべきはこのアーラヤ識の非連続的連続は、継時的因果関係ではあるが、自動的機械的な連続ではないことである。刹那ごとに新たな薫習がなされ、薫習されて積み重ねられた種子そのものが刹那ごとに成熟変質するからである[11]。ダイナミックに変化するいのちの営みなのである。

このようにアーラヤ識が非連続的に連続する、その働きこそが実は時間の展開を生み出してもいるのである。時間の流れの中で生きているのではなく、生きているという事実が時間を生み出している[12]。しかも現瞬間のアーラヤ識はそれまでに生滅を繰り返してきた無限の過去からのアーラヤ識を内に蔵し、同時に内蔵されてもいる（それ故アーラヤ識は蔵識とも称される）。この一瞬の私には無限の過去からの生きてきた証しを潜在識として内蔵しているし、同時に無限の過去からの種子の蓄積が現瞬間の私を内蔵してもいる。さらに現在のこの一瞬のアーラヤ識が次瞬間以降の種子の薫習・蓄積を可能体として内蔵し、同時に内蔵されているのである。それが非連続的に連続しているいのちの有り方なのである。生・滅と同様に、内蔵する・されるという真逆の働きがここでも同時に働いていることに留意されたい[13]。

いのちの共時性と通時性

上述のように、アーラヤ識の働きは原則として個々人のいのちの有り方を示すものである。個々人の一瞬ごとの行為とその潜在的余力が、その人の生きてきた証しであり、換言すれば、これまで生きてきた瞬間的な経験の積み重ねの総体である。しかし、生きてきた私個人の経験は同時にあらゆる意味での共同体における経験であり、他者との共通経験の積み重ねでもある。したがって、私個人の経験すなわち種子の積み重ね（すなわち「私の」アーラヤ識）は同時に他者の経験積み重ねとどこかで共有していることになる。私個人の種子の積み重ねは表層的なものから極めて深層的なものにまで及ぶ。深くなるほど共同経験の範囲も時間的経過も厚くなる。そして個人的な経験は同時に共同体の他者の経験と重なるので、それは共時的な経験の積み重ねを共有することであり、同時に通時的な経験の積み重ねを共有することでもある。そのことを図式化したのが［図３］である。

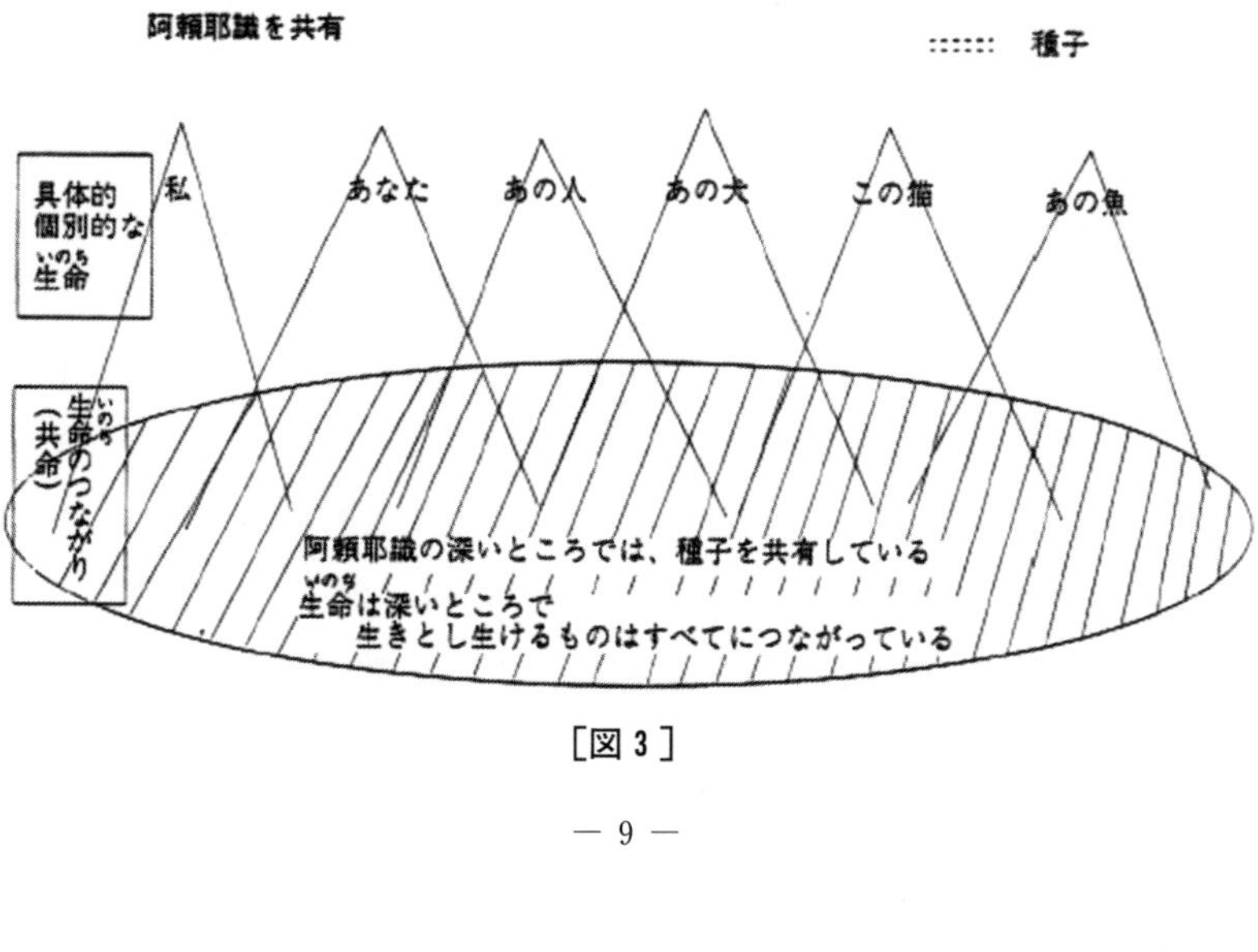

［図３］

例えば家族や地域や学校などなどの共同体における共時的な共通経験の積み重ね、同一時代を生きてきたという通時的な共通経験の積み重ね、特定の歴史的な背景や郷土、自然環境を共有してきたという共通経験の積み重ね、あるいは他の動植物とは異なる人間だからこその共通経験の積み重ねなどなどである。身近な大学のゼミつながり、あるいは同窓会、県人会はたまた海外での日本人会、これらは共通経験の積み重ねを確認する作業に他ならない。かくして、私たちは迷いの世界を生まれ変わり死に変わりしつつ、その時その時での経験の積み重ねを共有してきているのである。換言すればアーラヤ識における種子の積み重ねは深いところで他者のアーラヤ識と共有し繋がっていると言えるのである。このように、いのちを生きるのは個々人でありながら、そのいのちは他者とその深いところで、共時的にも通時的にも確かに繋がっているのである[14]。「一切の有情はみなもつて世世生生の父母・兄弟なり」(『歎異抄』第五条）と説かれる所以である。かくしていのちは深いところで他者と繋がりながら、個々の特性をそなえた具体的ないのちとして顕現している。この不思議な有り方は、個々の波と川の流れ、無数の河川と大海、あるいは個々の波と大海に譬えられて種々の経典論書に説かれている。いずれも前者が具体的な個々のいのち（イヌ、ネコ、ゴキブリ、サカナ、ヒトなどなど)、後者が共通にして根本のいのちそのものであることは言を俟たない。この譬えは、いのちの顕れは個々別々であってもそれらは深いところで繋がり、いのちそのものを共有していることを示している。衆生・有情（生きとし生けるもの）という言葉は、いのちの顕れの個別性と、それら無数のいのちが深いところで繋がりいのちそのものとして共有していることを表している。それは、どのような顕れ方（イヌ、ネコ、ゴキブリ、サカナ、ヒトなどなど）をしていても、いのちは等しく尊いと仏教が説く、その「いのちの平等性」[15]を示しているのである。

いのちの根源的な悲しみ

［図３］を参照しながら、今しばらくいのちの具体的な顕れの考察を続けたい。上述のように、個々のいのちの有り様は唯一無二でかけがえのない尊厳性を含有し、同時に個々のいのちは深いところで他のいのちと繋がり、いのちの平等性を示していることを説明した。その等しく尊いいのちは、この迷いの世界ではそれ自身のみで孤立しては存立できず、他のいのちとの幾重にも繋がった相互依存性のもとにのみ生きることができる。いのちはお互いがお互いを必要としている。相互依存の世界である。

相互依存とは一見心地好く響くことばである。しかしその相互依存の究極は、悲しいかな、他のいのちの犠牲のうえにしか我がいのちがあり得ないという根源的な悲しみである。盗むなと教えられて盗むことから遠ざかることは可能である。しかし他のいのちを奪うな、殺生するなと言われても、いかなるいのちも、他のいのちを食らい奪わなければ、他のいのちをいただかなければ生きることができない。かといって食べることを止めるのは自己のいのちを奪うことである。食べても殺生、食べなくても殺生という救いようのない悲しみのうえにしか、いのちはあり得ようがない。それこそが迷いの世界におけるいのちの事実であり、つらさ・悲しさでもある。それから逃れる術はない。それは人間が人間として生まれてきてしまったことの根源的なつらさ・悲しさなのである。そしてこのことを自覚できるのは人間だけである。だから私どもは先達の教えにしたがって、食事のまえに「(他のいのちを)いただきます」と両手を合わすしかないのである。

いのちの光と陰　―むすびにかえて―

これまで縷々述べてきたように、アーラヤ識の理解を通じて、私たちは

「いのちの根源的な悲しみ」を抱えた存在であるとしても、今日の私が明日の私へと繋がることを自覚し、明日への期待・希望を持って日々を送ることができる。併せて私たちは深いところでいのちを共有し、相互に支え合い「おかげ様で」と感謝しつつ、日々に精進して精一杯に唯一無二のかけがえのないいのちを生き抜くことができる。かくして、あれこれあったけれどそれなりにいい人生であったと感謝しながら死に逝く。これでよかったと満足して旅立つことができるのである。これはいのちの「光」の側面である。

しかしアーラヤ識が説くいのちは、繰り返すが迷いの世界におけるそれである。迷いすなわち輪廻転生をもたらすのは根源的な苦悩＝煩悩である。生きているということは現象的な識と潜在的な識との刹那に変化する同時・継時的な因果関係であり、それは三種の識転変であると述べた。煩悩はこれら識転変がもたらす具体的な心の働き（心所）として説明されている（以下、『唯識三十頌』参照)。そして煩悩のうち、我執をもたらす煩悩は第七末那識の転変から生じる。具体的には我見・我癡・我慢・我愛として展開する。さらに個別的な煩悩は前六識身の転変のうちにもたらされる。それらは六種の根本煩悩（貪・瞋・癡・慢・疑・悪見）と忿・恨など二十種の随煩悩として詳細に説かれている。

とすれば、生きている限りすなわち三種類の識が転変している限り、煩悩という執着はいつでもどこでもどこまでもついて回る。悲しいかな、私たちには生きている限り煩悩の拡大再生産しかないのである[16]。それ故、親鸞聖人は我が身を振りかえり「虚仮不実のわが身にて　清浄の心もさらになし」、「悪性さらにやめがたし　こころは蛇蝎のごとくなり」(「愚禿悲歎述懐」)とあくまでも迷いの存在であるいのちを直視する。上述したように煩悩の拡大再生産の道への自覚反省である。これはいのちの「陰」の側面である。

このように迷いのいのちは光と陰の両側面を有する。それら両者は別々なものではなく、表と裏、かげとかたちの関係であり、紙や木の葉の両面の如く表裏一体のものである。かくして、いのちの光のみを見つめて「それなりにいい人生であった」としてそれぞれの生き方死に方に満足できる場合もあるだろう。しかし迷いのいのちは煩悩の拡大再生産の繰り返しである。「それなりにいい人生であった」と満足して旅立った先が再び迷いの世界であるなら、何と寂しく辛いことであろうか。そうであれば、いのちが等しく尊いということも何と虚しく響くことであろうか。かくして「それなりにいい人生であった」を乗り越えた、迷いのいのちを転換したさらなる「いのちの有り方」を模索する必要があることになる。

そしてその模索の道、それこそが仏教が説き示す迷いの存在から仏の世界への脱却、限りある生命から限りない無限のいのち（無量寿）への転換である。周知のようにこの転換の道は、法然上人が「聖道門の修行は、智慧をきわめて生死をはなれ、浄土門の修行は、愚癡にかへりて極楽にむまると。」（法然『西方指南抄』下）と説かれたように、聖道門（解脱）・浄土門（救済）の両道がある。解脱の道であれ救済の道であれ、いずれの道を歩むにせよ迷いの世界から仏の世界への超越・超出することができて初めていのちは文字通り等しく尊いものへと大きく飛躍することができるのである。その道筋を説示したのが仏陀の教えであり、苦悩からの脱却の道なのである。迷いのいのちは「うらを見せ　おもてを見せて　散るもみじ」（良寛）であっても、その先に仏の世界における無量無限のいのちに連なり、無量無限のいのちに支えられているからこそ、浄土門の視点からすれば無量のいのち（無量寿）に支えられ、無量のいのちの光（無量光）が届いているからこそ、限りあるいのちを精一杯生き抜き、心おきなく旅立つことができるのである。

かくしてアーラヤ識が説き明かすいのちの有り様は、迷いであると同時に仏の世界へと転換する可能性を秘めている。仏の世界へ転換しうるからこそ、迷いのいのちであっても、いのちはどの様な有り方をしていても、等しく尊いといえるのである。さらにこのような仏教の教えに出会い無量のいのちへの気づきがあって、はじめて私たちは、「いのちの限りを生き抜き、心おきなく死に逝く」ことができるのである。

本稿は2017年5月25日「平成29年度　龍谷大学佛教学会」(於龍谷大学大宮学舎本館講堂)における講演原稿、及び同年11月1日「龍谷大学顕真アワー」(同上)の講話原稿に加筆修正したものである。またJSPS科研費 課題番号17K08940(代表者：西九州大学　横尾美智代教授)による成果の一部である。末尾になりましたが、記して関係各位に謝意を表します。

主な参考文献(出版年順、邦文に限定)

【参考文献　A】
松岡正剛、『外は、良寛。』 芸術新聞社　1993
生命倫理教育研究協議会、『テーマ 30　生命倫理』 教育出版 1999
新川・阿部、『遺伝医学への招待』第3版、南江堂　2003
『生命倫理事典』新版増補　太陽出版　2010
山本貴光・吉川浩満、『心脳問題』朝日出版社　2010
山本・柳沢、『1/4 の奇跡』 マキノ出版　2012([山本・柳沢 2012] として注記に引用)
『生命・医療倫理学入門』 丸善　2013
吉川浩満、『理不尽な進化』 毎日出版社　2015
池田善昭・福岡伸一、『福岡伸一、西田哲学を読む』 明石書店　2017([池田・福岡 2017] として注記に引用)
【参考文献　B】
山口益・野澤静證、『世親唯識の原典解明』 法蔵館 1953
長尾雅人、『攝大乗論　和訳と註解 上』 講談社 1982
講座大乗仏教 8 『唯識思想』 春秋社 1982
早島理、「無常と刹那」南都仏教 No. 59 1988
長尾雅人 他　大乗仏典15『世親論集』 中公文庫 2005(初版1976)
早島・木村・太田、『仏教思想の奔流』 自照社 2007

龍谷大学仏教学叢書 1 『唯識』 自照社 2008
シリーズ大乗仏教 7 『唯識と瑜伽行』 春秋社 2012
桂・五島、『龍樹 『根本中論頌』を読む』 春秋社 2016

註

1 本稿では、仏教思想の視点からは「いのち」、生命科学の視点からは「生命《いのち》」と便宜的に書き分ける。

2 本稿で論じるアーラヤ識の理解は、主として弥勒論書のうち『大乗荘厳経論』(世親釈、無性・安慧の復注を含む。Skt(梵語)原典は『MSA 長尾研究ノート』を使用)、『中辺分別論』(世親釈、安慧復注を含む。Skt 原典は長尾本、山口本を使用)、無著『攝大乗論』(長尾、『攝大乗論 和訳と註解 上』を使用)、世親『唯識三十頌』(安慧釈を含む。Skt 原典は Buescher 本を使用)に依拠する。また本稿の性格上、文献引用は最低限に留め、さらに諸テキスト間の思想発展については言及しない。また参考文献は邦文に限定する。さらに本稿を草するにあたり、主に生命倫理などに関しては【参考文献 A】、アーラヤ識に関しては【参考文献 B】に依拠したが、個々の引用箇所の指摘は可能な限り省略した。諒とされたい。

3 生命科学との比較考察は注に記す。当然のことながら、生命科学が解き明かす「生命」と仏教思想が展開する「いのち」とは、その基本のところで全く異なる考え方に立脚している。生命科学では、究極の存在(実体)として何らかの物質を措定する。それは分子式などで表され、実在するモノである。他方、仏教は無常・無我を説くのであり、究極の実在を否定する。にも関わらず、こと「生命・いのち」に関しては、一方の考え方・説明は他方のそれを理解するための手がかりを与えてくれることがある。以下に展開する「生・滅」という逆方向の働きの同時成立などがそれである。

4 親鸞思想における「往生の主体」に関する先行研究は「往生主体 [研鑽資料・第八号]」(本願寺勧学寮、昭和41年3月)にまとめられているという(龍谷大学真宗学会第71回大会における渡邊了生氏の発表)が、執筆時に遺憾ながら筆者未見。

5 アーラヤ識縁起については主として無著『攝大乗論』(I-19〜28)、世親『唯識三十頌』(第2〜16偈「三種の識転変」)による。そのうち分別自性縁起・分別愛非愛縁起については『攝大乗論』(I-19〜21)参照。

6 以下の[図1]・[図2]・[図3]は筆者の作図である。ただし[図3]は『仏教思想の奔流』所収の拙稿中の図を用いたので、「阿頼耶識」など本稿と異なる表記がある。

7　厳密に云えば前五識の直接知覚と第六意識（判断・思考）との間には最短でも一刹那のズレがあることになるが、ここでは言及しない。

8　生命科学あるいは分子生物学が説明する細胞分裂を想起されたい。第1瞬間の一つの細胞（受精卵）が次の第2瞬間に二つの細胞に分裂生起する。第1瞬間の一つの細胞が滅して第2瞬間の二つの細胞が生起し、第2瞬間の二つの細胞は生起と同時に消滅するから第3瞬間に四つの細胞が生起する…。このように生命の営みは生・滅という逆方向に働く働きの連続である。

9　言わずもがなのことであるが、アーラヤ識は迷いの存在であり、有為の世界のことである。したがって以下に論じる、アーラヤ識の展開が時間・空間を生成するとは、有為に限定してのことである。

10　迷いの世界から悟りの世界への超脱・転換を支えているのは、この学派の縁起説である三性説であるが、その詳細は省略する。

11　このようにアーラヤ識の非連続的連続において、前刹那のアーラヤ識と後刹那のそれとは「異熟識」の名称が示すよう、全く同一の機械的コピーではなく質的に変化するのである。この現象は前瞬間のゲノムから後瞬間のゲノムが生成する関係に類似している。ゲノムの配置図は（突然変異が起こらない限り）同一であるとしても、発現する個々の遺伝子は異なるからである。そうでなければ、生まれた嬰児のままの巨大化になってしまうが、実際にそのようなことはありえない。

12　以上述べてきたように、分別自性縁起の働きが空間を生成し、分別愛非愛縁起の働きが時間を生み出すという。私たちの常識では、時間・空間の中に生命が誕生し死滅すると考えるのであるが、アーラヤ識縁起からすると、生きているという事実が時間・空間を生み出すことになる。［池田・福岡 2017］では、時間・空間の中にある生命（ロゴスの理解）と生命が時間・空間を生み出す（ピュシスの理解）という、時間・空間の受け止め方に二種類の考え方が西洋哲学の伝統の中にあることを解説している。仏教でも説一切有部などは、時間・空間に関してロゴス的な理解であるが、瑜伽行唯識学派のアーラヤ識論はピュシス的な理解と受け止めることが出来よう。時間・空間をより豊かに理解するためには両者の視点が必要である。

13　蔵識としてのアーラヤ識の働きと同様の観点で、［池田・福岡 2017］は「時間や自然環境は樹木の年輪の中に包まれながら包んでいる」として「包む、包まれる」あるいは「包まれつつ包む」という有り方で生命の営みを説明している。

14 ［山本・柳沢 2012］はゲノムを説明する中で、個のレベルでは都合の悪い遺伝子はあるが、種のレベルで遺伝子に「良い・悪い」はないこと、遺伝子の多様性が個性に繋がっていることや環境の変化に対する適応性を生み出していることを述べる。その上で全人類が一つの大きな「遺伝子のプールを共有していること」、「遺伝子のプールから個々人が自分の遺伝子を選ぶことができないこと」などを説いて、遺伝的障害を理由とする差別と排除の問題を乗り越える可能性を提示している。この中、「遺伝子のプール」の考え方は、アーラヤ識は深いところで多くのいのちと繋がり種子を共有していることの理解にヒントとなるであろう。さらに「種のレベルで遺伝子に「良い・悪い」はない」という考えはアーラヤ識の「無覆無記」理解に何かしらの示唆をもたらすものである。

15 以上、アーラヤ識理論に依拠して、瑜伽行唯識思想が説示するいのちの「尊厳性」(「分別自性縁起」参照) と「平等性」(「いのちの共時性と通時性」参照) を提示した。他方、生命科学が説き示す「生命」について、例えばゲノム (すべての遺伝情報) の考えが提示する生命の「尊厳性」・「平等性」は以下の如くである (以下の論述は【参考文献B】のゲノム関連の文献による)。ゲノムは極めて多様であり個々人により異なる。それが個性である。私たちは他の誰とも違う唯一無二のゲノムをもち、固体のゲノムはそれぞれで完結している (不用で無駄な生命は絶無である)。さらにこの地球上に生物体が誕生してから無比無双のあり方である。従って私たちはだれもが他の何ものとも交替不可能な「かけがえのない存在」であり、その意味で個々の生命は尊いのである。同時に、ゲノムの多様性からすると、「正常な、理想的な、模範的なゲノム」というものははじめから存在せず、だれもが「異なる遺伝子」をもっている。したがって、私たちは誰もが異なる遺伝子を抱えた存在として平等である。
このように、アーラヤ識が説くいのちとゲノムが説示する生命との「尊厳性と平等性」は、その論理的立脚点は異なるが、一方の理解は他方の理解を促進し助勢するといえよう。

16 『唯識三十頌』によれば、いくつかの例外を除き、煩悩とともに働く第六意識は常に生起しているという。つまりいつでも煩悩の拡大再生産を繰り返しているのである。例外とは、深い瞑想状態 (無想果、無想定・滅盡定) と熟睡、悶絶とされる。これらの場合も煩悩が無いのではなく、働いていないだけで、瞑想から立ち上がると再び働き出すのである。また第六意識・第七末那識は悟りの位である阿羅漢位などでは存在しないとされるが、迷いの存在としてのアーラヤ識を論じる本稿では言及しない。

Universality and Exclusivism in Religious Dialogue from the Perspective of Shinran's Thought[1]

Mitsuya Dake

1. Universality and exclusivism

There could be various approaches and ways to discuss the theme, 'Universality and Exclusivism', so I should make clear the focal points of my discussion at the beginning.

When I consider the topic, it reminded me of a scene I witnessed on Omiya campus of Ryukoku University more than 25 years ago. An eminent Protestant theologian and a representative Shin Buddhist scholar had an interreligious dialogue. I still remember the scene vividly. When the Protestant theologian insisted that in the process of going beyond dialogue, we should reach an experience of mutual transformation of each faith as a Christian and as a Buddhist. He emphasized that through hearing the truth that the other has to teach us in an authentic way, we would be transformed. After listening to his words carefully, the Shin

1 This paper was originally prepared for the international conference of Shin Buddhism, Christianity, Islam: Conversations in Comparative Theology taken place at Ryukoku University on Feb. 16, 2017.

Buddhist scholar asked him what he meant when he said 'hearing truth' or 'in an authentic way.' Shouldn't truth be your Christian faith in your case and shouldn't it be true and real nembutsu and shinjin in my case? Isn't this the starting point to have a true and sincere dialogue?

The Protestant theologian, as you might have already guessed, was Dr. John B. Cobb Jr. and the Shin Buddhist scholar's name was Dr. Takamaro Shigaraki, who sincerely committed himself to respond to various contemporary issues as a Shin Buddhist, as a follower of Shinran's thought. I have no doubt that Dr. Cobb does not deny the existential meaning of religious truth that Dr. Shigaraki insisted over and over again though he understands the significance of a pluralistic religious view. However, in the dialogue, Dr. Cobb continued to explain the universal nature of religious truth that goes beyond dialogue and Dr. Shigaraki repeated his words to emphasize the existential meaning of religious truth in engaging in a sincere and fruitful religious dialogue.

It seemed to me that they emphasized in difference manners the meaning of the dynamics of religious truth in interfaith dialogue from different perspectives. Dr. Cobb was referring to the implications of religious truth from a pluralistic context that does not deny a Buddhist being Buddhist and a Christian being Christian. On the other hand, Dr. Shigaraki emphasized that religious truth should be existential in each religious faith. On the one hand, Dr. Cobb tried to convince Dr. Shigaraki of the universal significance or nature of engaging in religious dialogue and, on the other hand, Dr. Shigaraki tried to convince Dr. Cobb, in a positive sense, that there exists an exclusive nature in religious faith.

Some of my colleagues said that the dialogue failed to reach a mutual understanding. However, I felt that the standpoints that they elucidated over and over again in the dialogue did not conflict with each other but were complementary to each other as aspects of interreligious dialogue.

I am not going to deliberate this issue further here. The reason why I addressed this personal experience is because the topic, "universality and exclusivism," contains parallel issues in it. The term universality seems to imply the nature of universal; on the other hand, the term exclusivism refers to taking an exclusive position with regard to other religious faiths. In other words, the antonym to universality can be particularity, and to exclusivism can be pluralism or inclusivism. Thus, these two words are referring to two different dimensions of religious dialogue. The two terms, universality and exclusivism, may not necessarily contradict each other but can be complementary to each other depending upon the context.

Having this understanding, I would like to discuss the two terms separately and then examine the relationship between the two concepts based upon Shinran's thought. To be concrete, first, I would like to examine how Shinran understands the universality of truth in Buddhism in his writings. I will take up his idea of *Shinnyo* (真如 suchness) and *Ichinyo* (一如 oneness), and *Jinen* (自然) for this purpose. I argue that Shinran interprets the meaning of the universality of Dharma in Pure Land Buddhism based upon the Mahayana Buddhist logic of wisdom-compassion, which has the logical structure of the identity of mutually opposing elements. Then I would like to discuss the relationship between universality and exclusivism.

Exclusivism is usually understood as the view that one's faith is the true faith; other faiths are false. This view generally regards other faiths as products of falsity or sin and evil forces to be overcome, so that there is no meaning to engage in dialogue with other faiths. On the other hand, the views of pluralism and inclusivism welcome interreligious dialogue. However, it is also obvious that an exclusive view is inevitable in any dialogue on truth. Neither the pluralistic view nor inclusive view could avoid being exclusive at some point. Since truth by its nature is exclusive, any claims to truth cannot avoid being exclusive to a certain extent. The distinction of these three attitudes is very vague at its border.

2. The idea of universality of Dharma—Through Shinran's understanding of the idea of suchness, oneness and 'Jinen'

Needless to say, the word catholic implies 'universal'. It comes from the Greek phrase *καθόλου* (katholou), meaning 'on the whole', 'according to the whole,' or 'in general.' The term has been incorporated into the name of the largest Christian communion, the Roman Catholic Church that has continuity with the original universal church founded by the Apostles. In medieval times, the problem of universals was disputed by many Catholic theologians since the implication of universal was deeply related with issues of the existence of God.

In the early Buddhist texts, the *Saṃyutta Nikāya*, the Buddha repeatedly preaches as follows;

Now what is dependent co-arising? From birth as a requisite condition

> *comes aging and death. Whether or not there is the arising of Tathagatas, this property stands — this regularity of the Dhamma, this orderliness of the Dhamma, this this/that conditionality. The Tathagata directly awakens to that, breaks through to that.* (SN 12.20 PTS: S ii 25)

Such passages reveal the characteristics of the Buddha's understanding as to the universality of Dharma. It has the property of regularity, orderliness and this/that conditionality. In addition, the phrases reveal that the universality of Dharma does not rely upon the arising or existence of Tathagata, i.e., the Buddha, but upon awakening to the universality of Dharma itself (nirvāṇa). We can find the same or similar expressions over and over again in the *Nikāyas*. In my understanding, Buddhist thought has developed in accordance with the meaning of the universality of Dharma in difference times and places.

There are many terms that represent the implications of the universality of Dharma in Buddhism, such as suchness, oneness, emptiness, and so on. In Shinran's writings, we find terms such as suchness (Shinyo) and oneness (Ichinyo) several times. However, Shinran rarely uses the term emptiness in his writings except when quoting some phrases that contain the term.

Needless to say, the term emptiness or *śūnya* is the core concept of Mahayana Buddhism. Especially, Zen Buddhism in China and Japan uses it very often. Furthermore, Zen Buddhism interprets it as nothingness. Nevertheless, Shinran seems to prefer to use terms such as suchness and oneness rather than emptiness and nothingness. This can be a topic of intra-religious dialogue between Shin Buddhism and Zen Buddhism, but this is not today's task.

Suchness (*Shinnyo*) literally means "thusness" or "things as they are." Suchness is a term for true reality, not as an abstract substance underlying existence, but as all things just as they are in themselves. Things being "as they are" means that they are perceived not with discriminative thinking or the self-centered imposition of distinctions and values, but from the perspective of the wisdom of the enlightened one, who, while recognizing each thing or being in all its distinctiveness and particularity, grasps it non-discriminatively, in its nondifference with all other things, including the enlightened one himself. It is also great compassion, in which all beings are grasped equally, for even the non-duality of sentient beings and Buddha is established in it, i.e., while possessing differences, they are equal.

Oneness (*Ichinyo*) literally implies "nondual suchness" or things perceived as they truly are as suchness. "One" here signifies the totality of all things. It refers to all things grasped non-discriminatively, in their non-differentiation or equality, and expresses a denial of relativistic concepts superimposed on things through objectifying thought. This "oneness," then, points not to a single, homogeneous reality underlying all existence, or to the loss of the particularity of things, but rather to the emergence of all things as they are in themselves through the elimination of discriminative thinking.

3. Shinran's idea of suchness and oneness

In his writing, the *Note on Once-call and Many-callings,* Shinran elucidates the meaning of suchness and oneness in a narrative manner.

> *"One Vehicle" here refers to the Primal Vow. "Perfect" means that the Primal Vow is full of all merits and roots of good, lacking none, and further, that it is free and unrestricted. "Unhindered" means that it cannot be obstructed or destroyed by blind passion and karmic evil. "True and real virtue" is the Name. Since the wondrous principle of true reality or suchness has reached its perfection in the Primal Vow, this Vow is likened to a great treasure ocean. True reality-suchness is the supreme great nirvana. Nirvana is dharma-nature. Dharma-nature is Tathagata. With the words, "treasure ocean," the Buddha's non-discriminating, unobstructed, and nonexclusive guidance of all sentient beings is likened to the all-embracing waters of the great ocean.* (CWS Vol.1 1997: 486)

Here Shinran explains the meaning of meaning of 'One Vehicle.' Etymologically, Vehicle (yāna) refers to the teaching, which is not an object of contemplation or philosophical study, but is to be actually utilized to go beyond birth-and-death or delusion. In Mahayana Buddhism, the idea of Three Vehicles, which include the ways of disciples (śrāvaka), solitary Buddhas (pratyekabuddha), and bodhisattvas, is often referred to and the theory of One Vehicle which is nonexclusive and makes no such distinctions is emphasized. However, Shinran goes beyond such definition and states that One Vehicle or universality of Dharma refers to Primal Vow.

The word "Primal Vow" (*Hongan* 本願) is based on the original Sanskrit word "pārva-pranidhāna." Pūrva has the sense of "to precede" or "before," and thus means "past" or "past life." It also has the implication "as a necessary consequence." Therefore, it refers to the necessary or inevitable consequence of truth itself, working since the infinite or beginningless past. Pranidhāna means "effort, endeavor, diligence, or arduous effort." It has also been translated as "wish," "aspiration," or "vow." It follows that pūrva-pranidhāna refers to a "vow from the past" or an "original, or primal, vow." The Primal Vow seeks to make clear to us that ultimate truth constantly approaches us and reveals itself to us, who are filled with falsity. As it does so, it seeks to transform us, who are not-true and false, to become true.

Truth is always distinct from non-truth, and thus it is always far removed from non-truth. However, in Mahayana Buddhist logic, it is taught that wisdom necessarily unfolds itself as compassionate activity in the realm of non-truth or the reality of the deluded world. Authentic wisdom is infinitely free and distinct from falsity. At the same time, wisdom is established only in the fusion with false discrimination. It also aspires to cultivate and transform falsity so that falsity becomes true. Mahayana bodhisattva path, which seeks the benefit of both oneself and others, always involves this kind of activity. True wisdom or universal truth in Mahayana is alive and dynamic, and manifest itself through the transformation of falsity into truth (see Ueda and Hirota 1989). Shinran says that one of the most essential expressions of this dynamic activity is formulated in the Vows and enlightenment of Amida Buddha.

Shinran continues as follows:

> *From this treasure ocean of oneness form was manifested, taking the name of Bodhisattva Dharmakara, who, through establishing the unhindered Vow as the cause, became Amida Buddha. For this reason, Amida is the "Tathagata of fulfilled body." Amida has been called "Buddha of unhindered light filling the ten quarters." This Tathagata is also known as Namu-fukashigiko-butsu (Namu-Buddha of inconceivable light) and is the "dharma-body as compassionate means." "Compassionate means" refers to manifesting form, revealing a name, and making itself known to sentient beings. It refers to Amida Buddha. This Tathagata is light. Light is none other than wisdom; wisdom is the form of light. Wisdom is, in addition, formless; hence this Tathagata is the Buddha of inconceivable light. This Tathagata fills the countless worlds in the ten quarters, and so is called "Buddha of boundless light."* (CWS Vol.1 1997: 486)

Shinran understands the fundamental nature of Amida Buddha as Dharma-body as suchness, true reality that surpasses all human conceptualization. The nature of Amida Buddha always remains inseparable from it. The name Amida Buddha is expressly used for this purpose and is simply the material that enables us to know universality of Dharma.

However, at the same time, Shinran also clarifies that Amida Buddha differs from suchness or universality of Dharma in the sense that Amida takes on a particular form. The formless and timeless enters into form and time in order to approach unenlightened beings. In this sense Shinran identifies Amida Buddha with the 'Tathagata of fulfilled-body.' This dynamic of true reality is essential for Shinran's understanding of universality of Dharma or universality of truth.

Shinran also indicates that 'This Tathagata (Amida Buddha) is light. Light is none other than wisdom; wisdom is the form of light.'

Wisdom (prajñā) is an activity of knowing. Within Mahayana Buddhism especially, it is a mental activity in which both subject and object become one in mutual identity. That is to say, the object that is seen becomes, in and of itself, the subject or self that sees it; and the self as subject that sees becomes, in and of itself, the object itself that is seen. At the very place and time that a subject sees an object by becoming it. This activity is called compassion. In this sense, wisdom and compassion represent two aspects of a single activity. Compassion lies within the core of wisdom but it is a compassion that is an extension or manifestation of wisdom itself. This compassion is what acts upon us and empowers us to act as compassionate beings as well. Shinran uses light as a metaphor of this activity. Needless to say, there are very similar metaphors for universal truth in both Christianity and Islam. From Buddhist perspective, I am very curious about the character and structure of universal truth in both traditions.

In this context, the Pure Land Buddhist teaching of Amida Buddha is based on the principles of Mahayana Buddhism. Hence, its stance is fundamentally non-dualistic in nature. Nevertheless, Pure Land Buddhism must talk about Amida Buddha in a manner that seems dualistic, objective and objectifying. Conversely stated, although the Pure Land teaching describes Amida Buddha as some sort of object, at the same time it adopts a non-dualistic perspective, which states that Amida Buddha does not exist apart from us. This reveals another characteristic of Shinran's understanding of universality of truth.

4. Shinran's idea of Jinen

There is a short article called *Passages on Jinen-hōni* that Shinran wrote at his age of 86 years old. *Jinen* is another term that indicates his characteristic understanding of universality of truth.

Shinran writes:

[On Jinen-Hōni]

Concerning jinen [in the phrase jinen hōni]:

Ji means "of itself" - not through the practicer's calculation. It signifies being made so. Nen means "to be made so" - it is not through the practicer's calculation; it is through the working of the Tathagata's Vow.

Concerning honi: Honi signifies being made so through the working of the Tathagata's Vow. It is the working of the Vow where there is no room for calculation on the part of the practicer. Know, therefore, that in Other Power, no working is true working.

Jinen signifies being made so from the very beginning. Amida's Vow is, from the very beginning, designed to bring each of us to entrust ourselves to it - saying "Namu-amida-butsu" - and to receive us into the Pure Land; none of this is through our calculation. Thus, there is no room for the practicer to be concerned about being good or bad. This is the meaning of jinen as I have been taught.

As the essential purport of the Vow, [Amida] vowed to bring us all to become supreme Buddha. Supreme Buddha is formless, and because of being formless is called jinen. Buddha, when appearing with form, is not called supreme nirvana. In order to make it known that supreme Buddha is formless, the name Amida Buddha is expressly used; so I have been taught. Amida Buddha fulfills the purpose of making us know the significance of jinen.

After we have realized this, we should not be forever talking about jinen. If we continuously discuss jinen, that no working is true working will again become a problem of working. It is a matter of inconceivable Buddha-wisdom.

[Shoka 2 {1258}, Twelfth month, 14th day] (CWS Vol.1 1997: 530)

Shinran uses different terms, for example jinen or Supreme Buddha, to explain universality of Dharma here. *Jinen* is a Chinese word that has Chinese philosophical background of Taoism. Literally, *jinen* is an adverb meaning "of itself," "spontaneously," or "naturally." Shinran defines it as "being made to become so of itself." Shinran uses the term, jinen, to elucidate the working of Supreme Buddha which is formless, for it completely transcends our capacity to conceive or express it. Shinran calls this working tariki or Other Power. In using these terms, Shinran tries to express the state of ultimate attainment of the Pure Land path and at the same time reveals the underlying working of Other Power. In this sense, jinen is both the highest reality and the process by which the practicer attains true realization. Using the same logic of Mahayana Buddhism as we have seen above, Shinran repeatedly emphasizes significance of "no working is true working." Shinran says that he learned the teaching directly from his master, Hōnen.

5. Universality and exclusivism in religious dialogue

It is often said that there are three different attitudes as to how to engage in the religious dialogue, i.e., pluralism, inclusivism, and exclusivism.

Pluralism is basically the belief that all religions possess truth and are equally valid in their understanding of religious truth, for example, about God, the world, and salvation. In this view, one's own religious tradition is not the one and only way of religious truth or salvation, but one among several. While pluralists assert the validity of all religions, some of them deny the finality of all religions but some affirm it.

Inclusivism is the belief that while one set of beliefs is absolutely true and other sets of beliefs are at least partially true and it may also assert that all beliefs are equally valid within a believer's particular context. Broadly speaking, there are two types of inclusivism: traditional inclusivism and relativistic inclusivism. Traditional inclusivism asserts that the believer's own views are absolutely true, and believers of other religions are correct insofar as they agree with that believer. Relativistic inclusivism asserts that an unknown set of assertions are absolutely true, that no human being currently living has yet ascertained absolute truth, but that all human beings have partially ascertained absolute truth. In other words, inclusivism understands that there is an adherent of a particular religion who shares if not all but a part of religious truth.

Exclusivism takes position that holds to the finality of one's own faith. Based on the concept of truth as one and not many, exclusivists regard all other religious claims as false and invalid since one's own faith is accepted as true. Exclusivists hold that salvation is through one's own faith alone. It is through a personal experience of commitment to one's tradition that one receives assurance of salvation. The non-believers cannot receive such assurance since they are not aware of the uniqueness of their teaching. Exclusivism establishes the uniqueness and identity of their tradition, but it finds no need to practice interreligious dialogue.

However, as I mentioned earlier, even pluralism and inclusivism cannot avoid exclusivism to a certain extent. This fact raises an essential question for us; do we have to overcome this kind exclusivism to engage in religious dialogue or should we engage in religious dialogue with recognition of this aspect of religious truth? I myself have sympathy with the latter position, but I am open to any conclusion that I might come to have through this theological dialogue.

I believe that Dr, Shigaraki took the latter position and the Dalai Lama XIV seems to be in the same position. In an interview, when he was asked, "Don't all religions teach the same thing? Is it possible to unify them?" the Dalai Lama XIV replied as follows:

> *People from different traditions should keep their own, rather than change. However, some Tibetan may prefer Islam, so he can follow it. Some Spanish prefer Buddhism; so follow it. But think about it carefully. Don't do it for fashion. Some people start Christian, follow Islam, then Buddhism, then nothing.*
>
> *In the United States I have seen people who embrace Buddhism and change their clothes! Like the New Age. They take something Hindu, something Buddhist, something, something... That is not healthy.*
>
> *For individual practitioners, having one truth, one religion, is very important. Several truths, several religions, is contradictory.*
>
> *I am Buddhist. Therefore, Buddhism is the only truth for me, the only religion. To my Christian friend, Christianity is the only truth, the only religion. To my Muslim friend, [Islam] is the only truth, the only religion. In the meantime, I respect and admire my Christian friend and my Muslim friend. If by unifying you mean mixing, that is impossible; useless.*
>
> (Dalai Lama XIV 2003)

In conclusion, I would like to insist that, especially in the practice of religious dialogue, universal value, universality of truth and vernacular thought and values are not necessarily alternative or exclusive but complementary.

References:

- Ueda, Yoshifumi& Hirota, Dennis (1989) Shinran-An Introduction to His Thought, Kyoto:Hongwanji International Center.
- Jodo Shinshu Hongwanji-ha (1997) The Collected Works of Shinran (CWS), Kyoto: Jodo Shinshu Hongwanji-ha.
- Dalai LamaXIV (2003) "Dalai Lama Asks West Not to Turn Buddhism Into a 'Fashion'", Zenit, 2003-10-08, retrieved 2009-06-18.

The Basis of Mahāyāna—Shinran's Understanding of the One Buddha Vehicle, the Vow

Yoshiyuki Inoue

Introduction

The objective of this paper is to describe Mahāyāna and to discuss the meaning of Mahāyāna scriptures. According to Shinran's (親鸞 1173-1263) understanding of Pure Land Buddhism, Mahāyāna is the teaching by which all beings can be born in the Pure Land and attain enlightenment, and the Mahāyāna scriptures are the texts on which the basis to attain enlightenment is clearly shown.

But what does it mean that all beings become Buddha? And how can it be explained and interpreted? In this paper, I consider those issues based on Shinran's phrase: "the One Buddha Vehicle, the Vow (*seigan ichibutsujō* 誓願一仏乗)."[1]

1. The originality of Shinran's understanding of Pure Land Buddhism

First, I summarize the originality of Shinran's understanding in the tradi-

1 Shinran, *Ken Jodo Shinjitsu Kyogyosho monrui; The True Teaching, Practice and Realization of the Pure Land Way*, CWS, 1. 61.

tion of Pure Land Buddhism. Shinran inherited his master Honen's (法然 1133-212) teaching that all bein gs would attain birth in the Pure Land by reciting the name of Amida (*shōmyō nenbutsu* 称名念仏). In addition, Shinran preached that the birth in the Pure Land of Amida Buddha was also to attain enlightenment that is equal to Amida Buddha. However, by convention it is assumed that a difference exists between birth in the Pure Land and the attainment of enlightenment.

Why do Buddhist practitioners hope to be born in the Pure Land? Considering the viewpoint of Buddhist practices, the reason is to change the environment of those practices. Buddhist practitioners therefore hope to be born in the Pure Land to attain enlightenment by concentrating on practices under Buddha as the best leader. In other words, birth in the Pure Land is a means of attaining Buddhahood. Consequently, there is a difference in the immediate purpose between the birth in the Pure Land and the attainment of enlightenment there.

In Mahāyāna, the ultimate purpose is to become Buddha because Buddha is one who has attained enlightenment of the Oneness of self and others (*jita ichinyo* 自他一如). The state away from any distinction is expressed as "Suchness" [*shinnyo* 真如 tathatā], "Oneness" [*ichinyo* 一如 tathatā], or "Thusness" [*hosshō* 法性 dharmatā]. In addition, "Buddha-nature" [*busshō* 仏性] is preached as a basis for all beings to become Buddha.

However, these concepts are less emphasized in the tradition of Pure Land Buddhism because Pure Land Buddhism has mainly been believed by ordinary people who can neither understand nor realize enlightenment as the state away from any distinction. The conception such as the salvation by Amida Buddha and the birth in his Pure Land requires the distinctions between Amida as the Reliever and us as the relieved, and between the Pure Land as the world of enlightenment and this world as suffering.

However, unlike previous Pure Land Buddhism tradition, Shinran attaches much importance not only to birth in the Pure Land but also to the attainment of Buddhahood. When Pure Land Buddhism that preaches the ordinary people's birth in the Pure Land develops into the teaching that preaches the ordinary people's attainment of enlightenment, we have to consider how we can attain enlightenment and what enlightenment is. Therefore, in Shinran's understanding of Pure Land Buddhism, the concepts of Oneness, Thusness, and Buddha-nature have an important meaning.

Because the concept of enlightenment has much importance, Shinran pays attention not only to Pure Land Buddhism sūtras on which Amida' s Vow and his Pure Land are mainly shown but also to various Mahāyāna sūtras on which the concepts that related to enlightenment are shown. In the following chapters, I describe how Shinran deal with their concepts in his own way.

2. Terms of Tendai thought (天台教学) seen in the works of Shinran

In this section, I refer to Yoshiro Tamura's opinion about Shinran's understanding of Pure Land Buddhism.[2] Regarding the difference in

2 Tamura, Yoshiro (田村芳朗), *Kamakura shin Bukkyo shiso no kenkyu* (鎌倉新仏教思想の研究) [Kyoto: Heirakuji Shoten, 1965], 529.

thought between Honen and Shinran, Tamura points out that, compared to Honen who did not depend on the monism-like thought of Hongaku (*hongaku shiso* 本覚思想) that had been accepted in the Tendai School (天台宗) of Mount Hiei, Honen's disciples, including Shinran, based their teachings on the monism-like thought.

We have some latitude in the meaning of "Hongaku," a term that Shinran did not use; however, Shinran frequently used terms such as "Oneness," "Thusness," and "Buddha-nature" that Honen did not use to describe important concepts. These terms had significant meanings in Tendai School's thought.[3]

I examine Honen's and Shinran's main work to compare the frequency with which those terms are used. For Honen's main work, I use "Senchaku Hongan Nembutsushū" (選択本願念仏集; *Passages on the Selection of the Nembutsu in the Original Vow*) because he quotes various Buddhist scriptures and writes comments sharing his thoughts. Among Shinran's extensive work, I use "Ken Jōdo Sinjitsu Kyōgyōshō Monrui" (顕浄土真実教行証文類; *The True Teaching, Practice and Realization of the Pure Land Way*) because it uses similar description form to Honen's "Senchaku Hongan Nembutsushū."[4]

---

3 Asada Masahiro (浅田正博) analyses Tendai terms used in Shinran's works. See, Asada, Masahiro, "*Kyogyoshinsho ni okeru Tendai kyohan yogo no eyo ni tsuite* (教行信証における天台教判用語の依用について)," *shugakuin ronshu* 53, [1982].

4 http://j-soken.jp/category/ask/ask_6

	法然『選択本願念仏集』	親鸞『顕浄土真実教行証文類』
真如	1	10
一如	0[5]	5
法性	0	20
仏性	1	65

As can be seen from the example of terminology, Shinran pays attention to terms such as Oneness (一如), Thusness (真如, 法性), and Buddha-nature (仏性). Indeed, if the teaching by which all beings attain enlightenment is the main theme, it is natural that we argue those terms; however, Shinran applies those terms in a unique context that is different from the argument used in Tendai School. I state his unique understanding in the next chapter.[6]

3. The understandings of Buddha-nature in Tendai school and Shinran

Regarding the influence of Shinran's understanding of Buddha-nature found in Tendai thought, I introduce the two typical examples from his main work.

Shinran's main work "Ken Jōdo Sinjitsu Kyōgyōshō Monrui" (顕浄土

5 We find Chinese character "一如" four times in "Senchaku Hongan Nembutsushū." But these "一如" are not a term "ichinyo" but a part of phrase "hitotu (一つ) niha … gotoku (如く)" or "moppara (一ら) … gotoku (如く)".

6 Koju, Fugen carries out a detailed analysis of acceptance and arrangement of Tendai thoughts in Shinran's teaching. See Koju, Fugen. *Kamakura Shinbukkyo no Kenkyu* (日本浄土教思想史研究) [Kyoto: Nagatabunshodo, 1972], 336–549. Asada also describes how Shinran use Tendai terms. See Asada 1982. For a recent study on this theme, see Shii 2015.

真実教行証文類) literary means that a collection of Passages (文類 *monrui*) Revealing (顕 *ken*) The True (真実 *shinjitsu*) Teaching (教 *kyō*), Practice (行 *gyō*), and Realization (証 *shō*) Of the Pure Land (浄土 *jōdo*). As the title shows, it is the collection of quotations on Pure Land teaching from various Buddhist sūtras and scriptures. Since Buddhist sūtras and scriptures written in classical Chinese quoted as the basis, it is obvious that Shinran wrote his work not for the ordinary people but for the monks with considerable knowledge. However, his main work was not widely open to the scholar monks. As Shinran let one of his disciples copy this book when he reached the age of 75, we can estimate the tentative completion of the book at that time, but he continued to correct and rewrite it until his later years. In addition, only a few disciples read "Kyōgyōshō Monrui", and it was not published during his lifetime.

"Kyōgyōshō Monrui" comprises six volumes, and each volume is related mutually and has systematic logic structure. The description form can be categorized into two approximate parts. One is quotation part that contains quotations from the sūtras or Buddhist scriptures, and the other is commentary part that shows Shinran's understanding of Pure Land Buddhism.

In his quotations, Shinran occasionally shows his understanding through his irregular reading of the original texts written in classical Chinese, or by omitting some words. In addition, he presents some questions and answers regarding important points and describes his thoughts by quoting some Buddhist scriptures. Such a form of description shows that, although Shinran inherited Pure Land Buddhism traditions, he developed his own understanding and attached a new meaning to them.

In the following sections, I discuss two quotations from his main work. In those parts, although Shinran's description is based on the traditional arguments about Buddha-nature that forms a basis of Mahāyāna, he retains a certain distance from the arguments.

The case of "Chapter on Practice (行文類)"

First, in "Chapter on Practice," Shinran proves the orthodoxy of Honen's teaching by quoting sūtras and scriptures written by Pure Land patriarchs and describes his understanding of those quotations. After mentioning what *Tariki* (Other Power: 他力) quoted from T'an-Luan's (曇鸞) text [7], he describes that the One Vehicle teaching is the salvation through Amida Buddha's Primal Vow, and that it is the teaching by which all beings can attain enlightenment in the Pure Land. The part of the issue is in his commentary part.

See the following comparison. The left side is a part of "Śrīmālādevī Siṃhanāda Sūtra (勝鬘経)," and the right side is Shinran's commentary, "Ocean of the One Vehicle (一乗海釈)." For convenience of explanation, I divide the part of issue with line and apply the numbering to them. English translation is below the comparison.

	《『勝鬘経』[T. 12, 220c-221a]》	《「行文類」一乗海釈[JSZ. 2, 54]》
01		言一乗海者
02	聲聞縁覺乗皆入大乗	一乗者大乗
03	大乗者即是仏	乗大乗者仏乗

7 CWS.1, 57-60.

04	是故三乘即是一乘	
05	得一乘者得阿耨多羅三藐三菩提	得一乘者得阿耨多羅三藐三菩提
06	阿耨多羅三藐三菩提者即是涅槃界	阿耨菩提者即是涅槃界
07	涅槃界者即是如来法身	涅槃界者即是究竟法身
08	得究竟法身者則究竟一乘	得究竟法身者則究竟一乘
09	無異如来無異法身	無異如来無異法身
10	如来即法身	如来即法身
11	得究竟法身者則究竟一乘	究竟一乘者
12	究竟者即是無辺不断	即是無辺不断
13	[…].	
14	若如来随彼所欲而方便説	
15	則是大乘無有三乘	大乘無有二乘三乘
16	三乘者入於一乘	二乘三乘者入於一乘
17	一乘者即第一義乘	一乘者即第一義乘
18		唯是誓願一仏乘也

[Ocean of the One Vehicle] (CWS. 1, 60-61)

01 In the term "ocean of the One Vehicle,"

02 One Vehicle refers to the great vehicle (Mahayana).

03 The great vehicle is the Buddha vehicle.

04

05 To realize the One Vehicle is to realize the highest perfect enlightenment.

06 The highest perfect enlightenment is none other than the realm of nirvana.

07 The realm of nirvana is the ultimate dharma-body.

08 To realize the ultimate dharma-body is to reach the ultimate end of the One Vehicle.

09 There is no other tathagata, there is no other dharma-body.
10 Tathagata is itself dharma-body.
11 Reaching the ultimate end of the One Vehicle is
12 without bound and without cessation.
13
14
15 In the great vehicle there are no "two vehicles" or "three vehicles."
16 The two vehicles and three vehicles lead one to enter the One Vehicle.
17 The One Vehicle is the vehicle of highest truth.
18 There is no One Vehicle other than the One Buddha-Vehicle, the Vow.

The underlined parts are added by Shinran. The comparison shows that Shinran's comment is based on "Śrīmālādevī Siṃhanāda Sūtra" with some deletions and corrections. However, Shinran does not indicate the name of the sūtra and instead describes it as if it is his commentary.

As Shinran had revised and corrected his main work "Kyōgyōsho Monrui" many times, it is unlikely that he would have forgotten to write the name of the sūtra. In addition, when he omits a certain sentence or words in a quotation from the Buddhist scripture, he remarks on the name of the original scripture, and writes the word "naishi (乃至)" or "ryakushō (略抄)" meaning omission. However, Shinran's commentary of "Ocean of One Vehicle" is different. Taking these matters into account, it is reasonable to assume that Shinran's actions are intentional. As for the above comparison part, it has an important meaning that is free from the original context of the sūtra, and Shinran adds the phrase "One Buddha

Vehicle, the Vow" at the end.

Regarding this point, Koju Fugen already has made it clear.[8] Fugen points out that when making the commentary about "Ocean of One Vehicle" Shinran has the argument on Buddha-nature in mind because he had learned Tendai thought at Mount Hiei before meeting his master, Honen.

As for Tendai thought, the interpretation of a passage from "the Chapter of Expedient Means (方便品)" of "the Lotus Sūtra (法華経)" has an important meaning. That passage states that there is only One Vehicle, not Two Vehicles or Three Vehicles (唯有一乗法 無二亦無三).[9] Controversies arose between Tendai School and Hossō School (法相宗) about how to interpret this passage. I do not describe the details of those, but those controversies are why Śākyamuni Buddha makes the distinction among śrāvakas, pratyekabuddhas, and bodhisattvas.

In Tendai School, it was considered that these three distinctions were provisional and that only the One Vehicle teaching by which all beings would become Buddha was true. Consequently, "Expedient Means (方便)" meant that the distinction between the three was set up temporarily to present the One Vehicle teaching.

Conversely, in Hossō School, it was considered that a distinction existed between the person who would attain enlightenment, the person who would fail to attain it, and the person who would be undetermined. In addition, they considered that Śākyamuni preached "the Chapter of

---

8 Fugen, *Kamakura Shinbukkyo no Kenkyu*, 535-549. See also Asada 1982.

9 T.09, 8a17-18.

Expedient Means" of "the Lotus Sūtra" for the person whose religious quality was not yet settled. In this case, "Expedient Means" meant that the One Vehicle teaching was set up to guide the person whose religious quality was not settled. In other words, the distinction remains between the person with the possibility of Buddhahood and the person without it.

Affected by such controversy, there was a debate among Saicho (最澄), who established Tendai School, and Tokuitsu (徳一), who belonged to Hossō School. In this debate, the passage on "Śrīmālādevī Siṃhanāda Sūtra," which Shinran took into consideration, became a point of issue. Once again, a comparison of "Śrīmālādevī Siṃhanāda Sūtra" and "Chapter of Practice" leads to the finding of a part that Shinran omitted in the latter half. The classic Chinese of the original is as follows:

14　若如来随彼所欲而方便説即是大乗

From the standpoint in which One Vehicle teaching is expedient, the word "彼" in the underlined part "彼所欲" is identified as Śākyamuni; therefore, the underlined part is considered the intent of Śākyamuni. It can thus be assumed that the sentence that Shinran omitted means that Śākyamuni preached One Vehicle teaching as a temporary means.

By contrast, from the standpoint in which all beings become Buddha, the word "彼" in the underlined part "彼所欲" is identified as practitioners; therefore, the underlined part is considered the requests of practitioners. Consequently, that sentence is understood to mean that Śākyamuni preached the distinction among three teachings depending on the requests of practitioners. In other words, it is understood that the distinction between three teachings is temporary, and that Śākyamuni preaches, with his true intention, the One Vehicle teaching by which all beings become Buddha.

It seems that the interpretation of the sentence of the issue by Tendai School is slightly forcible. However, Tendai scholar Genshin (源信) wrote the book, *Ichijō-Yōketsu* (一乗要决), in which he maintained that we should understand that sentence based on Buddha's complete intention. Genshin also argued that One Vehicle teaching was based on Buddha's true intention by quoting various sūtras and Buddhist scriptures.

Here, we compare the sentences in "Śrīmālādevī Siṃhanāda Sūtra" with Shinran's sentences. The part enclosed in the frame is the sentence that Genshin quoted and considered at the end part of "Ichijō-Yōketsu."[10] In other words, this is the very part where Genshin argued whether the One Vehicle teaching was temporal or real, and where he concluded it to be true. The fact that Shinran's commentary roughly follows Genshin's quotation implies that Shinran considers the conclusion of such arguments and describes his understanding of the One Vehicle teaching.

However, why does Shinran omit part of the issue and add the phrase "One Buddha Vehicle, the Vow" to the sūtra? It appears that he does so because he has a different viewpoint of the One Vehicle teaching from that of Genshin. It is the concept of Buddha-nature that Genshin intended to consider in "*Ichijō-Yōketsu*." The aim of "*Ichijō-Yōketsu*" was to make clear that the One Vehicle teaching is true by demonstrating that all beings have Buddha-nature, meaning the possibility to attain enlightenment. In other words, Genshin maintained that all people would become Buddha because the potential to become Buddha is inherent in all of us.

10　T. 74, 371b.

By contrast, Shinran considers that our Buddhahood is based on the universality of the salvation by Amida's Vow rather than our inherent possibility. This belief is due to the religious conviction that arose by putting ourselves in a soteriological story, not due to numerous quotations.

If we prove our attainment of Buddhahood by intellectual understanding, it means, in a sense, that Buddhahood is within the range of our conceptual understanding. However, Shinran consistently expresses salvation by Amida's Vow with the words such as "beyond description, explanation, and conceptual understanding (不可称不可説不可思議 *fukasho-fukasetsu-fukashigi*)."[11] For Shinran to take this attitude, the universality of the salvation is not a thing guaranteed by the legitimacy of proof.

The case of "Chapter of Shinjin (信文類)"

I introduce a series of quotations from "Mahāparinirvāṇa Sūtra" that appear to be based on the same intention, arguing for the salvation of the evil person.[12] Although Shinran specifies the name of the sūtra "Mahāparinirvāṇa Sūtra" and quotes long sentences from it, their quotations show that Shinran has his unique understanding while obeying conventional argument.

From "Mahāparinirvāṇa Sūtra," Shinran quotes "The Chapter of

11 Shinran uses the phrases "beyond description", "beyond explanation", and "beyond conceptual understanding" singly, sometimes in combination, in random order. CWS.1, 66, 95, 97, 107.

12 CWS. 1, 125-143.

Illness (現病品)," "The Chapter of Pure Practice for Enlightenment (梵行品)," and "The Chapter of Kasyapa (迦葉品)." In these series of long quotations, Shinran deconstructs the original context and adds new meaning through omission or displacement. However, to avoid complications, I leave them out of this paper.[13] Instead, I highlight that, in describing the salvation of the evil person, Shinran places "The Chapter of Illness" in the beginning part of the quotation and places "The Chapter of Kasyapa" in the concluding part of the quotation. That is because these chapters had been given attention in the argument of One Vehicle teaching. Shinran places the important part of the argument of the possibility of our Buddhahood at the beginning and the end. His arrangement of these quotations suggests that he considers those arguments important.

However, the quotation from "The Chapter of Pure Practice for Enlightenment" placed in the middle has different contents from the other two chapters. The contents of "The Chapter of Pure Practice for Enlightenment," which accounts for most of the series of quotations from "Mahāparinirvāṇa Sūtra" presents the story of the salvation of Prince Ajātaśatru who mounted the throne of Magadha by killing his father, the King. In this quotation, Shinran describes the process by which King Ajātaśatru, who had no interest in Buddhism and killed his father, is given relief by meeting Śākyamuni and hearing his teachings. As the quotation

13 I have also described Shinran's understanding of relief for an evil person, referring Fugen's analysis. See Fugen 1972, p. 486f. Inoue 2002 points out how Shinran's understanding of "The Chapter of Pure Practice for Enlightenment" is different from previous understanding.

is long, we can find the concept of Buddha-nature in several parts. However, Shinran shows less interest in discussing the concept of Buddha-nature, but pays attention to the process by which Ajātaśatru is relieved.

The main subject of "Mahāparinirvāṇa Sūtra" is neither the Pure Land of Amida Buddha nor his Vow. Therefore, little doctrine had been built on the "Mahāparinirvāṇa Sūtra" in the tradition of Pure Land Buddhism tradition. However, after a series of long quotations from "Mahāparinirvāṇa Sūtra," by adding the phrase "the Primal Vow, which is the wondrous medicine called manda (本願醍醐妙薬)," Shinran shows his understanding that only Amida's Primal Vow relieves Ajātaśatru.[14]

From these forms and manners of quotations, we can understand how Shinran grasped Pure Land Buddhism as Mahāyāna. For Shinran, Mahāyāna is the teaching that leads all beings to enlightenment. Moreover, although based on the arguments about the Buddha-nature in Tendai School, Shinran preaches that the basis of our enlightenment is not our inner Buddha-nature, but Shinjin (信心) as Buddha-nature given by Amida.[15]

According to Shinran, Shinjin is to hear why Amida Buddha's Vow arose (*mon-soku-shin* 聞即信).[16] To hear that reason as "my matter" is to realize that a target of the salvation is precisely "me." It is to completely

14 CWS. 1, 143.

15 It is so called "*Shinjin Busshō setsu* (信心仏性説)."

16 CWS. 1, 112. Shinran says that "The word hear in the passage from the [Larger] Sutra means that sentient beings, having heard how the Buddha's Vow arose — its origin and fulfillment — are altogether free of doubt. This is to hear."

entrust "myself"to the Power of Amida's Vow. Simultaneously, it means that "I"enter the stage truly settled to attain enlightenment.

In other words, the basis in which we certainly attain enlightenment is nothing but Amida's Vow. For Shinran, salvation is to hear the soteriological story that Dharmākara Bodhisattva had established and fulfilled the special Vow to save all sentient beings and to make them attain enlightenment and he had become Amida Buddha, as the Vow for "me."

4. What does it mean that all beings become Buddha

For Shinran, what kind of existence will be regarded as Buddha? According to him, the true essence of Amida Buddha is understood as infinite light and infinite life. However, from the viewpoint of the relationship with us, it can be said that the essence of Amida Buddha is the Vow and its work, which gives all of us relief. Therefore, "Suchness," "Thusness," and "Supreme Nirvana," which are understood as the state away from any distinction, are also understood as the working that leads us to enlightenment. In other words, attaining enlightenment is understood as working in our suffering world. Shinran expresses this by the word "還相 (*genso; return to this world*)" borrowed from T'an-Luan (曇鸞).[17] In Shinran's understanding, "還相" means that a person who attains enlightenment in the Pure Land works in this suffering world as a Bodhisattva.

During Shinran's long life of 90 years, he experienced many separations by death. However, the person who shared the delight of Shinjin with

17 CWS. 1, 158f.

Shinran and who had already died continued to guide Shinran to the Pure Land as a Bodhisattva.

Conclusion

Shinran's attitude for interpretation of Mahāyāna scriptures is to thoroughly hear the Vow of Amida Buddha. Therefore, Shinran interprets the contents of the Mahāyāna scriptures from the viewpoint of Amida Buddha's Vow, sometimes even taking apart and reconstructing the meaning of the Mahāyāna scriptures.

As the phrase, "the One Buddha Vehicle, the Vow" indicates, according to Shinran, the Mahāyāna is to live according to Amida's Vow by which all beings would attain enlightenment. It also means to keep working for this suffering world, even after one's life, as a Bodhisattva who has attained enlightenment in the Pure Land.

Abbreviations

CWS *The Collected Works of Shinran*. Volume 1. Edited and Translated by Dennis Hirota et. al. Kyoto: Jodo Shinshu Hongwanji-ha, 1997.

T *Taishō Shinshū Daizōkyō; Taishō Revised Tripiṭaka*. Edited by Takakusu Junjirō et. Al. Tokyo: Daijō shuppan, from 1924 to 1934.

References

Asada Masahiro (浅田正博). "*Kyōgyōshinshō ni okeru Tendai kyōhan yōgo no eyō ni tsuite* (教行信証における天台教判用語の依用について)." *Shūgakuin Ronshū* 53, [1982]: 1-20.

Fugen Kōju (普賢晃寿). *Kamakura Shinbukkyō no Kenkyū* (日本浄土教思想史研究). Kyoto: Nagatabunshōdō, 1972.

Inoue Yoshiyuki (井上善幸). "*Shinran ni okeru gyakuhō ōjō nitsuite* (親鸞における逆謗往生について)." *Hokuriku shūkyō bunka* 14, [2002]: 111-135.

———. "*Gyakuhō sesshusyaku no kenkyū* (逆謗摂取釈の研究)." *Shūgakuin ronshū* 75, [2003]: 15-31.

Shii Noriaki (四夷法顕). "*Shinran no ichijō shisō niokeru eizan kyōgaku no juyō: Genshin Ichijō-yōketsu tono kanren wo tyūshin ni* (親鸞の一乗思想における叡山教学の受容:源信『一乗要決』との関連を中心に)." *Shinshūgaku* 131, [2015]: 99-126.

Tamura Yoshiro (田村芳朗). *Kamakura shin Bukkyō shisō no kenkyū* (鎌倉新仏教思想の研究). Kyoto: Heirakuji Shoten, 1965.

付記　小論は2015年度国外研究員（ドイツ・デュッセルドルフ、EKO-Haus）の研究成果の一端である。なお、小論は、青山隆夫所長（当時）ならびにシンポジウムのコーディネーターを務めたHermann-Josef Röllicke博士の御厚意により参加した、2015年8月13日から16日に開催されたシンポジウム、"What is Mahayana, and what are Mahayana scriptures?" にて発表した内容をもとにしている。

浄土仏教と親鸞教義

真宗学論叢13

龍谷大学真宗学会編

永田文昌堂

題言

このたび、川添泰信教授が龍谷大学を定年退職されるにあたり、真宗学会並びに真宗学研究室を代表し、先生の長年にわたる学恩に対して、深甚なる謝意を表する次第であります。

先生は、昭和四十三（一九六八）年に龍谷大学文学部に入学され、学部を卒業後、大学院修士課程、博士課程を終え、さらに本願寺派宗学院で真宗学の研鑽に励まれました。平成二（一九九〇）年四月龍谷大学短期大学部専任講師に就任され、その後、同助教授、教授を経て、平成十七（二〇〇五）年四月文学部教授になられました。今日まで二十八年の長きにわたり、真宗学の研究、後進の育成、さらには大学の発展に尽力してこられました。

川添先生の研究分野は、法然とその門下の教学を中心とする浄土教理史、真宗教義学、真宗教学史、真宗伝道学など、幅広く真宗学諸分野を網羅し、多数の業績を遺しておられます。なかでも、先生がお若き頃より弛まずご精進されてきた聖典テキスト翻刻のお仕事には、目を見張るべきものがあります。その成果の一端は、龍谷大学善本叢書として出版された『三帖和

讃』『選択本願念仏集』『選擇註解鈔』などに窺うことができます。とりわけ『選擇註解鈔』は先生の責任編集に成るところで、教学史に関するすぐれた業績の一つと言えましょう。書誌学、文献学、聖典学をベースとする教理史、教義学、教学史の研究方法は、真宗学が確固たる基礎の上に成立するものであることを、あらためて教示してくれます。明治期以降発展してきた龍谷大学真宗学の学風、すなわち歴史的・文献学的方法を基礎とする客観的研究―川添先生の真宗学研究はその学風の遺産を真っ直ぐに継承展開しておられる点に、大きな特色があると言えましょう。

また先生は、米国仏教大学院（ＩＢＳ）、ハワイ仏教研究所（ＢＳＣ）、韓国東国大学校などに出講するほか、しばしばＩＢＳやＢＳＣを拠点とする海外研修科目（大学院）の担当者として学生を引率するなど、真宗学の世界的展開、真宗の海外伝道の分野でも研究者として、教育者として献身してこられました。この方面でも先生の薫育を受けた者は数知れません。

先生は、龍谷大学在職中、学内では、学生部長、宗教部長、大学院文学研究科長、実践真宗学研究科長、龍谷大学法人評議員、そして龍谷大学真宗学会長などの重責をはたされました。また学外においては、真宗連合学会理事長をはじめ、日本印度学仏教学会理事、日本佛教学会理事などの要職に就かれました。

いま、先生の長年にわたる学恩とご労苦を想い、敬意と謝念の意をこめて、学会誌『真宗学』特集号—浄土仏教と親鸞教義—を、先生の机上に奉呈させていただきます。川添先生におかれましては、今後とも、真宗学の発展と後進へのご指導ご鞭撻を賜りますよう、心よりお願い申し上げます。

平成三十（二〇一八）年一月十六日

真宗学会長　龍溪章雄

目次

法然・親鸞・恵信尼・唯円における師弟の問題……川添泰信（一）
金子大榮における「浄土の開顕」の思想史的考察……龍溪章雄（二一）
――『浄土の観念』を読み解く（序説）――
真宗伝道学の基礎的考察……貴島信行（三九）
――仏道としての伝道――
真宗念仏者における利他的行為（他者支援）の一考察……深川宣暢（五九）
――木越康・著『ボランティアは親鸞の教えに反するのか―他力理解の相克―』をめぐって――
親鸞における生死出離の道（中）……鍋島直樹（八三）
――「横超断四流」の意義
『私聚百因縁集』の「仏法王法縁起由来」に見える
中世日本仏教僧の重層的世界観……那須英勝（一〇七）

国際伝道論研究の意義……葛野洋明（一三五）
西田哲学と親鸞思想（三）……杉岡孝紀（一四九）
――場所的論理と〈仏―衆生〉の関係論――
浄土真宗における「報謝」考……武田晋（一七一）
親鸞撰述にみる第二十願の意義……殿内恒（一九一）
釈尊と親鸞の伝道……玉木興慈（二〇九）
――浄土三部経の序分に見る釈尊の伝道教化――
『教行信証』報化二土の引文を読み解く……高田文英（二三一）
――懈慢界説の歴史的帰趨――
小児往生論の研究（上）……井上見淳（二五三）
――名代だのみを中心として――
「浄土真宗の実践」……中平了悟（二七七）
――その射程とそれを立ちあがらせるものについて――

三毒五悪段にみられる奪算説について……佐々木　大　悟（二九九）

親鸞と対象喪失（上）……打　本　弘　祐（三二五）
～グリーフケアとの接点を求めて～

明治期の真宗における女性教化……岩　田　真　美（三四五）
――「妙好人」楫取希子と小野島行薫を中心に――

『教行信証』坂東本に付された角点に関する諸問題……能　美　潤　史（三六五）

The Basis of Mahāyāna—Shinran's Understanding of the One Buddha Vehicle, the Vow……Yoshiyuki Inoue（35）

Universality and Exclusivism in Religious Dialogue from the Perspective of Shinran's Thought……Mitsuya Dake（19）

インド大乗仏教瑜伽行唯識学派におけるいのち観……早　島　　理（1）

浄土仏教と親鸞教義

法然・親鸞・恵信尼・唯円における師弟の問題

川添泰信

はじめに

仏教において相承論を問題にするとき、そこには教えを授ける者と同時に教えを受ける者が存在する。浄土真宗の開祖である親鸞（一一七三〜一二六二）が選定した七高僧の中、曇鸞（四七六〜五四二頃）については、伝記に示される臨終の様相を明かす中、

白衣の弟子及び、寺内の出家の弟子に、三百余人可り一時に雲集す。法師沐浴して新浄の衣著す、手に香爐執り正く西に向て坐す。門徒教誡して西方の業を索めし日初て出る時、大衆声斉して弥陀仏を念ずれば、便ち寿終す。

（『類聚浄土五祖伝』『昭和新修法然上人全集』八四五頁）

と述べられるように、師弟の関係を持っていたことは間違いないが、それは具体的な資師相承の師弟像を明かすものではなかった。他力を示した曇鸞の原理的な師弟の関係は「四海のうちみな兄弟」（『七祖篇』一二〇頁）といわれるように、基本的に念仏者は平等であったということができるであろう。

次に聖浄二門判として浄土教を示した道綽（五六二〜六四五）は、「菩提流支—恵寵—道場—曇鸞—大海—法上」

（『同』二四六・七頁参照）と六師の名前を挙げており具体的な祖師名を見ることができる。しかし、それは浄土教伝承の系譜として位置づけられるものではなかったのである。

さらに古今楷定を主張した善導（六一三〜六八一）は、「夢のうちにつねに一の僧ありて、来りて玄義の科文を指授す」（『同』五〇二・五〇三頁）と明かすように、夢中の師と示されるのであり、それは三昧発得中において見られる師弟像であったといえるであろう。

このような師弟像は日本仏教において、師と弟子の関係性において限りない崇敬の構造を残しながらも、従来の師弟の垣根を超える在家仏教として展開を始める。そこでは、必然的に師弟の関係性に構造的な変化が起こり、師弟の一元化という変革が起こったといえるであろう。言うならば、師弟関係は同朋・同行という平等の関係へと変化したということである。

ところで本論考は、以下に述べる法然（一一三三〜一二一二）の師弟像としてみられる、

①念仏相承説

②仏・菩薩の化身説

③三昧発得説

の三側面を規準として、親鸞、恵信尼（一一八二〜?）、唯円（?〜一二八八、一説に一二二二〜一二八九）のそれぞれの師弟像の同異について見ていくものである。しかし法然、親鸞、恵信尼、唯円の師弟の関係性について考究しようとする場合、その対象を設定するときに一つの問題があると考えられる。それは考察対象としての文献の問題である。すなわち法然や親鸞には『選択集』、『教行信証』の主著をはじめとして、その他残された文献が多数あり、その思想性を論理的体系的にみることができるが、恵信尼についての直接的な考察対象は『恵信尼消息』

であり、それはまさに「消息」の語が示す通り、手紙として残されたものなのである。また唯円の考察対象は『歎異抄』であるが、それは唯円の「耳の底に留」(『註釈版』八三二頁)められた限りのものである。それゆえ恵信尼、および唯円の考察対象は論理的体系的なものではないことから、法然、親鸞、恵信尼、唯円を同列に並べて論じること自体に問題があるようにも思われる。しかし、方法論としては問題があるとしても、残された資料の中から師弟像に関する同異の一端を見ることができるのも確かではないかと思われるのである。

1、法然の師弟像

法然の念仏相承における師弟像については「偏に善導一師に依る」(『七祖篇』一二八六頁)と明言されるように、全面的に善導の教示に依っていると言うことができる。その念仏思想の内容については、全十六章で構成されている主著『選択集』に見ることができる。『選択集』の中心の章はどこであるかについては種々主張されており、石田充之氏によれば、従来、三説あることが指摘されている。[1] すなわち、①二行章中心説、②本願章中心説、③二行章・本願章中心説である。ところで第一の二門章は、『選択集』の中心課題を導くための必然的な前提課題とみることができる。すなわち道綽によって、一代仏教を聖道門と浄土門に分け、聖道門を廃し、浄土一宗の独立を宣言し、『仏説無量寿経』二巻・『仏説観無量寿経』・『仏説阿弥陀経』の「浄土三部経」と、天親(五世紀頃)の『浄土論』を「三経一論」と定め、それが浄土宗の教えの依り所となる経論とされている。そして、曇鸞・道綽・善導などの師資相承によることが明かされている。

二行章は、善導の『観経疏』の「就行立信釈」をうけて、善導の定めた読誦・観察・礼拝・称名・讃嘆供養の五正行のなか、第四の称名念仏こそが、仏願にかなった往生の正定業であることを明かし、そして五正行以外の雑行

は捨てるべきものであることが述べられているのである。

本願章は、第十八願において、法蔵菩薩は一切の余行を選び捨て、そして念仏一行を選び取られたといい、その理由を難易勝劣の論理によって、称名念仏こそが最も勝れ、また最も修めやすい勝易具足の行法であることが示されている。この三章の意向を収斂し、『選択集』の結論とも見なされるのが「結勧」の「三選の文」である。

はかりみれば、それすみやかに生死を離れんと欲はば、二種の勝法のなかに、しばらく聖道門を閣きて選びて浄土門に入るべし。浄土門に入らんと欲はば、正雑二行のなかに、しばらくもろもろの雑行を抛てて選びて正行に帰すべし。正行を修せんと欲はば、正助二業のなかに、なほ助業を傍らにして選びて正定をもつぱらにすべし。正定の業とは、すなはちこれ仏名を称するなり。名を称すれば、かならず生ずることを得。仏の本願によるがゆゑなり。（『同』一二八五頁）

その意味は、迷いの生死を離れるためには、自ら悟りを得ようとする聖道門と、仏力によって浄土往生しようとする浄土門の二種類の勝法のなか、聖道門をさしおいて選んで浄土門に入るべきである。また浄土門に入ったならば、五種としてあげられた読誦・観察・礼拝・称名・讃歎供養の五正行以外の行は雑行として捨てるべきものである。そして五正行のなかで称名こそが正業であり、それ以外の読誦・観察・礼拝・讃歎供養は助業であるから、正に称名を行うべきであるといわれている。さらにその選び取られた正定業である称名は、阿弥陀仏の本願にかなっているから、必ず浄土に往生することができる、と明かされている。

以上が善導より法然が相承した専修念仏の教義的内容であるが、このような念仏の教示を開陳した善導を法然が「偏に善導一師に依る」として選択する理由については、概略的には二点あったということができるようである。

すなわち、

一、三昧の比較に基づく善導観

二、本地垂迹的見地に基づく善導観

である。(2)まず一、三昧の比較に基づく善導観であるが、これは『選択集』「結勧」の三選の文に引き続き、問いが四問出されている。すなわち第一問は、

問ひていはく、華厳・天台・真言・禅門・三論・法相の諸師、おのおの浄土法門の章疏を造る。なんぞかれらの師によらずして、ただ善導一師を用ゐるや。答へていはく、かれらの諸師おのおのみな浄土の章疏を造るといへども、浄土をもつて宗となさず、ただ聖道をもつてその宗となす。ゆゑにかれらの諸師によらず。善導和尚は偏に浄土をもつて宗となして、聖道をもつて宗となさず。ゆゑに偏に善導一師に依る。

(『同』一二八五・六頁)

であり、続いて第二問は、

問ひていはく、浄土の祖師その数また多し。いはく弘法寺の迦才、慈愍三蔵等これなり。なんぞかれらの諸師によらずして、ただ善導一師を用ゐるや。答えていはく。これらの諸師浄土を宗とすといへども、いまだ三昧を発さず。善導和尚はこれ三昧発得の人なり。(『同』一二八六頁)

といわれ、さらに第三問は、

問ひていはく、もし三昧発得によらば、懐感禅師はまたこれ三昧発得の人なり。なんぞこれを用ゐざる。答へていはく、善導はこれ師なり。懐感はこれ弟子なり。ゆゑに師によりて弟子によらず。いはんや師資の釈、その相違はなはだ多し。ゆゑにこれを用ゐず。(『同』)

と述べられ、最後の第四問は、

問ひていはく。もし師によりて弟子によらずは、道綽禅師はこれ善導和尚の師なり。そもそもまた浄土の祖師なり。なんぞこれを用ゐざるや。答へていはく、道綽禅師はこれ師なりといへども、いまだ三昧を発さず。

（『同』一二八六・七頁）

と明かされるものである。第一問で聖道家を除き、第二問では浄土教の中でも三昧発得したか否かの理由によって迦才・慈愍を除き、第三問では同じく三昧発得をした中においても師か弟子かによって懐感をも除き、第四問では三昧を発得したか否かによって、善導の面授の師でもある道綽をも除いて、善導一師によることが表明されているのである。この四問の問いのうち第二、第三、第四問で比較される論理が三昧発得であるか否かの論理である。つまり三昧発得の人か否かの論理に基づいて、法然は「偏依」の論理を展開しているということができるであろう。したがって法然が教義的に三昧発得をきわめて重要視していたということができ、ここに法然の善導に対する見方の一つがあると考えられる。(3)

いまひとつの二、「本地垂迹的見地に基づく善導観」は、先の三昧発得の論に続いて『選択集』の最後に述べられるものである。すなわち、

静かにおもんみれば、善導の『観経の疏』はこれ西方の指南、行者の目足なり。しかればすなわち西方の行人、かならずすべからく珍敬すべし。就中、毎夜に夢のうちに僧ありて、玄義を指授す。僧とはおそらくはこれ弥陀の応現なり。しかればいふべし、この『疏』はこれ弥陀の伝説なりと。いかにいはんや大唐にあひ伝へていはく、「善導はこれ弥陀の化身なり」と。しかればいふべし、またこの文はこれ弥陀の直説なり。………仰ぎて本地を討ぬれば、四十八願の法王なり。十劫正覚の唱へ、念仏に憑みあり。俯して垂迹を訪へば、専修念仏の導師なり。（『同』一二九一頁）

である。このような善導の本地垂迹的見地に基づく善導観は他の消息にもみることができる。(4) ところで上引の「大唐の相伝」とは何を示しているのであろうか。それは先にも挙げた『類聚浄土五祖伝』の善導伝の中、第六伝の『龍舒浄土文』に「慈雲式懺主の略伝に云、阿弥陀仏の化身なり」(『昭和新修法然上人全集』八五三頁)と述べられているのである。とすれば「大唐の相伝」に示される弥陀化身説の根拠は、文献史料として現存はしていないが慈雲(九六五~一〇三二)の『西方往生略伝』(5)によって開示されたものであるということができる。したがって法然の善導観のいまひとつの理解は、既に中国で述べられていた伝記に基づいて、善導は弥陀の化身であるという捉え方が強くなされていたということが領解される。

以上のように、法然の師弟としての善導の受け止めは、①念仏相承説、②仏・菩薩の化身説、③三昧発得説の三側面があった、ということができると思われるのである。

2、親鸞の師弟像

親鸞の法然に対する師弟像の見方については、概括的に二つの視点がある。すなわち、

一、念仏信心にもとづく法然観、

二、讃嘆にもとづく法然観(6)

であり、また二、讃嘆にもとづく法然観には、さらに〈1〉開宗の功の讃嘆、〈2〉本地垂迹の徳の讃嘆、〈3〉瑞相の徳の讃嘆がある。本論の視点である①念仏相承説、②仏・菩薩の化身説、③三昧発得説の三側面からいうなら、①の念仏相承説は一、念仏信心にもとづく法然観にあたり、②は〈2〉本地垂迹の徳の讃嘆、〈3〉瑞相の徳の讃嘆にあたるものと考えられる。では以下、親鸞の①念仏相承説、②仏・菩薩化身説、③三昧発得説の三側面の

理解について見てきたい。

まずはじめに①念仏相承説についてであるが、このことについては改めて言及するまでもないことのようにも思えるが、確認のためにその概要を見ておきたい。それは「行巻」に「『選択本願念仏集』源空集 にいはく、「南無阿弥陀仏 往生の業は念仏を本とす」と」（『註釈版』一八五頁）と書名ならびに法然の名前、さらには念仏往生の表題が掲げられ、続いて『選択集』の結論ともみなされる「三選の文」が引用されているものである。このような法然の主張した念仏往生に対する親鸞の言及は、「正信偈」に

本師源空は、仏教にあきらかにして、善悪の凡夫人を憐愍せしむ。真宗の教証、片州に興す。選択本願悪世に弘む（『同』二〇七頁）

といわれ、そしてさらに「化巻」後序には

しかるに愚禿釈の鸞、建仁辛酉の暦、雑行を棄てて本願に帰す。………『選択本願念仏集』は………真宗の簡要、念仏の奥義、これに摂在せり………まことにこれ希有最勝の華文、無上甚深の宝典なり

（『同』四七二・三頁）

と述べられるように、親鸞自身の体験とともに、『選択集』に明かされる念仏往生への讃嘆と確信が感激をもって明かされている。また『尊号真像銘文』末には「源空聖人真像」（『同』六六四頁）として、「行巻」引用の「三選の文」の主張が略説され、そして「高僧和讃」源空讃には、

・曠劫多生のあひだにも　出離の強縁しらざりき　本師源空いまさずは　このたびむなしくすぎなまし

（『同』五九六頁）

・諸仏方便ときいたり　源空ひじりとしめしつつ　無上の信心をしへてぞ　涅槃のかどをばひらきける

・真の知識にあふことは　かたきがなかになほかたし　流転輪廻のきはなきは　疑情のさはりにしくぞなき

（『同』五九七頁）

（『同』）

等と示されるように、(7)法然がいかに出離生死の専修念仏の教えを教示していたかが強調力説される。

では、②仏・菩薩の化身説についてはどのように見ることができるであろうか。それは「高僧和讃」源空讃に、

・本地源空の本地をば　世俗のひとびとあひつたへ　綽和尚と称せしめ　あるいは善導としめしけり

（『同』五九六頁）

・源空勢至と示現し　あるいは弥陀と顕現す　上皇・群臣尊敬し　京夷庶民欽仰す（『同』五九七頁）

・源空みづからのたまはく　霊山会上にありしとき　声聞僧にまじはりて　頭陀を行じて化度せしむ

（『同』五九八頁）

・阿弥陀如来化してこそ　本師源空としめしけれ　化縁すでにつきぬれば　浄土にかへりたまひにき（『同』）

等々と述べられるように、(8)法然は弥陀、勢至の化生であり、またその本地は道綽、善導であり、さらには釈尊が説法をおこなったインドの霊鷲山において、声聞僧とともに衣食住の貪りや欲望を払いのける頭陀行を行なった、というものである。このような理解は、親鸞が八四歳から八五歳（康元元年（一二五六）・康元二年（一二五七））頃に編集書写した『西方指南鈔』にもみることができる。すなわち

・集会の人人云く、形を見れば源空聖人、実は弥陀如来の応迹かと定め了ぬ。

（『浄土真宗聖典全書』三　宗祖篇　下、九六四頁）

・聖人月輪殿に参上したまふ。退出の時、地より上高く蓮華を踏て歩みたまふ。頭光赫奕たり、凡は勢至菩薩の

化身なりと。(『同』)

・園城寺の長吏法務の大僧正公胤、法事の為に之を唱導する時、其の夜夢に告げて云く、源空為二教益一公胤能説レ法　感即不レ可レ尽　臨終先迎摂　源空本地身　大勢至菩薩　衆生教化故　来二此界一度度と。此の故に勢至来見を大師聖人と名づく。所以に勢至を讃めて言はまくむ、無辺光、智慧光を以て普く一切を照すが故に。聖人を嘆じて智慧第一と称す、碩徳の用を以て七道を潤すが故なり。弥陀勢至を動かして済度の使いと為たまえり。善導聖人を遣わして順縁の機を整へたまへり。(『同』九六六頁)

等と、[9]法然は権者の化現、弥陀如来の応跡、勢至菩薩の化身であると明かされている。このような②仏・菩薩化身説の背景は、先にも述べたように善導弥陀化身説があり、親鸞はこの法然の理解に基づき、法然自身を上引のように見ていたということができる。さらに、③三昧発得説の理解については、親鸞は『西方指南抄』に「三昧発得記」(『浄土真宗聖典全書』三　宗祖篇　下、九二六～九二九頁、『昭和新修法然上人全集』八六三～八六七頁)を編集し、法然が六六歳から七四歳までのあいだ、三昧発得を行っていたことを述べている。とすれば、親鸞が法然の膝下に入ったのは二九歳の時のことであるから、親鸞は法然が三昧発得の人であるということは当然知っていたということになる。しかしその後、親鸞は『西方指南抄』編集の晩年に至るまで、法然の三昧発得についてはまったく言及することなく、また教学的にも援用することはなかったのである。[10]

したがって、親鸞の法然に対する師弟像としては、①念仏相承説、②仏・菩薩の化身説、③三昧発得説の三側面のなか、①の念仏相承説、②の化身・菩薩説の理解は見られるが、③の三昧発得説については見られないということができるであろうと思われる。

3、恵信尼の師弟像[11]

はじめにでも述べたように、恵信尼の師弟像について直接的に見ることができるのは、季女覚信尼に書き送った『恵信尼消息』である。『恵信尼消息』は、恵信尼が七五歳（建長八年（一二六五））から八七歳（文永五年（一二六八））頃までに書いたものである。全一〇通の中、最初の二通は譲り状であり、残りの八通の中、前半四通は親鸞の消息に関するものであり、後半四通は恵信尼の身辺に関するものである。それゆえ恵信尼の師弟像の視点から言えば前半四通に限られるということになる。その四通は弘長二年（一二六二）一一月二八日に没した親鸞の往生について、同年一二月一日付で発信されたわうごぜん（覚信尼）よりの手紙を、同年一二月二〇日に受け取った八二歳の恵信尼が越後より京の覚信尼に弘長三（一二六三）年二月一〇日付で送ったものである（『浄土真宗聖典全書』二　宗祖篇　上、一〇二六・七頁参照）。そこに述べられる内容について、恵信尼の親鸞に対する理解がどのようなものであったかを明かすのは、第三通の親鸞の叡山からの下山、六角堂参籠、法然門下への入門、さらには常陸における恵信尼の夢、第五通の三部経千部読誦等のエピソードからであろう。そこには、

上人のわたらせたまはんところには、人はいかにも申せ、たとひ悪道にわたらせたまふべしと申すとも、世々生々にも迷ひければこそありけめとまで思ひまゐらする身なれば（『註釈版』八一一・二頁）

と述べられるように、親鸞がいかに法然の教えに帰依していたかが示されているのである。それは親鸞が法然の念仏の教示に帰依していたことを示すものであると同時に、

わが身は極楽へただいまにまゐり候はんずれ。なにごともくらからず、みそなはしまゐらすべく候へば、かまへて御念仏申させたまひて、極楽へまゐりあはせたまふべし。なほなほ極楽へまゐりあひまゐらせ候はんずれ

ば、なにごともくらからずこそ候はんずれ。(『同』八二四頁)

と述べられるように、恵信尼もまた親鸞を通して法然の念仏の教えに帰依していたということをも示すものである。すなわち『恵信尼消息』に見られる師弟像の中、①念仏相承について、恵信尼もまた法然の念仏の教示を相承していたということができるであろうと思われる。

では次に②仏・菩薩の化身についてであるが、それは以下の内容から見ることができるであろう。すなはち、

常陸の下妻と申し候ふところに、さかいの郷と申すところに候ひしとき、夢をみて候ひしやうは、堂供養かとおぼえて、東向きに御堂はたちて候ふに、しんがくとおぼえて、御堂のまへにはたてあかししろく候ふに、たてあかしの西に、御堂のまえに、鳥居のやうなるによこさまにわたりたるものに、仏を掛けまゐらせて候ふが、一体はただ仏の御顔にてはわたらせたまはで、ただひかりのま中、仏の頭光のやうにて、まさしき御かたちはみえさせたまはず、ただひかりばかりにてわたらせたまふ。いま一体はまさしき仏の御顔にてわたらせたまひ候ひしかば、「これはなに仏にてわたらせたまふぞ」と申し候へば、申す人はなに人ともおぼえず、「あのひかりばかりにてわたらせたまふは、あれこそ法然上人にてわたらせたまへ。勢至菩薩にてわたらせたまふぞかし」と申せば、「さてまた、いま一体は」と申せば、「あれは観音にてわたらせたまふぞかし。あれこそ善信の御房よ」と申すとおぼえて、うちおどろきて候ひしにこそ、夢にて候ひけりとは思ひて候ひしか。さは候へども、さやうのことをば人にも申さぬとききて候ひしうへ、尼がさやうのこと申し候ふらんは、げにげにしく人も思ふまじく候へば、てんせい、人にも申さで、上人の御事ばかりをば、殿に申して候ひしかば、「夢にはしなわいあまたあるなかに、これぞ実夢にてある。上人をば、所々に勢至菩薩の化身と夢にもみまゐらすることあまたありと申すうへ、勢至菩薩は智慧のかぎりにて、しかしながら光にてわたらせたまふ」と候ひしかども、

観音の御ことは申さず候ひしかども、心ばかりはそののちうちまかせては思ひまゐらせず候ひしなり。かく御こころえ候ふべし。(『同』八一二・三頁)

その内容は、常陸下妻の坂井郷にいた時、恵信尼は夢の中で、法然を勢至菩薩、親鸞を観音菩薩としてみた。この夢の中で法然が勢至菩薩であるということを恵信尼は親鸞に話し、親鸞もそれは実夢であろうと言われたのであるが、親鸞が観音菩薩であることはついに恵信尼は口外することはなかった。おそらくは、関東在住時代の親鸞に対する想いが、親鸞の往生の報に接して回顧されたのであろう。このように法然・親鸞を仏の化身、もしくは菩薩の顕現として捉えていた恵信尼の理解は、法然・親鸞の師弟像の理解の一つである化身説と基を一にするものであると見ることができる。さらに、③三昧発得については、法然においては教義理論であると同時に自身の体験でもあったが、親鸞においては法然が三昧発得を用いたことは知っていたが、親鸞の思想において援用されることはなかったように、同じく『恵信尼消息』には見られないのである。

以上のことから『恵信尼消息』にみられる恵信尼の師弟像は、親鸞と同じように①念仏相承説、②化身・菩薩説の理解ということができると思われる。

4、唯円の師弟像(12)

親鸞没後二〇年余り後に唯円によって執筆されたとされる『歎異抄』(『浄土真宗聖典全書』二 宗祖篇 上、一〇五〇頁参照)は、内容的に前一〇章の師訓篇といわれる親鸞の言葉の部分と、後半八章の異義篇といわれる唯円の異義批判の部分に分けて見ることができる。つまり前半は親鸞の思想を明かし、後半は唯円の思想を明かしていると一応見ることができるが、ここでは『歎異抄』全体として見られる師弟像として考察していきたい。

まず①念仏相承については、『歎異抄』第一章に

弥陀の誓願不思議にたすけられまゐらせて、往生をばとぐるなりと信じて念仏申さんとおもひたつこころのおこるとき、すなはち摂取不捨の利益にあづけしめたまふなり。弥陀の本願には、老少・善悪のひとをえらばれず、ただ信心を要とすとしるべし。そのゆゑは、罪悪深重・煩悩熾盛の衆生をたすけんがための願にまします。しかれば、本願を信ぜんには、他の善も要にあらず、念仏にまさるべき善なきがゆゑに。悪をもおそるべからず、弥陀の本願をさまたぐるほどの悪なきゆゑにと云々。（『註釈版』八三一・二頁）

と述べられるように、本願を信じ念仏することによって往生すること以外にはないということが明示される。このように『歎異抄』は法然が開示し、親鸞が相承した本願念仏の教えを続いて相承しているということができる。では②化身・菩薩説、③三昧発得としての師弟像についてはどのように見られていたのであろうか。『歎異抄』第二章には、

親鸞におきては、ただ念仏して弥陀にたすけられまゐらすべしと、よきひとの仰せをかぶりて信ずるほかに別の子細なきなり。………たとひ法然聖人にすかされまゐらせて、念仏して地獄におちたりとも、さらに後悔すべからず候ふ。………弥陀の本願まことにおはしまさば、釈尊の説教虚言なるべからず。仏説まことにおはしまさば、善導の御釈虚言したまふべからず。善導の御釈まことならば、法然の仰せそらごとならんや。法然の仰せまことならば、親鸞が申すむね、またもつてむなしかるべからず候ふか。詮ずるところ、愚身の信心におきてはかくのごとし。（『同』八三二・三頁）

と明かされるように、親鸞の法然理解とそのことに重ねて本願の真実が述べられている。すなわち法然を〈よきひと〉と呼び、法然への絶対的な帰依が示され、その根拠は弥陀の本願のまことによることが明示される。そして

法然への絶対的な信順は、本願の系譜に位置づけられることによって、師弟としての立場が明かされているのである。さらに第六章では、

つくべき縁あればともなひ、はなるべき縁あればはなるることのあるをも、師をそむきて、ひとにつれて念仏すれば、往生すべからざるものなりなんどいふこと、不可説なり。如来よりたまはりたる信心を、わがものがほに、とりかへさんと申すにや。かへすがへすもあるべからざることなり。自然のことわりにあひかなはば、仏恩をもしり、また師の恩をもしるべきなりと云々。（『同』八三五頁）

と述べられている。それは仏恩、師恩について「如来よりたまわりたる信心」という他力廻向の視点から、そのあり方について明かしている。このことは、宗教的共同体の人間関係を超えて、如来回向の信心による関係性が見られているということであろう。逆にいえば、信心の行者としての自立性がいかに強く望まれているかを明かすものと考えられる。

また『歎異抄』においては、「親鸞の仰せである」ことについて多くを示している。(13) それは、親鸞を師としていかに信順していたかを示すものである。では、その具体的内容についてはどのように示されているのであろうか。それは、『歎異抄』の中においても極めて著名な師弟の関係の有り様の対話である第十三章において、

「唯円房はわがいふことをば信ずるか」と、仰せの候ひしあひだ、「さん候ふ」と、申し候ひしかば、「さらば、いはんことたがふまじきか」と、かさねて仰せの候ひしあひだ、つつしんで領状申して候ひしかば、「たとへば、ひと千人ころしてんや、しからば往生は一定すべし」と、仰せ候ひしとき、「仰せにては候へども、一人もこの身の器量にては、ころしつべしともおぼえず候ふ」と、申して候ひしかば、「さては、いかに親鸞がいふことをたがふまじきとはいふぞ」と。「これにてしるべし。なにごともこころにまかせたることならば、往

生のために千人ころせといはんに、すなはちころすべし。しかれども、一人にてもかなひぬべき業縁なきによりて害せざるなり。わがこころのよくてころさぬにはあらず。また害せじとおもふとも、百人・千人をころすこともあるべし」と、仰せの候ひしば（『同』八四二・三頁）

と示されるように、往生のために師の仰せではあったとしても、業縁がなければ実行できないことが明かされているのである。それは往生という事態は、師弟という人間関係を超えていることが示されているということであろう。そしてさらに、

「浄土真宗には、今生に本願を信じて、かの土にしてさとりをばひらくとならひ候ふぞ」とこそ、故聖人の仰せには候ひしか。（『同』八四八頁）

と示されるように、親鸞の仰せとして、「さとり」を得ることは人間の師弟の関係ではなく、本願を「信じ」「たのみ」とする他力によることが明示される。そして最後に師弟の関係は、ひたすらに「如来よりたまはらせたまひたる信心」においてであることが明かされるのである。すなわち、

法然聖人の仰せには、「源空が信心も、如来よりたまはりたる信心なり。善信房の信心も、如来よりたまはらせたまひたる信心なり。されば、ただ一つなり。別の信心にておはしまさんひとは、源空がまゐらんずる浄土へは、よもまゐらせたまひ候はじ」と仰せ候ひしかば、当時の一向専修のひとびとのなかにも、親鸞の御信心に一つならぬ御ことも候ふらんとおぼえ候ふ（『同』八五二頁）

である。それは人間関係としての師弟のありようは信心に基づくものであり、そしてその信心は個別の念仏者一人ひとりのものであることが示される。それは往生が人間一人ひとりの単独の事態であり、救いの本質は人間個々の存在としていかにあるかを明かしているものと思われる。

以上のように『歎異抄』において見られる①念仏相承説については、法然・親鸞、恵信尼と同様に、唯円においても、念仏・信心の教示を相続していることは改めていうまでもないことであろう。では②化身・菩薩説についてはどうであろうか。この点について『歎異抄』においては見ることができないのである。したがって化身・菩薩説を見ないということについては、『歎異抄』独自の見解であるといえるであろう。また、③三昧発得説については、「いづれの行もおよびがたき身」（同八三三頁）といわれるように、見られるはずもなかったのである。

では『歎異抄』に見られる師弟像とはどのようなものとして理解することができるのであろうか。それは親鸞が法然に対する態度として地獄に堕ちても後悔しないという究極の姿勢を示しているのと同様に、唯円も親鸞に対して同一の姿勢であったと考えられる。そしてそれは、「如来よりたまわりたる信心」（同八五二頁）に基づいているものであると考えられる。このような『歎異抄』の師弟像は、法然、親鸞、恵信尼とはいささか異なるものであり、『歎異抄』独自のものでもあるように考えられる。それは法然が善導に対して持った三昧発得説や化身・菩薩説でもなく、また親鸞が法然に対して抱いた化身・菩薩の顕現としての把握でもなく、さらには恵信尼の親鸞に対する化身・菩薩説的理解でもない。いわば『歎異抄』に明かされる親鸞と唯円の師弟のありようは、「ひとへに親鸞一人がためなりけり」（同八五三頁）を実践する、「如来よりたまわりたる信心」（『同』八五二頁）に基づく「念仏の人、信心の人」であったと考えられるのである。

おわりに

法然・親鸞・恵信尼・唯円に見られる師弟像についての同異を記すと、表㈠となる。このように師弟像の理解については、同一の面と各々異なった面の理解があることを指摘することができる。このことは日本浄土教における

念仏行の性格の問題、さらには真宗における法の伝達の問題等と考えられるが、このことを踏まえ、結論にかえて真宗信仰展開の中に見られる師弟像の一例として、妙好人として著名な浅原才市の言葉を挙げることができる。すなわち、

さいちよい。へ（はい）、いませ京（説教）をし太わ、犬れか。へ、あんらくし（安楽寺）のわ上三（和上さん）であります。そをでわあるまへ（まい）。れん仁よ三（蓮如さん）であります。そをでわあるまへ。みだのじきせつ（直説）、なむあみ太ぶであります。(14)

というものである。このような妙好人の法を弥陀の直説として受け取る態度を顧みる場合、『歎異抄』の他力回向の信に基づく教学的論理的な師弟理解、また浄土教伝承の師弟のあり方、さらには浄土真宗における念仏伝道のあり方については、改めて再考しなければならない問題があるのではないか、と考えるものである。

論述の稚拙さのため、意の判然としないところも多々あるかと思われるが、大方のご批判を願えれば幸いである。

表(一)

	①念仏相承説	②仏・菩薩化身説	③三昧発得説
法　然	○	○	○
親　鸞	○	○	×
恵信尼	○	○	×
唯　円	○	×	×

註

（1）石田充之著『選択集研究序説』一二五～一三八頁
（2）拙稿「浄土教における祖師観形成の問題（一）―法然浄土教を中心として―」『龍谷教学』二四号、四一頁
（3）法然自身の三昧発得体験の意義については、拙稿「法然浄土教における三昧発得の問題」『真宗学』一一三号、一

頁以下参照

（4）「津戸の三郎へつかはす御返事」「また善導和尚の、弥陀の化身として」『昭和新修法然上人全集』五〇一頁、「大胡の太郎実秀が妻室のもとへつかはす御返事」「善導和尚は弥陀の化身なり」『同』五一二頁、「大胡の太郎実秀へつかはす御返事」「善導またただの凡夫にあらず、すなわち阿弥陀仏の化身なり」『同』五一八頁、「鎌倉二位禅尼へ進ずる御返事」「善導和尚は弥陀の化身にて」『同』五二八頁、「熊谷の入道へつかはす御返事」「善導和尚は阿弥陀化身にておはしまし御座候へは」『同右』五三五頁、「正如房へつかはす御返事」「善導また凡夫にあらず。阿弥陀仏の化身なり」『同』五四四頁、「津戸三郎へつかはす御返事」「善導和尚と申人はうちある人にも候はす、阿弥陀仏ほとけの化身にておはしまし候なれば」『同』五六九頁

（5）佐藤成順稿「中国と日本における善導観―浄土教相承説を通して―（『善導大師研究』）の註の⑨（二九四頁）には、

『往生西方略伝』は現存しないが、『龍舒増広浄土文』巻五には、「法朝慈雲式懺主略伝云、阿弥陀仏化身至長安、聞滻水乃曰、可教念仏、三年後満長中念仏」（『正蔵』五一・二六七）とあり、これが、遵式が善導を弥陀の化身といった、という言い伝えの根拠であろう。この遵式の一文は、少しの語字の違いはあるが、『楽邦文類』巻三の善導伝（『浄全』六・一〇一八）にも「天竺往生伝」の名で、『仏祖統記』の巻二六（『正蔵』五一・二六三）にも「慈雲浄土略伝」の名で引用してある。法然門下の幸西の「唐朝京師善導和尚類聚伝」にも、ほとんど同文を『西方略伝』の名で引用してある。塚本善隆博士『唐中期の浄土教』一〇八―一〇九頁に、『唐朝京師善導和尚類聚伝』の西本願寺蔵古写本を使用してこの一文をあげてある。と指摘されている。

（6）拙稿「親鸞における祖師観形成の問題」『真宗学』第八四号、四二頁

（7）法然の念仏教示については、以下のような和讃も見ることができる。

・本師源空世にいでて　弘願の一乗ひろめつつ　日本一州ことごとく　浄土の機縁あらはれぬ（『註釈版』五九五頁）

・智慧光のちからより　本師源空あらはれて　浄土真宗をひらきつゝ　選択本願のべたまふ（『同』五九五頁）

・善導・源信すすむとも　本師源空ひろめずは　片州濁世のともがらは　いかでか真宗をさとらまし（『同』五九六頁）

（8）法然の仏・化身説については、以下のような和讃も見ることができる。
・源空存在せしときに　金色の光明はなたしむ　禅定博陸まのあたり　拝見せしめたまひけり（『同』五九六頁）
・源空光明はなたしめ　門徒につねにみせしめき　賢哲・愚夫もえらばれず　豪貴・鄙賤もへだてなし（『同』五九七頁）
・粟散片州に誕生して　念仏宗をひろめしむ　衆生化度のためにとて　この土にたびたびきたらしむ（『同』五九八頁）

（9）法然の仏・化身説は、以下の文献も見ることができる。
・「蔵俊云く、汝方に直人に非ず、権者の化現なり、智慧深遠なること形相炳焉なり（「源空聖人私日記」『浄土真宗聖典全書』三　宗祖篇　下、九六〇・九六一頁）

（10）親鸞の三昧の理解については、拙稿「親鸞における三昧の問題」『真宗学』第九一・九二合併号、三三三頁参照

（11）恵信尼における師弟像については、拙稿「『歎異抄』における師と弟子の問題」『歎異抄に問う―その思想と展開―六角会館研究シリーズ』Ⅲ、五九頁以下参照

（12）唯円における師弟像については、同六一頁以下参照

（13）「故聖人の仰せには」（『註釈版』八四一頁）、「故聖人の仰せには・聖人は仰せ候ひしに」（『同』八四二・八四四頁）、「故聖人の仰せには候ひしか」（『同』八四八頁）、「聖人の仰せの候ひし趣・故聖人の御こころにあひかなひて・聖人の御本意にて候へ・聖人のつねの仰せには・聖人の仰せには」（『同』八五二・八五三頁）

（14）柏原祐泉著「妙好人―その歴史像―」『浄土仏教の思想』一三　妙好人　良寛　一茶、二一六頁。なお、このような信仰形成の背景については、講演録ではあるが、源了圓「蓮如上人・梅田謙敬・浅原才市」『真宗研究』第四三輯、一五七頁以下参照。

（本稿は、「親鸞における真仏弟子論の問題―師弟の意味、およびその関係について―」平成二十三（二〇一一）年、www.iasbs.net/pdf/2011_IASBS、国際真宗学会、ＰＤＦファイルとして発表したものについて大幅に加筆修正を加えたものであることをお断りしておきたい。なお、現在はウエッブサイト上では公開されていない）

金子大榮における「浄土の開顕」の思想史的考察

――『浄土の観念』を読み解く（序説）――

龍溪章雄

一　浄土探求の三部作

近代真宗教学者である金子大榮（明治十四年（一八八一）～昭和五十一年（一九七六））は、今日一般に「聞思の教学者」として知られているが、その浩瀚な著作から窺える学問的思想的遺産は「浄土の開顕」と「『教行信証』の公開」の二点に収斂される。[1]中でも「浄土の開顕」について言えば、その独自の近代的浄土解釈が提示されている著作として、『浄土の観念』（文栄堂、大正十四年（一九二五）二月。四十五歳）、『彼岸の世界』（岩波書店、大正十四年九月）、『浄土の諸問題』（あそか書林、昭和四十三年（一九六八）四月。八十八歳）を挙げることができる。これらの書物をいま仮に、金子大榮における「浄土探求の三部作」と呼んでおきたい。

『浄土の観念』と『彼岸の世界』はともに大正末期のもので、うち前書は講演（大正十三年（一九二四）十月、日本仏教法話会）の速記録（講題「大乗経に於ける浄土の観念」）で、後年「異安心問題」を惹起したもの、後書は大谷大学での講義（世親『浄土論』）を中心とする当時の学術的思索を集大成した形で著述されたものである。問題提起的な講演記録と学問的手続きを踏まえた著述という形態上の異なりはあるものの、両書とも同時期の著作

に属し、内容的にも共通した浄土観が論じられている。二書は一対のものである。一方、『浄土の諸問題』は最晩年の講話録で、内容的には浄土探求の歩みを総括する位置にある[2]。

金子の浄土観は、今日一般に主に『浄土の諸問題』をとおして理解されている。「生死の帰依所」（死の帰するところをもって生の依るところとする）として浄土を平易に語る晩年の円熟した思想はこの書に存分に言表されていて、「読みやすく」また「理解されやすい」からであろう。しかし、そうした晩年の円熟した思想がどのような悪戦苦闘の歩みをとおして形成されてきたか、そのプロセスを解明しなければ、「浄土の開顕」の学問的業績の全貌、「浄土」をめぐる思索の歴史的意義は十分には理解できない。晩年の円熟した教学思想を正確に理解するためには、その思想形成過程を辿り、特に青年期から壮年期にかけての金子の問題意識や学問的関心の動態を内在的に確認する必要がある。

本稿では、以上のような問題関心に立ち、紙数の都合上『浄土の観念』を中心に（必要に応じて『彼岸の世界』にも言及する）、金子における浄土の探求と開顕の内実を特にその内的動機、方法的立場、併せて『浄土の観念』を読み解く上での鍵概念、の三点に焦点を絞って明らかにしてみたい。具体的な浄土了解の内容と意義についての詳しい考察は別稿に譲る。

二　「浄土」の復活

金子の独自の浄土了解が提示されている最初の書『浄土の観念』の「序」で、本講演の主題である「浄土」の探求に至らしめられた内的契機を次のように語っている。

　之れは未見の世界でありながら、しかも懐かしき郷里である。若しわが生涯が其所に旅立ちつゝ其所に帰るこ

とであることが信知せられたならば、それは如何に幸恵なことであらう—といふことがこゝ数年間の私の心霊を支配して来た。親鸞聖人の浄土往生の思想も、この意味に於いて私にも味はるるようである。思ふに釈尊の涅槃と宣ふ境地も、恐らくはこの私に取りての未見の郷里ではないであらうか。兎もあれこの彼岸の願求が、「浄土」といふものを特に私の研究の主題たらしめた。(3)

金子にとって「浄土」とは、いわゆる教理学的関心の対象ではなく、どこまでも自己自身における思想生活の歩み、「彼岸の願求」として語られる求道的関心の必然的要請として課題化されてきた主題であった。そしてそこには、以下に述べるように、金子の信仰歴程の内実を規定した「悩ましき問題」との格闘のあったことを見落としてはならない。

私の著作に於て宿命的であつたものは『彼岸の世界』である。浄土観である。生来愚鈍にして知識的の固執を離るることのできなかつた私にとりては「浄土」といふものは特に不可解のものであつた。それにも拘らず伝統の空気は是非ともそれを領解せねばならないものと強いられてゐたのである。その実体観を超ゆる為には、いかに苦悩せることであらうか。それが『彼岸の世界』に於て漸く解除せられたのである。(中略)今日に於ても実体観に止つてゐる人もあれば、初学にして早くも真義に了達した者もあるやうである。しかし私はそのいづれに同じてよいか分らない。それ程までに私には悩ましき問題であつたのである。(4)

かつて少年大榮の魂の底深く刻印された、浄土の存在の有無と伝統的な浄土往生の信仰をめぐる素朴な疑問は、やがて自覚的な「悩ましき問題」(「実体観」の克服)となってその後の人生行路の方位を決定づけるものとなった。青年期以降の求道的思索の根底を貫く一本の〝赤い糸〟こそ、実に運命的思想課題となった「浄土の探求」であったと言えよう。浄土の問題は金子にとって知的レベルでの関心の対象ではなく、彼の実存的生がその情意に衝き動

かされ意欲せざるをえない形（「彼岸の願求」）で自らに課した究極的関心事であった。

しかしその「悩ましき問題」は容易に解決されえなかった。その「苦悩」の跡を、金子は『浄土の観念』の冒頭において率直に告白している。

申す迄もなく私は真宗の寺院に生れて、幼さい時からお浄土といふ話を聞きお念仏を称へてお浄土参りをするのであるといふ事も聞いて居たのであります。がまたその頃から其お浄土といふものが解らないのであつて、浄土とか地獄とかいふような話は昔の偉い人が好い加減に何かの方便でいつたものであらうといふような考へを持つて居つたのであります。さういふ考えは随分長く続きまして、信仰といふような事をやかましくいふようになり、自分でも考へるようになりましても、仏といふものは漠然とではありますけれども在しますような感じがしたが、浄土といふものがどうもはつきりしない。遂に我々の宗教生活としては、浄土といふようなものは大体重要なものではないであらう、本当に大切なものは仏である、仏さへ解ればよいのであるといふような考へが起き、嘗ては如来中心の信仰といふようなものを考へてみた事もあるのであります。お浄土参りが仕度いといふやうな考えを中心にして居る信仰は、間違つた信仰か或は方便的信仰であつて、まことはお浄土よりも仏が有難くならなければ駄目である。かの蓮如上人が「極楽はたのしむと聞いて願ふ者は仏にはならぬ、弥陀を頼むものが仏になるのだ」と云はれたお言葉などを思ひ合はして、仏の慈悲を信ずるのである、お浄土は解つても解らんでもよいのである、といふようなことを思ふてみたのであります。然るにその浄土といふものが今自分の信仰の上に復活して来たのであります。(5)

金子における浄土探求の歩みはそのまま信仰の歴程と重なっていた。少年時代の素朴な疑問から青年時代における「如来中心の信仰」へ、そして浄土の「復活」への転回。金子の求道の歩みにおいて浄土は、先ず出発点におい

てその存在が疑問視され、次には「浄土は解つても解らんでもよい」「仏さへ解ればよい」として軽視されるに至り、やがて一転して「信仰の上に復活して来た」のである。真宗大学卒業後の在郷十年間の精神主義傾倒時代における恩寵主義的信仰の中では、「如来中心の信仰」と自ら評しているように金子にとって浄土は積極的存在意義を有するものではなかった。処女作『真宗の教義及其歴史』（無我山房、大正四年（一九一五）二月。三十五歳）も、「真宗の信仰は、弥陀と衆生との関係を会得するにあり」（「序」）との視点から、真宗救済の構造を論理と心理の両面より考察したものであった。同書では伝統的な浄土往生の信仰を「浄土中心の救済」として批判し、当時の自身の信仰的立場であった恩寵主義的信仰を「如来中心の救済」として高調している。

かゝる罪悪深重の者に、大悲の涙をそゝぎたまふ如来在ますと聞かせて頂くだけで、もう充分である。（中略）浄土中心の方では、如来は唯だ西方にのみ在す故に、来世でなければ観ることが出来ぬとする。之に対して如来中心の方では、現実に大悲の仏心に接するを以て、往生といふ事も、之を現実に味はふことができる。(6)

として親鸞の「即得往生」義を現生において理解し、「現実の救済」体験を強調するが、「如来中心の信仰」には、未だ浄土の存在意義をめぐる積極的思索は表顕されていない。恩寵主義脱却直後の金子の信仰においても、その恩寵的救済信仰から自覚自証的信仰への転回が主に曽我量深の思索に導かれたという事情もあってか、如来観が中核となっており、浄土についてはあまり触れられていない。「浄土」は信仰の中心的位置を占めていない。

ところで、いま指摘したような浄土軽視の「如来中心の信仰」は、言うまでもなく清沢満之の精神主義の信仰に由来する。清沢は、「私共は地獄極楽があるが故に、地獄極楽を信ずるのではない。私共が地獄極楽を信ずる時、地獄極楽は私共に対して存在するのである。」（「宗教は主観的事実なり」(7)）と主観主義の立場から浄土の存在を説き、「他力救済の念は、能く我をして迷倒苦悶の娑婆を脱して、悟達安楽の浄土に入らしむるが如し。我は実に此念に

よりて、現に救済されつゝあるを感ず。」(「他力の救済」[8]) と現実の浄土体験とでも言うべき信境を吐露してはいるものの、それはあくまでも「現在の安住」(「精神主義と三世」[9]) の信境を浄土往生に仮託して語ったものであった。清沢の最終的到達点は絶筆「我が信念」において、「私の信ずる如来は、来世を待たず、現世に於て、既に大なる幸福を私に与へたまふ。(中略) 来世の幸福のことは、私は、まだ実験しないことであるから、此処に陳ぶること は出来ぬ。」(「我信念」[10]) と表白するとおり、どこまでも「現世の幸福」すなわち「現在安住」の実験にあったと言えよう。そこでは、浄土の存在が信仰もしくは宗教生活にとってもつ意義、必然性といった点は、ほとんど触れられることなく終わっている。したがって、このような精神主義の影響を受けて自らの信仰を形成していった金子のその信仰空間に、「浄土」が独自の位置を占めることのなかったのは、けだし当然の結果であったと言うべきであろう。してみれば、金子の浄土探求の試みとやがてその成果として提示された独自の浄土了解は、清沢の遺した精神主義の課題に応答したもの、精神主義の一つの展開形態として意義づけられるのではないかと思う。

ともあれ、金子の浄土探求の歩みは、素朴な疑問の段階から「如来中心の信仰」という浄土軽視の救済観の時代を経て、大正期後半の金子の思索において頂点に達する。すなわち、浄土の「復活」を「彼岸の願求」がもたらしたのである。そして、復活した浄土をめぐる思索をとおしてそこに見出された新しい浄土観を世に問うたのが、『浄土の観念』並びに『彼岸の世界』であった。金子の息の長い人生の前半生を貫く「悩ましき問題」は、こうしてようやく解決されるに至ったのである。

三　浄土をめぐる実体観の否定とその「意味」の再発見

ところで、金子にとってその「悩ましき問題」の核心は、「知識的の固執」つまり「実体観」から脱却すること

が容易でなかった、という点にあったことに注意したい。この事実は、金子独自の浄土観が、その「実体観の否定」において初めて成立したことを意味する。少年時代の素朴な疑問も、青年時代の恩寵主義的な「如来中心の信仰」における浄土軽視も、ともに浄土を実体的存在として予想する「知識的固執」に由来するものであった。「不可解」の原因は、浄土そのものにではなく、人間の側の実体観にあったわけである。そしてそのことは、金子が疑問視し、やがて「浄土中心の救済」として批判した伝統的な浄土往生信仰における浄土観、換言すれば素朴な浄土存在の肯定もまた、実体観に執われたものであるということを意味する。

と同時にさらに言えば、明治以降日本に移植受容された西欧近代の自然科学の世界観や人間中心の諸思想に訓練された知識人を初めとする人々の間に、仏教が伝統的に説いてきた地獄・極楽の存在を否定する風潮が、当時一般的な傾向としてあった。そうした浄土否定論の思潮はまた真宗の教界内部においても、金子と同時期の野々村直太郎の『浄土教批判』（大正十二年（一九二三））に見られた。一方、明治以来徐々に発達してきたいわゆる近代仏教学の領域においては、浄土思想の文献学的ないし歴史的研究も進展してきていた。すでに早く明治時代に松本文三郎『極楽浄土論』（明治三十七年（一九〇四））が上梓されており、大正時代には泉芳璟の『仏教地獄極楽論』（大正七年（一九一八））が代表的なものである。真宗教学界の場合は、従前どおり、宗典に基づくいわば本体論的な研究と弁証が一般的方法として行われていた。しかし、こうした浄土の存在をめぐる否定的見解（野々村）、客観的研究（松本、泉）、宗門教学の弁証、言わば浄土の存在をめぐる否定と肯定のいずれも、その根底には実体観が巣くっている。金子における「浄土」の復活—新しい浄土了解は、そうした実体観からの解放を契機としてもたらされ、形成されている。そして自らの信仰歴程における「悩ましき問題」解決の経験を立脚地として、このような浄土の存在をめぐる実体観的な素朴実在観を否定することこそ、実は『浄土の観念』の最も基本的なモチーフであ

った。

先に引用した『浄土の観念』の冒頭における、浄土探求を軸とした信仰歴程の告白に続いて金子は、次のように語っている。

さうして今日では動もすれば浄土といふような考へは無くても宗教とか信仰とかいふものは有り得るのだといふやうな考へが随分行き渡つて来たのでありますけれど、私としてはどうも夫では不満足であつてやはり浄土といふものが、我々にとつて何か意味を持たなければならんといふような考へに支配されて居るのであります。(11)

ここには、直接言表されてはいないが、浄土教における往生思想（したがって如来及び浄土の観念）は過去の神話に過ぎず宗教の本質ではないとする、野々村直太郎の『浄土教批判』への批判が色濃く含意されていよう。浄土教理解に関して、同時代の野々村と金子の両者には差異点と共通点が見られ、興味深いものがあるが、いまは立入って触れることを差し控えておく。ただ、浄土を否定または無視ないしは軽視する見解に対して、金子は明確に批判的立場にあり、浄土は人間にとって何らかの「意味」をもつべきであるとして、経典に説かれる積極的意義を認めようとしていることに注目しなければならない。大正期の浄土をめぐるさまざまの動向の中で、金子の新しい近代的浄土了解は生れてきた。そして、その「意味」の再発見こそ、金子における浄土の「復活」の内実に他ならなかったわけである。なお、このことは『浄土の観念』の内容そのものに関わる事柄であるから、以下の考察に譲る。

ともあれ、金子における浄土の「復活」には、単に金子自身の信仰歴程における内的必然的帰結という個人的契機のみならず、当時の浄土をめぐる伝統的護教論、客観的学問的説明、批判的否定的見解に対する金子独自の立場からの応答といった、歴史的契機が含まれていたことを忘れてはならない。一般に学問や思想は個人的契機を内因とし、歴史的契機を外縁として形成されるものであるが、金子のケースはそのよき例である。

金子大榮という一人の近代仏教者の信仰的個性によって選ばれた問題としての「浄土」は、やがて真宗の教学界における普遍的課題となる。生い立ちに規定された一人の浄土探求者における信仰の歩みがようやくにして辿り着いた浄土の「復活」の地点は、近代仏教が初めて経験する「浄土」の再発見と復活の第一歩でもあった。近代的浄土解釈という遺産を浄土仏教思想史上にもたらし、浄土の新しい了解の可能性を開いた金子における浄土開顕の内実を、次に見ていくこととしよう。

四 「観念」と「彼岸」―浄土了解のキーワード

金子がその独自の浄土了解を発表した二冊の著述、『浄土の観念』と『彼岸の世界』は、共通したモチーフに基づいて構成されている。すなわち、従来の伝統的浄土観の吟味による実体観の否定、浄土の人生的・現実的意義の探求、がそれである。しかし同時にそこには、両書の成立経緯の相違に基づいて、各々の特色が見られる。

『浄土の観念』は、講演題目が「大乗経に於ける浄土の観念」であったことからも知られるように、主として大乗経典における浄土の諸観念（ここで「観念」というのは、教説、概念、思想の意）の批判的吟味、比較検討をとおして、金子自身の浄土観の基本的立場を表明することが中心となっている。当時の教界に対する浄土の観念（教説・概念・思想）をめぐる問題提起という点に、本書の基調が見られる。経説の浄土の観念には、「観念界として説かれた浄土」、「実現の理想界として説かれた浄土」、「願生すべき実在界として説かれた浄土」の三類型があるとし、この中で「観念界として説かれた浄土」を根拠として自らの浄土了解、すなわち「観念界としての浄土」を提唱論述している。

一方、『彼岸の世界』は、学術書としての体裁を保持しつつ金子自身の浄土了解を大乗経論に即して詳細に論述

することが目的で、世親『浄土論』を『無量寿経』と照応させつつ読解しており、また学生時代に出会い卒業論文に選んだ『華厳経』の影響が色濃く反映されている。そこには金子における経典解釈の個性が存分に表出されている。両書をとおして窺える金子の浄土観を構成する主要な鍵概念は、「観念」と「彼岸」である。「観念」(「観念界としての浄土」と言う場合の観念)という用語、そして金子がこの語に託した意味は、当時金子自身が大きな思想的影響を受けていた新カント派の認識論、及びその文脈でのプラトンのイデアの思想に由来するものである。金子の浄土観は、このカント的―プラトン的思想の文脈において理解されねばならない。すなわち、ここで「観念界としての浄土」と金子が言う時の「観念」とはドイツ語のイデー(Idee)に相当する訳語である。[12]「観念界」そして「彼岸の世界」とは、イデアの世界として、現象界に属さない先験界、如何なる意味においても経験を交えない、むしろ経験成立の原理となるべきものであった。観念と訳される語には別にフォルシュテルング(Vorstellung)があるが、これは「表象」とも訳され、心理学概念として観念をとりあげる場合にはこの用語が使用される。しかし金子が「観念」の語を使用する時、それは心理学概念としてではなく、明確に哲学概念(Idee)としてであった。後年「観念の浄土」が問題化された際、浄土の実在を否定したと受け取られたと同時に、それを聖道仏教の自性唯心的思想―己心の弥陀・唯心の浄土―だとする論難が出たのも、この哲学用語としての「観念」が正当に理解されず、いわば心理学概念的に取り扱われたからに他ならない。「観念」という哲学用語の意味とそれを使用した金子の意図は正当に理解されなかった。ともあれ金子の浄土観は、大正期アカデミー哲学界の主要な潮流を占めていた新カント派哲学を中心とする西洋哲学思想への学びを媒介とし、そうした哲学思想との対話をとおして形成されたものであった点に、その歴史的特質の一端が見られる。

一方、「彼岸」の語は、これは言うまでもなく仏教に伝統されてきた基本用語である。しかし金子がその言葉を

使用する時、それは、この宗教用語の体内に堆積されてきた伝習（因習）的固定的観念（比喩的に言えばDNA）の垢が振り落とされて、新鮮な響きをともなった全く新しい近代的宗教語として再生されていることに注意すべきであろう。そしてそこには、いわゆる大正ロマンティシズムの香りが強烈に漂っている。このことからも、金子の浄土了解がすぐれて歴史的な生成物であった事実を知ることができるのである。

五　方法的立場―内観の浄土

金子は論述を始めるに当たって、「浄土といふものは我々個人の自覚にとつてどういふ意味を持つて居るか」という点に関して、『浄土論』冒頭（願生偈）における「世尊我一心　帰命尽十方　無碍光如来　願生安楽国」との世親自身の浄土願生の表白に基づきつつ語っている。これは金子の浄土観の最も基底的な事柄で、浄土をめぐる金子自身における信仰表白とでも言うべき内容であり、さらには浄土研究の方法的立場を示したものと言ってよい。

金子が仏教について論じる時は、如何なる場合でも常に、人生の迷妄的現実、人間の罪と苦悩の凝視と、そこに必然的に生じてくる出世間的願求の事実から出発する。宗教とは、金子においては、人間の現実存在に対する苦悩の自覚とその悲傷する心によって必然的に求められる世界であり、したがって宗教―仏教の学はどこまでも自己における「生」の体験に即したものであらねばならなかった。清沢満之の精神主義における「実験」（「内観主義」「主観主義」）の方法態度を継承する「自己中心」[13]の実存的立場がそこにある。いま金子がここで浄土の個人的自覚的意味を説明する際も、同様の方法からその考察を始めている。

（上略）仏があるか無いかといふ問題は寧ろ私に取つては第二の事柄であつて、さういふことよりも先づ吾々が本当に自分といふものを見て行く、或は我といふものが初めから解らないならば、私がこゝに斯うやつて居

る、之は何であるかといふことを本当に反省し、而して其の反省されたものが罪と悩みとに沈んで居る此の者であるとわかつて、此の者が帰命といふ態度を取る時にそこに初めて我があり、それに対してそれが照されて居る所の仏といふものがよく考へられて来るのであります。斯ういふ意味に於て仏も亦私の自覚の天地に現れて来るものなのであります。(14)

仏の存在は、自己内観の必然としての帰命の態度において感知せられるところの、罪と悩みに沈んでいる我とともにその我に対応して現れてくるものである。最初に「仏」の存在と「我」とを予定して、しかる後にその「我」が「仏」を信ずるというのではなく、唯一つの「帰命」という態度において苦悩の「我」とその我の闇を照らす光の「如来」とが自覚されてくる。その自覚の内景に現れる仏は、人間の経験的な常識的分別が考える存在―有無の観念（実体観）を超えているという点で「純粋客観(15)」である。

このように説く金子はさらに浄土についても次のように論じる。

我の背景には現実の世界がある。従つて、さういふ我でありますから其の我が如来に帰依すると同時に此の安楽国の世界といふ現実の世界を超えた一つの天地を認めざるを得ないことになつて来るのであります。即ち吾々が自分といふものゝ背景としての此の多くの衆生の住んで居る現実の世界を見極めて行く時に、丁度私というものを見極めて仏が出て来たと同じように、現実の世界を照して居る安楽国といふ彼岸の世界彼の土といふものがそこに出て来るのであります。さうして私は其の国に往きたいといふ願ひが現れて来るのであります。ですから詰り一心若しくは我といふものを中心として考へますれば、如来は我といふ個人の現実を照す光であり、安楽国は我の周囲即ち我によつて代表されて居る所の現実の世界を照す所の一つの境涯である。だから之を逆にいへば本当の自己の現実を知れば、そこに帰依如来といふことが出て来、本当に此の世の有様を見極め

たならばそこに彼の国に往きたい、安楽国に生ぜんと願ずることが当然出て来るのであります。（中略）安楽国とか仏といふものがあるか無いかをさきに決めてからのもので無くて、私の心の上の事実として私が仏を拝み浄土に行きたいといふ願が直接に出て来るのであります。(16)

帰命と同時に願生という態度が必然的に現われてくる。浄土とは、そうした現実界の否定、悲傷をとおして現われる願生の態度において内観されるところの、此岸の世界を照らし出す「彼岸の世界」である。

金子にとって如来及び浄土は、このようにどこまでも自己の現実の自覚から出発するところに必然的に見出されるものであった。そして、こうした「帰命」と「願生」は言うまでもなく信心に他ならぬが故に、金子における如来及び浄土とは信心の内面に自覚される精神界という意味をもつ。信心を離れて如来も浄土も存在しない。当時金子が多用していた表現を借りて言えば、信心の智慧たる「宗教的理性」によって内観され感知される自覚的世界である。かくして金子の浄土観は、それを方法的には「浄土の内観」もしくは「内観の浄土」と表現しうるであろう。『浄土の観念』の主題「大乗経に於ける浄土の観念」において金子が展開する独自の浄土了解は、以上指摘したような意味における「浄土の内観」もしくは「内観の浄土」が基調となっている。

その主体的な関心と態度は、より具体的に次のように述べられている。

（上略）私の態度は、さういふもの（大乗経典のこと—註引用者）を読んで私の胸に与へられる或る感激を中心として、其の大乗経典に説いてあることは私の現在過去及び未来に取つてどういふ意味を有つて居るか、私の心霊に取つてどういふ意味を有つて居るか、吾々の周囲の社会とか人生といふものに向ふ上に於て大乗経典に説いてある浄土といふものは一体どういふ意味を有つて居るか、さうして私としては寧ろそこに感得せられた意味を以て経典を見直して行くといふことの方が本当に経典を見る眼では無いかといふように思うて居るの

であります。(17)

内観の浄土は、自己及び現実界の自覚を踏まえ、経所説の教法をとおして獲得された信心によって感得された世界であった。しかし金子はこうして内観された「観念界」「彼岸の世界」たる浄土を、単に自己の個人的精神領域としてのみ狭く了解してはいない点に、十分注意しなければならない。金子にとって浄土とは、自己の心霊・人生にとってのみならず、「吾々の周囲の社会」にとって何等かの「意味」をもつものであらねばならない、とされている。金子における「内観の浄土」は、そうした時代社会を視野に入れた自覚の広さを含んでいた。

元来、清沢の精神主義や内観主義は、単に自己のみを問題にするとか心の内側を凝視するとかいったいわゆる個人主義的心理主義的な自覚をいうのではなく、自己の内外両面における全ての事柄を精神的内面的に見ていくことを意味するものであった。したがって金子の「自己中心」も、また「内観」も、自身の存在を含めてあらゆる問題や事象に対する関わりの態度を説くものであった。そして時代社会に対する関心も、実は金子においては人一倍強烈なものがあった。

いま浄土の問題について、経説の浄土の観念の上に何らかの時代社会に対する現実的意味を精神的内面的に発見したところを論じようとしているわけである。もちろんそれは金子自身の信仰空間、精神内界に、願生の対象世界として自覚されたものとしてである。こうした意味において、金子の浄土了解は実のところ、単に浄土思想をめぐる経典解釈の上での新知見の提唱という学術的教学的レベルでの歴史的意義をもつに止まらず、むしろ金子自身の意図からすればそれ以上に一つの時代に対する積極的な発言、もしくは近代仏教者ないし親鸞教徒としての社会観の表明、といった実践的性格内容を含意していると言うべきであろう。そしてそこに、歴史的存在としての金子における同時代への関わりの姿勢の質を見ることができる。その独自の近代的浄土観は、自身における信仰歴程の必

然としての「浄土の復活」を内的契機とするけれども、その復活ということの中には同時に、当時の大正期の社会動向と時代思潮を受けてその中で展開された思索に基づき、時代社会の問題に対して一人の仏教者として応答していこうとの内的要請と真摯な願いが大きな契機として孕まれていたのである。

したがって、金子の浄土了解は、一方では、近代における仏教研究あるいは真宗教学の歴史の上でその意義を評価することが先ず要請されねばならないとしても、他面では、当時の他の仏教者の社会的実践や発言または社会観の動向の文脈に乗せて、その位置を比較分析し評価していくことが不可欠となろう。『浄土の観念』は、そうした両面の視点からの考察をとおして初めて、その歴史的価値の全貌を顕わにするであろう。

註

(1)『浄土仏教の思想』第十五巻(講談社、一九九三年)「金子大栄—聞思の教学者—」(共著)、「金子大栄の生涯と信仰」①〜④(『中外日報』二〇〇九年十二月一日〜十二月十日)参照。なお、本稿にて触れた金子大榮の生涯と信仰歴程等についても、これらの著作、論文を参照されたい。一部重複箇所のある点、お断りしておく。

(2)『浄土の諸問題』は、金子にとって因縁の深い大阪和行会での十回講話(この講話は昭和四十一〜四十二年頃に行われている)の記録を加筆修正して出版されたものである。その「序」の中で金子は、「「浄土」を明らかにすることが私の思想的運命であり、人生の経験でもありました。したがって私の著作のすべてはただその一つであると申しても過言ではありません。特に「浄土」の題において書きもし語りもしたものだけでも相当にあります。だからこの講話には、それらを総括してみたいという願いもありました。」(「序」一頁)と語っている。

(3)『浄土の観念』「序」。

(4)「著作をかえりみて」(昭和三十年(一九五五)七月〜八月執筆、金子大栄選集第一巻所収、在家仏教協会、昭和三十五年五月)三二八〜三二九頁。

(5)『浄土の観念』二一〜三三頁。

(6)『真宗の教義及其歴史』一四三～一四四頁。

(7)『精神界』（明治三十四年（一九〇一）四月）所載。今は、岩波文庫『清沢文集』（岩波書店、昭和六〇年（一九八五）、第十五刷）に拠る、六〇頁。

(8) 明治三十六年四月、「親鸞聖人御誕生会の祝詞に代へて」。『清沢文集』九五～九六頁。

(9)『精神界』（明治三十五年二月）所載。『清沢文集』三四頁。

(10)『精神界』（明治三十六年六月）所載。『清沢文集』一〇〇頁。

(11)『浄土の観念』三頁。

(12)「観念」（Idee）の語は、もとプラトンのイデア論に由来する。この「イデア」（ideā）の語はプラトン哲学の基本概念を示す言葉であることは言うまでもない。プラトンにおける「イデア」とは、この現象界に属するところの感覚的知覚の対象ではなくて、現象界即ち時空を超えた非物体的な永遠の「実在」、より高次の真実在である。我々が経験しうる個別の美や善を超え、それらをして美や善たらしめる原理乃至原形という意味をもつ言葉であった。したがってそれはまた「理想」という意味をも内含する。現象界―感覚的世界の個物はイデアを原形とするところのその模《も》像《ぞう》であり、イデアを分有するものである。こうした生滅変転の現象界と永劫不変のイデア（実在・理想）界との二世界観を説くのが、プラトンのイデア論であった。しかしそのイデアの語―それに由来するideaやIdeeは、やがて近代哲学に至ると、近代の人間中心主義的思想の発展と相俟って、次第に主観的な思惟の対象または単なる表象、考え、即ち意識的・心理的な「観念」を意味するものとなった。一般にギリシア思想やプラトン哲学におけるイデアの語には、こうした近代的な「観念」という意味は含まれていない。カントに始まるドイツ観念論哲学において、Ideeという言葉が感覚や経験の世界を超えた理性の普遍的形式として把握されるに至って、改めてプラトン的意味が回復されたのである。こうしたカントの批判的・先験的観念論以後のドイツ観念論の文脈においてイデーを捉える場合、「理念」という訳語が多く使用されている。（以上、平凡社『哲学事典』他参照）

(13)「自己中心」の思考方式について金子は次のように説明している。「先生の考え方において最も重要なものは、〝自己を中心とする〟ということであります。自分を通さないことは何もいわない。」（「清沢先生を偲びて」清沢満之師生誕百年記念会編『清沢満之の思想とその展開』昭和三十八年（一九六三）九月、二六頁）「自分を通さないことはいわない、自分にわからないことはいわない。自分にわかってもわからんでも、真宗ではこういうんだ、というよう

なことはいわない。」(『清沢先生の世界―清沢満之の思想と信念について―』文明堂、昭和五十年(一九七五)二月)このような「自己中心」的態度こそ、清沢満之(「実験」)から継承しやがて生涯にわたるその思想生活、教学的営為を導いたところの、金子の学的方法の核心となったものであった。「自己中心ということは、自分に納得できなければものをいわない、という、それが自己中心であるならば、ずっと大谷大学から広島時代によって離れたと申しましても、「何を考えておったか」ということでは離れておっても、「どう考えたか」ということについては、少しも離れておらない。」(『清沢先生の世界』)壮年時代以後の金子の学問的関心事は、生涯の運命的思想課題である「浄土」の探求、ライフワークとなった『教行信証』の研究の二点に集約される形で展開されていくが、この「浄土」も『教行信証』もともに清沢の精神主義の思想では十分に説き明かされてはいなかった。それらの主題への関心とそれをめぐる学問的営為はどこまでも金子の思想生活の個性的契機に俟つものであった。その点で、「何を考えるか」という思考内容の面では清沢と金子との間に大きな距離が見られる。しかし、「どう考えるか」という思考方式の面では金子は清沢の精神主義の立場、「実験」の方法を確かに継承していると言えよう。そして、その「自己中心」の方法を、親鸞の思索の方法である「聞思」として聞き当て深めていったところに、清沢から金子への方法的態度の展開の跡を見ることができる。

(14) 『浄土の観念』二〇頁。

(15) 『浄土の観念』二二頁。この「純粋客観」ということについて、補足説明しておく。『浄土の観念』とともに後年問題化された同時期の講演記録『真宗に於ける如来及浄土の観念』(真宗学研究所、大正十五年(一九二六)十一月)は、特に「如来」を主題として当時の金子独自の如来観を展開したものであるが、そこでは如来について次のように述べる。人間存在の、したがって生活の原理としての自我を限りなく内に求める時、その内に求める意志の極限において現われるものが「如来」であり、如来は「極限的自我」である。しかし如来は「極限的自我」として現われても、われわれの現実意識においては我ならぬものとして、帰命の対象である「純粋客観の実在」である。そして、如来が「極限的自我」として現われる時のみ、浄土が如来の国として認知される。同様の内容は、『彼岸の世界』でも論じられている。金子の如来観・浄土観は一元的な思索(自覚自証)による点に特色が見られる。

(16) 『浄土の観念』二二一~二二四頁。

(17) 『浄土の観念』三三三~三三四頁。

真宗伝道学の基礎的考察

――仏道としての伝道(1)――

貴島信行

はじめに

真宗における伝道学は従来の客観的研究分野としての真宗教義学、文献学、あるいは歴史学（浄土教教理史、教学史）とはその性格を異にし、きわめて主体的な宗教体験にかかわるところの実践性が問われる分野である。その領域では伝道の方法論についての研究や多岐にわたるであろう具体的な一々の実践課題についての検討が必要となるが、伝道の基礎的理論の構築、体系・組織化に関する研究においても充分な蓄積があるとは言い難い状況にある。

伝道は広大無辺なる智慧と慈悲の悟りの境界に至る道を明らかにした仏陀の説法に始まる。真宗は『仏説無量寿経』に説示された阿弥陀如来の誓願の通りに智慧と慈悲を成就した仏の名号によって一切衆生の救済を目的とする教えである。救済の対象者である凡夫人はその本願力によって回施された仏号を聞信することで浄土往生が確定し、やがて自利（智慧）利他（慈悲）を完成していくこととなる。その成仏道は大乗菩薩道といわれ、現生に菩提の因を獲得し当来には浄土往生を遂げて涅槃を証してもなお娑婆世界に還来し、迷妄の衆生を利益して止むことがないという道の意義を有している。

そうした道の目的から現世における伝道の始点は、基本的には迷悟の転換点となる大菩提心（願作仏心・度衆生心）を獲得するところにあると考えられる。またその獲信のところから他者へ仏の大悲心を伝えんと発露せしめるはたらきは、大菩提心に具する現生十益の中、知恩報徳の益、常行大悲の益が相当するであろう。そこでは如来回向により念仏が行ぜられるところに獲得者を介して衆生回向へと展開する道が生じ、報仏恩という謝念の表出から他者に大悲を行ぜしめ、ともに仏の光益を蒙るという新たな関係性がもたらされていくこととなる。

後述するように、伝道には語義としての「伝」及び「道」の意味が求められるところであるが、「道」の観点よりすればその本質や基本的意義、ならびに仏道と伝道の関係を考察していく必要がある。(2)

よって本論文では伝道の基礎となる仏教の「道」の基本的概念、ならびに真宗の仏道について概観する。そして仏道と伝道との関係性において求道から獲信へのプロセス、また獲信者から他者へと開かれる通路について考察し、伝道が往生成仏道の歩みの帰結ともなりうるという「道」の意義について窺う。

一　教化伝道の意味

仏陀の教説を人々に伝達することは「教化」或いは「伝道」と称するが、両語を各々組み合わせて言う場合もある。この両義について仏教語である「教化」（「教え導く。人を教えさとし、苦しむ者を安んじ、疑う者を信に入らせ、あやまてる人を正しい道に帰せしめること。説教。教導感化の略。教導感化して善におもむかせること」「教導化益」「教導化育する意」(3)）は一般的に使用されてきた語であるが、それとともに近代以降になりキリスト教の訳語である「伝道」（evangelism, mission,「派遣する」の意）(4)の語が用いられるようになった。これには本来教団が果たすべき使命や社会的意義に鑑みて教団外にもひろく教えを伝達すべきであるという意図から、より包括的な意

味合いを含む「伝道」の語が注目され普及したという経緯が考えられる。そしてその語が定着してきた一因として、訳語ではあったものの「伝」と「道」を語義として捉えた場合に、教義上においても齟齬を生じないという点もあったと推察される。

教化には「成熟させる」（paripāka）という意味があり、「仏教では一般民衆を信仰面から指導し、その人の人格を高めていくこと」「最高の悟り（無上道）に向かって菩提心を起こさせ、それを凡夫から聖者の位に、最高の悟りに向かわせる」という教育的意図が原意として含まれている。従って教化する側は個々の求道的過程を尊重し最高の悟りへと導き入れるための思案と工夫、教育的配慮がなされるべきであるとする。(5)

ところで真宗の場合、教法を伝達する主体はあくまでも仏の側であり、衆生の側に位置付けられるべきものではなかった。(6)「傳」（伝）には「[二]つたへる。つたはる。（イ）さづける。ゆづる。（ロ）つぐ。つづく。（ハ）のこす。のこる。（ニ）ひろめる。ひろがる。（ホ）いひつたへる。言ひつぐ。語りつぐ。きこえる。知られる。（ヘ）のびる。」(7)という意味があるが、その中「つたへる」「つたはる」「ひろめる」「ひろがる」という表現に注意すれば、教法が衆生に「つたはる、ひろがる」の意や教法を自己から他者へ「つたえる、ひろめる」の意といった如来と自己、自己と他者との関係を示す視点が読み取れてくる。

親鸞聖人晩年の法語である「自然法爾の事」（『註釈版』七六八頁、『聖典全書、二』七七三頁）、『正像末和讃』（六二一頁、五二九頁）によれば、本願による衆生救済はもとより真如法性に本源があることが明らかである。

弥陀仏の御ちかひの、もとより行者のはからひにあらずして、南無阿弥陀仏とたのませたまひて、迎へんとはからはせたまひたるによりて、行者のよからんともあしからんともおもはぬを、自然とは申すぞとききて候。

ちかひのやうは、「無上仏にならしめん」と誓ひたまへるなり。無上仏と申すは、かたちもなくまします。かたちもましまさぬゆゑに、自然とは申すなり。（七六九頁、七七四頁）

ここには「弥陀仏の御ちかひ」は名号法と顕現し、衆生をして信ぜしめ、やがて「無上仏にならしめん」とする救いの道理が示されている。つまり弥陀仏、浄土、本願、名号、信心、念仏とその名は異なれど、衆生の救済は法爾として自然であり、真実一如の理にかなうものであることをあらわす。それはまた『観経疏』「玄義分」に仏とは何かについて「自覚・覚他・覚行窮満」であると述べ、凡夫・二乗（声聞・縁覚）・菩薩の「三位を出過」（『註釈版』七祖篇、三〇一～三〇二頁、『聖典全書、一』六五八頁）するもので、迷妄にして不実なる存在をたえず迷いから目覚めさせ真実化せんとはたらく義を示すところとも一致している。先の「伝」の意味に寄せれば、真実一如の理法は自然でありつねにして行者の上に「つたはる、ひろがる」ところとなる。

ここに仏の本願を聞信し他者を利益せしめんとする真宗の伝道も同じく、自然にして十方を摂化して止むことがないという仏の本義に即したものといえるのであって、「大悲弘普化」の道理から「自信教人信」が成立する意があることが首肯せられる。

二　仏教における道

一般的な「道」の概念について、辞書には[一]みち（イ）とほりみち。ひとすぢみち。（ロ）わけ。ことわり。一定の理。履行の理義。（ハ）もと。根元。宇宙の本体。（ニ）はたらき。妙用。（ホ）てだて。方法。術策。（ヘ）主義。思想。…（ヲ）教説。（ワ）むき。方位。方面。（カ）みちのり。行程。（ヨ）すぢ[8]、①頭を向けて進んで

いくみち。ある方向にのびるみち。②みちばた。途中で。③人の行うべきみち。④基準とすべきやりかた。専門の技術。「王道」「覇道」「医道」⑤宗教の教え。信仰をもとにした組織。「伝道」「仏道」「一貫道」[9]」、〔異族の首を携えて除道を行うの意で、導く意[10]〕、[一]人の行き来するところ。また、その往来にかかわる事柄をいう。(一)通行するための筋。通行の用に供せられる所で、地点をつないで長く通じているもの。道路。通路。路線。航路。…(三)(一)によって至り着く土地。地方。国。さかい。また、六道をいう。(四)(一)を進んでいく、その途中。途上。道中。(五)(一)を進み行くこと。行き向かうこと。道行き。(六)みちのり。道程。行程。[二]人の進むあり方。人の行為・生き方について規範とすべき筋。(一)そのものの分、または定めとして、よりしたがわねばならぬ筋。ことわり。道理。条理。(二)神仏、聖賢などが示した道。神仏、聖賢の教え。教義。教理。特に、仏道をいう場合が多い。(三)事をなすにあたってとるべきてだて。手段。方法。やり方。特に、正当な方法。(四)特定の方面のこと。むき。すじ。かた。(五)特に専門の方面。専門的な方法。(六)目的、結果などに至りつくべきみちすじ。到達、達成のためにふまねばならぬ過程[11]」などがあり頗る多義を含んでいる。

また仏教の「道」については、〔(一)仏の教え。仏道。(二)さとりへの道。仏になるための修行。生死出離の要道をいう。(三)仏になること。成仏[12]〕、〔梵語菩提（bodhi）の訳語。梵語末伽（maruga）の訳語。或目的地に到達すべき通路を云ふ。法界次第に、道は能通を以て義と為す、と云へるもの是なり〕とあり、菩提（bodhi）は道、智（旧訳）、覚（新訳）の意で仏果及び之に至る因道との二義を有し、「菩提」の項では「阿耨多羅三藐三菩提、無上正偏智、無上正真道と訳するは具に菩提の義を顕す[13]」とあり、〔不死（amata）、不老（ajyara）、安穏（khema）、寂静（santi）、安楽（sukha）、涅槃（nibbana）〕などと表し、物事の筋道、事物、一切万有をつらぬく法則、悟りの境界、さらには道心〔菩提心（bodhi-citta）〕、自らさとり人をさとらせる自利利他の心、及び道心ある菩薩

（道人、如実に道を得たる者）、悟りの境地に至る入道、得道、教えを習い修める学道、四諦の中の涅槃に至る実践修行としての八正道〔道諦（marga-satya）〕などの用例も見られる。また「道」には出発地点（因道）から到達地点（果道）へのプロセス及びその途上にある人をも含み、迷いの境界としての「趣」（gati）〔三悪趣、六趣〕といった自己の行為（業）の結果によって迷界に輪廻し赴く状況と環境世界をあらわす表現も見られる。このように仏教では一般的な「道」の意味はもとより、根源的悟りの世界、普遍にして広大なる領域を包含した概念が「道」の語であって、仏教がそのまま仏道であるとの意味が知られる。

では、「道」の構造とはいったい如何なるものであるのか。このことについて従来より仏教では向上門、向下門という性格を有することが指摘されている。向上門とは衆生から如来へ、迷いから悟りへ、生死から涅槃へ、穢土から浄土へ、といった因道から果道へ向かう方向であり、自利成就における「上求菩提」的側面をあらわす。また向下門とは如来から衆生へ、悟りから迷いへ、涅槃から輪廻へ、浄土から穢土へ、といった果道から因道への方向であり、利他成就における「下化衆生」的側面をあらわす。そしてこの向上・向下の両門は不二一体の相即関係にあるといわれている。

瓜生津隆真氏は仏教的立場から大乗菩薩の仏道の特徴を曇鸞の般若と方便の原理、二にして一、一にして二という菩薩に内在する相反した論理が調和し包摂し合うという関係性について述べ、般若の弁証法としての相摂の論理（菩薩の法則）から向上門・向下門が相即関係にあることを詳説する。[14] また長尾雅人氏は向上は現在を否定（日常生活、世俗的世界、人間性からの離脱）する方向、向下は現在の在り方を肯定（超越的絶対的勝義の世界、慈愛、大悲）という方向で、向上（自利）は向下（利他）を含んだ向上であり、向下も向上を内に秘めた向下であるとする。浄土往生を説かない仏教も内容的には常に向上を続け、向上することによって向下があるという点は同じであ

るとし、両方向はともに円環的に、時には螺旋的に動的な在り方で空（真如法性の意）という頂点に向かいつつ同時に大悲という向下を繰り返す。それはいわば迷いを否定する空がそのまま肯定的な愛（慈悲）でなければならない、といった向上即向下的な動きを伴うものであり、両方向は即一の関係にほかならない。釈尊の四十五年の説法はすべて向下的なものとして理解される、と述べている。(15) また矢田了章氏は真宗との関連において「親鸞以前の浄土教においては、阿弥陀仏救済を前提としているものの、大乗仏教の基本的表現形態と同様に、教法は主として衆生から仏への方向において形成され組織されながら、仏から衆生への方向性が時代の経過に従って次第に強化されていくところに、特徴がある」とし、「阿弥陀仏より衆生へと法自体が展開しつつあることを開顕するところに、親鸞の教学的特徴がある」と指摘している。(16)

三　真宗における道

(一)　本願力回向の仏道

親鸞聖人の著述に表れる「道」の用例は枚挙にいとまがないほどである。たとえば「無上仏道、無上道、無上正真道、無上正遍道、涅槃道、大涅槃道、涅槃無上道、無上解脱道、最勝道、勝過三界道」など根源的な悟りの本質をあらわすもの、また仏・浄土の証果として示すところが多数見られる。その点より「道」の在り方の基本的な立場を知ることができる。また「成仏道、八聖道、難行道、白道、他力白道、易行道、無碍の一道、凡夫道、善道、得道、行道」といった因道から果道へのプロセスと考えられる用例がある。また「信文類」に「道はすなはちこれ本願一実の直道、大般涅槃、無上の大道なり。路はすなはちこれ二乗・三乗、万善諸行の小路なり」（『註釈版』二

四四頁、『聖典全書、二』八九頁）と述べるように、本願他力は「大道」、万善自力は「小路」として自力他力を比校する例も見られる。さらに「五道生死、六道、悪道、諸悪道、三悪道、黒悪道、冥道、無常道、外道、邪道、世間道」など、迷妄流転の領域とその境界についての表現もあり、「道」が意味する目的、方向、行為性のみならず、場所的存在をも示す広汎な仏教概念を踏襲していることがわかる。

『教行証文類』「教文類」には真宗教義の大綱について、

つつんで浄土真宗を案ずるに、二種の回向あり。一には往相、二には還相なり。往相の回向について真実の教行信証あり。（一三五頁、九頁）

と示すが、ここには仏道体系を本願力による往還二回向という枠組において集約せんと意図する真宗の独自性があらわれている。つまり往生浄土の因道は往相、還相摂化の果道は還相であり、衆生は大行（教・行）、大信（信）という浄土往生の因道によって果道（証）に至るが、因道はもと果道からの道と理解され、因道・果道は不二一体で相即する関係にあるとの意である。要は往還二回向は偏に本願力回向の法にほかならないことを顕さんがためであったといえる。『愚禿鈔』にも同様に「本願一乗は、頓極・頓速・円融・円満の教なれば、絶対不二の教、一実真如之道なりと、知るべし」（五〇七頁、二八六頁）と示し、本願の一道（一乗・一実）に収斂することで真宗の教法が唯一絶対無二の教であることをあらわしている。かく真宗は仏教における仏道の意味を受けつつ、法性真如の大涅槃を本源とした阿弥陀如来の願力回向の義によって成立する仏道観であったことが窺える。(17)

ところで「道」について考える場合、親鸞聖人には「生死出づべき道」（八一一頁、一〇三一頁）、「往生極楽のみ

ち」（八三二頁、一〇五四頁）と記すように、無明煩悩による妄念妄執を離れ「心清浄道」を得るための厳しい修道過程、宗教体験があったという点に注意しておく必要がある。それは比叡山での二十年に及ぶ学修、ならびに六角堂参籠を経て「後世のたすからんずる縁にあひまゐらせん」と吉水の草庵において「また百か日、降るにも照るにも、いかなるたいふにも、まゐりてありしに」（八一一頁、一〇三一頁）と記すように、百日にわたる求道・聴聞の日々があったという点である。聖人にとってはその求道過程があったればこそ「生死出づべき道をば、ただ一すぢに仰せられ候ひしを、うけたまはりさだめ」ることができたのであった。「化身土文類」の三願転入（四一三頁、二一〇頁）のところには、「万行諸善の仮門」（第十九願の法門）から「善本徳本の真門」（第二十願の法門）への回入、そして「方便の真門」から「選択の願海」（第十八願のこころ）への転入という入信次第が示されている。そこでは叡山における厳しい自力の修道体験とともに、吉水の草庵でひたむきに聴聞し、師に導かれ思索逡巡を重ねた求道体験を回想しつつ記述がなされたものと想像される。

選択本願への帰順は偏に仏のはからいによるほかはないが、自力執心にとらわれた自身の側よりすればそれは全く思いがけない値遇であり、自己の仏道観の大転換となったのである。真宗は本願を聞信する仏道ではあるが、その如実の「聞」へ至るには求道から獲信へと導かれていく「聴」の過程が用意されており、そこに仏の周到な手だてがあることが知られる。(18)真宗仏道においての向上門は、こうした求道、聴聞の意義をも含むものでなければならない。

(二) 道と道の人

釈尊は二十九歳で城を出て求道の旅に出発し、六年にわたる苦行を経て菩提樹下にて開悟成道した。そしてそこ

から仏陀としての伝道がはじまる。

最上の道を修める人は、此岸から彼岸におもむくであろう。それは彼岸に至るための道である。それ故に〈彼岸に至る道〉と名づけられる。(19)

仏陀は成道より八十歳の入涅槃に至るまでの四十五年間、人びとに彼岸に至る最上の道を説き続けた。求道者は仏になってなお求道の歩みを止めることはない。

スバッダよ。わたしは二十九歳で、何かしら善を求めて出家した。スバッダよ。わたしは出家してから五十年余となった。正理と法の領域のみを歩んで来た。これ以外には〈道の人〉なるものも存在しない。(20)

ここには理法〈道〉と〈道の人〉が一体であることが語られている。釈尊が説いた法門は八万四千に及ぶといわれ、後にそれらが一切経、大蔵経等と呼ばれる経典群となる。その膨大な教説の全体を要約すれば「心清浄道」におさまるといわれており、それは自己の決意と不断の修習によって真実の自己を実現する道でもあった。仏教は法理の領域としての「道」と「道の人」とを一体に見ていく人法不二の仏道であったといえる。(21)

そのことに関連して注意を引くのが『教行証文類』「信文類」信楽釈下（『註釈版』二三七頁、『聖典全書、二』八五頁）、「化身土文類」真門釈下（四〇七頁、二〇六頁）の二箇所に引用されている『涅槃経』「迦葉品」の信不具足の

文である。

信にまた二種あり。一つには聞より生ず、二つには思より生ず。この人の信心、聞よりして生じて思より生ぜず。このゆゑに名づけて信不具足とす。また二種あり。一つには道ありと信ず。二つには得者を信ず。この人の信心、ただ道ありと信じて、すべて得道の人ありと信ぜざらん。これを名づけて信不具足とす。

（二三七頁、八五頁）

信不具足という不完全な信は「聞」はあっても「思」をともなわず、「道」があると信じてもなお「得道の人」があることを信じない、という二種の不如実的在りようを示し、本願のいわれを如実に聞思し、「道あり」と信じるとともに「得道の人」を信じ受け入れるところにこそ信具足という完全性があるとする。ここには獲信における聞信の在り方をあらわすとともに、他者との関係性において「道」と「道の人」とを一体に見ようとする新たな視点が提示されている。

ただ、信不具足の文の第二として挙げる「得道の人」にたいする信に関しては、先哲の解釈や表現が必ずしも一様ではない。たとえば芳英の『本典集成記』に「道を往生成仏一道とし、得者を道を成就した阿弥陀仏とその法とし、人法を一致して見ず、自心の信を建立するゆえに信不具足とする（取意）」（『真宗全書』巻三二、四九二頁）といった「道」と「得者」を阿弥陀仏とその法で解釈しようとするもの[22]、深励の『教行信証講義』の「本願の一道（願力の道）は信じて疑わないが、本願力で凡夫が往生することを信ぜず、この身が浄土参りするを疑っている（取意）」（『教行信証講義集成』第六巻、二〇三頁）として凡夫である我が身の往生を疑うと解釈するもの[23]、また浄

土真宗本願寺派の現代語版には「また信には二種がある。一つには、ただ、さとりへの道があるとだけ信じるのであり、二つには、その道によってさとりを得た人がいると信じるのである。ただ、さとりへの道があるとだけ信じて、さとりを得た人がいることを信じないのは、完全な信ではない[24]」と意訳されており、得者をすでに「さとりを得た人」と限定する見方もある。

そして「この道を実際に実践して涅槃の覚りを開く人があるということを信じなければ、不完全な信心（信不具足）である…（中略）…現にそれによって証りを開いた人がいる、私もまたそれによって救われるのだと確信することによって、その信は生きる[25]」とするもの、「本願の一道のあることは信じているけれども、その本願の御力一つで凡夫が往生することを疑うている」「我が身があまりにあさましくてといい、そして他の信者まで疑うている」「法を信ずるとともに、僧（宗教的人格）なる善知識を信ずる[26]」との解説もあり、それぞれに異なる理解や表現の相違が見られる。

「得道」とは「さとりを得ること、さとりに達すること」、「さとりの智慧を得ること[27]」であるから、「得道者」とはすでにさとりを得た人、解脱者（prāpta—phala）、阿羅漢（arahat）であるといわれる。そして「さとりの智慧を得ること」とすれば、『正像末和讃』の「信心の智慧」（『註釈版』六〇六頁、『聖典全書、二』四八五頁）には「ミダノチカヒハチエニテマシマスユヘニシンズルコヽロノイデクルハチエノオコルトシルベシ」との左訓があるところから、信心の人を「得者」と見ていくことも可能となろう。　その点について、早島鏡正氏は「道」の体系においては、①道における真実と実践と教説の意、②目的としての道および目的に至る過程としての道の意、③道と道用（道の働き・作用、てだて・手段・方法）、道義（道用をことばや書物に示したもの）の三義があり、道→道用→道義は浄土教では真実→本願→浄土の法門になるという意、④道にはそれ自体限りなく得道者を生み出して

いく働きがあるとの意、の四義を挙げている。そして得道者には「すでに道を得た人」という意味とともに、「現に道を求め、道を得つつある人」との意も含まれるとする。つまり「ゴータマ・ブッダを初め、諸仏とはすでに道を得た人でありながら、しかも道を求めて止まない求道者の性格をもっている」のであり、仏教は求道において「道ありと信ずる」とともに「得道者の存在を信ずること」、この二つを信じていく仏道であると指摘する。[28] そして「念仏は、必ず得道者すなわち念仏者を限りなく生み出していく。他方、われわれ凡夫の側で言えば、念仏者は念仏に導かれ、念仏の世界に帰入する道筋をたどるが、それは、念仏者の姿をとおして、そこではじめて念仏の何ものであるかが知られる、というあり方においてである」と述べ、篤信の念仏者になっていく道程には、祖父母の後姿、亡き両親や亡きわが子の念仏に生きた姿を知ることを通して、念仏の持つ有り難さに身をふるわせる例も多く、「この念仏によって亡き父も母もみな現に浄土に生まれ、如来となりたもうていると信じなければ、その信心は不完全である」と述べている。[29] 「得道者」を「すでにさとりを得た人」とするだけでなく、現世においての獲信者、つまり「信心の智慧」を得る人を含め、「現に道を求め、道を得つつある人」という意味として解釈しようとする、この早島氏の意見に筆者は賛同したい。

こうした理解からも、如実の信の在り方としての「われ」一人の道は、「得道の人」への信を含む「われら」衆生の道として関係づけられていくこととなる。真宗伝道においては「われ」一人という求道の道はそのまま「われら」衆生という得道者をも見い出すところの道と一つに重なっており、そこに真宗が自利利他円満成就に向かう仏道である意が一層明らかとなるであろう。

四　伝道という道
―向上・向下・向他門―

先に述べたように、仏教における道の概念は根源的な真理や法則、成仏への因道と果道、菩提心（自利利他の心）や実践行（八聖道）、行為（業）によって趣く生存状態、場所的世界（三悪趣、六趣）を含んでの目的、方向、行為性、生存状況、その在り方を示す広大な領域をあらわしており、真宗はこれら仏教の概念を踏襲しつつ、さらに本願力回向を基軸とした独自の仏道観を開いていた。

成仏道には因道としての向上門があり、そこには自己が仏の悟りへと向かう求道の在り方（聴聞）を含んでいる。その因道はそのまま向下としての果道からの展開であって、向上、向下の両道は不二一体で相即しているとする。そして願力回向という大悲のはたらきは獲信者を介して他者に向けて道を開くことになるが、そこで「得道の人」を見出すところに信の完全性があるとされる。こうした大悲摂化のはたらきは自己から他者へ、また他者から自己へという関係性において成立すると考えられ、獲得者と未信者の立場によらず、伝道においては自他において双方向性が生ずることが窺える。

この伝道の通路は向上門、向下門にたいし、「向他門」と名付けるべきであろうか。獲信者は如来向下（利他）の力用によって向上（自利）の道を歩むが、自信教人信の道理によって「向他」（利他）という新たな道が開かれるのである。その場合、伝道者と被伝道者の道筋は如来回向法による獲信から転ずるところの約束の衆生回向であり、獲信の利益としての知恩報徳、常行大悲の両益によると思考される。(30)

周知のごとく親鸞聖人にとって源空聖人は真の善知識であり「得道の人」そのものであった。その善知識を介し

て獲信に導かれたことはまぎれもない事実であり、『教行証文類』の「雑行を棄てて本願に帰す」の文、「選択付属」の記述（『註釈版』四七二頁、『聖典全書、二』二五四頁）や『高僧和讃』の源空讃（五九五〜五九八頁、四五四〜四六四頁）、さらには「化身土文類」真門釈下における一連の引文（四〇六〜四一一頁、二〇五〜二〇九頁）を見れば明白である。(31)

未信者にとって善知識が獲信への機縁となることは「よき人」と仰いだ源空をはじめ、聖覚、隆寛もまた同様であった。それは関東の門弟にその著述を書写して与え、信を勧めたことでも理解できよう。また有力な門弟達をはじめとして、一文不通の愚痴きわまりなき「ゐなかのひとびと」と称される同朋・同行にたいしても「得道の人」として信頼を寄せていたと推察される。(32)

浄土を願生する念仏者は『観経疏』「散善義」によれば「好人」「妙好人」「上上人」「希有人」「最勝人」（二六二頁・一〇二頁、六八二頁・六六六頁）と五種の嘉誉をもって称讃される。仏光の照耀を蒙り仏智に彩られた得道者とのであいは、願生者にとっては自らの念仏道がいよいよ確かであることの証左ともなり、未信者にとっては入信への大きな機縁となりうるのである。真如の法界は自然法爾にして縦横無尽なる大悲となってはたらくが、ことに念仏者として讃えられる得者を拠点にしてその摂化力用が他の衆生に及ぶとすれば、同朋・同行を「得道の人」と見出すことは伝道上にはきわめて重要な視点であることが知られる。

むすび

以上、仏教の道の概念から真宗仏道の独自性について言及し、求道を含めた仏道と伝道との関係性、及びその通路について考察した。

仏教における道の概念は真実の法（dharma）、仏の悟り（Bodhidharma）という根源的意味から悟りの内容をあらわし、広く人間としてあるべき生き方を示すものであった。そしてそれは仏陀の説くところの教えを聞き、体得し、実践していくことによって、誰もが仏陀と同じ悟りを開くことができることを意味している。

真宗では凡夫が修する一切の善根は成仏への功とはなりえず、その力量をもってはいささかも往生成仏の条件ともなりえない。親鸞聖人が自身の叡山での二十年にわたる修行を「いづれの行もおよびがたき身なれば、とても地獄は一定すみかぞかし」（『註釈版』八三三頁、『聖典全書、二』一〇五四頁）と総括し悲歎せられたように、自己の功徳善根によって悟りに至る道は永劫に閉ざされている。往生成仏はただ本願力回向法によるほかはなく、仏の万徳円備の名号を信受し念仏する道でなければならなかったのである。

伝道とは名号を領受し獲信のところから成仏道を他者とともに歩み出そうとする道であり、往生成仏の通路を自他の上に開こうとするところに成立していく。言うまでもなく伝道もまた本願力回向法に依っている。

真宗の道は「一実真如之道」といわれる唯一の道（向下）であるが、「ひとへに親鸞一人がためなり」（八五三頁、一〇七四頁）という「われ」（向上）の道と、「十方一切の衆生みなもれず往生すべし」（六四四頁、六〇六頁）、「同一に念仏して別の道なきがゆゑに。遠く通ずるに、それ四海のうちみな兄弟とするなり」（三一〇頁、一三五頁）という「われら」（向他）の道と一体となりゆく通路でもある。求道は究極の目的である成仏へのプロセスとし、獲信以後においてもさらに本願の真実を探究し続け、自他の上に明瞭ならしむる歩みとなっていくのである。願生行者は仏大悲回向による衆生利益への発露として、自らの生涯を報仏恩による念仏実践に尽くすところとなる。

かくして仏道と伝道は不可分の関係にあり、伝道は願生行者においては求道から始まる成仏道の必然的展開となり、往生浄土という歩みの帰結ともなっていくものと考えられる。

仏陀は永遠の求道者であり、説き明かした真理は永遠不死の道ともいわれている。なぜならば、自らの悟りを開いた後も真理の法を四十五年間にわたり苦悩の衆生に向けてわかりやすく説き続け、またその生が終わり道の目的を達成してもなお終わることなき涅槃道を歩む存在にほかならないからである。また大乗の菩薩は一切の衆生とともに悟りの実現を目指すという偉大な心を持ち、無量の仏徳を体現して菩薩の行を実践し、菩薩のいのちを生きる修道者であるといわれている。

親鸞聖人の仏道は往相から還相へと回入し、やがて大涅槃の浄土より娑婆迷妄の世界に還来して一切衆生を利益して止むことがないという、広大無辺の悟りの真理そのものをあらわしている。従って自然法爾による仏大悲向下のはたらきには終わりがない。その大悲向下の本願力回向の法に帰し、凡夫でありつつも一切の衆生利益を視野として、浄土に向かう「われ」と「われら」の念仏の道もまた終わりなき歩みとなるといえよう。

註

（1）本稿は龍谷大学真宗学会第六八回大会（二〇一四年）における研究発表の内容（『真宗学』第一三二号、二〇一五年、一三〇～一三二頁）をもとに再構成したものである。

（2）仏道と伝道との関係を直接論じたものは少ない。仏道に関しては早島鏡正著『ゴータマブッダ』（早島鏡正著作集9、世界聖典刊行協会、一九九五年、四七頁以下）、長尾雅人著『維摩経を読む』（岩波現代文庫、岩波書店、二〇一四年、二一四頁以下）、瓜生津隆真述「大乗菩薩道への視点」（『仏道の体系』日本仏教学会編、一九八九年、三九九頁以下）、三谷真澄述「仏教における求道と伝道」（『教学研究所紀要』8、浄土真宗教学研究所、一九九九年、一八一頁以下）、嬰木義彦述「親鸞の仏道観」（『真宗学』第七五・七六合併号、一九八七年、一六一頁以下）、矢田了章述「親鸞における伝道の意味」（『真宗学』第一一七号、二〇〇八年、一頁以下）などがあり、これらは道の本義を示しつつ求道の意味や伝道との関係を考察する上において大いに示唆を与える論考である。

（3）中村元著『佛教語大辞典』東京書籍、『総合佛教大辞典』法藏館、『岩波仏教辞典』岩波書店。

(4)『宗教学事典』東京大学出版会、『世界宗教大事典』平凡社。
(5)水野弘元著『釈尊の人間教育学』佼成出版社、一九九六年、二〇〜二一頁。
(6)それは『顕浄土真実教行証文類』(以下『教行証文類』と略す)「信文類」真仏弟子釈下の『往生礼讃』の「自信教人信、難中転更難、大悲弘普化、真成報仏恩」(『浄土真宗聖典(註釈版)』二六〇頁、『浄土真宗聖典全書、二』一〇一頁。以下『註釈版』、『聖典全書』と略す)の記述がそれをよく示している。つまり「化身土文類」真門釈下の同文の引用(『註釈版』四一一頁、『聖典全書』二〇九頁)を見れば、ここでは直接『礼讃』によらず『集諸経礼懺儀』を引いており、「伝」から「弘」へと文字の置換(「大悲弘普化」)が意図的に行われている。そのことから「自信教人信」は行者に先行して仏の大悲が主体となるとの意があることが窺える。(拙稿「真宗伝道における自信教人信の意義」『真宗学』一二九・一三〇合併号、二〇一四年、一五〇〜一五三頁)
(7)諸橋轍次著『漢和大辞典』大修館書店。
(8)同　右
(9)藤堂明保・加納喜光編『学研新漢和大字典』学習研究社。
(10)白川静著『字通』平凡社。
(11)『日本国語大辞典』小学館。
(12)中村元著『広説仏教語大辞典』東京書籍。
(13)『佛教大辞彙』龍谷大学編纂。
(14)前掲註(2)「大乗菩薩道への視点」(『仏道の体系』)四〇〇頁以下。
(15)同右『維摩経を読む』二一八頁以下。
(16)同右「親鸞における伝道の意味」二一頁〜二二頁。
(17)同右「親鸞の仏道観」一七八頁以下。
(18)前掲註(6)拙稿『真宗学』一二九・一三〇合併号、一五三〜一五五頁。
(19)『ブッダのことば』中村元訳、岩波文庫、一九八四年、二三八頁。
(20)『ブッダ最後の旅』大パリニッバーナ経、中村 元訳、岩波文庫、一九八三年、一五〇頁。
(21)早島鏡正述「親鸞の仏教観」(『浄土教の研究』所収)永田文昌堂、一九八二年、四九九〜五〇〇頁。

(22) 同意趣には僧叡の『本典随聞記』(『真宗全書』第二十五巻、四一〇頁以下)、善譲の『本典敬信記』(『真宗全書』第三十巻、一六五~一六六頁)、義山の『本典摘解』(『真宗叢書』八、六〇八頁)がある。

(23) 同意趣に興隆の『教行信証徴決』(『教行信証講義集成』第六巻、二〇六頁)、円月の『本典仰信録』(『真宗叢書』七、一五四頁)がある。

(24) 『顕浄土真実教行証文類(現代語版)』本願寺出版社、二〇〇〇年、二〇七頁。

(25) 星野元豊著『講解 教行信証』信の巻、法藏館、一九四八年、六七四頁。

(26) 山邊習學・赤沼智善著『教行信証講義』法藏館、二〇〇八年、七二五頁。

(27) 中村元著『佛教語大辞典』東京書籍、『浄土真宗辞典』浄土真宗本願寺派総合研究所、本願寺出版社。

(28) 「親鸞の仏教観」(『浄土教の研究』所収)永田文昌堂、一九八二年、五〇〇~五〇二頁。

(29) 前掲著『ゴータマブッダ』早島鏡正著作集9、一九九五年、六六~七〇頁。

(30) 前掲註(6)拙稿「真宗伝道における自信教人信の意義」一五八~一六〇頁。

(31) 「化身土文類」真門釈下では、末代において善知識の存在がいかに獲信への重要な機縁となるかが窺える〔拙稿「真宗における念仏僧伽の形成」(『真宗研究』六二輯、真宗教団連合、二〇一八年発刊予定)の「善知識について」の項〕

(32) 消息(『註釈版』七七一頁、『聖典全書、二』七八七頁)には、「故法然聖人は浄土宗の人は愚者になりて往生す」と教示されたこと、また「ものもおぼえぬあさましきひとびと」の参るすがたに接しては「往生必定すべし」と微笑んでいた師の生前の様子について記している。

真宗念仏者における利他的行為（他者支援）の一考察

――木越康・著『ボランティアは親鸞の教えに反するのか ―他力理解の相克―』をめぐって――

深川宣暢

序

まず、ここに「利他的」というのは、直接的には仏教において「自利」に対して言われる「利他」という意味ではない。すなわち他者を利して成仏（往生）に向かわしめるという意味ではなく、社会一般に用いられる「利己」に対する「利他」という意味で「利他的行為」と表したものであることをことわっておかねばならない。(1)

さて筆者がこのテーマについて考察を行うことになったのは、木越康氏の『ボランティアは親鸞の教えに反するのか―他力理解の相克―』(2)という書に触れたことが直接の契機になっている。この書は氏が東日本大震災後に学生を含めた同志とともに支援活動を続ける中で、今、書いておかねば今後見過ごされてしまう危険性のある問題について、「たとえばボランティア的な活動に対して、躊躇させるようなものとしてある真宗理解が、実は誤りである」という明確な主張をもって書かれたものである。(3)

この著者における問題の所在は、序文および第二章等を要約すれば次のようなものである。すなわち、真宗には自力と他力、雑行と念仏など、具体的なボランティア活動を躊躇させるような言葉が思想のキーとなっている。そ

して震災に関わる真宗者たちが、自らのボランティア的な活動を自力ではないかと疑い、不安と隣り合わせの中で活動していたこと、また他者から「お前たちの行為は、親鸞の他力思想に背くのではないか」と批判されることもあったこと、そして多くの真宗系のボランティア研修会で「真宗におけるボランティアの意義」というテーマが掲げられて活動に従事する意義、あるいは信仰上の正当性が議論されたことなどをきっかけにして考察された親鸞思想の社会的苦悩への関与の問題、つまり震災を含めた大きな災害に直面した時、親鸞は何を考え、語り、そして行うのか。その思想は人をどのように動かすのか、あるいは動かさないのかということに関する問題である。

氏は学生と共に多くの人と出遇い、さまざまな経験を経て、実に真摯に実践されつつ思索されている。筆者もただ頭が下がる思いであり、また多くの示唆も受けた。しかしながら本書の論述について、（このような態度こそが問題であると叱責されるのかもしれないが）筆者としては少しく問題を感じる部分があり、考えておかねばならない問題があると思われたので、本書の主張を要約しながら考察し、その後に真宗における他者支援の論理を教学的に考えておこうと思う。

一　木越氏の論述の概要

最初に木越氏の著書について、少し長くなるが紹介を兼ねて概要をまとめてみよう。

（一）宗教と社会について

氏はまず仏教と社会活動の関連について、「キリスト者の積極性に比して、仏教系教団の関わりは希薄ではないか」という指摘に対して、いったん「仏教とは元来そういう性格のものである」と、まずは確認しなければならな

いと述べる。(4)

その理由は、仏教には元来〈出世間〉を基本的立場とし、社会的なるものや人間の諸活動を迷妄的なものであると見る伝統があり、それは世間への否定的態度を媒介して出世間的立場からの世間へのアプローチが期待されているという立場である。したがって仏教の社会活動に対する関心の希薄さは仏教思想の本質に関わる部分から出てくるからであるという。またその上に真宗では、自力の活動を離れることを勧める親鸞の「他力」や「ただ念仏」の思想が加わり、社会的活動を躊躇させる要素がますます増えると理解する。

ただし、仏教の社会関与は消極的であると批判されても仕方がないが、だから仏教者は社会に関わらなくても良いと主張するものでもない。仏教者が社会と関わることについて、仏教者には仏教者としての独自のスタンスがあるはずだということを自覚しなくてはならないと述べる。

その上で、仏教者も積極的に社会関与すべきだという活動であるエンゲージドブッディズムを紹介し、また真宗における「還相社会学」の考え方や「臨床宗教師」の活動をとりあげて近年の主張や動きについて述べるが、氏自身は、そのような考え方を共有して活動したいと考えているわけではない。すなわち、ボランティア的な活動については、それを正当化する意義や理念など、宗教的な背景を直接的に持ち出す必要は「〈まずは〉ない」と述べる。したがって「真宗者におけるボランティアの意義」という問いに対しては、問いの設定自体が非真宗的であり誤りであるとして、真宗理解とボランティアについて論じてゆく。

(二) 真宗とボランティア活動

そこで氏は、真宗におけるボランティア活動に関して二つの主張をあげ、「真宗者として積極的に活動に参加す

べきだ」という主張を「アクセル」と呼び、「真宗者として行くべきではない」という主張を「ブレーキ」と呼んで論述する。

そのブレーキの主張とは、『歎異抄』第四条に述べられる[5]「聖道の慈悲」と「浄土の慈悲」の教えを援用して、「ボランティア活動は聖道の慈悲であり、自力作善なので避けるべきだ」とするもの、あるいは同じ『歎異抄』の「ただ念仏して弥陀にたすけられまひらすべし[6]」という教えに反しているのではないかというもの、また親鸞の生涯や思想を学んだ人が主張する「親鸞は三部経千部読誦を自力の執心だとして放棄したではないか[7]」というものなどが挙げられている。そして氏は、これらのブレーキは通常の人間には起こりえない真宗者に特有のブレーキであるが、親鸞思想から導き出される正当なブレーキではないと述べる。

またアクセルの主張とは「社会関与について、真宗者としては積極的であるべきだ」とするものをいう。氏は「尊重すべきところは多くあるが、一定の距離を置かなくてはならないと個人的には考えている[8]」としながらも、逆に社会に関与したい情動を抑制し、その根っこに親鸞がいるというブレーキ的主張をされるなら、それは誤解であり、必ずや取り払わなければならないものだという。

つまりここで問題なのは、通常の人間には起こりえない極めて特異な真宗的知識に基づくブレーキであり、それは親鸞思想の中に自力や他力の問題、人間的慈悲に関する不審の問題があることを知っている者だけにはたらくブレーキだとするのである。そして氏はこのような真宗的知識に基づくブレーキが、親鸞思想から導き出される正当なブレーキではないことを述べるのである。

（三）真宗的ブレーキの問題

そこで氏は、まず知的理解に基づいて行動を規制もしくは規定しようとする〈態度〉を問題にし、そのような〈態度〉を否定する親鸞に注目して論述する。(9) まず親鸞の次の『正像末和讃』(10)をあげる。

よしあしの文字をもしらぬひとはみな　まことのこころなりけるを

善悪の字しりがほは　おほそらごとのかたちなり

そして親鸞がここで「おほそらごとのかたち」という「善悪の字しりがほ」とは、知識として善と悪を了解していることだが、親鸞はこのような態度を「おおそらごと」だと批判しているのであり、逆に「善し悪しの文字をもしらぬひと」を「まことのこころ」と詠っているという。知識としての「よしあし」に関与せずにある姿を「まことのこころ」と呼ぶのだとして論述する。つまり氏は、親鸞が知的理解に基づいて「善し悪し」をいい、行動を規制・規定するような知識者たちの態度を「おほそらごと」だと批判しているのだと言うのである。

そしてこの和讃が作成される原体験を親鸞の次の手紙（『末灯鈔』第六通）(11)に見る。

故法然聖人は、「浄土宗の人は愚者になりて往生す」と候ひしことを、たしかにうけたまはり候ひしうへに、ものもおぼえぬあさましきひとびとのまゐりたるを御覧じては、「往生必定すべし」とて、笑ませたまひしをみまゐらせ候ひき。文沙汰して、さかさかしきひとのまゐりたるをば、「往生はいかがあらんずらん」と、たしかにうけたまはりき。いまにいたるまでおもひあはせられ候ふなり。

すなわち法然が「ものもおぼえぬあさましき人々」には「往生必定」と微笑み、学問沙汰する「さかさかしき人」には「往生はいかがであろうか」と危ぶんだことを、親鸞が晩年に至るまで考え合わせられると伝えている消息であるが、氏はここに知識的理解に基づいて行動を規制する〈態度〉をとる者を、「善悪の字しりがほ」の者、「文沙

汰して、さかさかしき人」と重ねて「おほそらごと」だと理解するのである。

そして、素朴な情動に導かれて〈身が動く〉者に、「よしあし」の分別はまずはないのであって、それに対して「真宗の教えに反する自力だから、それは止めなければならない」「真宗者にはただ念仏しかない」と、真宗的分別に基づいて躊躇の声を挙げる者は、おそらく親鸞や法然によって「善悪の字しりがほ」による「おほそらごと」として批判され、「文沙汰」する「さかさかしき人」として危惧されるはずだと述べ、支援に立ち上がる者が真宗者として正当だというつもりは毛頭ないが、「少なくとも支援活動に臨む者を非真宗的だと疑い、利他的情動にブレーキをかけようとする態度が真宗として正当だと言われると、それに対しては明確に反対の立場を採らざるをえない」[12]として、親鸞や法然の姿勢からすれば、そのような態度こそが非本来的であると批判されなければならないというのである。

（四）親鸞思想から真宗理解の誤りを明確にする

続いて、特に親鸞の思想について、真宗的ブレーキの正体は何であり、親鸞はその誤り、すなわち「たとえばボランティア的な活動に対して、躊躇させるようなものとしてある真宗理解の誤り」を明確にする論述が展開される。そして氏はこの真宗的ブレーキの誤りを「罪福信」[13]に関わる問題として論じ、また「宿業」の道理を理解しない者として批判されると述べる。その「罪福信」については、真宗者が、単なる「文沙汰」する「さかさかしき人」となるのか、真の真宗者として「まことのこころ」となるのかの分水嶺にあるのが罪福信の問題だとする。[14]その罪福信とは、罪を犯せば悪果が訪れ、善を為せば善果が得られると信じて、さまざまな実践を行おうとする行者の態度だとする。特に問題なのは、これらの教えを行動規範として理解しようとする態度であり、それが前述した「善

悪の字しりがほ」なる者の「さかさかしき」態度として批判されることになろうという。

さらにこの罪福信を『歎異抄』第四条の「聖道の慈悲」と「浄土の慈悲」に引き当てて考えると、聖道の慈悲を離れて浄土の慈悲に帰依する態度に立つなら、真宗者として良好だとみなされ、逆に自力に基づく利他的活動を行えば非真宗的態度として浄土往生が危ぶまれると理解されることになる。つまり他力の念仏が善行で、自力の実践が悪行だと理解されることになる。そうして聖道の慈悲やそれに基づく利他的行為にはブレーキがかけられ、浄土門的行為としての念仏、「ただ念仏」にはアクセルが踏まれることになる。よってボランティアに出かけることが非真宗的であると批判され、ただ念仏して地獄を住処とする態度が正当であるとみなされるようになる。これが一見、真宗として正当な主張だとも見受けられるが、これは親鸞が真の念仏者と区別して明らかにしようとした罪福信の者だということがすぐにわかるであろうし、実はそのような態度こそ非真宗的であるとして批判されているのであると述べる。

そして氏は、この罪福信的態度の対極として示されるのが『歎異抄』第十三条[15]に語られる「宿業」という道理であるとする。そこには「さるべき業縁のもよおせば、いかなるふるまいもすべし」とシンプルな言葉で示されているが、一つの場面で、その人がどのような感情を抱き、どのような行為に出るのかは、すべてその人の永遠の過去からの無限の経験の積み重ねの結果としてある。そこに「よきこころ」も起こり、「悪事のおもわせらるる」こともあるとして[16]、この『歎異抄』第十三条の議論を見れば、ボランティア的な活動に対して躊躇させるようなものとしてある真宗理解が誤りだと指摘してきたことの意味は明白だろうと言う。

つまり『歎異抄』第四条をもとに、憐れみのこころは聖道の慈悲だから慎むべきであるとブレーキをかけようとするのは、宿業の道理をわきまえない者の誤った態度であり、また同じく第四条で「ただ念仏」する浄土の慈悲が

勧められるからといって、「真宗者は自力を捨てて、ただ念仏に生きなければならない」と主張するのも、親鸞が批判する罪福信に基づく理解であると同時に宿業の道理に無知なる者の発想であるという。すなわち親鸞や法然の教えを知識として理解し、行動規範とする態度は、いかなる行動も、宿業によって起こるのだという道理を知らない者であるとされる。

そして、人間はまさに、「さるべき業縁のもよおせば、いかなるふるまいもすべし」であり、人間的な自力の慈悲心について、「存知のごとくたすけがたければ、この慈悲始終なし」という教えがあることを十分承知してはいても、人は人の苦しみに接する時には「あわれみ、かなしみ」の心を起こし、その人を「はぐくみ」たいという感情をおさえることができない。「おもうがごとくたすけとぐること、きわめてありがたし」を承知していても、悲しみの底に突き落とされて力を失う他者に接する時、「いとおし」「不便」の思いを断ち切ることはできない。そうなるべき因縁に接する時、人は人を助けようとし、無駄だと承知で、奔走もする。そういう意味で人間はまったくの宿業的存在だと言える。十分に教えを学び、深く承知してはいても、身が動く時は、身が動くのである。[17]と述べられてゆくのである。

（五）念仏者の社会性について

さて氏は以上のような考察を通じて「たとえばボランティア的な活動に対して、躊躇させるような者としてある真宗理解が、実は誤りである」という主題については、一応の論述がなされたとするが、最初に「たとえばボランティア的な活動については、それを正当化する意義や理念など、宗教的背景を直接的に持ち出す必要は〈まずは〉ないと考えている」と述べた。その〈まずは〉といったん留保する言葉を何故に付したかという問題について議論

が加えられる。

氏には「真宗だから積極的に支援活動に従事すべきである」という動機も、「真宗だから支援活動に出向いてはならない」というブレーキ的発想と同じ理由で賛同は難しいとしながら、一方で、真宗者あるいは仏教者は、他者支援を含めた社会的諸活動へ積極的に関与する十分な内的動機を、密かに持ち合わせているとも考えているとし、それがあくまでも「密かに」であるから、最初にはいったん「〈まずは〉ない」と述べたのであるという。しかし再応、真宗者ならば積極的に利他的行為に関与する可能性があるとも考えているとして、念仏者の社会性について考察する。

真宗者が利他的活動に関与する可能性を「密かに」でも有するのに、一部の人を除いてそれほど積極的ではなかったのは、本書でここまで考察したように、誤解に基づくブレーキが存在したからであって、そのブレーキが外れるなら、真宗者は自在に、自らの意志によって積極的に利他的行為に動き出す可能性があるだろうとして、積極的にではなくとも、少なくとも自在に「さるべき業縁」に導かれて諸活動に従事することができるようになると考えられるという。すなわちそう考えられる理由も再び宿業の道理にあるとして論述がなされる。

その論述は略述すればおよそ次のようなものである。まず親鸞思想を大乗仏教として把握するために「四無量心」を解説して、(18)親鸞は法然から継承する真宗を「大乗の至極」とも述べているが、その大乗仏教とは、すべての精神において自利から利他に心を置き換えようとするのが、仏教、特に大乗と呼ばれる仏教の重要な精神性であって、そこにこの四無量心が伝承されてきたと述べる。ところが親鸞は自らはそのような大乗の精神を保持することができないことを表明して、たとえば『正像末和讃』に、(19)

無慚無愧のこの身にて　まことのこころはなけれども

弥陀の回向の御名なれば　功徳は十方にみちたまふ
小慈小悲もなき身にて　有情利益はおもふまじ
如来の願船いまさずは　苦海をいかでかわたるべき

と詠んで、如来の願いに乗じて生きることだけが、苦海から救われる唯一の道であり、無慚無愧なる存在として大乗の教えに背く人間の救いはそこにしかない。それこそが「大乗の至極」として親鸞が見出した、浄土真宗なる仏教であるという。

そうして、このような思想に触れる者にはいったいどのような新たな生活がはじまるのかと考えてみても、親鸞には「このように生きよ」という規範や指示はないが、あえて親鸞思想にたずねるなら、『消息』(20)に、

としごろ念仏して往生ねがふしるしには、もとあしかりしわがこゝろをもおもひかへして、とも同朋にもねんごろにこころのおはしましあはゞこそ、世をいとふしるしにてもさふらはめとこそおぼえさふらへ。

とあるように、如来の願いに帰依して往生を願う者には、「もと悪しかりしわが心を思い返し、とも同朋にも懇ろの心のおわしましあう」という「しるし」があると言う。「しるし」とは〈印し〉や〈証し〉を意味し、「懇ろ」とは、心を込め、親身に相手に接するさまを言うとする。ただし、これを「真宗者は、他者に対して懇ろで親身であらねばならない」とするならば、また親鸞思想を規範化する過ちを犯すことになる。しかし親鸞は極めて希に、念仏者としての〈証し〉を、このように門弟への書簡に説いて聞かせている。真宗者は、教えに背く痛みを背景に、かえって他者への懇ろの思いを持つと解釈して、これを真宗者の〈しるし〉と言う。

そして氏は、この〈しるし〉について、「すべての過去からの宿業を因とし、その経験の蓄積が今に縁を得て、現在の一つの感情や行動が生まれるのだ。つまり今に現れ出た自己とは、その人自身の宿業、これまで生きてきた

ことすべての〈証し〉であり、〈しるし〉である」と言う。真宗者には真宗者の宿業の〈しるし〉が間違いなく存在する。それを具体的にどこに見出すのかは不可能で不要な詮索だが、親鸞は、本来語るべきではないそれを、混乱した門弟たちに接した時に語ったのであり、それが「念仏して往生をねがうしるし」としての「とも同朋にも懇ろ」の態度と示されているのであると述べる。

そして〈しるし〉としての「とも同朋にも懇ろ」の態度とは、如来の願いにしたがって生きる者に、その証しとして与えられる心である。本来自己の心では決して思いの及ばない心、他者に親身でありたい心を、言わば如来の願いに帰依する者の証しとして、如来から賜るのであって、これを「賜りたる信心」という。

氏は「ボランティア的な活動を正当化する真宗的思想背景を直接的に持ち出す必要は〈まずは〉ないと考える」と述べた。そして「往生を願うしるし」として親鸞が語る「とも同朋にも懇ろ」の態度も、ボランティア的活動を規範化する根拠として利用されてはならないという。親鸞が語るのはあくまでも〈しるし〉であって規範ではない。真宗者であることの〈しるし〉として、その心に「懇ろ」を賜るのであり、決して真宗者としてのあるべき姿を提示するものではないとする。

最初に「〈まずは〉ない」といったん否定した上で、しかし再応、真宗者の積極的かつ自在なボランティア活動の可能性を語っておきたい理由は、他者に対して懇ろでありたいとする心を無慚無愧の身に賜り、そこに真宗者が真宗者として生きていることの〈しるし〉があるのなら、そのような者が積極的に利他的活動に赴こうとするのはまったく不自然ではないということを示したいからで、これがまた真宗者の、真宗者としての宿業の問題であると結ばれていく。

常に自己中心的であり、そのことに慚愧の思いすら抱くことがない自己の痛ましい現実を知る者が、さらに深い

慚愧の中で「慇ろ」なる心を、教えに導かれて与えられるのであろう。それが親鸞の言う〈しるし〉であると述べられる。[21]

二　木越氏の論述の考察

さて以上のような木越氏の論述であるが、これについて、少しく考察しておくべき問題を述べてみよう。

（一）自力・他力を議論する枠組みの問題

まず本書が問題にしている「真宗理解の誤り」の中心にあるのは、サブタイトルに「他力理解の相克」と示され、また論述の中でも問題にされる「他力理解」ということであるが、まずその他力信心あるいは自力心が、親鸞においていかなる領域で語られているのかということを明瞭にしておかねばならないのではないかという問題があるように思われる。

親鸞における他力信心（真実信心）とは、無疑心すなわち疑いのない心をいう。そのことは例えば『信巻』に、「疑蓋无有間雑（疑蓋間雑あることなし）」[22]とか「三心已疑蓋无雑、故眞実一心。是名金剛眞心。金剛眞心、是名眞実信心（三心すでに疑蓋雑はることなし、故に真実の一心なり。是を金剛の真心と名づく。金剛の真心、是を真実の信心と名づく）」[23]、あるいは「『信心』は如来の御ちかひをきゝてうたがふこゝろのなきなり」[24]とか「『信』はうたがひなきこゝろなり、すなわちこれ眞実の信心なり」[25]などと多く示されている。

またその「疑心」について、例えば『正像末和讃』（誡疑讃）に多く自力心を誡めて[26]「佛智の不思議をうたがひて　自力の称念このむゆへ…」とか「自力稱名のひとはみな　如来の本願信ぜねば　うたがふつみのふかきゆへ

…」と、また「疑心自力の行者も…」や「自力諸善のひとはみな　佛智の不思議をうたがへば…」等と示されているように、「疑心」とは「自力心」を意味している。

ではその「自力」についてはいかに示されているかといえば、

自力といふは、わが身をたのみ、わがこころをたのむ、わが力をはげみ、わがさまざまの善根をたのむひとなり。[27]（傍線筆者）

といい、また、

まづ自力と申ことは、行者のおのおのの縁にしたがひて、餘の佛号を稱念し、餘の善根を修行して、わがみをたのみ、わがはからひのこゝろをもつて身口意のみだれごゝろをつくろい、めでたうしなして浄土へ往生せむとおもふを自力と申なり。[28]（傍線筆者）

と示し、また逆に自力を捨てることについて、[29]

自力のこころをすつといふは、やうやうさまざまの大小の聖人・善悪の凡夫の、みづからが身をよしとおもふこころをすて、身をたのまず、あしきこころをかへりみず、ひとすぢに具縛の凡愚・屠沽の下類、無碍光仏の不可思議の本願、広大智慧の名号を信楽すれば、煩悩を具足しながら無上大涅槃にいたるなり。（傍線筆者）

とある。これらから見れば、自力心とはわが身を「たのむ」ことであり、自らの力をあてにし、自らの力をたよりにすることと示されている。そして文脈からすれば、そのような心でもって「浄土へ往生せんとおもふ」こと、あるいは「無上大涅槃にいたる」ことを思うことが自力心であると述べられていると言える。

それは、逆に往生について、[30]

往生はともかくも凡夫のはからひにてすべきことにてもさふらはず。めでたき智者もはからふべきことにもさ

ふらはず。大小の聖人だにも、ともかくもはからはで、たゞ願力にまかせてこそおはしますことにてさふらへ。と示されるように、「往生」は「願力（他力）」にまかせよと言われているのである。

これらから理解されることは、「自力心」とは、自らの力をあてたよりにし、それを自身の往生・成仏のための力にするということであり、「他力信心」とは、その自力心が無いこと、自身の往生・成仏を願力にまかせることということである。すなわち重要なことは、自身の力を用いることの全てを自力心というのではなく、その力を自身の「往生・成仏のために」たのみにすることを言うのである。

したがって、真宗において自力（心）・他力（心）を問題にする領域（立場・次元）は、証果（往生・成仏）に直接する因法（行・信）においてのことであるということを確認しておくべきであって、そこに直接に関わらないところで自力・他力を議論することが、問題を難解にしているのではないかと思われるのである。いま言うボランティア活動等についても、直接に自力・他力の問題に関わるものではないという枠組みを、まずは明確にしておかねばならないのではないか。逆に言えば、そこで「ボランティア的な活動」が自力であると見なされるのは、その活動が自身の往生・成仏に関与し、何らかの足しになるとして行われる場合に限られるということなのである。

（二）罪福信の理解について

氏はまた、「ボランティア的な活動に対して、躊躇させるようなものとしてある真宗理解の誤り」として、「罪福信」について論じていた。その罪福信とは、罪を犯せば悪果が訪れ、善を為せば善果が得られると信じてさまざまな実践を行おうとする行者の態度だとし、特に問題になるのが、この教えを行動規範として理解しようとする態度であるということであった。これを『歎異抄』第四条に引き当てて、他力の念仏が善行で、自力の実践が悪行だと

理解されることになり、聖道の慈悲やそれに基づく利他的行為にはブレーキがかけられ、浄土門的行為としての念仏、「ただ念仏」にはアクセルが踏まれることになる。そうしてボランティアに出かけることが非真宗的であると批判され、ただ念仏して地獄を住処とする態度が正統であるみなされるようになるという理解であった。

しかしながら、この「罪福信」とは、『化身土巻』に[31]「定散之専心者、以信罪福心願求本願力、是名自力之専心。(定散の専心とは、罪福を信ずる心をもって本願力を願求す、これを自力の専心と名づくるなり)」と示されるように、基本的に「自力心」なのである。これは『正像末和讃』(誡疑讃)に[32]「罪福信ずる行者は　佛智の不思議をうたがひて…」とか「罪福深く信じつゝ　善本修習するひとは　疑心の善人なるゆへに…」、あるいは「佛智不思議をうたがひて　罪福信ずる有情は　宮殿にかならずむまるれば…」や「佛智の不思議を疑惑して　罪福信じ善本を…」などと詠まれるところからも明らかである。その意味は、『消息』に[33]

わが身のわるければ、いかでか如来迎へたまはん(信罪心)とおもふべからず、凡夫はもとより煩悩具足したるゆゑに、わるきものとおもふべし。またわがこころよければ往生すべし(信福心)とおもふべからず、自力の御はからひにては真実の報土へ生るべからざるなり。…(　)内の説明は筆者

とあるように、わが身の善悪の力をはからう「自力心」なのである。だとすれば前項で述べたように、「罪福信」の問題は、やはり自力・他力の問題であって、直接的にボランティア活動に関与する問題ではないことを確認しなければならないのではないかと思われるのである。

(三) 宿業について

また氏は最初に、ボランティア的な活動については、それを正当化する意義や理念など、宗教的な背景を直接的

に持ち出す必要は「〈まずは〉ない」と述べた。それは一つの場面で、その人がどのような感情を抱き、どのような行為に出るのかは、すべてその人の永遠の過去からの無限の経験の積み重ねの結果としてあるからであって、親鸞や法然の教えを知識として理解し、行動規範とする態度は、いかなる行動も、宿業によって起こるのだという道理を知らない者の態度であるとするのである。

そして、人間はまさに、「さるべき業縁のもよおせば、いかなるふるまいもすべし」であって、人間的な自力の慈悲心について、十分に教えを学び、深く承知してはいても、人は人の苦しみに接する時には「あわれみ、かなしみ」の心を起こし、その人を「はぐくみ」たいという感情をおさえることができない。悲しみの底に突き落とされて力を失う他者に接する時、「いとおし」「不便」の思いを断ち切ることはできない。そうなるべき因縁に接する時、人は人を助けようとし、無駄だと承知で、奔走もする。そういう意味で人間はまったくの宿業的存在であり、身が動く時は、身が動くのである、と述べられていた。すなわち、すべては宿業であり、意識も無意識も、すべての私自身の活動は、宿業の支配下にあって、意識してなしたつもりの行為も意図せずになされる行為も、すべては宿業なるものの範疇にあるのであり、人間の行動はすべてその支配下にあるとされる。

このような宿業の見方は、念仏者が社会に関与する場面でも述べられていて、「すべての過去からの宿業を因とし、その経験の蓄積が今に縁を得て、現在の一つの感情や行動が生まれるのだ。つまり今に現れ出た自己とは、その人自身の宿業、これまで生きてきたことすべての〈証し〉であり、〈しるし〉である」と言うのである。

そしてそれは『歎異抄』第十三条の「よきことも、あしきことも業報にさしまかせて、ひとえに本願をたのみまいらすればこそ、他力にてはそうらえ」という言葉に導かれることになる。

これについて、もしかすると筆者が誤読しているのではないかとおそれるが、氏のこのような宿業の理解は、

「今に現れ出た自己」が「情動」として「身を動かした」理由にはなるかも知れないが、それは過去に向かって現在が見られただけで、氏が言う「自由」で「自在」な活動の源(氏は決して行動の原理ではないとするが)となるのであろうか。逆に言えば、現在においていかなる行動をなしたとしても、なさなかったとしても、あるいは現状がどのようにあっても、「それは宿業だから」とする態度になるのではないかと思われるが、それでいいのであろうか。他者に対するときに、むしろ将来に向かって、浄土へ往生し成仏する身を生きる真実信心の念仏者の「宿業」ということは、どのように理解されてゆくのであろうかという問題があるように思われるところである。

三　真宗念仏者の利他的行為（他者支援）をどう見るか

さてここまで、木越氏の著書を縁として、そこにある問題について考えてきたが、それなら真宗念仏者において、例えば「他者を支援する」ということ、要点をしぼって言うならば「他者をどのように見るか」ということは、教学的にはどのように考えられるのかということについて考察してみたいと思う。

（一）如来の被救済者としての他者

まず真宗において他者をいかに見るのかという前提を述べておこう。『無量寿経』の第十八願および第十八願成就文の救いの対象は「十方衆生」であり「諸有衆生」である。すなわち、当たり前のことのようだが、如来の救済の対象は、それが念仏者であるかないかは問題ではなく、すべての衆生が対象であり被救済者なのである。それは法蔵菩薩が二百十億の国土人天の善悪を覩見された対象なのであり、親鸞も『行文類』に、(34)「其機者則一切善悪大小凡愚也（その機はすなわち一切善悪大小凡愚なり）」と述べるように、救いの対象は善人や悪人、大乗や小乗の

教えに遇う者など、すべての凡夫であると示されているところでもある。

つまり、自己（私）もすべての他者も、ともに如来の救済の対象なのであって、それが仏教者や念仏者であるかないかは問われていないということが前提である。とすれば念仏者である自己（私）も、いかなる他者も、同じように救済されるべき存在なのであり、私にはたらいている如来の願いが、他者にもはたらいているのだとして他者を見ることができるということである。そうなれば、他者は単なる他人ではなく、同じ如来のはたらきを受ける他者であり隣人であると見ることができることになる。その隣人が困難な状況にあり、あるいは支援を待っているのであれば、一定の限界はあるとしても、それを簡単に、他人、無関係なる存在と見過ごすわけにはいかなくなるのが、念仏者の基本的な他者観になるのであろう。

（二）真宗念仏者の利他的行為に関する否定的表現と肯定的表現

さて真宗（親鸞）において、念仏者における他者支援などの利他的行為を考える場合に、それがいわゆる仏教における「自利」に対する「利他」という領域、すなわち他者を仏道に向かわしめ、悟りへと導くという意味での「利他」ということを示すだけでなく、広く衆生の苦悩全般[35]に通じる思いや行為として見ることができる場合に、それが否定的に見られた表現と肯定的に捉えうる表現とが見られる。

その否定的表現は、前述の『歎異抄』第四条における「聖道の慈悲」と「浄土の慈悲」の記述においても見られるが、代表的なものは、『正像末和讃』の悲歎述懐讃にある次の和讃である。[36]

小慈小悲もなき身にて　有情利益はおもふまじ
如來の願船いまさずは　苦海をいかでかわたるべき

これに対してその対極にある肯定的な表現が、同じ『正像末和讃』に、(37)

如來の廻向に歸入して　願作佛心をうるひとは

自力の廻向をすてはてて　利益有情はきはもなし

とある「利益有情はきはもなし」である。ただし、ここで言われる「利益有情」とは、『浄土和讃』の讃弥陀偈讃に、(38)

安樂浄土にいたるひと　五濁惡世にかへりては

釋迦牟尼佛のごとくにて　利益衆生はきはもなし

とあるように、基本的には証果を得た上での還相の活動として示されていると思われる。

さらに念仏者の利他的行為に通じるであろうと思われる肯定的表現としては、真実信心の人に、現生において恵まれる十種の利益として「現生十益」が語られ、その中に「常行大悲の益」が説かれていることがあげられる。さらにまた、真実信心の人が「便同弥勒」(39)とか「弥勒とおなじ」(40)と言われ、また「諸仏とひとし」(41)とか「如来とひとし」(42)等と言われていることがあげられる。すなわち「真実信心の人（念仏者）」は次の生において必ず仏に成る者であるから、「如来とひとし」と言われ、次の生に仏に成る菩薩である弥勒菩薩と「おなじ」であると言われるのである。

これらの肯定的表現については、古来「信心の具徳」等として語られるが、念仏者の将来に向かっての模範（モデル）的な在り方として示されているのであるから、結果と過程との論理的関係からしても、真宗念仏者の思想や行動、あるいは現世を生きる姿勢に、少なからず影響を及ぼすはずであろうと思われるのである。

（三）模範（モデル）的実践者としての大乗の菩薩

前述のように、信心の人が「弥勒と同じ」「如来とひとし」などと示されているところから、真宗念仏者が「他者をいかに見るか」ということを考える時に、その模範（モデル）として『無量寿経』に説かれる大乗の菩薩の在り方が、広い意味で、今いう他者支援についても参考になる。すなわち、[43]

為諸庶類作不請之友、荷負群生為之重担。…興大悲愍衆生、演慈弁、授法眼、…以不請之法施諸黎庶、如純孝之子愛敬父母。於諸衆生視若自己。

（もろもろの庶類のために不請の友となる。群生を荷負してこれを重担とす。…中略…大悲を興して衆生を愍れみ、慈弁を演べ、法眼を授く。…中略…不請の法をもつてもろもろの黎庶に施すこと、純孝の子の父母を愛敬するがごとし。もろもろの衆生において視そなはすこと、自己のごとし。）

と説かれるところである。すなわち人々のためにすすんで友となり、その苦しみを引き受けて背負い、…大いなる慈悲の心を起こして人々を憐れみ、慈愛に満ちた弁舌によって智慧の眼を授ける。…すすんで人々に法を説き与えることは、親孝行な子が父母を敬愛するようである。そしてまるで自分自身を見るように、衆生を見るのが、この大乗の菩薩の在り方として示されているのである。

このような他者の見方は、真宗に限らず他の仏教においても、「自己を護る人は他の自己をも護る…」[44]といわれたり「万法に証せらるるといふは、自己の身心および他己の身心をして脱落せしむるなり」[45]等と述べられているように、「自己」と「他の自己（他己）」という見方になっているようである。

いずれにしても、このように大乗の菩薩の在り方が示されているということは、真宗念仏者に、他者を見る場合の模範（モデル）が提示されていることになる。逆に言えば、このような在り方が示されていることによって、凡

夫としての念仏者から起こされる利他的行為（他者支援）の不完全さが明らかになるのでもあろうが、同時に「如来とひとし」とか「弥勒に同じ」と言われていることが、念仏者の思想や姿勢、行動の方向を示していると見ることができるように思われるのである。

（四）結　―真宗念仏者の利他的行為（他者支援）をどう見るか―

以上、不完全ながら考察したところを結んでおくならば、一旦は「小慈小悲もなき身」などという否定を経る真宗念仏者の利他的行為は、如来の願いを受けて大乗菩薩に学ぶ行為となり、「如来とひとし」と言われる存在としての念仏者において行われる行為として、暫定的に肯定されるとして良いのではないか、ということになろうかと思われるのである。

註

（1）ただし一般の用語として「利他」という場合も、他者の身心あるいは環境等をより良くなるように思い、それが他者の安らかな生活に資する行為となるのであれば、広い意味では衆生の利益となり、他者をしてよく悟りに向かわしめることになるとも考えられ、そうであるならば仏教用語としての「利他」という意味に通じるとも考えられる。
（2）法蔵館　二〇一六年三月十一日発行
（3）木越康『ボランティアは親鸞の教えに反するのか―他力理解の相克―』（以下『木越』と示す）序文「はじめに」一頁
（4）『木越』二三頁～
（5）第四条に示される「慈悲に聖道・浄土のかはりめあり。聖道の慈悲といふは、ものをあはれみ、かなしみ、はぐくむなり。しかれども、おもふがごとくたすけとぐること、きはめてありがたし。浄土の慈悲といふは、念仏して、いそぎ仏に成りて、大慈大悲心をもつて、おもふがごとく衆生を利益するをいふべきなり。今生に、いかにいとほし不

便とおもふとも、存知のごとくたすけがたければ、この慈悲始終なし。しかれば、念仏申すのみぞ、すゑとほりたる大慈悲心にて候ふべきと云々」という文（『浄土真宗聖典全書』…以下『浄真全』と表記…二―一〇六五頁）

（6）『歎異抄』第二条（『浄真全』二―一〇五四頁）

（7）『恵信尼消息』五（『浄真全』二―一〇三六頁）に出るもの。

（8）『木越』四一～二頁

（9）『木越』五四頁～

（10）『浄真全』二―五三一頁

（11）『浄真全』二―七八七頁

（12）『木越』五六頁

（13）木越氏は「罪福信」と表現するが、本願寺派では一般に「信罪福心」と表現して議論されてきた。罪とは苦果をまねく罪悪業、福とは楽果をまねく善業をいう。すなわち悪因苦果、善因楽果の道理を信じることで、自身の罪悪業は重大でありおそるべきことだと信じ(信罪心)、善業を修せば罪を消して浄土に往生できると信ずること（信福心)。この罪福を信ずるがゆえに、自力をもって諸行を修し、あるいは称名の功を積んで自ら罪業を消滅して仏の救済を求めることになる。すなわち仏の救済力を疑い、自身の力をあてにすることとなる。

（14）『木越』六九頁

（15）『歎異抄』第十三条に「よきこころのおこるも、宿善のもよほすゆへなり。悪事のおもはれせらるゝも、悪業のはからふゆへなり。故聖人のおほせには、卯毛・羊毛のさきにいるちりばかりもつくるつみの、宿業にあらずといふことなしとしるべしとさふらひき。…(中略)…さるべき業縁のもよほさば、いかなるふるまひもすべしとこそ、聖人はおほせさふらひしに、…(中略)…いかなる悪を本願ぼこりといふ、いかなる悪かほこらぬにてさふらふべきぞや。かへりて、こゝろをさなきことか」(『浄真全』二―一〇六三～六）とある。

（16）『木越』八五頁

（17）『木越』八六頁

（18）『木越』一二三頁に、この「四無量心」については、

(1)慈無量心…他者に喜び楽しみを与えたいとする心

(2)悲無量心…他者の苦しみを取り除きたいとする心
(3)喜無量心…他者の喜びを自身の喜びとする心
(4)捨無量心…他者を選別して捨てない心
と解説されている。

(19)『浄真全』二―五一九頁
(20)『末灯鈔』第一九通(『浄真全』二―八〇九頁)
(21)『木越』一四三~四頁
(22)三一問答・信楽釈(『浄真全』二―八三頁)
(23)三一問答・法義釈結示(『浄真全』二―九〇頁)
(24)『一念多念文意』(『浄真全』二―六六二頁)
(25)『唯信鈔文意』(『浄真全』二―六八三頁)
(26)『浄真全』二―四九九頁以降
(27)『一念多念文意』(『浄真全』二―六七二頁)
(28)『親鸞聖人眞筆消息』(真蹟)(『浄真全』二―七四三頁)
(29)『唯信鈔文意』(『浄真全』二―六九八頁)
(30)『末灯鈔』第十九通(『浄真全』二―八〇六頁)
(31)『浄真全』二―二〇〇頁
(32)『浄真全』二―五〇〇頁以降
(33)『親鸞聖人眞筆消息』(真蹟)(『浄真全』二―七四四頁)
(34)『教行信証』行文類・偈前の文(『浄真全』二―五九頁)
(35)例えば『論註』に説かれる「本願所被の機」と「能為の願」の記述などは、広く衆生の苦悩を見てはたらく願いにおいて、菩薩や如来における衆生の苦悩全般が見られているといえよう。
(36)『浄真全』二―五一九頁
(37)『浄真全』二―四七九頁

（38）『浄真全』二―三四五頁
（39）『信文類』便同弥勒釈「弥勒大士窮等覚金剛心故、龍華三会之暁、当極無上覚位。念仏衆生窮横超金剛心故、臨終一念之夕、超証大般涅槃。故曰便同也。（弥勒大士は等覚の金剛心を窮むるがゆゑに、竜華三会の暁、まさに無上覚位を極むべし。念仏の衆生は横超の金剛心を窮むるがゆゑに、臨終一念の夕、大般涅槃を超証す。ゆゑに便同といふなり）」（『浄真全』二―一〇三頁）
（40）『末灯鈔』第三通「弥勒とおなじく、このたび無上覚にいたるべきゆゑに、弥勒におなじと説きたまへり」（『浄真全』二―七八三頁）
（41）『親鸞聖人眞筆消息』「まことの信心の人をば、諸佛とひとしと申なり」（『浄真全』二―七五六頁）
（42）『末灯鈔』第一五通「真実信心をえたる人をば、如来とひとしと仰せられて候ふなり」（『浄真全』二―八〇〇頁）
（43）『浄真全』一―一八頁
（44）AN. 111. p. 373 …中村元「仏教における人間論」（『講座　仏教思想』第四巻―一九七五年理想社―）五〇頁
（45）『正法眼蔵』現成公案―『岩波文庫』五四頁

親鸞における生死出離の道（中）

――「横超断四流」の意義

鍋島直樹

序

本研究の目的は、親鸞が明かした生死を出離する道について、親鸞自身の言葉とその教理的典拠に基づいて解明するものである。先行研究の浅井成海「親鸞の生死観」[1]と川添泰信「親鸞の基点―生死観について」[2]では、親鸞の生死観を、(1)無常としての生死、(2)迷いとしての生死、(3)罪業の自覚としての生死、(4)生死即涅槃としての生死、(5)利他教化地としての生死に分類して解明した。こうした先哲に学びつつ、親鸞の生死観を、生死輪廻の現実と出離の両面から考察している。親鸞が生死の現実を見つめたキーワードには、(1)生死輪転、(2)生死苦海、(3)生死罪濁、(4)生死無常などがある。[3]親鸞が生死を出離する道を示したキーワードには、(1)出離生死、[4](2)度生死海、(3)流転生死を超え離れる、(4)横超断四流、利那超越成仏之法、(5)信心あらんひと空しく生死にとどまることなし、(6)永く生死を捨てはてて自然の浄土に至る、(7)生死の長き夜すでに暁になりぬ、生死の闇に惑わざる、(8)証知生死即涅槃、(9)入生死薗・回入生死という利他教化・還相摂化を表す用語がある。本論では、親鸞における生死の超越、横超断四流の真意を明らかにしたい。

一、度生死海

――生死出離とは、阿弥陀仏の本願力によって迷いの暴流や苦海を渡ることである。

生死を超える道について、経典では、生死の流れを度す、生死の海を渡ると説かれている。親鸞の尊重した経典に、次のような用例がある。

願我作仏　斉聖法王　過度生死　靡不解脱（『無量寿経』、『浄土真宗聖典全書』一巻二一頁）

設令満世界火過此中得聞法　会当作世尊将度一切生老死（『平等覚経』、「信巻」引用、『聖典全書』二巻九八頁）

被弘誓徳鎧　為度生死故（『華厳経』、大正蔵九巻四二三a）

救無量苦度生死流（『華厳経』、大正蔵九巻四八九c）

得不退転生如来家　度生死海逮得如来一切智海（『華厳経』、大正蔵九巻六九〇c）

汝今欲度生死大河　我能為汝作大船師（『涅槃経』、大正蔵一二巻四九〇a）

このように無明煩悩によって生まれ変わり死に変わって迷いを繰り返す世界を、苦悩の濁流や果てしなき煩悩の海にたとえ、その迷いの輪廻を超えてさとりに至ることを、苦悩の海を渡ると経典に説かれている。では、いかにして愚者は生死の苦海を渡ることができるのか。親鸞は、浄土教の先師を訪い、その答えを『無量寿経』に見出した。

願はくは我仏となり、聖法王に斉しく、生死を過度して解脱せざることなからしめん（『無量寿経』讃仏偈、『聖典全書』一巻二一頁）

我をして世に於いて速やかに正覚を成じ、諸の生死勤苦の本を抜かしめたまへ。（『無量寿経』巻上、『聖典全書』

一巻二二頁）

かならず当に世尊と作て、将に一切生老死を度せむとすと。（『平等覚経』、「信巻」引用、『聖典全書』二巻九八頁）

あらゆる衆生、その名号を聞きて、信心歓喜せんこと乃至一念せん。至心に回向したまへり。かの国に生れんと願ずれば、即ち往生を得、不退転に住せん。ただ五逆と正法を誹謗するものとをば除く。（『無量寿経』本願成就文、「信巻」引用、『聖典全書』二巻六八頁）

ここに読み解かれているように、ひとえに衆生一人ひとりの生老病死にまつわる苦悩の根本を抜くことを法蔵菩薩が誓い、その誓いを成就したのが阿弥陀仏の本願である。あらゆる衆生が阿弥陀仏の名号を聞き、名号に込められた仏願の由来と救済のはたらきを聞いて疑いなく信じ喜ぶ時、その信心は阿弥陀仏が至心をもって廻向されたものであるから、必ず浄土へ往生させんとする仏の願いに支えられて、往生すべき身と定まり、不退転に住すると親鸞は受けとめている。親鸞は、本願成就文の真意をこう説明する。

真実信心をうれば、すなはち無碍光仏の御こころのうちに摂取して捨てたまはざるなり。摂はをさめたまふ、取はむかへとると申すなり。をさめとりたまふとき、すなはち、とき・日をもへだてず、正定聚の位につき定まるを「往生を得」とはのたまへるなり。（『一念多念文意』、『聖典全書』二巻六六三頁）

如来選択の願心より真実信心を恵まれて、阿弥陀仏に迎えられ見捨てられることはない。仏の心に摂取された時、今ここでただちに正定聚に住すると親鸞は明かした。親鸞は無碍光仏の大悲に抱かれて生死を出離する道を見出した経験を、「愚禿釈の鸞、建仁辛酉の暦、雑行を棄てて本願に帰す」（「化巻」後序、『聖典全書』二巻二五四頁）と記している。したがって自力の計らいによる雑行を棄てて、愚かな自己を摂取して捨てない本願に帰すところに、生

死輪廻を渡る道が開かれる。本願の救いの結晶である名号を称え、如来の真実心が信心となって愚かな自己に満入していることを疑いなく信じる時、不退転に定まり、慚愧と感謝の喜びがあふれてくる。

親鸞は、こうした『無量寿経』の救済観を支えにして、阿弥陀如来の本願の船のみが、生死の苦悩に沈む人々を乗せて、安楽浄土に渡すことができると明かした。

生死の苦海ほとりなし　ひさしくしづめるわれらをば　弥陀弘誓のふねのみぞ　のせてかならずわたしける

（『高僧和讃』龍樹讃（七）、『聖典全書』二巻四〇六頁）

親鸞は、龍樹の教理を典拠にしてこの和讃を記した。

彼の八道の船に乗じて、よく難度海を度す。自ら度しまた彼を度せむ。（『十住毘婆沙論』易行品、「行巻」引用、『聖典全書』二巻二四頁、大正蔵四六巻四三c）

龍樹の表した「難度海」を親鸞は「生死の苦海」といい、「八道の船」、涅槃に至る八聖道の船を、親鸞は「弥陀弘誓のふね」として受けとめている。

また、阿弥陀仏の本願を生死大海の船に喩える表現は、法然にも見られる。(5) 法然は『無量寿経釈』に「以智慧船筏渡生死大海、挑般若明燈、照無明長夜(6)」、すなわち、「智慧の船筏をもって生死の大海を渡り、般若の明灯をかかげて無明長夜を照らす」と記している。

こうして親鸞は、法然の教えを継承し、聖覚の法語「誠知、無明長夜之大燈炬也。何悲智眼闇、生死大海之大船筏也。豈煩業障重」を引用して、(7) 阿弥陀仏の本願力は生死大海の船や筏であると説明する。

「誠知無明長夜之大灯炬也何悲智眼闇」といふは、「誠知」はまことにしりぬといふ、弥陀の誓願は無明長夜のおほきなるともしびなり。なむぞ智慧のまなこくらしとかなしまむやとおもへと也。「生死大海之大船筏也

豈煩業障重」といふは、弥陀の願力は生死大海のおほきなるふね・いかだ也。極悪深重のみなりとなげくべからずとのたまへるなり。「倩思教授恩徳実等弥陀悲願者」といふは、師主のおしえをおもふに、弥陀の悲願にひとしとなり、大師聖人の御おしへの恩おもくふかきことをおもひしるべしと也。「粉骨可報之摧身可謝之」といふは、大師聖人の御おしへの恩徳のおもきことをしりて、骨を粉にしても報ずべしとなり、身をくだきても恩徳をむくふべしとなり。（『尊号真像銘文』正嘉二年本、建長七年本、『聖典全書』二巻六四八頁）

したがって親鸞は、龍樹『十住毘婆沙論』、法然の『無量寿経釈』、聖覚の法語を典拠とし、『高僧和讃』龍樹讃、『尊号真像銘文』に、「弥陀の本願力が生死大海の大きな船、筏となって苦悩する人々を乗せて救い、必ず彼岸に渡してくれる。だから極重悪人の身であることを悲しまなくていい」と明かした。仏に必ず救われる喜びと弥陀の悲願に等しい師法然の教えを心の支えにして、報恩感謝の大道をひたむきに歩みたいと親鸞は表白している。

また親鸞は、智慧浅く罪重き人の救いについて、こう歌っている。

無明長夜の灯炬なり　智眼くらしとかなしむな　生死大海の船筏なり　罪障おもしとなげかざれ（『正像末和讃』（三六）、『聖典全書』二巻四八六頁）

この『正像末和讃』には主語が書かれていないが、親鸞は『尊号真像銘文』に「弥陀の誓願は無明長夜のおほきなるともしびなり」と記し、文明五年蓮如上人開版本には、「無明長夜の灯炬」の左訓に、「ツネノトモシビヲトウトイフ　オホキナルトモシビヲコトイフ　ツネノトモシビヲミダノホングワンニタトヘタマフナリ」（『聖典全書』二巻四八六頁）と記されている。これらの文証により、灯は常に灯りつづけている明かり、炬は大きなかがり火を指し、心の奥底にある闇を照らす灯りを、阿弥陀仏の本願に喩えていることがわかる。したがって煩悩の闇がどれだけ深くても、弥陀の誓願が長い夜を破る灯りであるから、自らの智慧が浅いと悲しまなくていい。弥陀の誓願は

生死の苦海に沈む人々を乗せて救う船であるから、自らの罪に押しつぶされずに誠実に生きよう。そのように親鸞は人々を慰め勇気づけた。

さらに、生死の海に溺れる有情を、阿弥陀如来が呼びつづけ本願の船に乗せて救うという親鸞の和讃もある。

弥陀・観音・大勢至　大願のふねに乗じてぞ　生死のうみにうかみつゝ　有情をよばふてのせたまふ

弥陀大悲の誓願を　ふかく信ぜんひとはみな　ねてもさめてもへだてなく　南無阿弥陀仏をとなふべし（『正像末和讃』（五三）（五四）、『聖典全書』二・四九五頁）

「阿弥陀如来と観音菩薩と大勢至菩薩は、本願の大きな船に乗って生死の迷いの海に浮かび、有情を呼びつづけて本願の船に乗せてくれる。だからこそ阿弥陀如来の大悲の誓願を深く信じる人はすべて、寝ても覚めても変わりなく、常に南無阿弥陀仏を称えよう」という意である。この有情を呼びつづけるとは、衆生の称える念仏が、阿弥陀仏の呼び声となって心に届くことを意味する。この和讃は、源信の『往生要集』に引用される迦才『浄土論』巻下を典拠にしている。(8)

『無量清浄覚経』に云はく、「阿弥陀仏、観世音・大勢至と、大願の船に乗りて生死の海に汎びて、この娑婆世界に就きて、衆生を呼喚して大願の船に上せて、西方に送け著けしめたまふ。もし衆生のあへて大願の船に上るは、並びに皆去ることを得」と。これはこれ往き易きなり。『心地観経』の偈に云はく、「衆生は生死海に没在して、五趣に輪廻して出づる期なし。善逝つねに妙法の船となり、よく愛流を截りて彼岸に超えしめたまふ」と。念ふべし、「われ、いづれの時にか悲願の船に乗りて去らむ」と。（『往生要集』巻中、大正蔵八四巻五八c、『聖典全書』一巻一一一八〜一一一九頁）

阿弥陀仏と観音菩薩と勢至菩薩が、大悲の願船に乗って娑婆世界に着き、苦悩する衆生に呼びかけて悲願の船に

乗せ、極楽世界に送り届けてくださると源信は明かしている。如来の呼び声を聞き、悲願の船に乗ってこそ、生死輪廻の流れを断ち切り、安心して彼岸に往くことができると源信はいう。

この如来の招喚する声を聞き、弥陀の願行具足した名号を称えて救われる道を、親鸞は「行巻」六字釈で示し、また、善導の二河白道の比喩や慈愍の『般舟三昧経』によって明らかにする。

帰命は本願招喚之勅命なり。（「行巻」六字釈、『聖典全書』二巻三五頁）

親鸞左訓「帰説　ヨリタノムナリ」「帰説　ヨリカヽルナリ」「招喚　マネキヨバウ」「勅命　オホセ」（『聖典全書』二巻三五頁）

正に念仏法門開けるに値へり。正に弥陀の弘誓の喚びたまふに値へり。（「行巻」、『般舟三昧経』引用、『聖典全書』二巻三八頁）

このように帰命は、弥陀の本願を究極的な依りどころとして信じまかせる心であり、弥陀の本願が衆生を招喚する仰せであると親鸞は明かした。自己の称える念仏がそのまま阿弥陀仏の自己を招喚する声なのである。また、その典拠として、『大阿弥陀経』巻上の経文を、親鸞が「真仏土巻」に次のように左訓している箇書がある。

阿弥陀仏の声を聞きて　「声」の左訓「ミナ」（『聖典全書』二巻一五八頁）

ここに親鸞が、名号は弥陀の声であり、自らの称える名号を弥陀の喚ぶ声として聞いていることがわかる。

親鸞は、善導の二河譬を「信巻」に引用し、弥陀が苦悩の衆生を招喚すると教える。

衆生久しく生死に沈みて、曠劫より輪廻し、迷倒してみづから纏ひて、解脱するに由なし。仰いで釈迦発遣して、指へて西方に向かへたまふことを蒙り、また弥陀の悲心招喚したまふによつて、いま二尊の意に信順して、水火の二河を顧みず、念念に遺るることなく、かの願力の道に乗じて、捨命以後かの国に生ずることを得て、

仏とあひ見て慶喜すること、なんぞ極まらんと喩ふるなり。また一切の行者、行住座臥に三業の所修、昼夜時節を問ふことなく、常にこの解をなし、常にこの想をなすが故に、回向発願心と名づく。また回向といふは、彼の国に生じをはりて、還りて大悲を起して、生死に回入して衆生を教化する、また回向と名づくるなり。

（『聖典全書』二巻七七頁）

さらに親鸞は、『一念多念文意』において二河譬を説明し、凡夫の救われる道を示した。

「凡夫」といふは、無明煩悩われらが身にみちみちて、欲もおほく、いかり、はらだち、そねみ、ねたむこころおほくひまなくして、臨終の一念にいたるまでとどまらず、きえず、たえずと、水火二河のたとえにあらはれたり。かゝるあさましきわれら、願力の白道を一分二分やうやうづゝあゆみゆけば、無礙光仏のひかりの御こころにをさめとりたまふがゆへに、かならず安楽浄土へいたれば、弥陀如来とおなじく、かの正覚のはなに化生して大般涅槃のさとりをひらかしむるをむねとせしむべしとなり。これを致使凡夫念即生と申すなり。二河のたとへに、「一分二分ゆく」（散善義）といふは、一年二年すぎゆくにたとえたるなり。諸仏出世の直説、如来成道の素懐は、凡夫は弥陀の本願を念ぜしめて即生するをむねとすべしとなり。（『聖典全書』二巻六七六～六七七頁）

生きることは寂しくつらい。思うようにならずに苛立ち、他者と反目して孤立する。苦しみで何も言えず、胸が押しつぶされそうになる。しかし何かにとらわれてしか生きられない我々を常に照らし護って見捨てない弥陀の本願がある。本願の道を信じ念仏して歩むことが、仏の心に摂取されて生き、必ず浄土に到る道を開く。なぜなら、念仏は私が称える念仏でありながら、阿弥陀仏が大慈悲心をもって私を招喚する声であり、釈尊や諸仏が念仏の道を讃嘆して念仏者を護り、私の往く浄土への道が確かであることを指し示してくれるからである。弱く愚かな人を

こそ、仏の本願は摂取して捨てることがない。足元に流れる怒りや憂いの川に流されないで、ただ一心に本願に帰依し、仏に招喚されて念仏を称え、本願の白道を一歩一歩渡っていくことが、ついには安楽浄土に到り、生死を出離する道となる。親鸞は、善導の二河譬の「一分一分ゆく」を「一年二年すぎゆく」と受けとめている。現生で、弥陀の本願を信じて念仏を称え、年年歳歳歩んでいくことが、そのまま阿弥陀仏の心に常に摂取され、安心して生き抜く道を開き、当来には、正覚の華より化生して、如来と同じ大涅槃を開くことができると親鸞は明かしている。限りなき如来の大悲が現在の人生を支えているから、煩悩に縛られた自己の愚かさを慚愧し、自他の安穏を願って生きることができる。ついに迷いの時を超えて、臨終の一念に無上大涅槃に至り、大いなる慈しみの心を起こして生きとし生けるものを救うことができる。そういう明るい未来が開かれると親鸞は伝えている。

二、流転生死を超え離れる

――流転生死を超えるとは、本願に一心に帰命すれば、本願力によって流転輪廻している状態を「超過」「超出」「超絶」し、臨終の一念に迷いの世界を離れ去り安楽浄土に往生して、無上大涅槃を「超証」することである。

まず、「超」の字義は、召の転音が音を表し、『説文解字』二上に「跳ぶなり」と記され、高く飛び上がる、飛び越えて前に出る、飛びぬける、かけ離れる（超絶）、すぐれる、世俗の俗事から離れる、他に隔絶するという意がある。(9)『倶舎論』における「超」は、中間を超えて完全な涅槃に入ることを意味する。(10)次に、「越」の字義は、戉が音を表し、『説文解字』二上に「度（わた）るなり」と記され、こえるの意の語源「踰」からきていて、度越、物の上を通っていく、度を過ごす（僭越）、年月を送る、すぐれるという意がある。(11)

生死を超えるという表現は、経典に次のような用例がある。

超生死（『華厳経』、大正蔵一〇巻七〇四a等）
超過世間諸所有法（『無量寿経』、『聖典全書』一巻十八頁）
於是法蔵比丘　具足修満如是大願　誠諦不虚超出世間深楽寂滅（『無量寿経』、『聖典全書』一巻三一頁）
我、超世の願を建つ、かならず無上道に至らん。（『無量寿経』重誓偈、「信巻」引用、『聖典全書』二巻九七頁）
必ず超絶して去つることを得て安養国に往生して、横に五悪趣を截り、悪趣自然に閉ぢ、道に昇るに窮極なからん。（『無量寿経』、「信巻」引用、『聖典全書』二巻九七頁）

このように生死を超えるとは、法蔵菩薩が世俗の迷いを超える誓願を建てて、この上ない仏道に至ることである。また、生死を超絶するとは、迷いの世界を去って安楽国に往生し、横に地獄・餓鬼・畜生・人間・天人という五悪趣の迷いを断ち切ることである。親鸞は、こうした『無量寿経』の教説に依りながら、本願力によって生死を超える道を明かしている。

『無量寿経』下巻に「必得超絶去往生安楽国　横截五悪趣悪趣自然閉　昇道無窮極易往而無人　其国不逆違自然之所牽」と説かれる経文の真意を、親鸞は『尊号真像銘文』本にこう説明する。

「必得超絶去往生安養国」といふは、「必」はかならずといふ、かならずといふは定まりといふこころ也、また自然といふこころ也。「得」はえたりといふ。「超」はこえてといふ。「絶」はたちすてはなるといふ。「去」はすつといふ、ゆくといふ、さるといふなり。娑婆世界をたちすてて流転生死をこえはなれてゆきさるといふ也。安養浄土に往生をうべしと也。……横超はすなはち他力真宗の本意也。「截」といふはきるといふ、五悪趣のきづなをよこさまにきる也。「悪趣自然閉」といふは、願力に帰命すれば五道生死をとづるゆへに自然閉といふ。「閉」はとづといふ也。本願の業因にひかれて自然にむまるゝ也。……中略……真実信をえたる人は

大願業力のゆへに、自然に浄土の業因たがはずして、かの業力にひかるるゆへにゆきやすく、無上大涅槃にのぼるにきはまりなしとのたまへるなり。しかれば「自然之所牽」と申すなり。他力の至心信楽の業因の自然にひくなり。これを「牽」といふなり。「自然」といふは行者のはからひにあらずとなり。(『聖典全書』二巻六〇八~六一〇頁)

誰しも苦しみの中にあり、だから苦しみを超えた真の安らぎを求めて生きている。阿弥陀仏の本願力に一心に帰命すれば、必ず流転輪廻の生死を超え離れて娑婆世界を去り、自然に五悪趣の迷いが閉じて、本願の業力にひかれて自然に安養浄土に生まれ無上大涅槃に至ると親鸞は明かした。生死の超越は、自力の計らいによって達成することはむずかしい。しかし、如来の願力に帰命すれば、本願力の自ずからなる救いのはたらきに導びかれて、横さまに五悪趣のきづなが断ちきられ、生死の迷いを超絶することができるのである。

三、横超断四流

——親鸞は、生死を超える道を「横超」として明かした。『尊号真像銘文』末に、「「横超」といふは、「横」は如来の願力、他力とまふすなり。「超」は生死の大海をやすくこえて無上大涅槃のみやこにいるなり」(建長本、親鸞八三歳、『聖典全書』二巻六五三頁)と記されている。ここより「横」は本願他力、「超」は生死の苦海をたやすく速やかに超えてこの上ない涅槃の浄土に入ることであると親鸞は明示した。横超は、教に約して言えば、如来の本願力による真実の救いの道を表し、信心に約して言えば、如来の本願力回向による金剛の信心を意味する。

まず、横超に関連する表現は、経典などにこう説かれている。

必得超絶去往生安楽国　横截五悪趣悪趣自然閉　昇道無窮極。(『無量寿経』巻下、「信巻」引用、『聖典全書』二

巻九七頁、『浄土文類聚鈔』引用、『聖典全書』二巻二六四頁）
可得超絶去　往生阿弥陀仏国　横截於五悪道　自然閉塞（『大阿弥陀経』、「信巻」引用、『聖典全書』二巻九七頁）
道俗時衆等　各発無上心　生死甚難厭　佛法復難欣　共発金剛志　横超断四流　願入弥陀界　帰依合掌礼（善導『観経四帖疏』玄義分「帰三宝偈」、大正蔵三七巻二四五c、「信巻」引用、『聖典全書』二巻九十頁）

親鸞は、『無量寿経』と善導「帰三宝偈」の教説を典拠とし、横超を、本願他力の教えとして、また、本願力回向の信心として説き明かした。

（一）横超とは、迷いの暴流を渡ることのできる選択本願の教えである。横超とは、如来の本願によって、すべての衆生が平等にさとりを開くことができる唯一真実円満の教えである。(12)

頓に三有の生死を断絶す。故に断といふなり。四流とは則ち四暴流なり。また生老病死なり。（「信巻」横超断四流釈、『聖典全書』二巻九七頁）

ここで親鸞は、本願力によって速やかに欲界・色界・無色界の三界の迷いを断絶し、欲暴流・有暴流・見暴流・無明暴流という煩悩の四暴流や生老病死苦の四流を横断できると明かしている。

横超断四流といふは、横超とは、横は竪超・竪出に対す、超は迂に対し回に対するの言なり。竪超とは大乗真実の教なり。竪出とは大乗権方便の教、二乗・三乗迂回の教なり。横超とはすなはち願成就一実円満の真教、真宗これなり。またまた横出あり。即ち三輩・九品・定散之教、化土・懈慢、迂回の善なり。大願清浄の報土には品位階次をいはず。一念須臾のあひだに、速やかに疾く無上正真道を超証す。故に横超といふなり。（「信巻」横超断四流釈、『聖典全書』二巻九六頁）

横超とは、本願を憶念して自力の心を離る、これを横超他力と名づくるなり。これ即ち専のなかの専、頓の中

の頓、真の中の真、乗の中の一乗なり。これ乃ち真宗なり。（「化巻」、『聖典全書』二巻一九七頁）

また『愚禿鈔』でも、親鸞は二双四重判を示し、横超が選択本願を表すと説く。

横超　選択本願・真実報土・即得往生也（『愚禿鈔』上、『聖典全書』二巻二八三頁）

横超　如来の誓願他力なり。（『愚禿鈔』下、『聖典全書』二巻二九五頁）

さらに、「正信念仏偈」には、弥陀の第十八願を横超の大誓願と親鸞は表現する。

修多羅によりて真実を顕して、横超の大誓願を光闡す。（「行巻」、『聖典全書』二巻六二頁）

このように親鸞は、仏教における涅槃への仏道を竪超・竪出・横超・横出の二双四重判として整理し、四つの道すべてが成仏道であると認めつつ、[13]その中でも、横超は本願が成就して、あらゆる衆生が平等に涅槃を開く唯一真実円満の教説であると明かした。なぜなら横超他力の教えは、本願を憶念して自力の執心を離れる道であり、専修の中の専修、頓教の中の頓教、真実の中の真実であり、罪悪深重の凡夫を等しく乗せて浄土に渡す乗の中の一乗、往生浄土の真実教だからである。横超他力の教えが「乗の中の一乗」である意味は、行巻「一乗海釈」に示されている。

大乗は二乗・三乗あることなし。二乗・三乗は一乗に入らしめんとなり。一乗はすなはち第一義乗なり。ただこれ誓願一仏乗なり。（『聖典全書』二巻五四頁）

機縁に応じて、二乗、三乗のごとき種々の法が説かれるが、大乗の本意は、すべての者が分け隔てなくさとることのできる絶対唯一の教え、一乗にある。一乗とは、一切衆生が弥陀の本願力によって生死を超えて平等に無上涅槃に至れる誓願一仏乗である。二乗・三乗の教法も誓願一仏乗に包摂される見方が、この一乗海釈に明示されている。[14]

さらに、親鸞は、横超の白道を「本願一実の直道」ともいう。

道は則ちこれ本願一実の直道、大般涅槃、無上の大道なり。（「信巻」、『聖典全書』二巻八九頁）

万行諸善の小路より　本願一実の大道に　帰入しぬれば涅槃の　さとりはすなはちひらくなり（『高僧和讃』曇鸞讃（五三）、『聖典全書』二巻四三〇頁）

この親鸞の教説を承けて、覚如は、本願による救いを「横超の直道」と表現した。

ただ男女・善悪の凡夫をはたらかさぬ本形にて、本願の不思議をもつて生るべからざるものを生れさせたればこそ、超世の願ともなづけ、横超の直道ともきこえはんべれ。（『改邪鈔』、『聖典全書』四巻三一〇〜三一一頁）

「横超の直道」とは、弥陀の本願他力に支えられて生死を超える道であり、涅槃に直結する道である。横超の直道は、時間のかかる迂回路ではない。如来の本願によるから速やかに涅槃に至れる大道である。

（二）横超とは、如来の本願力によって廻向された信心である。如来より恵まれた横超の金剛心は、仏にならんと願う願作仏心、大菩提心であり、同時に、衆生を迷いの世界から涅槃の浄土に渡らせる度衆生心である。

菩提心について二種有り。一つは竪、二つは横……中略……横超とは、これすなはち願力回向の信楽、これを願作仏心といふ。願作仏心すなはちこれ横の大菩提心なり。これを横超の金剛心と名づくるなり。……中略……欣求浄刹の道俗、深く信不具足の金言を了知し、永く聞不具足の邪心を離るべきなり。（「信巻」菩提心釈、『聖典全書』二巻九一頁）

ここで親鸞は、仏教において竪超、竪出、横超、横出の菩提心があるが、横超の菩提心は本願力回向の信楽であり、願作仏心であると定義している。本願を聞かずに疑い計らう邪心を離れるべきであり、本願を聞信することが生死を超えることになると明かしている。

念仏の衆生は横超の金剛心を窮むるが故に、臨終一念の夕べ、大般涅槃を超証す。（「信巻」便同弥勒釈、『聖典全書』二巻一〇三頁）

この一心は横超の信心なり。横はよこさまといふ、超はこえてといふ、よろづの法にすぐれて、速やかに疾く生死海をこえて仏果にいたるがゆへに超とまふすなり。これすなわち大悲誓願力なるがゆへなり。この信心は摂取のゆへに金剛心となれり。これは『大経』の本願の三信心なり。この真実信心を世親菩薩（天親）は、「願作仏心」とのたまへり。この信楽は仏にならんとねがふと申すこころなり。この願作仏心はすなはち度衆生心なり。この度衆生心と申すは、すなわち衆生をして生死の大海をわたすこころなり。この信楽は衆生をして無上涅槃にいたらしむる心なり。この心すなわち大菩提心なり、大慈大悲心なり。……中略……釈迦は慈父、弥陀は悲母なり。われらがちゝ・はゝ、種々の方便をして無上の信心をひらきおこしたまへるなりとしるべしとなり。……中略……他力の三信心をえたらんひとは、ゆめゆめ余の善根をそしり、余の仏聖をいやしうすることなかれとなり。（『唯信鈔文意』、親鸞八五歳、『聖典全書』二巻七〇五〜七〇八頁）

このように横超の信心とは、如来の本願力によって煩悩具足の凡夫に廻向された金剛の信心である。如来の本願力回向によって恵まれた金剛の信心だからこそ、人々は分け隔てなく共に浄土への道を歩み、生死の迷いを超えて、臨終に無上大涅槃を証することができる。如来の願心より発起した横超の金剛心は、仏に成らんと願う願作仏心、大菩提心であり、同時に、衆生を迷いの世界から涅槃の浄土に渡らせる度衆生心である。だからこそ、横超他力の信心を得た人は、他の善根や他の仏教の聖道を見下してはならないと親鸞は教えている。

ている。

四、刹那超越成仏之法―超越の真意

親鸞は、「信巻」菩提心釈で、信心は本願力回向の横超の菩提心であることを明かした。その論証として、元照『阿弥陀経義疏』とその門弟の戒度が註釈した『阿弥陀経義疏聞持記』を引用する。そこに「超越」の語が使われている。

念仏法門は、愚智豪賤を簡ばず、久近善悪を論ぜず、ただ決誓猛信を取れば、臨終悪相なれども、十念に往生す。此れ乃ち具縛の凡愚、屠沽の下類、刹那に超越する成仏の法なり。（「信巻」、『阿弥陀経義疏』引用、『聖典全書』二巻九二頁）

具縛の凡愚　二惑全く在るが故に。屠沽の下類、刹那に超越する成仏の法なり。一切世間甚難信なり。屠はいはく殺を宰る。沽は即ち醞売。かくのごとき悪人、ただ十念に由りて便ち超往を得、あに難信に非ずや。（「信巻」、『聞持記』引用、『聖典全書』二巻九三頁）

このように念仏の道は、愚痴豪賤をよりわけず、功の浅深や行の善悪を問わず、すべての人々に分け隔てなく開かれ、確かな信を決定すれば、臨終が悪相であっても十念念仏によって浄土に往生できる。如来の本願を信じて念仏する道は、煩悩を離れられないすべての凡夫、殺生を生業とする人々や商人が、たちどころに迷いを超越して成仏する法であると示されている。親鸞が「念仏の衆生は横超の金剛心を窮むるが故に、臨終一念の夕べ、大般涅槃を超証す」（「信巻」、『聖典全書』二巻一〇三頁）と明かすように、「超証」とは、念仏者が如来の本願力によって横超の金剛心をえて現生で正定聚に住するから、一つひとつ順番に修行して登り詰めていく竪の階位を飛び越え、臨終に大涅槃を証することをいう。したがって親鸞における生死の「超越」の真意とは、本願を信じて念仏申すとこ

ろ、大悲に抱かれて、すべての凡夫が職種に関係なく公平に尊重され、迷いを超えることができることである。如来の本願力によって信が定まっているからこそ、たとえ臨終の迎え方が悪くても必ず往生できるのである。

五　横超の真意

最後にもう一度、横超の真意に目を向けてみたい。存覚『六要鈔』(『聖典全書』四巻一一二五頁)によると、親鸞は宗暁『楽邦文類』第四に引用された宋代の桐江擇瑛の「弁横竪二出」を参照し、善導の横超に対して竪超を立てて二双四重判を確立したとされている。また『西方指南鈔』巻下本に「二超ノ中ニハ横超也。……聖道門ノ修行ハ、智慧ヲキワメテ生死ヲハナレ、浄土門ノ修行ハ、愚癡ニカヘリテ極楽ニムマルト」(大正蔵八三巻八九六a、『聖典全書』三巻一〇二六頁)とあり、法然に横・竪の二超を見ることもできる。(15)

ではなぜ親鸞は、如来の本願力による救いを「竪」ではなく「横」と表現したのだろうか。この「横」=「如来の本願他力」に込められた真意を明らかにしたい。そこで親鸞が『無量寿経』の「横截五悪趣」や善導『観経疏』の「共発金剛志　横超断四流」の文をどう受けとめているかを確認したい。まず、親鸞は『無量寿経』の「横截五悪趣」を根拠にして、「行巻」正信念仏偈に「獲信見敬大慶喜　即横超截五悪趣」と記し、『尊号真像銘文』や『一念多念文意』においてこう解説する。

「即横超截五悪趣」といふは、信心をえつればすなはち横に五悪趣をきるなりとしるべしと也。「即横超」は、「即」はすなはちといふ、信をうる人はときをへず日をへだてずして正定聚の位に定まるを即といふ也。「横」はよこさまといふ、如来の願力なり、他力をまふすなり。「超」はこえてといふ、生死の大海をやすくよこさまに超えて無上大涅槃のさとりをひらく也。(『尊号真像銘文』末、正嘉本、『聖典全書』二の六五四頁)

しかれば、念仏のひとをば『大経』（下）には、「次如弥勒」と説きたまへり。弥勒は竪の金剛心の菩薩なり、竪と申すはたたさまと申すことばなり。これは聖道自力の難行道の人なり。横はよこさまにといふなり、超はこえてといふなり。これは仏の大願業力の船に乗じぬれば、生死の大海をよこさまにこえて真実報土のきしにつくなり。（『一念多念文意』、『聖典全書』二の六六四頁）

ここに示されるように、「即横超截五悪趣」とは、如来の本願力回向の信心をうれば、今ここで正定聚に定まり、横に地獄・餓鬼・畜生・人間・天人の五悪趣の束縛が断ち切られることである。横超とは、大いなる本願力の船に乗り、生死の迷いの大海をたやすく横さまに超絶して、当来に浄土に往生することであると親鸞はいう。自らの力を頼りにして難行を積み重ね、漸次に五悪趣を断ち切ることを「竪」とし、本願力によって即座に五趣の迷いが断ち切られることを「横」というのである。

次に、親鸞は、善導『観経疏』の「共発金剛志　横超断四流」を『教行証文類』「信巻」横超断四流釈、[16]『愚禿鈔』上、[17]『教行証文類』「信巻」法義釈[18]に引用する。「信巻」横超断四流釈では、こう解説されている。

断といふは、往相の一心を発起するが故に、生としてまさに受くべき生なし。趣としてまた到るべき趣なし。すでに六趣・四生、因亡じ果滅す。故にすなはち頓に三有の生死を断絶す。故に断といふなり。四流とはすなはち四暴流なり。また生・老・病・死なり。（『聖典全書』九七頁）

ここに示されるように、浄土に往生する一心は如来の願心より発起するから、六道輪廻の迷いを生む因も果も消滅し、欲・有・見・無明の四暴流や生老病死の四暴流も横断できると親鸞はいう。また「信巻」法義釈では、

「共に金剛の志を発して、横に四流を超断せよ。まさしく金剛心を受けて、一念に相応してのち、果、涅槃を得んひと」と云へり。（『聖典全書』二巻九十頁）

と読み、この文につづいて、『観経疏』序文義を引用し、

金剛の志を発すにあらずよりは、永く生死の元を絶たんや。（『聖典全書』二巻九十頁）

と記している。ここで注目すべきことは、「横超断四流」をめざして、「共に金剛の志を発する」ことが重要視されていることである。すなわち、親鸞は、出家者も在家者も共に金剛の志を発し、如来より金剛の信心を受け取ることによって、生死の根元を永久に断とうと呼びかけている。さらに、親鸞は、

大願清浄の報土には品位階次をいはず。一念須臾のあひだに、速やかに疾く無上正真道を超証す。故に横超といふなり。（「信巻」横超断四流釈、『聖典全書』二巻九六頁）

と明記する。浄土は、品位階層を問わずにいかなる人々も受け入れてくれる世界であり、極楽に往生すればたちまちに世俗の迷える時間を超えて、大涅槃を超証することができると教えている。

親鸞は、如来の大悲に抱かれた信心の世界を、こう説明する。

おほよそ大信海を按ずれば、貴賤緇素を簡ばず、男女老少をいはず、造罪の多少を問はず、修行の久近を論ぜず……中略……尋常にあらず臨終にあらず、多念にあらず一念にあらず、ただこれ不可思議不可称不可説の信楽なり。（「信巻」、『聖典全書』二巻九一頁）

ここに尊卑賢愚や出家在家によって区別せず、老少男女に関係なく、罪の多少を問わず、修行の長短にかかわらず、尋常か臨終かという時節にとらわれず、必ず救わんとはたらきかけている弥陀の本願力によって、誰もが平等に金剛信心をえて、共に浄土に往生することができると親鸞は明かしている。

したがって、横超の「横」とは、本願力が人間の迷いを超断し、一切の階位を超えて、すべての人が如来より等しく金剛の信心を恵まれることを意味し、貴賤緇素や罪の多少を問わずに救う如来の本願力を信じて、迷いを共に

超えていこうとする真意が込められている。梯實圓は、横超の真意をこう論じている。

それは次第順序を追って向上していくという理性的な連続性を破る理外の理とでもいうべき法門である。それは、凡夫と仏とを竪に見ていくものではなかった。凡夫をそのまま包摂し、煩悩を転じて仏陀たらしめる本願力のはたらきは横さまに超えるという言葉がふさわしかった。(19)

元来、「竪」はひとすじに通った縦軸、南北を指すのに対し、「横」は、中心線の左右、東西、通常の道理をはみでる、順序を追わないことを指す。(20)また、「竪」は時間的概念であり、時を積み重ねることや上下関係を象徴するのに対し、「横」は空間的概念であり、水平的な広がりやつながり、傍ら、身分階級などによらないことを表す語である。その意味でも、「横」は、迷いを横に断ちきる本願力の超絶性、人間の思い計らいを超えて救う本願他力の不可思議性、救いの平等性、御同朋の連帯性を象徴している。すべての人々が階層や立場を超えて、決して奪われることのない本願他力の金剛心を等しく恵まれ、共に金剛の志を発して迷いを超えていこうとすることが横超の真意である。横超の「横」とは、垂直方向に自らの力のみを頼りにして迷いの壁を徐々に乗り越えることでなく、高次元にいる如来が低次元にいる人間を天上から掬いとることでもない。「横」＝「如来の願力、他力」は、大悲が悩める人々のそばにあることを窺わせる。「横」とは、竪に行を積み上げて迷いをなくす論理を超えて、本願力によって生死の苦悩が超断されることである。すべての人が如来より回施された真実信心に生かされ、水平方向につながって共に救われていく道を「横超」と明示したといえるだろう。

実際、親鸞は、如来の本願による救いをどのように実感しているであろうか。それを指し示す親鸞の言葉がある。

慶ばしい哉、心を弘誓の仏地に樹てて、念を難思の法海に流す。深く如来の矜哀を知りて、良に師教の恩厚を仰ぐ。（「化身土巻」後序、『聖典全書』二巻二五五頁）

ここより親鸞にとって本願は、いつでもどこにいても支えてくれている仏の大地であり、思いを流せる大海であった。いかなる時もいかなる処でも如来の本願がすべてのものを支えているからこそ、心を本願の大地に樹てて、如来の慈しみと師の恩に感謝して教えを継承していきたいと告白している。[21]

大悲の救いのはたらきについて、『無量寿経』巻下にこう説かれている。

大悲は深遠微妙にして覆載せざるはなし。一乗を究竟して彼岸に至らしむ。（『聖典全書』一巻四九頁）

大悲は、深く妙なるものであり、あたかも天がすべてのものを等しく覆い、大地が残すことなくすべてを載せるようである。一乗を究め、生きとし生けるものを等しく安らぎの彼岸に至らせる。また、親鸞は、弥陀の本願をこう讃嘆している。

悲願は喩えば太虚空の如し、諸妙功徳広無辺なるが故に。……中略……なほ大地の如し、能く一切の往生を持つが故に。（「行巻」一乗海釈、『聖典全書』二巻五九頁）

このように如来の大悲は、限りなく広がる空のように衆生を包み、果てしなくつづく大地のようにすべての衆生を支えている。横超の悲願は、広大無辺の慈しみ、生死輪廻を横に断ち切る強さ、一切の階層を超えて救う平等さ、あらゆる存在をあるがままいだく包摂、大悲の常住、安心、横につながるぬくもりを表している。「横」は、如来の悲願力が苦悩をかかえた人のすぐ身近にあり、衆生を呼喚し、迷いをばっさり断ち切ってくれることを教えている。自己が仏の限りない慈悲に抱かれていることに気づく時、大悲が自己を支える原動力となり、自己をありのままに慚愧し、ひるがえって仏法を弘め、同朋と共に世の安穏のために努力する姿勢が生まれてくるだろう。[22]

註

（1）『日本仏教学会年報』四六号、三四二頁
（2）『真宗学』六九号、三一〜四一頁
（3）拙稿「親鸞における生死の現実」、『真宗学』一〇五・一〇六号
（4）拙稿「親鸞における生死の出離（一）―「生死いづべきみち」の意義」、『真宗学』一二九・一三〇号
（5）白川晴顕『聖典セミナー尊号真像銘文』二三三頁、本願寺出版
（6）『昭和新修法然上人全集』七九頁
（7）この聖覚法語漢文は『尊号真像銘文』末、正嘉二年本、高田派専修寺蔵にのみ引用、『聖典全書』二巻六四四頁。正嘉本と建長本との共通点は、聖覚法語を文節ごとに親鸞が引用して解釈する点である。
（8）迦才『浄土論』巻下、「乗大願船　浮生死海　就此娑婆世界　呼喚衆生　令上大願船　送著西方　若衆生有上大願船者　並皆得去　此是易往也」、大正蔵四七巻一〇二b
（9）白川静『新訂　字統』六二五頁、平凡社、諸橋轍次『大漢和辞典』十巻八四二頁、大修館書店
（10）中村元『仏教語大辞典』九八五頁、東京書籍、『倶舎論』「能永超」、大正蔵二九巻一三七a
（11）白川静『新訂　字統』五四頁、諸橋轍次『大漢和辞典』十巻八四六頁
（12）梯實圓『教行信証の宗教構造』二二頁、永田文昌堂
（13）村上速水『親鸞教義の研究』七三〜七四頁、永田文昌堂。「親鸞が弘願の法をもって「真中の真」「専中の専」と讃えているのは、これをもって究竟成仏の法と考えられていたことを示すものに相違ないが、すでに「真中の」と云い、「専中の」と云っている以上、余他の法も教法そのものを不成仏の法とする意味ではなく、一往それぞれの価値を認めた上で、更にそれを超越した法としての弘願真宗の地位を考えておられたものと思うのである。」
（14）藤丸智雄「『教行信証』と一乗思想―経典から見る一乗海釈」二八五頁、『顕浄土真実教行証文類の背景と展開』所収、浄土真宗本願寺派総合研究所、二〇一二年
（15）『楽邦文類』大正蔵四七巻二一〇a、横出、横竪の表現は他にも見られる。例、『摩訶止観』「横竪各有漸頓　若十二門一一而進是名漸進」、大正蔵四六巻一一九a
（16）『聖典全書』二巻九七頁

(17)『聖典全書』二巻二九〇頁
(18)『聖典全書』二巻九〇頁
(19)梯實圓『教行信証の宗教構造』二〇頁、あわせて殿内恒教授に横超について助言をいただいた。
(20)藤堂明保『学研漢和大辞典』六六七頁、学習研究社、諸橋轍次『大漢和辞典』六巻五六四頁、『望月仏教大辞典』一巻三三六頁、「横竪」の項
(21)大谷光真『世のなか安穏なれ　現代社会と宗教』七四頁、中央公論社、二〇〇七年。浄土真宗本願寺派第二十四代大谷光真門主は、なぜ阿弥陀仏の存在を信じることができるのかという問いにこう答えている。「阿弥陀仏とは、光（智慧）と命（慈悲）に限りのない仏様という意味です。この世の人間には普通には見ることができませんが、さまざまの縁によって感じとり信じることができるようになります。創造主でもなく、この世の支配者でもなく、ただ煩悩をかかえてさまよう人間を真のさとりへと導くために働いてくださっています。その存在を信じると言っても、人間同士の信頼や「明日も太陽が昇る」というような信じ方とは違い、大地に支えられて立っているような安心感、親に抱かれている乳児の安心感に近いものです。こちらがあちらを眺めて信じるというのではなく、大いなるものに抱かれた安らぎをいうのです。しかし、ただそれだけで満足するというのでは不完全です。その安心感とよろこびから立ち上がっていくことが大事なのです。それはまた、人生が開かれ、心がときほぐされることでもあります。」
(22)「わが身の往生一定とおぼしめさんひとは、仏の御恩をおぼしめさんに、御報恩のために御念仏こころにいれて申して、世のなか安穏なれ、仏法ひろまれとおぼしめすべしとぞ、おぼえ候ふ。」（『親鸞聖人御消息集』（七）、『聖典全書』二巻八三〇頁）

『私聚百因縁集』の「仏法王法縁起由来」に見える中世日本仏教僧の重層的世界観[1]

那須英勝

はじめに

『私聚百因縁集』[2]は、中世に編纂された様々な仏教説話集の中でも、鎌倉時代に東国（常陸国）に在住した愚勧住信（一二一〇―?）という法然門流に近い唱導僧によって、正嘉元年（一二五七）集記されたというユニークな成立背景を持っている。[3]その内容は平安末期に編纂された『今昔物語』同様に、天竺・唐土・和朝の三篇からなる「三国仏教伝来」にまつわる説話を集めたものである。しかし本書はそのほとんどの部分が漢文仏典などからの引用を中心に構成され、著者自身の創作にかかる部分がすくないこと、またその内容が、末法史観を軸として自らの信仰する浄土教の伝承の正統性を主張するという著者の意図が明確である事などからも、『今昔物語』のような文芸的な作品というよりは、浄土門の僧が庶民教化のための唱導の場で用いるための説話を集めた実用的な説教の種本という色彩が強い。

本書に関する研究は、これまで「本朝之篇」を中心に、本書に引用された文献の出典の解明や、『今昔物語』や『注好選』などの説話集との関連など、中世日本文学の研究者による様々な論考が発表されているが、[4]日本仏教の

研究者の間では、これまで本書を対象とした研究はあまり多く見られない。しかし、本書は、都や鎌倉で法然門下の専修念仏の布教が禁止されていたころに、法然門下に近い唱導僧によって集記されたものと考えられ、当時の東国における唱導の実践に関連する一つの重要な資料としても注目すべきであろう。

また住信の居したとされる常陸国は、浄土真宗の開祖である親鸞（一一七三―一二六二）が一二一四年前後から二〇年近くの間、その布教の拠点としていた土地で、その後もその地では、親鸞の門弟たちが浄土真宗の法義を布教していた地域である。住信と親鸞との間に直接交流があったという資料は残されていないが、親鸞帰洛後の東国在住の親鸞の門弟たちと住信の間には、おそらく何らかの関係があったのではないかということも論じられている。[5]また親鸞が常陸国で起草したとされる『教行証文類』に引用されている仏典などとの関連なども含めて、本書と親鸞とその門弟たちの活動との関係についても、今一度、検討されるべきであろう。以上のような点をふまえた上で、本稿では『私聚百因縁集』の天竺・唐土・和朝の各篇の第一話の記述を検討して、愚勧住信の重層的ともいうべき世界観をもって語られる「仏法・王法の縁起由来」について、少しく論じてみたいと思う。

一　「天竺仏法王法縁起由来」について

『私聚百因縁集』「天竺之篇」の第一話である「天竺仏法王法縁起由来」は、その題目の割註に「天竺仏法王法の縁起由来　王は『倶舎論』に依る。仏は『本行経』に依る」[6]とあるように、まず『倶舎論』に説かれる宇宙論である「器世間」の生成の記述を引用し、衆生を入れる器としての世界の成り立ちを説き、そこに生きる人間は、劫初には「形色端厳にして果報殊妙」であったものが、次第に劣化し「遂に非理の貪欲の心を生じる」乱れた世界になっていったことを示す。そして、そのように衰えていく時代を治めるために現れた理想の統治者である転輪王と

して田主王をあげ、以下に『仏本行集経』などの説によって、釈尊の出世が転輪王の系譜として天竺の王統につらなるものであることを、仏法の縁起由来として示している。

本話の冒頭では、仏法・王法の縁起の由来として、まずこの世の成り立ちが『倶舎論』によって次のように説明されている。

問ふ。仏法王法の縁起由来、如何。答ふ。成劫の謂は風従り起る。一切の有情の業増上力、空中に漸く微細の風生すること有り。是は器世間、将に成んとする前相なり。風漸く増盛にして風水金の三輪を成立すること常の如し。(7)

続いて同じく『倶舎論』の説に基づいて人の始まりを次のように紹介する。

然るに、劫初の時の人は形色端厳にして果報殊妙なり。人寿もまた無量にして、光明を帯び、空に騰がる事自在なり。其の時の身量は千尺、或いは二千尺なり。(8)

しかし、このように世界の初めの人々は欲望のない「色天」の住人のようであったものが、次第に欲を生じ、地味を消費し尽くし、身光が失われ暗黒になった結果、日・月・星が出現し、その後、地味はさらに隠没してゆく。

此れ従り以後、地皮餅出現す。衆生競い取って食する時に、地餅復た隠る。復た林藤出現し耽食するが故に林藤復た隠る。爾時、耕種に非ずして香稲自ずから生ずることあり、衆生之を取て所食に宛つ。遂に非理の貪欲の心を生ず。是の時に於て主一人を立つ。王法の始め是れ也。(9)

このように、世界の地味の劣化に伴って、人々に「非理の貪欲の心」が生じるようになり、自立して生きることができなくなっていった。そこで、そのような乱れた世を治めるために「主」が現れた、それが天竺の「王法」の初めであるとする。ここでは王権の出現を、人倫の乱れの結果として現れたものとすることで、王法による世の統治

を正当化する論理が示されている。

続いて、本話では『仏本行集経』の説によって、仏法の縁起由来を、田主王から始まる王権の伝承説話と絡ませて「是の如く、時の間に、時々に諸仏出現したまふ」とし、ついに人寿百歳となった時に、釈迦牟尼が出現することになったと説いている。(10)このように、本話は仏法の縁起由来を釈尊一人に求めず、釈尊は劫初の理想の時代から遠く隔たり、ますます衰えていく世を治める王法の世に現れた諸仏の一人として示されているのである。

したがって、本話では仏法の縁起由来を釈尊が王位を捨てて出家した点にはもとめず、王子として生まれた釈尊という人物が、王法の伝承者ではなく、仏法の伝承者の道を選択したという理解を示している。つまり天竺の仏法の縁起由来を、釈尊以前からある世俗の王権の伝承者と対応して出現する諸仏の出世の流れの中に位置付け、釈尊を王法と相依して世に現れた仏法の伝承者として示すことで、仏法の縁起由来の正統性を王法に対して相対的なものとして示しているのである。(11)

なお本話の末尾は、道綽の『安楽集』に説かれる正像末の三時の区分にもとづいた末法説によって、(12)

正法五百年、像法一千年、末法万年、二種の勝法を留めて利鈍の両機に付いて広く衆生を度し給ふ。(13)

と締めくくられている。(14)これによって、本書の編者の住信が法然門下に近い唱導僧であり、また天竺の仏法と王法の縁起由来の結末を、末法思想というコンテキストの中に置くことで、自らが信仰する法然の浄土教の正統性を示そうとする編集の意図も読み取ることができるだろう。(15)

二　「唐土仏法王法縁起由来」について

つぎに本書の「唐土之篇」第一話の「唐土仏法王法縁起由来」では、天竺之篇の第一話で『倶舎論』の宇宙論の

一部である「器世間」の生成が説かれるのとは異なり、中国神話の盤古開天闢地のような世界起源説は示されない。本話では、中国の王権の縁起由来が三皇五帝から始まる事が示され、続いて夏から周に至る王権の伝承を紹介した後、そこに釈尊伝を絡めて、その誕生が周の第四帝昭王の二十六年に当たり、成道と涅槃は穆王の世にあたるという説が示される。

漢家の始め、天皇一万八千歳自り、凡て三皇五帝［伏羲・神農・黄帝、此れ、三皇と云う也。少昊・顓頊・帝嚳・帝堯・帝舜、凡て此れ、五帝という］を経て、夏［十七主、凡て四百五十八年］、殷［二十八君、凡て六百五十四年］、周の第四帝、照（昭）王二十六年［甲寅］四月八日、仏、迦毘羅城に生ず。成道は穆王第四年［癸未］三月十五日に当れり。仏の入滅は同五十四年［癸酉］二月十五日也。(16)

本話のこの部分の「周の第四帝、昭王二十六年」等の記述は『仏祖統記』や『辯正論』(17)等にも出てくるものであり、唱導者の間でも広く知られていたと思われる。ただし、『私聚百因縁集』では、釈尊出家の年に当たる穆王第四年を成道の歳とし、釈尊が三十五歳で成道したとすべきところを三月十五日としているなど、この部分の本文の出典についてはさらに検討する必要がある。(18)しかし、本話のこの部分の主たる目的は、釈尊伝を中国の王権と対比させて、中国への仏法の伝承の正統性を示そうとすることにあり、唱導の場においてはこれでも十分にその役割を果たしていたのだろうと思われる。

つづいて、本話では、唐土への仏法伝来を、天竺篇の第一話と同じく、正像末の三時の区分にもとづいて次のように示している。

其の後、正法五百年の間は、仏法漢朝に来らず。像法に入って五百余年を過ぎて、如来入滅一千十五年後に、漢の明帝治天、永平十年［丁卯］、摩騰迦・竺法蘭と仏舎利並びに四阿含経渡し奉る。(19)

続いて、唐土にはまず顕教が伝来し、その後に密教の伝来のあったことを空海の『弁顕密二教論』を引用して記している。[20]この部分で注意すべき点は、ここで住信がことさらに、正法五百年の間は中国に仏法が伝来しなかったということを強調している点である。この部分だけを見れば、住信は唐土への仏教伝来の正統性に疑問を投げかけているようにも思われる。

そして、本話の最後は、やや唐突な感があるが、三部の浄土経典の中国訳出の記録で閉じられている。

浄土経は、曹魏の三蔵康僧鎧『無量寿経』一部二巻訳出、姚秦の三蔵鳩摩羅什『阿弥陀経』一部一巻訳出す。宋の元嘉年中、畺良耶舎の『観無量寿経』一部一巻訳出す。云々[21]

このように本話の最後を、法然によって浄土教の根本経典として選ばれた三部の浄土経典の訳出の記録で締めくくっていることからも、本書の編者である住信は、中国には正法の時代の仏教の伝来はなかったが、末法の世に生きる衆生の救済が説かれる三部の浄土経典が伝来したことで、最終的には唐土への仏法の相伝の意義があったことを示そうとしているようである。

このように本話が、天竺之篇の第一話の締めくくりの部分と同様に、唐土における仏法・王法の縁起由来が浄土教の伝来でまとめられていることからも、最終的には、法然門流に伝えられた浄土の教えを唱導することが本書の編纂の目的とされていることが読み取れる。[22]

三　「我朝仏法王法縁起由来」について

最後に、本書の「和朝之篇」第一話の「我朝仏法王法縁起由来」について検討してみたい。本話では、まず世界の成立について『日本書紀』の記述に沿って、日本神話の天地開闢が次のように語られる。

日本国は天神七代、地神五代、其れ自り以来は人代也。其の中に、国常立尊の神自り三代は器界未だ成満せず、但だ空中に物有り、形、葦芽の如し。是れ世の始めなり［此の義、倶舎等の器界の始めに似たり］(23)。

このように、住信は本話の冒頭で、日本の天地開闢の神話を「天竺之篇」冒頭で紹介した『倶舎論』の「器世間」の成立説とすりあわせようとしているところが注目される。

その後、続けて天神第七代の伊弉諾尊・伊弉冉尊による国造りが語られ、大八嶋の国が創られたあと、地神の五代の始まりについて、

又世の中に主なからん哉とて、一女三男を生み給ふ。いわゆる日の神、月の神、蛭子、素盞嗚尊是れなり。その後、淡路の国に宮作りの星霜を久しく送り給ふ。地神五代の始めは天照太神［日神是れ也］、今、伊勢太神宮にて御坐す。此れ即ち我が朝の根源なり。故に世の中に所有（あらゆる）衆生、皆此の御神の末也(24)。

としている。ここでは「天竺之篇」第一話の「天竺仏法王法縁起由来」で示されたような、人倫の隠没を治めるために王権が発生したという消極的な人間観ではなく、むしろ和朝に生まれた衆生は、全て地神の始めの天照太神の末裔であるという神国観にもとづいた積極的な人間観が示されていることも大変興味深い。

本話では、続いて出典不明の『神代書（かみよのふみ）』を引用し、伊弉諾尊・伊弉冉尊による国造りの過程を再度紹介して日本王権の正統性を確認した後に、釈尊の出世を日本の王法の縁起由来の流れの中で次のように位置付けようとしている。

地神第五代、葺不合尊［又は彦波尊と云ふ］代を持ち給ふ八十三万六千四十二年也。此の末に当って釈尊中天に出世し、如来の入涅槃、人王代より以前二百八十年［辛酉］歳也。人王始めは神武天王［葺不合尊の太子、日神五代之孫也］治天七十六年。其の時従り後、刹帝利、相継げり。臣の攝め、国治り天帝民を撫づ矣(25)。

このように、天竺に現れた釈尊の生涯が、日本では、地神の代の末から人王の治世に変わる前に当たるとし、この後に記される日本への仏法の伝来の過程を、日本の王権の伝承に織り込もうとしていることがわかる。

この後、本話では、日本への仏教伝来の過程について、まず中国に仏法が伝来したのが、日本では「垂仁天王［人王第十一代の帝、治九十九箇年］治天九十六年に当る」り、次に日本への仏法の伝来は「日本人王三十代、欽明天王［此の帝は治三十二箇年］治天代十三年」であるとし、三国の仏法伝来を和朝の王法の伝承に組み込んでいく。そして続いて桓武天皇の代に日本天台宗の開祖である最澄が帰朝し、続いて平城天皇の代には空海が真言の法を伝えたとし、これで仏法の日本伝来のプロセスを王統の伝承と関係づけるための説明をひとまず終えている。(26)

本話はこのあとに、引き続いて日本へ伝来した浄土教が、法然とその門流について幸西、聖光、隆寛、証空、長西を上足の五名として世に広まり、またその他にもう一人『選択集』の付属を受けた者がいるということだけでなく、他宗で法然の教えに影響を受けた者として明遍、明禅、住心、良遍、真空、悟阿を、さらに法然以前の時代に現れた称念仏の法師として永観、恵心、教信、頼光の名をあげている。(27)

本話の後半のこの部分については、先行研究においては、法然門流の上足として名を挙げられている五師に加えて「其の外一人有り、『選択集』を付す」とされるその一人が親鸞だったのか否かということが盛んに論じられている。(28)しかし本話の中でそれ以上に注目すべき点は、住信が、法然による浄土の教門の興隆を説く前提として、浄土教の流伝こそが日本への仏法王法の縁起由来の最終的な目的として位置付けるために、聖徳太子と慈覚大師（円仁、七九四―八六四）のエピソードを配置していることである。

聖徳太子［用明天王の王子］浄土を弘む。『明眼論』に云、事には西方の教文を談述せよ云云。又、慈覚大師渡唐の時、法道和尚に値ふて、引声阿弥陀経、念仏三昧を相伝して帰朝し給り。即ち赤山大神は唐土に於て念

仏の守護の神也。大師と随身して来り給り、西坂本に之を安置し給ふ。[29]

この部分だけを読むと、この二つのエピソードは、前後の脈絡なしに、本話に唐突に付加された感がある。しかし聖徳太子は、割註に「用明天王の王子」記されているように、世俗の王権につながる学徳兼備の皇子であり、日本に仏法が伝来した際にその外護者として仏法興隆を実現した人物として広く知られ、中世の東国の仏教界においても太子への信仰は非常に盛んであったようだ。[30] ここではまず聖徳太子が「浄土を弘む」とし、続いて「事には西方の教文を談述せよ」という太子の言葉を『明眼論』の跋文に当たる部分から引用している。[31]

ここに引かれる太子の言葉の出典である『明眼論』は、『説法明眼論』という太子仮託の書で、鎌倉中期頃に成立と推測されるものである。本書は重要な仏事法会の作法次第にしたがって、その意味を諸宗派の教理を織り交ぜて解説しているものであるが、中世では太子の真作として権威を持ち、諸宗で用いられたようである。[32] したがってここで本書の一節が、太子の自身の言葉として引用されたのは、仏法の日本伝来当初からの仏法・王法双方の守護者であった聖徳太子が、自ら浄土教への信仰を勧めていたことを示そうという意図が住信にあったからだと思われる。

では、次の慈覚大師（円仁）が「引声阿弥陀経」と「念仏三昧」を相伝したことに付け加えて、帰朝に際し、赤山大神を「念仏の守護の神」として唐土から将来し「西坂本」に安置したということが記されている意図は那辺にあるのだろうか。本書編纂当時、法然門流では、円仁が念仏三昧の行を叡山に伝えたこと、[33] また同じく円仁が招来したとされる赤山大明神が「念仏の守護の神」であることは、広く信仰されていたようである。これに加えて、円仁によって唐土より勧請されたとされる赤山大神が安置された西坂本の地は皇城の表鬼門である北東に位置し、この神は念仏の守護神である前に、平安京の鬼門を護る王法守護のために祀られた神であったのだが、それは本書が編纂された当時すでに広く世に知られていたものと考えられる。[34]

このように本話で黒谷源空上人とその門流の紹介に入る前に、聖徳太子、慈覚大師に加えて赤山大神のエピソードを置くことの目的は、浄土教の法は、古くは日本の王法を助けるものとして聖徳太子の時代から勧められてきたものであり、また慈覚大師が唐土から伝えた念仏の法が王法と念仏の法の両方を守護するものであることを示そうとしたところとにあったのだろう。

おわりに

以上、『私聚百因縁集』の天竺・唐土・和朝の各篇の第一話として配置された仏法・王法の縁起由来の説話について少しく検討を加えてみた。著者である住信は、各篇の第一話で、印度・中国・日本それぞれの国における王権の正統性を確認した上で、仏法がそれぞれの王権によって正しい教えとして受容されていることを説いている。また各話の標題は「仏法王法縁起由来」となっているが、実際の記述では「王法の縁起」の記述が先になっていることからも、本書の編者にとって、王権の正統性が仏法にとって重要であると考えていたことが理解できるであろう。(35)このように本書においては王法（世俗王権）の正統性にもとづく仏法の受容が語られているのである。

本書において、編者の王法の正統性の重視が最も顕著に現れているのが「和朝之篇」の冒頭に日本神話の天地開闢と国造りの神話が紹介されているところであり、これは、日本中世の仏教説話集として、本書の持つ最もユニークな点であろう。日本の天地開闢と国造りの神話は、『倶舎論』の「器世間」説との擦り合わせがされているものの、基本的には仏説とは関係のない叙述であり、また「唐土之篇」の冒頭で、中国の世界生成説を紹介していないことを勘案すると、和朝に伝わる王法の縁起由来は天竺の王法の縁起由来に匹敵するものであり、それを『倶舎論』の「器世間」説とリンクさせることで、和朝の成立が、唐土を超え、天竺とあたかも直接につながっているよ

うな印象を与えようとしているようである。また本書を集記した住信の編纂の意図はさておくとして、当時の東国の仏教唱導者の間で『神代書』が唱導の場で用いられていたであろうことは大変興味深い。

以上のように『私聚百因縁集』の天竺・唐土・和朝の各篇の第一話で取り上げられる仏法・王法の縁起由来の説話で、編者である住信は、仏典以外の典籍の説も取り入れながら、印度・中国・日本それぞれの王権の正統性の存在にも留意しつつ、独自の重層的世界観を展開しているといえよう。(36) そしてその中で、住信は自らの信仰する専修念仏の正統性を明らかにするために、天竺・唐土・和朝の三国観の枠組みを維持しつつ、天竺の器世間説と和朝の神国観を融合させたユニークな世界観を提示していることは注目に値する。(37)

愚勧住信は、本書各篇の第一話の仏法・王法縁起由来の説示の中で「神国観」と「三国観」を受容しつつ、浄土仏教の法脈の正統性の主張を展開しているが、それを都や鎌倉において法然門流の専修念仏の教えを公然と実践することが禁止されていたという当時の社会的コンテクストで考えると、住信は唱導僧としての立場を守りつつも、専修念仏を禁止する王法の現状に対する批判精神を表現しようとしたものであったとも理解するできるのではないだろうか。また本論で検討した『私聚百因縁集』の仏法・王法縁起由来の説話は、日本の中世社会に登場してくるいわゆる「中世日本紀」の諸文献の中で展開した「神国観」と「三国観」の影響が当時東国の唱導僧の間にも広がっていたことを示す一つの例としても大変興味深いものがあるといえよう。

註

（1）本論文は二〇一二年三月にスタンフォード大学にて開催された第三回龍谷大学国際シンポジウムでの発表「『私聚百因縁集』に見える中世日本仏教僧の重層的世界観」の原稿をもとにして執筆したものである。このシンポジウムを企画され、発表の機会を与えていただいた龍谷大学文学部日本語日本文学科、元教授の日下幸男先生にこの場を借り

て御礼申し上げます。

（2）常陸の国に住したとされる愚勧住信の伝記は未詳である。現存の『私聚百因縁集』は、現在、承応二年（一六五三）の版本のみが知られており、『古典資料5私聚百因縁集』一・二（すみや書房、一九六九年）、『私聚百因縁集』上・中・下（古典文庫二六五・二六六・二六七、一九六九―一九七〇年）として影印本が出版されている。また本書の翻刻は、明治四五年から大正一一年にかけて刊行された『大日本仏教全書』一四八巻に『三国伝記』とともに収載されている。本論文に引用した本書のテキストは、主として古典文庫所収の影印本により、訓点・フリガナが付されている場合はそれに従い、句読点を適宜付して読み下したものである。引用箇所の頁数は古典文庫本所収のもので示した。また本文で割註の部分は［　］で示した。

（3）承応二年の版本の本書の跋文には「凡そ百因縁集は、束ねて上中下と為す。諸の因縁を類聚するに、一百四十七なり。愚勧住信等、四十八の歳、弥陀の願員（因）に順じて、必ず浄土の業を成ず。秘に非ず不秘に非ず。但だ人の為に演説して、因縁を悟ら令る故なり。説く人及び聞く者、四恩並びに法界、同じく安楽国に生じて、共に大菩提を証せん。時に暦正嘉元、丁巳七月中、常陸に於て集記す」（「和朝之篇」第九巻、跋文［下・一八五頁］）とある。本書の成立年代については、現存の承応二年の版本が本書成立の当初の姿を示すものではなく、またその成立はこれより時代を下るのではないかという説も出されている。しかし本書に収録されている各話の内容に、正嘉元年以降のものが入り込んでいないため、本書の成立は概ね正嘉元年の頃であると認めてよいだろう。本書の成立に関する諸説については、追塩千尋「現存『私聚百因縁集』の時代認識」『北海学園大学人文論集』四六（二〇一〇年）、二一四、十九―二二頁、成立に関する新説については、湯谷祐三「『私聚百因縁集』の成立時期―その法然門下についての記事と『内典塵露章』及び『天台名目類聚鈔』との関係から―」『愛知文教大学　比較文化研究』六（二〇〇四年）、同「『私聚百因縁集』の成立時期（二）―『拾芥抄』『和漢皇統編年合運』等へ及びたる『文献通考』の影響から―」名古屋外国語大学外国語学部紀要』三六（二〇〇九年）などを参照。

（4）『私聚百因縁集』についての研究は「和朝之編」の説話の本文分析を中心に進められ、その成果として最もまとまったものは、北海道説話文学研究会『私聚百因縁集の研究　本朝編（上）』和泉書院（一九九〇年）として出版されている。その後のこの研究グループの研究動向については、追塩千尋「現存『私聚百因縁集』の時代認識」等を参照。

(5) この点については、本論文でも取り上げる「和朝之編」(第七巻一話〔中・一九一頁〕)の「我朝仏法王法縁起由来」において、法然とその門流の上足五名の幸西、聖光、隆寛、証空、長西に加えて「其の外一人有り、『選択集』を付す」とあり、この「外一人」が、親鸞の可能性があるとされる説と合わせて論じられている。この説は、井川定慶氏が法然伝の研究の中で指摘され(『法然上人絵伝の研究』〔法然上人伝全集刊行会、一九六一年〕二五–二八頁)、また追塩千尋氏(「巻七第一話「我朝仏法王法縁起由来」」『私聚百因縁集の研究 本朝編(上)』六–九頁)、小峰和明氏(「中世説話集の仏法・王法論」『日本文学』三六〔一九八六年〕注六、五六頁)なども、この「外一人が」親鸞である可能性を認められている。なお湯谷祐三氏(「『私聚百因縁集』の成立時期」一三–一五)も、本書の成立が正嘉元年以降であるという同氏の説と関連して、この「外一人」が親鸞を意識した記述であると考えているとされる。この説については、本論文の第三節で再度取り上げることにする。

(6) 「天竺之篇」(第一巻一話〔上・七頁〕)。

(7) 「天竺之篇」(第一巻一話〔上・七頁〕)。『倶舎論』巻一〇、大正二九、五七頁等を参照。

(8) 「天竺之篇」(第一巻一話〔上・七頁〕)。『倶舎論』巻一二、大正二九、六五頁等を参照。

(9) 「天竺之篇」(第一巻一話〔上・八頁〕)。『倶舎論』巻一二、大正二九、六五頁等を参照。

(10) 「天竺之篇」(第一巻一話〔上・八–一〇頁〕)。『仏本行集経』巻四、大正三、六七一–六七二頁等を参照。またその後に、釈尊の父である浄飯王だけでなく、その親族の王族である白飯王・斛飯王・甘露飯王や釈尊の異母兄弟である難陀などをあげている。(「天竺之篇」〔第一巻一話(上・一〇頁)〕)。『仏本行集経』巻一一、大正三、七〇一頁等を参照。ただし、この部分に続く、釈尊の実子として善生(星)比丘・羅睺羅をあげ「八十に而入涅槃」とするところは『仏本行集経』からの引用ではない。またここで釈尊の成道が三十五歳という記述ではなく、また成道の日も十二月八日ではなく、「癸未三月十五日」と割註が付されている。このように本書が、必ずしも質の高い典籍を参照して記されていないことにも注意すべきであろう。なお同じ誤りが「唐土之篇」(第五巻一話〔中・七九頁〕)の本文にも見られることについては本論文の第二節で取り上げることにする。

(11) この点について、小峰和明氏は『今昔物語』(天竺部、巻一第一話)の仏伝が「釈尊の創始した仏法が王法の世界にいかに浸透していくか」を課題としているのに対して、本話は、釈尊が田主王以来の王統譜の延長上に位置付けら

れており、本話の始発から仏法・王法相依が賛嘆されている点で『今昔物語』の仏法・王法観とは本質的に異なっているという評価をしている。(「中世説話集の仏法・王法論」四五-四七頁)

(12)『安楽集』「第六大門・経教住滅」(『浄土真宗聖典全書』一、三経七祖篇、六三三頁〔大正四七、一八頁〕)を参照。

(13)「天竺之篇」(第一巻一話〔上・一一頁〕)。

(14)ここで言われる「二種の勝法」とは、これも『安楽集』の聖浄二門判によるものである『安楽集』「第三大門・輪廻無窮・聖浄二門」(『浄土真宗聖典全書』一、三経七祖篇、六一三頁〔大正四七、一三頁〕)を参照。

(15)この点について、小峰和明氏は本話に続く説話を検討し、釈尊より弥陀が上位にすえられていることなどから、本書の作者が、救済者を釈尊から阿弥如来へ転換することを課題としていることを指摘されている。(「中世説話集の仏法・王法論」四五-四七頁)

(16)「唐土之篇」(第五巻一話〔中・七九頁〕)。

(17)『辯正論』巻五、大正五二、五二二頁。

(18)本書の編者はここで「天竺之篇」第一話と同じく釈尊の成道の日を三月十五日とする誤りを繰り返しているので、これは単純な誤記ではなく、不正確な典籍によった記述によるものと思われる。なお本話のこの部分に類似した文章は、良忠(一一九九―一二八七)が『浄土宗要集』(巻五)に、偽書ではあるが中世日本で流布していた『周書異記』を次のように引用している部分がある。

同く昭王二十六年甲寅四月八日〔『周書異記』周の昭王二十四年甲寅〕誕生す。穆王四年壬午に当て、佛年二十九出家す。同く穆王十年戊子佛年三十五にして成道す。同く穆王五十四年壬申二月十五日に入滅す。若し癸丑入胎從り、壬申に至り入滅すれば即ち八十の入滅と成る。(『浄土宗全書』一一、一一一-一一二頁)

しかしこちらは釈尊の成道の日を記さず、年齢のみを正しく「佛年三十五にして成道す」と記している。『私聚百因縁集』の本話の依拠した典籍はおそらく『周書異記』に関連しているが、あまり良質でないものであったのではないだろうか。

(19)「唐土之篇」(第五巻一話〔中・七九-八〇頁〕)。

(20)弘法大師の『二教論』に云く。漢明を始めとし、周文〔後周の代也〕後と為。其の中間に翻伝する所、皆是顕教。

玄宗・代宗之時、金智・広智之時、密教鬱に起り、盛に秘趣を談す。（「唐土之篇」（第五巻一話［中・八〇-八一頁］）。『弁顕密二教論』巻上、大正七七、三七五頁を参照。

(21) 「唐土之篇」（第五巻一話［中・七九-八〇頁］）。なお、これらの経典が「浄土三部経」と称されるようになったのは、法然が『選択本願念仏集』二門章において「初めに正しく往生浄土を明かす教というは、いわく三経一論これなり。三経とは、一には『無量寿経』、二には『観無量寿経』、三には『阿弥陀経』なり。一論とは、天親の『往生論』これなり、あるいはこの三経を指して浄土三部経と号すなり。」（原漢文、『浄土真宗聖典全書』一、三経七祖篇、一二五五頁［大正八三、二頁］）と記述したことをもって嚆矢とする。

(22) 小峰氏の前掲論文では、この「唐土之篇」の冒頭の本話が「天竺之篇」の第一話に準じて記されているとされる（「中世説話集の仏法・王法論」四七頁）。しかし本話では中国の盤古開天闢地のような世界起源説は紹介されず、また釈尊伝は中国王朝の年代と対照されているのみで、仏法伝来についてもそれが王法とどのような関わりがあったかということは特に関心を持って語られていない。また本話で正法五百年の間は、中国に仏法が伝来しなかったということを強調しているところからも、住信は必ずしも中国において仏法・王法が相依の関係にあったとは見ていなかったのではないだろうか。

(23) 「和朝之篇」（第七巻一話［中・一八七頁］）。

(24) 「和朝之篇」（第七巻一話［中・一八八頁］）。

(25) 「和朝之篇」（第七巻一話［中・一八九-一九〇頁］）。

(26) 「和朝之篇」（第七巻一話［中・一九〇頁］）。

(27) 「和朝之篇」（第七巻一話［中・一九一-一九二頁］）湯谷祐三氏は前掲の「『私聚百因縁集』の成立時期」において、本書のこの部分の記述について、正嘉元年以降に成立している『内典塵露章』及び『天台名目類聚鈔』の浄土宗や法然門流に関する記述の類似に注目し、現存する『私聚百因縁集』は両書を利用したと解釈するのが現時点では最も妥当な解釈であるとされる（一六頁）。確かに割註を含めて、現存する版本のテキストが、本書の編纂当初から全く変更がなかったかというわけではないだろうが、この二書との類似性のみから、本書が正嘉元年以降に、この二書を参照して本話を作成したという結論づけることが妥当であるかどうかは疑問を呈する余地があるだろう。特に、住信が

本書を編纂したとされる正嘉元年頃の東国各地での法然門流の活動は、専修念仏が禁止されていた畿内よりも盛んであったが、東国の浄土門流で用いられていた典籍の多くが失われてしまっている現在、たまたま現存する後世の典籍との類似性のみによって、本書が「正嘉元年に成立することは不可能である」（一六頁）と結論づけてよいものかどうかはさらに検討されるべきであろう。なお『私聚百因縁集』を含めてこの時代の文献の引用典籍を確定することが、非常に難しいことについては、拙稿「中世浄土信仰と破地獄門―玄通蘇生譚の流伝について―」『印度学仏教学研究』六三―二［二〇一五年］少しく考察してみたので、こちらもご参照いただきたい。

(28) 本論文の註五を参照。なお湯谷氏は前掲論文中で「其の外一人有り、『選択集』を付す」というのは親鸞を意識したものである」（一三頁）と考えられておられる。しかし湯谷氏は、親鸞が『教行証文類』の「後序」に記した『選択集』相伝の記録は、当時の親鸞門流においてはあまり知られておらず、これはのちに覚如（一二七一―一三五一）が『親鸞伝絵』（一二九五年）や『拾遺古徳伝』（一三〇一年）にこれを記したことから知られるようになったとされ、またこれらの著作の成立年から『私聚百因縁集』が正嘉元年以降に成立したとする説を補強しようとされている（一四-一五頁）。しかし、そもそも親鸞が東国門弟に受け入れられたのは、親鸞が当時数少なくなっていた法然面授の弟子であるということも大きな理由であり、親鸞も自らが法然から『選択集』を相伝したことは、東国の門弟に対して秘すべき理由は全く存在しない。むしろ親鸞が『選択集』を相伝していたことで門弟が集まったと考える方が妥当であろう。さらに『教行証文類』は、親鸞が七十五歳（一二四七年）の時に門弟の尊蓮に書写させており、この時点で一応の完成したと考えられている。また八十三歳（一二五五年）の時には、専心が『教行証文類』書写しており、さらに同年には当時の東国教団のリーダーであった真仏・顕智が『教行証文類』の相伝を受けたという記録もあることから「化身土巻」の末尾の後序に記されている親鸞の『選択集』相伝のことは、親鸞の門弟の間では、正嘉元年（一二五七）以前から広く知られていたと考えてもいいだろう。また法然の伝記である『拾遺古徳伝』は、確かに東国の門弟である長井道心のために書かれたものであるが、法然門流からの独立を考えていた覚如にとっては、親鸞が法然から『選択集』を相伝したことはさほど重要なことではなく、たびたび東国に下向している間に、門弟の間で親鸞が『選択集』の相伝を受けたことが重要視されていることを知り、それを特記したとも考えられる。したがって湯谷氏のように覚如の「両絵伝の成立以降、東国においても、親鸞の「選択集付属」は広く知られるところであったと推測

される」（一四頁）とは言い難く、またこれをもとに『私聚百因縁集』が正嘉元年以降に成立したとする説を補強することには無理があるように思われる。

（29）「和朝之篇」（第七巻一話〔中・一九〇-一九一頁〕）。

（30）聖徳太子信仰は、救世観音化身説や、南嶽慧思の後身説という信仰に加えて、親鸞の門流では「和国の教主」つまり教主釈尊に準ずる人物として、日本仏教の始祖であるという信仰もあったようだ。（「和国の教主聖徳皇　広大恩徳謝しがたし　一心に帰命したてまつり　奉讃不退ならしめよ」〔『正像末和讃』九〇、『浄土真宗聖典全書』二、宗祖篇上、五一四頁〕）

（31）『説法明眼論』のこの部分は「請ふ諸の有心之倫は、吾が寺を本寺と為て寺の後に大天を崇て、理には一乗の妙典を講説し、事には西方の教文を談述せよ」等とある跋文の一部の引用である。『説法明眼論』の本文は、安藤大隆「資料紹介『説法明眼論』（本文）」『別府大学国語国文学』三〇（一九八八）、安藤大隆「『説法明眼論』を、翻刻するについて」『別府大学国語国文学』二四（一九八二）を参照した。

（32）『説法明眼論』の跋文については、特に「一樹の下に宿し、一河の流れを汲みて」という一節がよく知られている。本書の最古の写本は金沢文庫所蔵本であり文永五年（一二六八年）の書写年の記がある。その流伝については千葉正「『説法明眼論』引用典籍の特徴」『印度学仏教学研究』五二―二（二〇〇四年）、浄土宗鎮西派の浄土教学書への影響については、鈴木英之「了誉聖冏と聖徳太子信仰―『説法明眼論』の受容をめぐって」『印度学仏教学研究』五五―一（二〇〇六年）等を参照。

（33）親鸞の著作である『唯信鈔文意』には、法照の『五会法事讃』の文の解説につけて「この文は、後善導法照禅師とまふす聖人の御釈なり。この和尚おば法道和尚と慈覚大師はのたまへり」とある（『浄土真宗聖典全書』二、宗祖篇上、六九一-六九二頁）。法照は法道とは別人でり、ここでは五会念仏の相伝説と『五会法事讃』の作者とが混同されているが、これを「慈覚大師はのたまへり」とするように、口伝かもしれないが親鸞在世当時このような説が流布し、おそらく東国の唱導の場でも用いられていたのであろうことは大変興味深い。

（34）現在の天台宗赤山禅院で、円仁が唐の赤山より勧請した泰山府君（赤山大明神）が本尊として祀られている。なお、小峰氏の前掲論文では、本書の「我朝仏法王法縁起由来」を検討し、本話では「王法の縁起が詳細に語られる反面、

仏法のそれは中国からの伝来と放流の歴史がたどられるにすぎない。系譜の論理が展開されるだけで、仏法・王法相即を支えるべき始原の論理構造は必ずしもうかがえない。そのことはむしろ自明の前提であったかのようである」と結論されている（小峰和明「中世説話集の仏法・王法論」四九頁）。一読すると確かにそのようにも見えるが、法然とその門流の系譜の紹介の前に、聖徳太子、慈覚大師に加えて赤山大神のエピソードを置くことで、本話でも仏法・王法相即を支えるべき論理が示されていると考えられる。ただし、これらのエピソードは、当時の唱導僧の間では、おそらく特に説明の必要もないほどよく知られた「自明の前提」であったために、このような簡潔な文章の挿入で十分であったのではないだろうか。

(35)　この点について『百因縁集』と『今昔物語』の「天竺部」の冒頭の説話を比較すると、『今昔物語』が釈尊生涯の出世間的側面を強く意識した構成になっているのと比較し、本書の「天竺之篇」の冒頭が、転輪聖王となるべくして生まれたという釈尊につながる世俗の王権の正統性を強調する内容になっていることが注目される。また本書の「唐土之篇」が、同じく中国王権の正統性の起源を示す所から始まるのに対して、『今昔物語』の「震旦部」の冒頭が天竺からの仏教伝来にまつわる説話から始まっているのと対照的である。

(36)　最後に、本書は中世東国に流布していた様々な典籍を用いて編纂されているが、本書は教理書ではなく、また読み物として書かれたのでもない。あくまで唱導師が用いる説教の種本のような性格の書物であったため、編集にあたって用いられた典籍や、それらの引用の仕方は、唱導の場での利用ができれば事足るものになっている。したがって文献考証の立場からは今後さらに中世の唱導書を中心に検討すべき点が多く残されており、今後さらに文献学的研究が進められることが望まれるところである。

(37)　この点について小峯和明氏は「私聚百因縁集は中世説話集の際立った特色である専修的作品の一典型として、自らのよって立つ根源を、王・仏二法の秩序原理のもとに浄土教を軸にとらえ返し、浄土を希求すべき小宇宙を構築したのである」という評価をされている（小峰和明「中世説話集の仏法・王法論」四九頁）。

国際伝道論研究の意義

葛野洋明

はじめに

二〇一八年には、龍谷大学の実践真宗学研究科が開設一〇周年を迎える。現在に至るまで、従来の研究を礎に、実践真宗学における様々な研究が展開されてきた。その中でも二〇一六年度より「国際伝道論研究」という講義が開設された。実践真宗学の研究の一つとして取り上げられていた、浄土真宗の国際伝道を主とする研究が、一講義として開設された。

浄土真宗における国際伝道は一世紀を越える歴史がある。その研究は、個々の研究者が個別の問題意識のもと、様々な視点から研究されてきた。しかし国際伝道に関する総合的な研究がなされているとは見受けられない。国際伝道論研究は真宗伝道に関する研究の一分野であるが、同時に真宗伝道全体に大きく影響する研究分野であるとも考える。

国際伝道論研究の総合的な研究が結実されていくことを希求し、真宗学における国際伝道論研究の研究範囲、研究目的、研究方法の検討を行い、その上で国際伝道論研究の意義を顕らかにしたい。

なお、当論文は「龍谷大学真宗学会　第七一回大会」（二〇一七（平成二九）年一一月一四日）において、同研究題目において研究発表を行い、質疑に応答し、またその後に示唆に富むご教導を得た上で、まとめたものである。

一　国際伝道論研究の経緯と現状

一―一　経緯

当論文で取り上げる国際伝道については、浄土真宗本願寺派（以下「本願寺派」と略す）の国際伝道に絞って検討をする。その理由については当論文の「二―三　当面の研究範囲」において論及する。

本願寺派の国際伝道に関する歴史については、概括的ではあるが既に整理をした。(1) ここでは、国際伝道論研究に関する、いままでの経緯を概観しておきたい。

明治期に海外に視察や留学をして、仏教学の新しい研究方法を移入したことも国際伝道論研究のはじまりの一つと言えるであろう。しかし、国際伝道論研究が本格化してきたのは、移民伝道が活性化し、開教使を養成する人材養成に伴って進展してきたと言えるであろう。特に国際伝道が展開されている現地で生まれ、その国の言語を第一言語とする人を開教使に育てようと、日本への留学が盛んとなった。それと同時に、日本から海外に渡り開教使となろうとする学生がいて、龍谷大学において、多くの留学生の受け入れや、開教使希望学生を育成してきた。現在、各開教区で活躍している実績ある開教使の多くが育成された。

一九八〇（昭和五五）年度から、龍谷大学に「開教使課程」が開設され、現在は「特別研修講座」として継続的に人材育成がなされている。これに伴って国際伝道論研究の一端が進められてきたと言えるであろう。

一九八〇（昭和五五）年四月、時同じくして、国際仏教文化協会 International Association of Buddhist Cul-

ture（ＩＡＢＣ）（現：公益財団法人）が設立された。(2)

この協会は特にヨーロッパなどで、浄土真宗の教えを聞信する人々を、物心両面から支援するために設立された。現在も「ヨーロッパ真宗会議」を継続的に開催するなどして、多くの支援を続けている。

一九八二（昭和五七）年には、国際真宗学会 The International Association of Shin Buddhist Studies (IASBS)(3) が設立された。この学会は、浄土真宗を中心とした世界的な学術団体であり、国内外の研究者によって、「国際真宗学会大会」が継続的に開催され、また『The Pure Land』を発刊している。

二〇一二（平成二四）年二月一〇日には、本願寺派において「国際伝道推進規程(4)」が定められ、従来は「海外開教」と称して活動を展開してきたが、国際伝道と名称が改められ伝道活動が展開されている。

浄土真宗における国際伝道は、海外における伝道を現場としつつ、その要請を受けて開始されたが、その現場で伝道に携わる開教使を養成する人材育成の教育を中心に、人的交流をはじめ文化的側面などのサポートもされるようになり、国外に限らず国内外の研究者が様々な視点や方法をもって、学術的研究を進めるように進展してきた。

一－二　現状

国際伝道論研究の現状を明らかにするため、まずは国際伝道の現状を本願寺派の国際伝道の現実から窺っておこう。

本願寺派の国際伝道においては、開教区と開教地が設けられている。(5)

開教区は、教団・海外別院・開教区寺院またはこれに準ずる団体を置くことができ、開教本部を置いて、開教区の宗務を総轄する開教総長を一人置くことになっている。

現在は、北米開教区・カナダ開教区・ハワイ開教区・南米開教区の四開教区が設けられている。[6]
また開教地は、開教区のほかに、特に国際伝道の促進を図る必要があると認められる地域を、開教地として指定され、開教事務所を置き、開教事務所長が置かれたものである。適正な規模に発展したときは、これを開教区にすることができるとされている。[7] 今後、規模が拡充され開教区となることが期待される地域ということができる。
現在はオーストラリア開教地・メキシコ開教地・台湾開教地・ネパール開教地が設置されている。[8]
この他に、ヨーロッパには浄土真宗を聞信する念仏者が存在し、各自がそれぞれグループを作り聞法・伝道活動を展開している。
開教区・開教地の寺院数・別院数・事務所数・開教使数・開教使補数・僧侶数・護持会員数・信徒数・法話会（フェローシップ）数等々の統計的資料が『宗勢要覧』[9] にまとめられている。
統計資料として提示されている二〇〇七（平成一九）年以降、減少傾向にあることがわかる。開教地においては二〇一六年度から活動を休止しているところもあることが示されている。
このような現状であるからこそ、現場の課題に即応できうる開教使の養成が求められ、従来の「国際真宗伝道講座[10]」に加えて、「国際伝道者養成プログラム International Ministerial Orientation Program（ＩＭＯＰ）[11]」が開設された。また、英語圏における教育の一環として「浄土真宗英語通信教育[12] Jodo Shinshu Correspondence Course」が実施され、開教区を越えて、英語圏の現役開教使による相互研鑽の「本願寺国際伝道研鑽会 International Hongwanji Overseas Propagation Exchange（ＩＨＯＰＥ）」や、本願寺派に限らず大谷派の僧侶も含めた相互研鑽の「東西本願寺国際伝道研鑽会（West and East Hong(w)anji Overseas Propagation Exchange（ＷＥＨＯＰＥ）」が実施されるなど、人材育成により一層の力が注がれている。

このような現状において、国際伝道論研究は、龍谷大学における教育に伴い研究されている。その現状を概観しておこう。まずは、何をおいても養成が求められている開教使の育成に関する特別研修講座における教育に伴う研究である。

既に確認したように、一九八〇（昭和五五）年度より現在まで継続している開教使課程における受講者数は、二七七名を数える。開教使課程を受講した後に、本願寺派の開教使に任命されるための研修課程である国際伝道講座を受講したのが、三四名を数える。その中二八名が実際に開教使として任命され派遣されている。つまり龍谷大学の開教使課程で学んだ学生で開教使を目指した者の任命・派遣率は、八二％を超えているということになる。開教使として任命・派遣されることだけではなく、国際伝道について学んだ学生が多数いることは、国際伝道論研究に大きな貢献を果たしてきたと言える。今後は開教使の養成に限らず、国際伝道に関わる人材の育成として教育課程が展開されることが期待される。(13)

さて、通常の大学院カリキュラムにおいては、文学研究科・実践真宗学研究科の「真宗伝道学特殊研究」として渡米し学修する講義が設けられている。修士課程以上の院生が事前研究を踏まえて、国際伝道の現地に赴き、開教使や護持会員・信徒など国際伝道の当事者からの講義を受講したり、様々な活動に参加するなど、実際に体感できるカリキュラムとなっている。また事後には講義の記録をまとめ、各自のふりかえりをまとめて冊子化することによって、研究を進めている。

また、実践真宗学研究科において、二〇一六（平成二八）年度から、「国際伝道論研究」が開設され、講義担当者として研究を進めている。これらの大学院における講義では単なる開教使としての人材育成ではなく、国際化・グローバル化する現代における伝道論の研究として、その理論と方法を研究するカリキュラムとなっている。

国際化・グローバル化が進む現代社会において、浄土真宗の伝道は様々な課題に直面している。異言語・異文化の世界にいる人びとへ伝道する国際伝道は、課題が顕著であり、その課題に実践的に対応している。国際化・グローバル化を「従来の価値観と異なる価値観との交際」と考えると、単に国外における問題だけではない。国内における伝道も、ある意味において同様の課題が現れている。「国際化・グローバル化」「異なる価値観との交際」「異文化・異言語間における伝道」等をキーポイントとして講義し、国際伝道論・現代における伝道論について考究している。また、講義においてインターネットを経由して、国際伝道に携わる実践者・有識者に登壇・講義していただき、リアルタイムな質疑応答を行っている。更に来学者による特別講義なども計画し、国際伝道に直接携わる実践者・有識者からの講義を受講し、研究を進めている。(14)

また、宗教実践実習の一環として「宗教間対話実習」も実施されている。これは、NCC日本キリスト教協議会（NCC宗教研究所）による、「日本の諸宗教 研修と対話プログラム Inter religious Studies in Japan Program（ISJP）」の一環として、龍谷大学を訪れて日本文化や日本の宗教・仏教を学ぼうとする、キリスト教文化に育ったドイツを中心とした地方からの留学生に対して、いかにして他宗教の方と対話することができるかを、実践的に宗教間対話を実習するものである。(15)

さらに個人的な研究としては、龍谷大学の交換留学によって米国仏教大学院において受講する院生もおり、実践真宗学研究科の宗教実践実習において、海外寺院への調査を行う院生もいる。

このように、龍谷大学の講義や実習に伴って、国際伝道論研究は促進されているのが現状である。

大学の講義に伴う研究だけではなく、本願寺派における聖典の翻訳事業により『英訳親鸞聖人著作集　The Collected Works of SHINRAN』や『浄土三部経』『御文章』の英訳などが出版され、またポルトガル語訳も進めら

れている。仏教伝道教会による英訳作業も進められ、ドイツではデュッセルドルフの恵光日本文化センターにてドイツ語訳も進められている。

このように、国際伝道論研究は、海外における浄土真宗の伝道という実践の現場をもちつつ、実践者の育成という大きな要請に応じつつも、単に開教使育成だけに止まらず、進展してきていることが窺える。

二　国際伝道論研究の研究範囲

二-一　「国際」の意図すること

さて、国際伝道という言葉が海外開教ということから発展してきていることは既に顕らかにした。しかし国際という用語も注意が必要な用語である。理解の共通をはかるため、いま一度確認しておきたい。

もともと国際という用語は、インターナショナルという言葉の訳語であろう。いわゆる複数の国家に関わるという、国家間における交際という意味が元来あった。現在よく用いられる用例では国家間の交際に限定されておらず、「世界的な」という意味で使われることが多い。国際伝道論研究という場合の国際は、その言葉の元来の意味よりも、「包括的」「全体的」「地球規模」などを意味するグローバルや、「全部の」「万人共通の」「普遍的な」などを意味するユニバーサルなどという言葉に近いと考えるべきであろう。その意味では現在は国外における伝道を考えているので国際の用語で問題はないと考えられるが、今後、国の内外にわたり、万人に普遍的な伝道を研究しいくことを視野に入れるならば、いずれは「普遍的伝道論研究（ユニバーサル伝道論研究）」などと名称が変更されていくことも考えなければならないだろう。

いま国際伝道論研究というのも、決して国家間の交際などという意味ではなく、国外における伝道、それを通し

て国内における伝道も視野に入れた研究という意味に大様に捉えておきたい。

　このことは決して奇異なことではなく、浄土真宗の救いの対象があらゆるいのちあるものであり、そこには国籍や人種・性別・職業・学歴・言語・文化・所属組織等の、各自の属性など一切問わないのであるから、至極当然であるはずであった。反顕すると現在に至るまで、救いの対象があらゆるいのちあるものと知りながら、国や言語・文化等が異なることから、伝道の困難さを思い、積極的に伝道に取り組んできていなかったこと、至らなさに思いを致し反省の念を持たざるをえない。

二―二　最大の研究範囲

　国際伝論研究の範囲を最大限広く考えるならば、釈尊の初転法輪以降のすべての仏教伝播がその最大な範囲と言えるであろう。それはインド・西域・中国・日本への伝播という歴史を振り返ってみれば、まさに国際伝道論の研究範囲というべきである。

　また歴史的視点からすると、やはり釈尊在世時から現在、現在から将来にわたる長大な範囲において研究する必要があるであろう。伝道の論理的根拠を阿弥陀如来の本願力、つまり悟りの必然的展開におく浄土真宗においては、地域や時代を超えて研究対象を広げることもできる。

　現在における国際伝道の実践の現場から考えると、浄土真宗のみではなく、仏教他派の国際伝道との交際も考えなければならない。また仏教に限らず日本の宗教団体との交際を勘案すると、研究範囲は更に拡大する。そもそも釈尊以降の仏教伝来を振り返ると、さまざまな宗教や文化との交流がありつつ、仏教が定着してきたのであるから、世界の宗教や文化などにも研究は及び、その範囲は広大なものとなる。

二-三　当面の研究範囲

国際伝道論研究の研究範囲を最大の範囲で考えておくことは必要なことであるが、研究を実質的に進めるに当たっては、当面の研究範囲を絞り込むことも大切なことと考える。

地域的には「浄土真宗という教えが伝わっている範囲」つまり現在の開教区、開教地等、念仏者が存在する地域、あるいは伝道を展開させようとする地域が想定される。また時代的には、浄土真宗が海外に開教を展開し始めた明治初頭から現在、また現在から近い将来を範囲とするべきかと考える。その中でも研究目的に相応しい研究範囲を、更に絞り込むことによって、より深く研究が進む。しかしその際にも最大の研究範囲のなか、いまどの範囲を抽出し研究しているのかという視野を持っておかなければ、国際伝道論研究全体における位置付けを見失うことになる可能性が高い。

最大限の研究範囲を視野に入れつつ、伝道に関する個々の事例を個別の視点で研究していくことが重要であろう。

三　研究目的

国際伝道論研究の個別の研究目的を、概括的に把握できるように項目を並べてみよう。もちろんこれだけで全ての研究目的を網羅したとは到底考えられない。更に細やかな研究目的を立てて研究を進めるべきである。ただし従来の国際伝道に関する研究業績を窺うと、まさに多岐にわたる研究がなされており、国際伝道論研究の全体における位置付けなどがわかりにくい傾向があったと感じられる。

一度、大きな視野から国際伝道論研究の全体的な研究目的を並べ、一つ一つの研究がどこに位置付けられるのかを、明らかにすることは重要と考える。ここに示すのは、その一試案である。

一　教学的課題に関する研究

二　歴史的側面に関する研究

二-一　地域別歴史

二-二　教団史

二-三　別院・寺院史

二-四　僧侶、開教使の歴史的側面

二-五　護持会員・信徒の歴史的側面

三　社会的側面に関する研究

三-一　当該国・当該地域・文化などの社会的側面

三-二　護持会員・信徒の社会的側面

四　伝道の実践的側面に関する研究

四-一　異言語間伝道の研究

四-一-一　翻訳の研究

四-一-二　専門用語の翻訳

四-一-三　法味の表現方法の研究

四-二　異文化間伝道の研究

四-二-一　異文化との峻別

四-二-二　異文化との交流

四-二-二-一　変異と温存
四-二-二-二　特徴の強調
四-三　他宗教・他思想との交際・対話に関する研究
四-三-一　特定の帰属意識がある宗教・思想との交際・対話
四-三-二　特定の帰属意識のない思想との交際・対話
四-四　当該国における宗教法人活動の研究
四-四-一　教団運営の研究
四-四-二　寺院運営の研究
四-四-三　寺院活動の研究
四-四-三-一　法要・法座
四-四-三-二　日曜学校
四-四-三-三　地域貢献活動等
四-四-四　念仏者育成の研究
四-四-四-一　役員（理事・委員長・会長等）の育成
四-四-四-二　日曜学校教師の育成
四-四-五　布教伝道者育成の研究
四-四-五-一　開教使の育成
四-四-五-二　開教使補の育成

五　念仏者の人格的側面の研究

このように試案を提示してみたが、その内容について具体的事例を挙げて論じる必要があろう。ただし全ての項目を提示することは煩雑なことになるので、「一　教学的課題に関する研究」「二　歴史的側面に関する研究」「三　社会的側面に関する研究」「四　伝道の実践的側面に関する研究」「五　念仏者の人格的側面の研究」の大きな項目についてまとめて論じておこう。

「一　教学的課題に関する研究」について。

いわゆる教学史的研究である。国際伝道論研究に限らず真宗伝道学の研究においても、最も重要な研究項目であり、教学的側面における研究を進めなければ、国際伝道論研究は成立しない。

特に国際伝道の実践の現場では、当該国や地域の在来の宗教との相異点を明示する必要があろう。特にキリスト教を宗教的背景に持つ国や地域では、他力浄土門の浄土真宗が、キリスト教の亜流の如くに捉えられることが多々ある。仏教としての特徴を明確に示すことは必須である。また、仏教といえばメディテーションという思潮の中で、浄土真宗の念仏者としてどのように対応していくかなど、教学的課題に対する応答は、浄土真宗の教義を基として対応しなければならない。まさに教学的課題に関する研究は怠ることができない。

「二　歴史的側面に関する研究」について。

国際伝道の実践の現場は、歴史的背景に支えられて展開している。その当該国や地域の地域別歴史を研究すること。また教団が設立されている開教区などでは、既に一世紀を越える歴史を持っているところもあるので、その教団を支えてきた先達の苦労や、その時々の時流にいかに対応してきたかを研究すること。また各地に建立された別院や仏教会は、切実な思いから納められた護持会員や信徒の懇志によって建立され維持されていることから、寺院

等への所属意識が大変高いことがある。その別院や寺院の歴史的側面の研究を看過することはできない。

また、開教使も護持会員数も信徒数も少なく、歴史的にも浅い国際伝道の現場では、その実践に関わる一人一人の言動が大きな影響力をもっていることがある。一人一人の歴史的側面がそのまま、念仏者のコミュニティや日系社会に対して大きな影響を与えていることが珍しくない。看過できない研究目的の一つと言えるであろう。

「三　社会的側面に関する研究」について。

キリスト教による社会貢献などに影響を受けることが多く、エンゲージドブディズムの影響を受けることもある。また日系社会のなかで維持されている寺院が多く、日系社会に対する貢献が求められることも多い。さらに少数派として生きる人々のアイデンティティの根源となっていることもあり、社会的側面に関する研究は重要である。

この社会的側面に関する項目は、周辺社会からのニーズや、時流に対応することが重要であるが、ともすれば、ニーズに対応することに偏り過ぎてしまうきらいがある。そのような時こそ、教学的側面に関する研究で培われてきた研究業績を礎にして、浄土真宗という教えを確固たる基として対応していくことが肝心である。

「四　伝道の実践的側面に関する研究」について。

国際伝道論研究のまさに具体的・実践的な研究目的である。異言語・異文化・他宗教との交際のなかで実践される国際伝道であるから、これらの研究が重要であることは論を俟たない。また、寺院等による伝道だけが国際伝道ではないが、やはり寺院等を中心として、伝道が実践されているのが現実である。その寺院等の運営、そこに関わる人材の育成に関する研究は、まさに国際伝道の肝要ともいえる研究である。

従来の研究成果にも、この伝道の実践的側面に関する研究が多くなされている。しかし多様な側面をもっているので、個々の課題についての研究は進められていても総合的に研究されていることは少ない。特に伝道の実践的側

面は、現場で伝道に携わる人々の宗教的実践と乖離していては意味がない。その意味においては、実践者と研究者の協力が最も重要と言うこともできよう。この点については後に詳しく論じることとする。

「五　念仏者の人格的側面の研究」について。

上記の項目は研究目的を体系化しあるいは分類化して並べてみたものであった。国際伝道に限らず、宗教は人間の究極的関心事に直接し、究極的に解決を与えると考えられる。宗教が伝道されていくことを研究するのに、分類化して一つ一つの項目を単発的に研究することだけでは済まされない。様々な研究目的が有機的・重層的に関連しあっていることが、国際伝道の実践の実態である。つまり体系化し分類化をして細分化した研究目的を持つことと同時に、一人の人間としての宗教、一人の人間に対して法が伝わるという伝道を研究するに当たり、その念仏者の一人一人の人格全体からの研究も必要となってくる。

希有なる念仏者が世界各地に実在している。その人自身の人格を一人の人物として統合的また総合的に研究することも国際伝道論研究において、忘れてはならない大きな研究目的の一つと考える。

四　研究方法

国際伝道論研究を進展させるためには、相応の研究方法の確立が必要であることは言うまでもない。既に行われている研究方法を基に国際伝道論研究の研究方法を検討しておきたい。もちろんここに並べただけが、全ての研究方法を網羅したとは到底考えられない。他の学問分野と学際的な研究の上で、更なる研究方法が考案されていくべきであると考える。実践真宗学の研究方法が、模索されつつ進捗しているのと軌を一にしていると言えるであろう。

一　文献による研究方法

一-一　聖教を中心とした文献による教義的側面からの研究方法
一-二　歴史資料を中心とした文献による歴史的側面からの研究方法
一-三　マスメディア、新聞・ＨＰ記事等の文献による社会的側面からの研究方法
一-四　各寺院のＨＰ情報・寺報等の文献による伝道的側面からの研究方法
二　調査分析による研究方法
二-一　客観的調査分析研究方法
二-一-一　量的調査
二-一-一-一　調査方法
二-一-一-一-一　アンケート調査法
二-一-一-一-二　面接調査法
二-一-一-一-三　電話調査法
二-一-一-一-四　インターネット調査法
二-一-一-二　分析方法
二-一-一-二-一　統計的分析
二-一-一-二-二　因子分析
二-一-二　質的調査
二-一-二-一　調査方法
二-一-二-一-一　インタビュー調査

二-一-二-一-一-一　非構造化
二-一-二-一-一-二　半構造化
二-一-二-一-一-三　構造化
二-一-二-一-二　参与観察
二-一-二-二　分析方法
二-一-二-二-一　逐語記録からの分析
二-一-二-二-二　動画・音声・写真等の複合的記録からの分析
二-二　主体的実践分析研究方法

このように試案を提示してみたが、その内容について詳細に具体的事例を挙げて論じる必要があろう。ただし全ての項目を提示することは煩雑なことになるので、重要と考えられる研究方法について言及し、特に従来の研究には取り上げられることが少なく、今後の研究に是非とも取り上げるべき研究方法と考えられる三点について論及しておきたい。

まず何より、「一　文献による研究方法」の「一-一　聖教を中心とした文献による教義的側面からの研究方法」「一-二　歴史資料を中心とした文献による歴史的側面からの研究方法」は、最も基本であり重要な研究方法であることは論を俟たない。従来の研究もこの研究方法が取られている。

「二　調査分析による研究方法」の「二-一　客観的調査分析研究方法」については、国際伝道の実践の現場を訪れ、その実態を見聞きした上で様々な報告や研究がなされている。国際伝道論研究は、机上のみの研究ではなく伝道という実践の現場をもちつつ、乖離することなく進めるべき研究であるので、このような研究方法は更に向上

させるべき重要な研究方法であると考える。

さて、従来の国際伝道論研究において、あまり取り上げられてこなかった研究方法で、今後の研究に是非とも取り上げるべき研究方法について、論及してみたい。

「一-三　マスメディア、新聞・HP記事等の文献による社会的側面からの研究方法」と「一-四　各寺院のHP情報・寺報等の文献による伝道的側面からの研究方法」と「二-二　主体的実践分析研究方法」の三点の研究方法である。

「一-三　マスメディア、新聞・HP記事等の文献による社会的側面からの研究方法」について。

当論文においては本願寺派の国際伝道に絞って検討してきたが、国際伝道の実際の現場は、当該の国や地域の社会に根付いて展開している。その国や地域に取り上げられている情報を収集し、分析や分類を行って、情報共有のためのアーカイブ化などの研究方法は、リアルタイムで進展している伝道を研究する上には必要不可欠である。

本願寺派以外のところで、仏教がどのように取り扱われているのか、浄土真宗がどれほど認識されていないのかなど、世間一般の認知度や関心度に敏感でなければならないと考える。社会貢献が求められる現代において、社会的側面からの研究方法を等閑にすることはできない。今後の研究において取り上げるべき研究方法であると考える。

「一-四　各寺院のHP情報・寺報等の文献による伝道的側面からの研究方法」について。

国際伝道の実践の現場においては、各教団、寺院等、開教使や僧侶、また護持会員までもが、文字通り寝食を忘れるほどに力を注ぎ、活動を継続させている。教団や寺院等から多くの情報が、HP情報や、寺報発送などによって発信されている。その情報をどれだけ綿密に精査し、検討し、また分類のうえアーカイブ化をして分析するなどの研究方法がとられているであろうか。もちろんある程度の情報の収集は本願寺派の組織体のなかででも行われて

いるが、全体的な情報の収集、分類・アーカイブ化・分析などによる、情報共有が行われているであろうか。一つ一つ力を注いで作製し広報された情報などを、一過性のものとせずに蓄積し大きな研究資料とすることは、今後の研究において是非とも取り上げられるべき研究方法であると考える。

「二-二　主体的実践分析研究方法」について。

最後に今後の国際伝道論研究において、是非とも取り上げるべき研究方法と考えるのが主体的実践分析研究方法である。この研究方法は既に論じた[16]ので詳細は省くが、「二-一　客観的調査分析研究方法」が、実践を客観的調査によって分析する研究方法であることに対して、「二-二　主体的実践分析研究方法」は、研究者自身が自ら主体的に実践して、分析を行い研究する方法ということができる。

国際伝道論研究は、国際伝道の実践の現場を離れた研究であってはならないと考える。その現場に身を置き、実際に主体的に実践するなかで初めて見えてくる課題があったり、その課題の克服などがある。そのような現場で主体的に実践することを通して研究を行うことが重要である。従来の国際伝道論研究において、取り上げられることがほとんどなかった研究方法であると認識している。

これには決定的な理由がある。国際伝道の実践の現場で主体的に関わるということは、具体的には開教使として任命・派遣され日々の活動を展開することである。開教使の活動をしながら、ここに論じてきた最大の研究範囲を意識しつつ、当面の研究範囲を絞り込み、さまざまな研究目的を概観して、しかも焦点を絞った研究目的を立てて、相応する研究方法を用いて学術的に研究を進めることは、現実的に非常に厳しい状況であるからである。

しかしだからといって、この研究方法を取り上げなかったなら、国際伝道論研究を進めてみても、結局は実践の現場と乖離したものに陥る可能性が高い。

主体的実践分析研究方法のモデルとした教育学における「実践研究」においても同様の問題があった。主体的に実践することにより、深く実態に迫ることができるが、客観的、学術的に研究を進めることが困難になるというものであった。

その問題を克服するための一案は、主体的実践する当事者と同等の能力をもち、同等の経験を共有し、主体的実践者と緻密な連携を取りながら、時には実践に参与しながらも、学術的な研究を押し進めることのできる研究者の育成とその研究体制の確立である。

現実的にはそのような研究者の育成は為し得ていないし、体制も確立していない。しかしその可能性がないわけではない。北米開教区には浄土真宗センターに仏教大学院があり、教育局が設置されている。さらに、本願寺派が開教本部にインターナショナルオフィスを開設する計画などを耳にすると、主体的実践分析研究方法を取り入れた、国際伝道論研究が進展する兆しと考えたい。

五　国際伝道論研究の意義

ここまで国際伝道論研究の研究範囲、研究目的、研究方法について、概括的ではあったが論じてきた。上記の論述を通して、国際伝道論研究の意義を論じておきたい。

国際伝論研究について、既に多くの研究者がそれぞれの学術的特徴を発揮させ、個性的な研究業績を公開してきた。

これらの個別に研究されてきた先行研究を踏まえて、国際伝道論研究を総合的に概括することを試み、最大の研究範囲や、多種多様にわたる研究目的、また多様な研究方法を並べ論じてきた。これは単に概括的な視点を持つこ

とに止まらず、個々の研究が国際伝道論研究の全体において、いかなる位置付けができるのか、その研究範囲、研究目的、研究方法の妥当性を改めて評価することができるようになると考えたからである。

また、従来、国際伝道は開教使として任命され、海外の寺院に派遣される者だけが関わるものと考えられてきた感がぬぐえなかったが、主体的実践分析研究方法などを勘案すると、国内外を問わず、研究者の育成とその研究体制の確立などが必要であることが明らかとなった。

また、それぞれの研究目的の具体的事例をこの論文上では検討することはしなかったが、その事例を検討すると、国際伝道論研究が研究対象として持ち続ける、国際伝道の実践の現場における課題は、日本国内の現代おける伝道の課題と類似性や親和性をもっており、浄土真宗の伝道における課題が共通していることが多々あることが明らかであった。いま具体的事例を詳細に論じることとしないが、現代日本における伝道の課題である過疎化地域の寺院とその伝道活動などは、ハワイなどの仏教会では更に顕著な状況となりつつも伝道が展開されている。また都市部においていままで仏縁なかった方に、なんとか仏法に遇ってもらいたいと考え、様々に実践を展開していることも、異言語・異文化・異なった宗教背景の社会のなかで、開教を実践している海外寺院の活動は、更に厳しい状況のなかで実践している。

また、多様化する社会の様々な問題に対して、仏教徒として、浄土真宗の念仏者としての対応が迫られる国際伝道の実践の現場は、宗教や宗教者の社会貢献が求められている現代日本における伝道の課題と、共通していることがある。

類似性や親和性があって課題が共通することが、広狭、浅深、顕著と隠微などの相異点があることにより、それぞれの特徴を通して、その短所や長所などを捉え直す契機ともなり得る。つまり従来の伝道に関わる実践の一つ一

つを捉え直すことにもなり、既存の伝道に関する資源や環境、たとえば寺院という施設や伝統的行事等の価値を再発掘し得ることにもなる。それは同時に伝道の実践の新しい方途を創造していくことにもつながる可能性を持っている。

国際伝道論を研究することは、国外に出向かなくとも、いまここで浄土真宗の伝道に関わる実践者として、大きな示唆を与えられる研究ということができる。

まとめにかえて

当論文においては、概括的な論述に終始した感が否めない。しかし実践真宗学研究の一つとして、国際伝道論研究の総合的な研究の結実に向けた端緒を開くことができたかと考える。

今回論述しなかった一つ一つの具体的事例については、個々に研究を深めていかなければならない。その際には当論文で論究したとおり、国際伝道論研究の最大なる研究範囲を意識しつつ、研究範囲を絞り、研究目的を明確にして、相応した研究方法を取り上げて、個別に研究に取り組まなければならない。

国際伝道論研究によって、阿弥陀如来の救いは、まさにありとあらゆるいのちあるものを対象としていることを知りながら、自らとは国籍や人種・性別・職業・学歴・言語・文化・所属組織等が異なる人々に、積極的な伝道に取り組めていないことを反省させられる。いや、未だ阿弥陀如来の救いに遇うことを得ていないいのちがありながら、そのいのちに思いを馳せることもできていなかったことを、国際伝道論研究によって思い知らされる。

世界には未だ阿弥陀如来の救いに遇うことを得ていない人が多数いる。その一人一人に伝道がなされることを思うと、想像を絶する道程を感じる。しかし、未だ法に遇うことを得ていない人が多数いるということは、それだけ

伝道の可能性も大きいということでもある。

国際伝道論研究によって、研究範囲の広さが知らされ、研究目的の多様性から多くの研究課題が明らかになり、さらにその個別の研究の位置付けを明確にするべきことが明らかとなった。また、多くの研究方法から相応しい研究方法を取り上げなければならないことも明らかとなった。

何より、自らの布教伝道の実践を振り返らせ、自らの至らなさを思い知らされ、同時に大きな可能性があることも思い知らされるところに、国際伝道論研究の意義の一つがあると示しておきたい。

註

（1）拙稿「真宗伝道の実践研究　国際伝道の実状から窺う」『真宗学』一二三・一二四、二〇一一（平成二三）年

（2）国際仏教文化協会ＨＰ参照　http://www.ne.jp/asahi/iabc/homepage/Japanese.htm（二〇一七（平成二九）年一二月一五日確認）

（3）国際真宗学会ＨＰ　参照　http://iabsinfo.net/（二〇一七（平成二九）年一二月一五日確認）

（4）「浄土真宗本願寺派宗則」

（5）「浄土真宗本願寺派宗法」第四〇条二

（6）「浄土真宗本願寺派宗則」「国際伝道推進規程」第三条

（7）「浄土真宗本願寺派宗則」「国際伝道推進規程」第九条

（8）「浄土真宗本願寺派宗達」「オーストラリア開教地指定条例」「メキシコ開教地指定条例」「台湾開教地指定条例」「ネパール開教地指定条例」

（9）『宗勢要覧　―二〇一六（平成二八）年度版―』浄土真宗本願寺派統合企画室　二〇一七（平成二九）年一〇月発行。毎年度発行され本願寺派の統計的資料が開示されている。近年の推移も提示されている。

（10）本願寺派国際センターＨＰ　国際伝道講座参照 http://international.hongwanji.or.jp/jp/html/category3-3.html（二〇一七（平成二九）年一二月一五日確認）

（11）本願寺国際派センターＨＰ　国際伝道者養成プログラム参照 http://international.hongwanji.or.jp/jp/html/category3-4・html（二〇一七（平成二九）年一二月一五日確認）

（12）浄土真宗センターＨＰ　浄土真宗英語通信教育参照　http://jscc.cbe-bca.org/（二〇一七（平成二九）年一二月一五日確認）

（13）二〇一七（平成二九）年度開教使課程委員会において「開教使課程カリキュラム検討ワーキンググループ」にて答申作成して検討中。

（14）龍谷大学ＨＰ　ｎｅｗｓ「Skypeを利用した特別講義を実施【実践真宗学研究科】」参照 https://www.ryukoku.ac.jp/nc/news/entry-785.html（二〇一七（平成二九）年一二月一五日確認）

（15）寺本知正「NCC（日本キリスト教協議会）宗教研究所の留学生プログラム」八頁・「編集室より」一一頁（『IABC　NEWS』no. 50　国際仏教文化協会　二〇一五（平成二七）年二月）参照　http://www.ne.jp/asahi/iabc/homepage/nyuusu.htm（二〇一七（平成二九）年一二月一五日確認）

（16）拙稿「実践真宗学における研究方法の研究」『真宗学』一二九・一三〇、二〇一四（平成二六）年

【訂正】 拙稿「「主体的実践分析研究方法」の研究」『真宗学』一三三、二〇一六（平成二八）年の註に誤記がありました。左記の通り訂正し、関係者の皆さまにお詫び申しあげます。

誤　内藤智康著「親鸞の神祇観についての一考察」

正　内藤知康著「親鸞の神祇観についての一考察」

西田哲学と親鸞思想（三）[1]

――場所的論理と〈仏―衆生〉の関係論――

杉岡孝紀

はじめに

アジア・太平洋戦争の末期、空襲が一段と烈しくなる頃、西田幾多郎は決死の覚悟で「場所的論理と宗教的世界観」を完成させ、それを彼の弟子たちに遺言として残した。[2] 西田自らがこの論文を「宗教論」と呼んだように、私たちはここから西田の宗教的思索の結論を読み取ることができる。従来、「宗教論」の構想には親鸞思想への関心があったことが指摘されているが、[3] しかし西田はここで浄土真宗の立場から宗教を論じているわけではない。タイトルが示すように、西田は自身の哲学の中核をなす「場所的論理」、またその定式である絶対矛盾的自己同一の立場から、キリスト教や仏教（禅仏教・浄土仏教）等の宗教に共通する救済の構造を探究し、その論理を「逆対応」という概念で説き明かしているのである。

一　西田の思索過程と中心思想

西田哲学は極めて宗教的色彩が強い哲学である。西田が求め解き明かそうとしたものは何であったのか。それは、

「我々が之に於て生れ之に於て働き之に於て死にゆく世界」[4]、生死の現実世界の論理構造である。西田はこの課題を、根源的な実在を探求する形で進めた。西田の複雑な思想的展開は、西田がこの根源的実在をどのように把握し表現したのかという思索の歴史でもある。

すなわち最初、西田は『善の研究』(一九一一)において「純粋経験」を唯一の実在としてすべてを説明しようと試みた。しかし小論(二)で見たように、主客合一の純粋経験がなぜ同時に反省的思惟で有り得るのかという疑問が多く投げかけられた。西田はこれを契機として心理的色彩の強い純粋経験説を再考し、直観(直接経験)と反省(思惟)との深い内面的関係を示す「自覚」の概念を創出した。『一般者の自覚的体系』(一九一七)所収の論文「自覚における直観と反省」には、「余の自覚といふのは……すべての意識統一の根底となる統一作用の自覚の如きものである」[5]と述べられる。そして西田は自覚を「自己が自己に於て自己を見る(映す)」形式として提示し、この自覚的体系によってすべての実在を考えたのである。それはカントや新カント派に見る近代的認識論、すなわち〈主観・客観〉の対立を前提とした認識構図を否定しそれを超えるためである。さらに、西田は「自覚」の概念をそれが成立する根拠ないし根底である「場所」へと深めていき、いわゆる「場所的論理」を構築した。西田哲学の呼称はこれを機に誕生した。すなわち、西田は『働くものから見るものへ』(一九二七)の序において、

有るもの働くもののすべてを、自ら無にして自己の中に自己を映すものの影とみるのである、すべてのものの根底に見るものなくして見るものといふ如きものを考へたいと思ふのである。[6]

と述べ、所収論文「場所」に次のように述べる。

我々が物事を考へる時、之を映すごとき場所といふ如きものがなければならぬ。先づ意識の野というのをそれと考へることができる。何物かを意識するには、意識の野に映されねばならぬ。而して映された意識現象と映

す意識の野とは区別せられなければならぬ。意識現象の連続其者の外に、意識の野といふ如きものはないとも云ひ得るであろう。[7]

少し説明が必要かも知れない。西田は世界の様々な物が存在する所を「有の場所」と考える。そして我々が何かを意識する場合、客観的に対象が外に有ってそれを主観が知るのではなく、意識されたものを映し出す場所があって、そこに映し出されたものが意識されると考え、その場所を「意識の野」と名付ける。こうして、一切は「場所的有（於てあるもの）」としての自己の内に、映されるものとして捉えられるのである。「自覚」概念における「自己に於て」がまさに「場所」に相当する。この「意識の野」は意識の対象と意識作用を内に包む場所であるが、それは「有の場所」に対する相対的な無の場所として未だ真の無の場所ではない。そこで、西田は「意識の野」の深奥に全ての有無を、また意識の野をも包み込む場所があると考え、それを「絶対無の場所」と呼んだ。西田は真の場所を、「自己の中に自己の影を映すもの、自己自身を照らす鏡といふ如きもの」[8]と説明する。これは我々に、中村元が大乗仏教の「空」の原理を〈鏡〉のメタファーを用いて、空は自己の内に何も持っていないからこそ一切を映すことが可能であると説明をしていることを想起させる。[9]西田の「場所」はいわゆる「空間」ではないのである。

こうした西田の場所的論理の発想の源は、西田がアリストテレスの「主語的論理」に代わる「述語的論理」（包摂判断）に実在の論理を見出したところにある。[10]例えば、「SはPである」という判断の形式があるとする。Sは主語を、Pは述語を表している。この時、S（主語）はP（述語）に対しては特殊なものであり、P（述語）はS（主語）に対しては一般的なものになる。アリストテレスの場合、「主語となって述語とならないもの」を基体（実体）と定義したが、西田はこれを逆転させて、「どこまでも述語となって主語とならないもの」の極限に「場所」を定め、主語となる特殊なもの（個物）は述語である場所（一般者）に包摂される関係にあり、またこうした

関係の中で認識が成立すると考えたのである。[11]「絶対無の場所」は判断論理的にいえば、いかなる述語をも内に包む「超越的述語面」だと考えることができる。したがって、「絶対無の場所」は自己の外にある空間ではなく、自己の根底に広がる場所、あるいは根底であると考えることができる。それ故に、西田はこのようにいう。

自己の中に無限に自己を映し行くもの、自己自身は無にして無限の有を含むものが、真の我として之に於て所謂主客の対立が成立するのである。[12]

その後、西田は『一般者の自覚的体系』(一九三〇)において、場所を種々(判断的・知覚的・叡智的)の一般者からなる自覚的体系として捉え直す。一般者とは、自己を限定して個物(人格的自己)を生じる無の場所のことである。「限定する」という言葉は聞き慣れない言葉であるが、西田の場合、一般者の自己限定とは一般的なものが特殊なものの形をとって現れることを意味する。「叡智的世界」(一九二八)によれば、三者は包摂関係にあり、知的直観の一般者たる叡智的一般者に前二者が包摂される関係にある。そして西田は、叡智的一般者のノエシス的、つまり自己の底の底へと超越する方向における極限(超越的述語面)に「絶対無の場所」があると考えるのである。さらに西田はそれを宗教的意識であるともいう。こうして絶対無の場所では、個物と一般者、また個物と個物とが相互に映し映される関係、換言すれば、包み包まれる関係として述べられるのである。[13]

さらに『無の自覚的限定』(一九三二)では、絶対無の場所の自覚的限定として最も具体的な個物である自己と他者の関係、さらには歴史的・現実世界との関係が問われ、個物と環境(社会)とが相互に限定し合う世界が明らかにされる。西田は「私と汝」(一九三二)で、「汝の底には私がある、私は私の底を通じて汝へ、汝は汝の底を通じて私へ結合するのである、絶対に他なるが故に内的に結合する」[14]と述べる。かつて「自己が自己に於て自己を見る(映す)」と考えられた「自覚」の立場は、「自己が自己に於て絶対の他を見る」という歴史的・社会的限定とい

う立場から考えられるようになる。そして、歴史的実在の世界は無数の個物が相互に限定し合う世界であり、また同時に「絶対無の場所」自身の自覚的限定の弁証法的世界であると考えられるのである。

二　場所的論理と絶対矛盾的自己同一

西田哲学と聞いて即座に思い起こされるのは「絶対矛盾的自己同一」という言葉であろう。西田は『哲学論文集第四』（一九四一）の序に、「（第三論文集の）「絶対矛盾的自己同一」に於て、私は一応私の根本思想を明にした」[15]と述べ、また『哲学論文集　第五』の序（一九四二）では、「私は第三論文集に於て、私の根本的思想を把握し得た」[16]と記す。西田哲学で最も難解で悪評高い「絶対矛盾的自己同一」は西田の根本思想であり、それはまさに歴史的実在界の論理構造である「場所的論理」を定式化したものに他ならない。西田は、次のように述べる。

現実の世界は何処までも多の一でなければならない、個物と個物との相互限定の世界でなければならない。故に私は現実の世界は絶対矛盾的自己同一といふのである。かゝる世界は作られたものから作るものへと動き行く世界でなければならない。[17]

すなわち「多」と「一」の関係のように、絶対に矛盾するものが対立しながらも同時に全体として自己同一を保持しているということ、現実の世界はそのようにあるということを示す。そして、西田はこうした構造をもつ歴史的世界を自己の側から捉えて、それを「行為的直観」とも呼んでいる。行為とは「働くこと」、直観とは「そのままに見ること」である。我々が自己矛盾的に客観を形成し、また逆に客観から我々が形成せられることを示す。我々の自己は働くことによって物を見、見ることによって働くのである。西田はこのように自己と世界とが行為的直観的に、すなわち矛盾的自己同一的に働くことを、「物となって見、物となって働く」[18]という。それは、絶対者

に自己が包まれるということである。西田が諸々の論文の中で繰り返し用いている「一即多・多即一」、「内即外・外即内」、「個物的限定即一般的限定・一般的限定即個物的限定」等は、いずれもこの絶対矛盾的自己同一の関係を表している。また、この絶対矛盾的自己同一は「場所」という考え方に裏付けられて成立しており、場所の自己否定即肯定的な自己限定という意味を含む論理であることに留意しておきたい。そして西田はこの絶対矛盾的自己同一が実在的世界のすべての領域を貫く論理であると考え、あらゆる課題に適用することを試みたのであり、最終的には「哲学の終結」である宗教の世界へと向かうことになる。それは、歴史的世界そのものが根本的に宗教的構造を有しているからである。

西田は論文「絶対矛盾的自己同一」の後半で宗教について触れている。西田は、絶対矛盾的自己同一を具体的に時間と空間の関係に当てはめて考えている。西田によれば、時間は単に過去から現在へ、そして未来へと直線的に流れるものではなく、また逆に未来から現在に流れ来るものではない。それは、「永遠の今の自己限定」としてある。それは、また無限の過去と未来を包む絶対現在の今（瞬間）が「非連続の連続」として移り行くのが時間だということである。つまり、時間は場所に於いて「永遠即瞬間・瞬間即永遠」という関係として明かされる。そして、このような世界にある我々の自己も一即多、多即一であるような絶対矛盾的自己同一の個物としてあると説かれる。これによって、我々は普段、意識しているわけではないが、実は時を越えた永遠なもの、「絶対」につねに接しているという構造が顕わになるのである。西田は次のように述べる。

> 我々は自己矛盾の底に深く省みることによつて、自己自身を翻して絶対に結合するのである、即ち神に帰依するのである。これを回心といふ。そこには自己自身を否定することによつて、真の自己を見出すのである。……故に我々は此世界の中に自己同一を置く我々の行為によつて宗教に入るのでなく、かゝる行為そのもの、

自己そのものの自己矛盾を反省することによつて宗教に入るのである。而して我々が斯く自己自身の根柢に於て自己矛盾に撞着すると云うも、自己自身によるのでなく絶対の呼声でなければならない。……それは自力作善の道徳的行為を媒介として宗教に入ると云ふことではない。親鸞が「歎異抄」に於ての善人なをもて往生をとぐ、いはんや悪人をやという語、深く味ふべきである。(19)

絶対矛盾的自己同一の個物である我々は、自己の側から絶対へ近づくことはできない。西田によれば、単に超越的なるものが絶対ではなく、我々がそこに於いてあるものが絶対であった。したがって西田は、宗教的回心は自己が道徳的行為を媒介とするのではなく―これは明らかに田邊への批判が込められている―、絶対からの呼び声を聞くことによってのみ成立すると主張するのである。そしてここに言う「絶対の呼び声」による他力宗教の本質が「宗教論」の中で深く探究されることになる。西田は『善の研究』出版以降、この「宗教論」まで宗教を課題として中長篇の論文を書くことはなかった。この点について、長谷正當は西田の浄土仏教に対する長い沈黙期間は、「眼前に山を望みながら、それを登坂するために迂路を取ることを余儀なくされた登山家の忍耐であった(20)」と説明している。この忍耐こそが、西田の悪戦苦闘の思索の歴史であったと言えるであろう。

三　宗教の本質

「宗教論」の構成は、各々に見出しはないものの大きく五つの章に区切られて論考がなされている。小坂国継は、「一、場所的論理と宗教」「二、逆対応と宗教心」「三、自己と超越者」「四、宗教の本質」「五、平常常と終末論」と分けている。(21)第一章では、我々の自己存在と意識作用とは何かということが、西田の全哲学をもって明らかにされる。第二章では、宗教とは何かという課題が宗教心を問うことによって明かされる。そして宗教は絶対矛盾的自

己同一的場所の自己限定として、場所的論理によってのみ把握することができることが明かされ、「逆対応」という関係が提示される。第三章では、逆対応の論理を踏まえて宗教的回心の問題が考えられる。第四章では、絶対者と私との逆対応的関係の構造が深められ、改めて真の宗教とは何かが論じられる。第五章では、宗教的論理として新たに場所的論理に依拠する「平常底」の立場が示され、最後に宗教と文化そして国家の関係について述べられている。以下、西田の言葉を順に辿ることによって「宗教論」の核心を把握することに努めたいと思う。

「宗教論」第一章は「宗教とは何か」という問いから始まる。西田によれば、宗教とは「心霊上の事実」[22]であり、芸術家でなくとも芸術を理解することができるように、誰もが宗教をある程度は理解することが可能であるという。したがって哲学者は宗教を自己の体系から捏造してはならず、その務めは宗教がもつ深い論理を説明することにあるという。ここで西田は宗教が非科学的・非論理的であるという見解を退け、学問・道徳の根本に位置づけられる宗教の論理を明らかにするという課題を鮮明化している。しかし、鈴木亨や中村雄二郎が指摘するように[23]、「宗教論」は単に宗教的世界観を論じたものではなく、どこまでも宗教を歴史的現実の世界と関連づけて考察することを目指したものである事を忘れてはならない。

西田は宗教とは何かを考えるにあたり、まず宗教心とは何かを問う。そして宗教の根本概念は「神」にあり、それは我々の自己に心霊上の事実として顕現するものであるから、道徳的・理性的判断によっては把握できないという。そして宗教を論ずるものは、少なくとも自己の心霊上の事実として宗教的意識を持たなければならないというのである[24]。しかしその後、西田はこの宗教心や宗教的意識とは何かを掘り下げるのではなく、「自己とは何か」という問題を絶対矛盾的自己同一の場所的論理によって説明していく。それは、宗教が対象論理ではなく「場所」の論理によってのみよく理解することができることを示すためである。

まず、西田は歴史的実在界における自己を定義して、「我々の自己は働くものである[25]」という。西田は自己の存在を「働く」ということを視点として、物質的世界・生命の世界・歴史的世界の三層の世界像を検討する。まず物質的世界においては、自己は他との関係性の中で働くということが成立することを示す。西田はその関係を「相互否定即相互肯定」という。物と物とが相互に働き合う関係というのは、一方が他方を否定することによって肯定すると同時に、自己自身を制限し否定することによって他のものを肯定するという事態を意味するからである。しかし我々の自己は単なる物ではなく自ら意志をもって働くものであり、我々の「生命は一度的である。死者は甦らない。故に世界は多と一との矛盾的自己同一的に、形作られたものから作るものへ[26]」という世界である。その意味で真に働くものは機械的な物質的世界とは異なり、非可逆的な「時」をもった自己表現的な世界にあると考えられる。また西田は、「時」は「空間」と矛盾的自己同一的に、無基底的に自己自身を形成していく創造的世界であるとい い、このような世界を「絶対現在の自己限定の世界[27]」と呼んでいる。すなわち、西田は次のように説明する。

世界は絶対矛盾的自己同一的に、絶対現在の自己限定として、自己の中に焦点を有ち、動的焦点を中心として自己自身を形成していく。世界はそこに自己自身の秩序を有つ。我々の自己は、かかる世界の個物的多として、その一々が世界の一焦点として、自己に世界を表現するとともに世界の自己形成的焦点の方向に於て自己の方向を有つ。……永遠の過去未来を含む絶対現在の一中心となると云ふことである。私が、我々の自己を、絶対現在の瞬間的自己限定と云ふ所以である。[28]

世界は我々の自己を自己形成点として自己否定即肯定的に自己を表す。と同時に、我々の自己は世界の一表現点として、世界を自己に表現することによって世界を形成すると考えられる。西田は個が個に対するということを世界と世界との対立として捉えている。そうすると、世界には異質で多様なもの、矛盾し対立するものがあるけれど、

それらは皆それぞれの形で世界を表現していることになる。西田によれば、上記三層いずれの世界も「(形)作られたものから(形)作るものへ」という自己矛盾的同一的な論理構造を有しているが、しかし我々の自己は自覚的な存在であり、その意味で歴史的現実界こそが最も具体的な世界であると理解される。

以上のように、西田は場所的論理に基づいて、自己を二重の構造を有する自己矛盾的な存在であると捉えている。我々の自己は自己の内に世界全体を映し、創造的に世界を形成していくものであると同時に、また一方ではそれ自身が自己を超越した他なるもの、「絶対無」の自己的限定であるという側面をもっているのである。西田はこのような絶対現在の世界をしばしば、周辺なくして到る所が中心となる無限大の円(球)[29]であると説明する。この「到る所」が自己であると了解すればよいであろう。つまり、絶対無の場所は周辺のない無限大の円、即ち無辺である。また、これは判断作用の面から言えば、自己は「何処までも述語となって主語とならない、而も何処までも自己を主語的に限定する一般者の自己限定」[30]として存在していると捉えられるのである。

五　宗教心の起こる時

次に第二章では、我々の宗教心(宗教的意識)が何を根拠として起こり、何によって基礎づけられ、宗教的問題とはどのようなものであるかが論じられる。すなわち、西田によれば宗教心は我々の自己自身の存在そのものが問われた時、自己自身が課題となった時にはじめて意識されるものだという。具体的には、我々が自己を自己矛盾的存在であることを自覚し、人生の悲哀を体感した時に自己の存在自体が課題となるという。この言葉は西田自身の体験に裏付けられていることは小論(一)ですでに論じた通りである。そして西田は我々の自己存在の根本的な自己矛盾の事実は「死の自覚」にあるといい、さらに我々が永遠の死を自覚するのは自己が絶対者に対する時である

と説明した上で、「我々の自己は、唯、死によってのみ、逆対応的に神に接するのである」[31]という。では「絶対」とは何か。西田は、次のように説明する。

絶対と云へば、云ふまでもなく、対を絶したことである。併し単に対を絶したものは、何物でもない、単なる無に過ぎない。……絶対は、無に対することによつて絶対である。絶対の無に対することによつて絶対の有であるのである。……絶対は、自己の中に、絶対的自己否定を含むものでなければならない。而して自己の中に絶対的自己否定を含むと云ふことは、自己が絶対の無となるということでなければならない。自己が絶対的無とならざるかぎり、自己を否定するものが自己に対して立つ、自己が自己の中に絶対的否定を含むとは云はれない。故に自己が自己矛盾的に自己に対立すると云ふことは、無が無自身に対して立つということである。真の絶対とは、此の如き意味に於て、絶対矛盾的自己同一でなければならない[32]。

絶対とは、その名の如く「対を絶する」もの、いわば超越であり、相対に対するものは絶対とは言われない。しかし、相対と何等の関係ももたない絶対は、また絶対とは言えない。絶対は何に対するのか、西田によれば絶対の無に対するのである。それは絶対が自己を否定し、自己を限定することを意味する。ここに絶対自身がもつ矛盾的自己同一的な構造がある。絶対が自己限定して現れるということは、一切を自己の内容とすることを意味するからである。西田は「絶対は、自己の中に絶対的自己否定を含むものでなければならない」という句を繰り返し用いて「絶対」の意味を明らかにしている。ここで西田がいう一切を包むという絶対の義は、仏教、ことに天台教学における「絶待（妙）」の意に等しいと考えられる。「絶待妙」は、智顗が『法華玄義』に「妙」の字を「相待妙」と「絶待妙」の二つに分けて解釈するところに見えるものである[33]。仏教でも「絶対」の語は用いられる。親鸞も、「行巻」に第十八願の念仏の教法を指して「絶対不二之教[34]」と呼んでいる。そして「妙」はまさに「絶対」の意で

あり、したがって相待妙は「相待」、即ち相手（他）を待って自己があるという相依関係を超えた絶対という意味をもつ。しかしそれは絶待から見れば相対的絶対に過ぎない。「絶待」とは相対的存在と絶対的存在との相対・絶対をさらに突破超絶し、一切を包み込んだ絶対的絶対のことである。(35)武邑尚邦は、この「絶対」と「絶待」の違いを次のように説明している。

絶待とは、この場合、一切の対立を超えているという超越の意味ではなく、それは一切を自己の内容としているという包含の意味である。いな包含という言葉自身には包含するものと包含されるものという区別が考えられるから、包含という言葉自身不適当でもあるが、そこでは相待のままが絶待であり絶待のままが相待なのである。相待即絶待、絶待即相待である。しかしそれは矛盾の自己同一ではない。この場合相待と絶待は矛盾概念ではないからである。(36)

「相待即絶待・絶待即相待」が矛盾の自己同一ではないという武邑の言葉は、西田哲学の絶対矛盾的自己同一に向けての直接的な批判であるのか否か判断がつかないが、仏教でいう「絶待」が包含の義であるならば、それこそ西田が定義する「絶対」と等しいと見ることができるのではないか。

さて、西田は神も絶対と同様の論理をもつことを次のように説明する。

神は絶対の自己否定として、逆対応的に自己自身に対し、自己自身の中に絶対的自己否定を含むものなるが故に、自己自身によつて有るものであるのであり、絶対の無なるが故に絶対の有であるのである。絶対の無にして有なるが故に、能はざる所なく、知らざる所ない、全知全能である。故に私は仏あつて衆生あり、衆生あつて仏があると云ふ。創造者としての神あつて創造物としての世界あり、逆に創造物としての世界あつて神があると考へるのである。(37)

この後で、西田はこうした関係は鈴木大拙が示した大乗仏教の根本原理である「即非の論理」に相応することを述べ、仏教の般若空の思想こそが絶対弁証法に徹していることを指摘する。超越的即内在的・内在的即超越的なる神こそが真に弁証法的な神であるというのである。

以上述べてきた通り、西田は絶対の意義を示した後、相対者である我々の自己は根本的に罪悪なる存在であると捉え、絶対に自己矛盾的存在であるという。相対は直接、絶対に接することはできない。相対が対するものは相対だけである。相対はいかにして絶対と関わることが出来るのか、それは相対が自己否定的に無となる、永遠の無となる以外にはない。だから西田は、それは我々が死に直面する時だというのである。また絶対の側からすれば、相対との関わりは絶対者である神が自己否定的に「極悪にまで降り得る神」となり、「逆対応的に極悪の人の心にも潜む」愛の神でなければならない。西田はこうした関係を、次のように説明する。

絶対者の自己否定に於て、我々の自己の世界、人間の世界が成立するのである。かゝる絶対否定即肯定と云ふことが、神の創造と云ふことである。故に私は仏教的に仏あつて衆生あり、衆生あつて仏あると云ふ、創造者としての神あつて創造物としての世界あり、逆に創造物としての世界あつて神があると考へるのである……神と人間との対立は、どこまでも逆対応的であるのである。故に我々の宗教心と云ふのは、我々の自己から起こるのではなくして、神又は仏の呼声である。神又は仏の働きである、自己成立の根源からである。(38)

以上のように、絶対は自己否定的に我々の自己(相対)に対する。逆に我々人間(衆生)は自己否定的に絶対(神・仏)に対する。絶対者と我々は相互の自己否定を媒介として逆方向において相互に対応している。これが西田の「逆対応」の論理であるが、これは絶対矛盾的自己同一と内容的に一致しており、その意味で両者は別のものではないといえる。絶対矛盾的自己同一は本来、一般(者)と個(物)との間の関係をあらわす概念であり、その

意味で宗教の領域において見事に通用する論理であり、西田は特に「逆対応」と呼んだのだと理解することができる。

六　逆対応の関係

従来、絶対矛盾的自己同一と逆対応の論理との関係については、両者を別のものと捉える見方もあったが、今日では同一の論理の異名と理解する方が一般的である。例えば、阿部正雄は宗教にはキリスト教や浄土真宗のような〈恩寵の宗教〉と、初期の仏教や禅のような〈覚醒の宗教〉の二種のタイプがあり、西田が「宗教論」の中で展開する「逆対応」の概念も、前者の場合は不可逆的な逆対応であり、後者の場合は可逆的な逆対応と異なるという。さらに、西田が述べる「絶対者」に二つの面があることを指摘する。すなわち、一つは絶対者と我々の自己の相関係する面、つまり、絶対者は我々の自己に否定的に相対し、我々の自己は絶対者に逆対応的に接するという面（「A面における絶対者」）と、このような絶対者と自己の関係との否定的逆対応的関係自体の成り立つ場所としての絶対者という側面（「B面における絶対者」）である。阿部によれば、二つの絶対者があるというのではなく、同一の絶対者に、神人との関係とその関係を成り立たせる場という側面があることをあらわそうとするものであるという。[39] そして阿部は、

恩恵の宗教の場合のように、絶対者とわれわれの自己が逆対応ではあるが、不可逆的な逆対応の関係にある場合、そこでの絶対者は、B面における絶対者ではなく、A面における絶対者であり、これに対して、覚醒の宗教の場合のように、絶対者とわれわれの自己が、同じく逆対応的ではあるが、可逆的な逆対応の関係にある場合、そこでの絶対者は、A面における絶対者ではなく、B面における絶対者ではあるというべきではないか。[40]

と述べている。真宗学を専門とする者から見ると、浄土真宗を「恩寵の宗教」と位置づけることに疑問がないわけ

ではないが、今はこの点には深入りしない。取り上げたいのは、宗教における逆対応の構造に可逆的な逆対応の関係と不可逆的な逆対応の関係があるという点である。これは宗教のもつ特徴に応じた説明のように思われるが、しかし西田自身には逆対応の論理についてこうした区別は見られないのではないか。西田はむしろ「A面の絶対者」は後者の「B面における絶対者」へと集約されていることを示しているのではないであろうか。『善の研究』における「純粋経験」が主客合一の直観でありつつ、究極的には統一的或者の自発自展であると説かれたのをはじめ、「自覚」の概念、場所の論理と、西田はつねに普遍が個を包摂する関係を中軸として論を展開している。また後述するように、「宗教論」では「包み・包まれる」関係として説かれる他力の宗教が高く評価されことからも、このような疑問は的を射たものだと考える。

また、小坂は「逆対応」の概念を次のように四つに整理して説明している。

一、絶対と相対（個）との間の自己矛盾的・自己否定的な関係を表示する概念である。

二、絶対の自己自身に対する自己矛盾的・自己固定的な関係を表示する概念である。

三、相対（個）の自己自身に対する自己矛盾的・自己否定的な関係を表示する概念である。

四、無数の相対（個）相互の自己矛盾的・自己否定的な関係を表示する概念である。(41)

小坂に従えば、一が根源的な意味での逆対応の関係であり、二と三は一からの派生的な逆対応であり、四は類比的・第二義的な意味での逆対応である。ひじょうに分かり易く正鵠を得た分類であると言える。ただし、これを他力の宗教における聖典の表現という面から考えると、西田はむしろ二の逆対応を根源として、一の絶対者と人間との関係を明かしていると見ることができる。

さて、西田はこの逆対応を説明する際に何度も、大燈国師（妙超、一二八二〜一三三八）の「億劫に相別れて須

臾も離れず、尽日相対して刹那も対せず、この理人々これあり[42]」という言葉を引用している。また『創世記』第二二章に説かれるイサクの燔祭、新約聖書『ピリピ書』第二章の「神の子の受肉」の文を引用する。真宗関連では、『歎異抄』第三条の「善人なをもつて往生をとぐ、いはんや悪人をや[43]」という悪人正機（西田は「悪人正因」と呼ぶ）の文、並びに同じく後序の「弥陀の五劫思惟の願をよくよく案ずれば、ひとへに親鸞一人がためなりけり[44]」という文が挙げられる。西田は、前者は絶対のもつ自己否定の面から、後者は衆生の側から捉えられた文と理解しているのであろう。注目したいのは、西田が『歎異抄』第一条の「罪悪深重・煩悩熾盛の衆生[45]」という言葉を引用している点である。自己の罪悪性の自覚ということは、『善の研究』の純粋経験には見られなかった問題である。また西田は続いて、「唯仏の御名を信ずることによつてのみ救われる」と名号の救いについて述べている。この文章に関して、大峯顯は次のような見方を示している。

これらの文章は、浄土真宗の信仰と思想の核心を極めて正確に捉えている。それは、浄土真宗における、如来とは、名号以外のなにものでもないという言語哲学的な事態である。如来とは観想の対象としての無名の何かではなく、観想などとうてい不可能な罪悪深重の凡夫にあらわれた名号という言葉に外ならない、というのが浄土真宗の如来である。……逆対応の論理はこのような浄土真宗の名号の思想の中に最も典型的に見出すことができるというのが西田の真意であったのではないか[46]。

大峯が指摘するように、西田は他力真宗の信仰の核心を捉えているといえるであろう。ただし、親鸞の行論の特徴は、真実の行が第十七願「諸仏称名之願」に基づくものであるという点にこそある。したがって西田の逆対応の論理は仏と衆生の間の矛盾的自己同一的なあり方をよく表しているが、しかし名号論を語る場合、そこに諸仏がいかに関わるのかという点が抜けてしまうと、親鸞の行論は正確に理解されているとはいえない。

なお、武田龍精は西田の逆対応の論理を、親鸞浄土教における阿弥陀仏と凡夫の関係に適用し、いわゆる二種法身関係論に依りながら次のような説明をしている。

弥陀は、一如より形をあらわすことによって、絶対的自己否定として、自己表現的に、自己自身を、名号として、形成する。その意味で、弥陀は、どこまでも、創造的である。名号成就とは、弥陀の創造的自己表現であり、自己形成にほかならない。したがって、「一切群生海の心に方便法身の誓願を信楽する」という、宗教的実存におけるわれわれの行為は、かかる弥陀の自己表現たる名号を、聞信することであり、一如によって、自己否定的に、自己表現せられた一切群生海の根柢における、弥陀の自己表現の動的焦点として、表現し、創造的に、自己形成して行く行為にほかならない。(47)

法性法身が形を現すのは絶対者の自己表現を意味する。ただし名号成就が阿弥陀仏の自己表現であり、弥陀の願心の動的焦点としての凡夫はまた、本願を信じ念仏往生することにおいて自己表現的である。武田は、阿弥陀仏と凡夫との関係に、名号が歴史的世界を形成していく働きの論理を見ているのである。従来、「不一不異」「由生由生」と表現されてきた真如の顕現相について、絶対の自己否定という立場からその動的相が具体的に示された卓越した理解だといえる。

また、第二章の終わりに西田は、自力による回心や自力的宗教など成立しないことを述べ、さらに親鸞の「横超」に逆対応の典型を見出している。西田は解説を加えることなくただ「横超」という語を用いているので、西田の理解が親鸞思想と合致するか否かは検討を必要とする。

西田は特定の宗教の立場からこの「宗教論」を書いているわけではないことを述べたが、西田の立場はキリスト教と仏教（禅仏教と浄土仏教）を対比して、その信仰の在り方の優劣を論じるものでもない。大峯は西田の目的を

次のように解説している。

伝統的キリスト教の立場で通用してきた神観を解体して、絶対者をそのあるべき本質へ向かって捉えなおそうとする哲学的挑戦の姿勢を示している。……しかしそれにもかかわらずここ(「宗教論」)に描かれている絶対者の構造は、浄土真宗における阿弥陀仏の性格に最も近いように思われる。(48)

すなわち、西田は絶対者を「逆対応の論理」に則ってその本義通りに再解釈しようとしているのであり、しかもその際、恣意的に宗教を捏造することがないように、自身が経験してきた浄土真宗の教えを一つの参照点として、あらゆる宗教がもつ普遍的真理を探究しているのだと見ることができるのではないであろうか。したがって、西田の立場から言えば、自身の親鸞理解が真宗教義の枠を超えるものであるという批判がなされたとしても、それは当然のことだということになるのかも知れない。しかし一方で、現代の研究者においては親鸞が本来どのような意味で横超、自然法爾といった言葉を使用していたのかを検討することは必要な作業となるであろう。そこで、次に「宗教論」における二つの重要な概念、「逆対応の論理」と「平常底」との関係を西田が引用する親鸞の言葉から考えることにしたい。(続)

註

(1) 本稿は、「西田哲学と親鸞思想(一)―西田幾多郎の宗教的関心と悲哀―」(川添泰信編『親鸞と浄土仏教の基礎的研究(六角会館研究シリーズⅦ)』(永田文昌堂、二〇一七年)ならびに「西田哲学と親鸞思想(二)―純粋経験の多義性―」(『真宗学』第一三五号、二〇一七年)の承前である。

(2) 西田の日記によれば、例えば昭和二〇年二月十六日(金)の日記には「敵小型百数十機侵入、飛行場等爆撃。前面海上にも敵攻撃。砲声段々……」と記されるように空襲頻繁になる中、西田は自らの死を予感し、また武力ではなく道

義・文化を基盤とした国の再起を願いながら、渾身の力を振り絞って「宗教論」を書き上げている。四月十二日、久松真一宛書簡では「老い先も短きこと故、ヘーゲルがイェーナでナポレオンの砲弾を聞きつつ現象学を書いたつもりで、毎日決死の覚悟で書いています」（『西田幾多郎全集』新版第二三巻・三二九〜三七五頁参照）と書き記している。

(3) 拙稿「西田哲学と親鸞思想(二)—西田幾多郎の宗教的関心と悲哀—」参照。

(4) 『西田幾多郎全集』新版第六巻・一七一頁、旧版第七巻・二一七頁。

(5) 同右、新版第二巻・一五頁、旧版第二巻・一七頁。

(6) 同右、新版第三巻・二五五頁、旧版第四巻・五〜六頁。

(7) 同右、新版第三巻・四一六頁、旧版第四巻・二一〇頁。

(8) 同右、新版第三巻・四二九頁、旧版第四巻・二二六頁。

(9) 中村元『現代語訳大乗仏典1　般若経典』（東京書籍、二〇〇三年）、三九〜四〇頁。

(10) 西田は『哲学概論』（一九五六）においては、「真の実在は、主語の方向にでもなく、また述語の方向にでもなく、却って繋辞の方向にあると云へるであろう」（『西田幾多郎全集』新版第十四巻・三一九頁、旧版第十五巻・二一九頁）と自身の立場をむしろ「繋辞の論理」として捉えている。

(11) 中村雄二郎『西田幾多郎Ｉ』（岩波書店、二〇〇一年）、六五〜九四頁、藤田正勝『西田幾多郎の思索世界—純粋経験から世界認識へ—』（岩波書店、二〇一一年）、一〇七〜一一〇頁参照。

(12) 『西田幾多郎全集』新版第三巻・四一九頁、旧版第四巻・二一三頁。

(13) 同右、新版第四巻・一〇一〜一四九頁、旧版第五巻・一二三〜一八五頁参照。

(14) 同右、新版第五巻・二九七〜二九八頁、旧版第六巻・三八一頁。

(15) 同右、新版第九巻・九七頁、旧版第十巻・三頁。

(16) 同右、新版第九巻・三五九頁、旧版第十巻・三四一頁。

(17) 同右、新版第八巻・三六七頁、旧版第九巻・一四七〜一四八頁。

(18) 同右、新版第九巻・八二頁、旧版第十二巻・三八〇頁。

(19) 同右、新版第八巻・四二〇〜四二一頁、旧版第九巻・二一六〜二一七頁。

（20）長谷正當「西田哲学と浄土教」、大峯顯編『西田哲学を学ぶ人のために』（世界思想社、一九九六年）二三頁。
（21）小坂国継『西田哲学を読む1　場所的論理と宗教的世界観』（大東出版、二〇〇八年）参照。
（22）『西田幾多郎全集』新版第十巻・二九五頁、旧版第十一巻・三七一頁。
（23）中村雄二郎『西田幾多郎Ⅰ』（岩波書店〔岩波現代文庫〕、二〇〇一年）、一六八～一七七頁。
（24）『西田幾多郎全集』、新版第十巻・二九六頁、旧版第十一巻・三七二頁。
（25）同右、新版第十巻・二九七頁、旧版第十一巻・三七四頁。
（26）同右、新版第十巻・二九八頁、旧版第十一巻・三七五頁。
（27）同右、新版第十巻・二九九頁、旧版第十一巻・三七六頁。
（28）同右、新版第十巻・三〇〇～三〇一頁、旧版第十一巻・三七八～三七九頁。
（29）同右、新版第五巻・三〇一頁、旧版第十一巻・三七九頁。
（30）同右、新版第十巻・三一一頁、旧版第十一巻・三九一頁。
（31）同右、新版第十巻・三一五頁、旧版第十一巻・三九六頁。
（32）同右、新版第十巻・三一五～三一六頁、旧版第十一巻・三九七頁。
（33）『大正大蔵経』三三巻・六九六頁・上。
（34）『浄土真宗聖典全書二　宗祖編上』、五七頁。
（35）『望月仏教大辞典　第四巻』（世界聖典刊行協会、一九七三年〔第九版〕）、中村元『仏教語大辞典　下巻』（東京書籍、一九七五年）参照。
（36）武邑尚邦『仏教思想辞典』（教育新潮社、一九八二年）、三五七頁。
（37）『西田幾多郎全集』新版第十巻・三一六頁、旧版第十一巻・三九八頁。
（38）同右、新版第十巻・三二四～三二五頁、旧版第十一巻・四〇九～四一〇頁。
（39）阿部正雄「西田哲学における〝逆対応〟の問題―その批判的理解のために―」（一）（二）「理想」第五六二号、第五六五号参照。
（40）同右、「理想」第五六五号（一九八〇年）、一〇九頁。

(41) 小坂前掲書、三三五頁。
(42) 平野宗浄『禅の古典3 大燈国師語録』(講談社、一九八三年)、二〇~二一頁。
(43) 『浄土真宗聖典全書二 宗祖篇上』、一〇五五頁。
(44) 同右、一〇七四頁。
(45) 同右、一〇五三頁。
(46) 大峯顯「逆対応と名号」、上田閑照編『没後五十年記念論文集 西田哲学』(創文社、一九九四年)所収、四三一頁。
(47) 武田龍精『親鸞浄土教と西田哲学』(永田文昌堂、一九九一年)、四五二頁。
(48) 大峯前掲論文、四三一頁。

浄土真宗における「報謝」考

武　田　晋

はじめに

浄土真宗本願寺派では、二〇一六（平成二十八）年十月一日より十期八十日間にわたって伝灯奉告法要が本山本願寺で修行され、二〇一七（平成二十九）年五月三十一日をもって無事に円成した。宗祖・親鸞聖人（以下敬称を略す）があきらかにされた「浄土真宗のみ教え」（法灯）が、親鸞から数えて第二十五代となる専如ご門主に伝えられたことを、仏祖の御前に告げられるとともに、お念仏のみ教えが広く伝わることを願い修行されたのである。

いま「伝灯」とは法灯が正しく伝承し継承されたことを意味するが、親鸞においては「正信念仏偈」の末に「唯可信斯高僧説」（聖典全書二・六四頁）といわれるように、釈尊以下の七高僧によって伝承されてきた念仏の法の継承である。川添泰信教授は、その著『親鸞浄土教と師弟像』の中で、「二つの祖師像」と題して次のような指摘をされている。

歴史的関係を持った親鸞聖人の法然聖人に対する見方については、およそ二つの視点があるように思われます。すなわち、

（Ｉ）教えにもとづく法然聖人理解
（II）崇敬にもとづく法然聖人理解
です。(1)

と、親鸞が祖師をどのように捉えたかという問題を二つの視点から論述され、「教えにもとづく法然聖人理解」については、法然と親鸞の教学的問題、すなわち伝統と己証として論究されたものと捉えられ、それは念仏往生の教法であると確認できるとされる。

一方で、「崇敬にもとづく法然聖人理解」を論じられて、本願は時間・空間を超えてはたらくものであり、親鸞においては、弥陀の本願は歴史的に伝承され教示されるとともに、時間・空間を超えて至り届くもので、七祖全体にわたって伝承開示され直接的にはたらいているとみることができるとされる。その上で、「おわりに(2)」にも指摘されるように、そこには「当相敬愛（まさにあひ敬愛して）」（註釈版・五五頁）の場、すなわち親鸞の法然に対する姿勢、恵信尼が明かした親鸞に対する思いのなかに、念仏教示の基本的姿勢があるのではないかといわれる。そこには、今日の激烈な競争社会の中で、人が人を敬うということがみられなくなったのではないかという想いから祖師観を追求されている。

ところで、伝灯奉告法要の初日に専如ご門主はご親教、「念仏者の生き方」として、

……私たちは阿弥陀如来のご本願を聞かせていただくことで、自分本位にしか生きられない無明の存在であることに気づかされ、できる限り身を慎み、言葉を慎んで、少しずつでも煩悩を克服する生き方へとつくり変えられていくのです。それは例えば、自分自身のあり方としては、欲を少なくして足ることを知る「少欲知足」であり、他者に対しては、穏やかな顔と優しい言葉で接する「和顔愛語」という生き方です。たとえ、それら

が仏さまの真似事といわれようとも、ありのままの真実に教え導かれて、そのように志して生きる人間に育てられるのです。このことを親鸞聖人は門弟に宛てたお手紙で、「（あなた方は）今、すべての人びとを救おうという阿弥陀如来のご本願のお心をお聞きし、愚かなる無明の酔いも次第にさめ、むさぼり・いかり・おろかさという三つの毒も少しずつ好まぬようになり、阿弥陀仏の薬をつねに好む身となっておられるのです」とお示しになられています。たいへん重いご教示です。(3)

と、本願を聞かせていただくこと、すなわち獲信の念仏者の生き方として、煩悩を制御する生き様へとつくり変えられていくことを示されている。

そこには、「国の内外、あらゆる人びとに阿弥陀如来の智慧と慈悲を正しく、わかりやすく伝え、そのお心にかなうよう私たち一人ひとりが行動することにより、自他ともに心豊かに生きていくことのできる社会の実現に努め(4)」るという実践運動推進を通し、ともに確かな歩みを進めることが願われている。

いま、ここでは『大経』に基づく「少欲知足」「和顔愛語」といった実践徳目や三毒の煩悩への慎み、阿弥陀仏の薬という弥陀法に添った生き方が教示されている。今日、実践運動ということから、仏の智慧・慈悲や縁起の道理をその基底として運動が推進されているが、では親鸞の念仏者としての生き方の立ち位置、それはもともとどのようなものであったのであろうか。拙論では、『教行信証』と和讃を参考としながら若干の考察を試みるものである。

一　樹心弘誓仏地

『教行信証』のいわゆる後序には、

慶ばしいかな、心を弘誓の仏地に樹て、念を難思の法海に流す。深く如来の矜哀を知りて、まことに師教の恩厚を仰ぐ。慶喜いよいよ至り、至孝いよいよ重し。これによりて、真宗の詮を鈔し、浄土の要を摭《ひろ》ふ。ただ仏恩の深きことを念うて、人倫の嘲りを恥ぢず。もしこの書を見聞せんもの、信順を因とし、疑謗を縁として、信楽を願力に彰し、妙果を安養に顕さんと。

『安楽集』にいはく、「真言を採り集めて、往益を助修せしむ。いかんとなれば、前に生れんものは後を導き、後に生れんひとは前を訪へ、連続無窮にして、願はくは休止せざらしめんと欲す。無辺の生死海を尽さんがためのゆゑなり」と。〔以上〕

しかれば、末代の道俗、仰いで信敬すべきなり、知るべし。

『華厳経』の偈にのたまふがごとし。「もし菩薩、種々の行を修行するを見て、善・不善の心を起すことありとも、菩薩みな摂取せん」と。〔以上〕（註釈版・四七三〜四七四頁）

と、ここで先ず「心を弘誓の仏地に樹て、念を難思の法海に流す」という親鸞の基本的姿勢が示される。『浄土文類聚鈔』では「心を弘誓の仏地に樹て、情を難思の法海に流す」（註釈版・四八四頁）と、「念」の字が「情」の字になっている。もともとこの言葉は、『大唐西域記』三に「樹心仏地流情法海」（大正五一・八八七頁a）とある文によったと考えられている。その「心・念」も「心・情」も共に私たちの心念・心情と考えられるが、その心を弘誓の仏地に樹（た）てる主体はどこにあるのであろう。

「樹」とは、動詞で読んだ場合には、①うえる、②たてる、である。①の場合には、草木を植える、養い育てるという意味がある。一方で②の場合には、起こし打ち立てる、確立させる、まっすぐに縦にする、直立するなどの意味がある。(5)いまは②の読みであるから、心を本願の大地にうち樹てるという事である。しかし、それは自身建立

の信を仏地にたてるのではなく、私の全てを受け入れてくださる阿弥陀仏の大慈悲に気づかされた、他力回向の信であり、安心して本願の大地に根を張って樹つ、依りどころの大地に樹てしめられるという意味であろう。

したがって、直前に「慶ばしいかな」とあるように、それは真実の法に出遇いえた境地を語っている。私の「念（おもい）」や「情」という妄念も阿弥陀仏の本願の法海に流すことができる。それは自力の計らいをうち捨てたという義でもある。

この後序の文章直前には、親鸞が建仁元年（一二〇一）に自力の行を捨てて本願に帰したことが述べられ、その後に『選択集』書写や真影の書写など法然から受けた恩徳に対する慶びが語られている。それは法然への値遇は、単に個人的な崇敬ではなく、他力の信心を賜ったという慶びによって満ちていることを語っている。

続いて、「深く如来の矜哀を知りて、まことに師教の恩厚を仰ぐ。慶喜いよいよ至り、至孝いよいよ重し」と、深く如来の慈悲のこころを知り、まことの師の厚いご恩を仰ぎ、よろこびの思いはいよいよ増し、敬いの思いはますます深まっているという。そこで、真宗の教えをあらわす文を抜き出し、往生浄土の要となる文を集めたとされる。それは、ただ仏恩の深いことを思うのみで、世の人のあざけりは恥ともしない、この書を読む者は、信順すればそれが因となり、疑い謗ってもそれが縁となり、本願のはたらきによって真実の信を獲、すぐれた悟りを得るであろうとされる。(6) ここで、如来の矜哀と師教の恩厚という恩徳への報謝の問題と、信順という因に対して疑謗も縁となって真実信を獲て悟へ向かうという願いが述べられている。

続く『安楽集』引文には、連続無窮の伝法により数限りない迷いの人々が救われるようにとの願いが示され追釈されており、仰いで信敬すべきと纏められる。そして最後に、『華厳経』引文によって、仏道を修行する者を見て随喜して善い心をおこす者も、誹謗や怒りの不善の心を起こす者もあるかもしれないが、この善・不善にかかわらず

菩薩はこれを縁として、これ等の人々すべてを救うと示される。(7)

このように、仏恩と師教の恩徳に感謝して、本願の大地に根をはって樹つ親鸞は、仏法弘通への深い願いを最後に述べている。では、このような恩徳報謝とは、具体的にどのような内実となるのであろう。

二　恩徳と報謝

親鸞八十六歳（正嘉二年九月二四日）の時に作られた『正像末法和讃』には、国宝本（草稿本、四一首）と顕智本（九二首、親鸞没後三十二年後編集）と蓮如本（一一六首）の三本がある。国宝本の和讃は最初に、

五十六億七千万　弥勒菩薩はとしをへむ
念仏往生信ずれば　このたびさとりはひらくべし
（真蹟集成三・二七五頁）

と始まるが、顕智本と蓮如本では、

釈迦如来かくれましまして　二千余年になりたまふ
正像の二時はをはりにき　如来の遺弟悲泣せよ(8)
（聖典全書二・四六九頁上下段）

の和讃から始まっている。

国宝本（草稿本）の「恩徳讃」の一つ前には、

如来の作願をたづぬれば　苦悩の衆生をすてずして
回向を首としたまひて　大悲心おば成就せり
（聖典全書二・四八七頁中段）

と和讃され、『正像末法和讃』全体の結びとして「恩徳讃」が制作され、「已上　三十四首」として終わっている。

しかし、親鸞は康元二年（一二五七）の二月九日の夜寅時に夢を見て、「弥陀の本願信ずべし　本願信ずるひと

はみな　摂取不捨の利益にて　無上覚をばさとるなり」（夢告讃、註釈版・六〇〇頁）の和讃を感得されて、この和讃を閏三月一日に『正像末法和讃』の巻頭に書き加えられたので、国宝本「恩徳讃」は三十五番目に変わっている。したがって、「恩徳讃」が作られたのは八十五歳の二月九日以前の近い頃であったと考えられる。

この「恩徳讃」は従来、親鸞が尊敬された六歳年長の法兄、聖覚（一一六七〜一二三五）の文に拠られたといわれている。聖覚は、隆信右京大夫入道（成心）と親盛大和入道（見仏）の二人の発願により、法然の御前にて報恩謝徳の法会が開催された際、導師を勤められた人物で、法然示寂九年後の承久三年（一二二一）には、『唯信鈔』を著されている。親鸞もこの書物を幾度となく書写し、それを門弟に推奨され、自らも『唯信鈔』に引用されている経釈要文を註釈して『唯信鈔文意』を撰述され、聖覚を崇敬されている。それは法然の教えを継承する視座が一致していたからと考えられる。

また、「聖覚法印表白文」の中で聖覚が、

無明長夜の大いなる灯炬なり、なんぞ智眼の闇きことを悲しまん。生死大海の大いなる船筏なり、あに業障の重きことを煩はんや

（註釈版・六六八頁下註）

と、述べているのを、親鸞は、

無明長夜の灯炬なり　智眼くらしとかなしむな
生死大海の船筏なり　罪障おもしとなげかざれ

（正像末和讃、註釈版・六〇六頁）

と和讃されている。さらに、「倩思㆓教授恩徳㆒実等㆓弥陀悲願㆒者（つらつら教授の恩徳を思うに、実に弥陀悲願に等しき者）」（註釈版・六七〇頁、聖典全書二・九七一頁）についても、

師主のをしへをおもふに、弥陀の悲願に等しとなり。大師聖人（源空）の御をしへの恩おもくふかきことをお

もひしるべしとなり　（尊号真像銘文、註釈版・六七〇頁）

と解釈されている。

続いて、聖覚が「粉骨可報之摧身可謝之」（註釈版・六七〇頁、聖典全書二・九七一頁）といわれる文を、

大師聖人の御をしへの恩徳のおもきことをしりて、骨を粉にしても報ずべしとなり、身を摧《くだ》きても恩徳を報ふべしとなり　（尊号真像銘文、註釈版・六七〇頁）

と解釈されている。「恩徳讃」作成の直接的影響はこれらに依拠すると考えられる。ただし、「恩徳讃」とは「骨」「身」の順序が違っている。

もともと、「粉骨」「摧身」の言葉の元になると考えられるのは、善導が阿弥陀如来の相好を観想する観仏方法とその功徳について述べられた『観念法門』にでてくる。善導は、

また敬ひて一切の往生人等にまうす。もしこの語（名号）を聞かば、すなはち声に応じて悲しみて涙を雨らし、連劫累劫に（きわめて長い時間）身を粉にし骨を砕きて仏恩の由来を報謝して、本心に称ふべし。
（カッコ内筆者、註釈版七祖篇・六三七頁）

といわれている。顕智本『正像末和讃』奥書には、この言葉が書き添えられている。[9] ただし、この奥書では「……仏恩由来を報謝して、本心に称ふべし」が「仏恩を報謝せよ」と切られた形で終わっており、「由来」以降の文言がカットされ「報謝仏恩」を重視される文となっている。また、「身」「骨」の順序も恩徳讃と同じになっている。親鸞は文言としてはむしろ善導の文を重視されたと思われる。[10]『観念法門』は「摧」の字は「砕」となっており、どちらも「くだく」という訓みである。国宝本「恩徳讃」（真蹟集成三・三〇九頁）や蓮如本は「クタキテモ」と片仮名であるが、顕智本では「碎（砕）」（『影印　高田古典』二・二四二頁）の漢字となっているのはその証左となろ

うか。ただし、顕智本が忠実な書写というのを前提とする場合である。

いずれにしても、親鸞は「報恩謝徳」が仏恩だけに対して述べられていたのを、如来の恩徳に対しては「報ずべし」、師主知識の恩徳に対しては「謝すべし」と、仏恩と共に師恩に注目されているのが特徴である。伝法継承された師恩により如来の仰せに信順して念仏する身となることは、本願の心の本意にそうものであり、恩徳報謝とは獲た功徳を「恩返しする」という意味ではない。

三　称名と報恩

親鸞は、「正信念仏偈」の龍樹章に、

弥陀仏の本願を憶念すれば　自然に即の時必定に入る　ただよくつねに如来の号を称して　大悲弘誓の恩を報ずべしといえり　（註釈版・二〇五頁）

と、称名が報恩であるとする。それは信心獲得の念仏者の心持ちからいえばであるが、同様の事は「信巻」真仏弟子の釈（註釈版・二五九頁）にも道綽『安楽集』を引用し、龍樹『大智度論』に拠るとして、

無量の行願、仏によりて成ずることを得たり。報恩のためのゆゑに、つねに仏に近づかんと願ず。また大臣、王の恩寵を蒙りて、つねにその主を念ふがごとし。（註釈版七祖篇・二五二頁）

とも示される。そのほか「化巻」には、

ここに久しく願海に入りて、深く仏恩を知れり。至徳を報謝せんがために、真宗の簡要を摭うて、恒常に不可思議の徳海を称念す。（註釈版・四一三頁）

と仰せられている。また、『歎異抄』第十四条にも、

この悲願ましまさずは、かかるあさましき罪人、いかでか生死を解脱すべきとおもひて、一生のあひだ申すところの念仏は、みなことごとく如来大悲の恩を報じ、徳を謝すとおもふべきなり。（註釈版・八四五頁）

と述べられる。

真宗の相承においても、覚如は親鸞の意を承けて、称名報恩の義を明確に示されており、『最要鈔』には、

信心歓喜乃至一念のとき即得往生の義治定ののちの称名は仏恩報謝のためなり。さらに機のかたより往生の正行とつのるべきにあらず。「応報大悲弘誓恩」（正信偈）と釈したまへるにてこゝろうべし。（真聖全三・五二頁）

と述べられ、『口伝鈔』（註釈版・九一一頁）などにも信因称報（信心正因、称名報恩）の旨を示されている。蓮如にいたっては、『御文章』の全般にわたって専ら信因称報を説かれ、『御一代記聞書』第一五条、第一七九条（註釈版・一二三六頁、一二八七頁）にもその旨が示されている。

この他に、報恩に関しては、源信『往生要集』大文第五「助念方法」にも

まさに仏恩を念じて、報の尽くるを期となして、心につねに計念すべし（註釈版七祖篇・九六八頁）

と、『西方要決』の文を出され、法然『選択集』（註釈版・一二五二頁）にも同文が引用されている。

これらは、信後の念仏、つまり他力の念仏で、「報恩」とは、南無阿弥陀仏と称える私たちの心持ちを示すものであり、阿弥陀仏の救いに摂め取られている我が身をよろこぶ感謝のおもいである。

逆に、このような思いは第二十願にもとづく自力念仏にはなく、

まことに知んぬ、専修にして雑心なるものは大慶喜心を獲ず。ゆゑに宗師（善導）は、「かの仏恩を念報することなし。……往生の正行を自障障他するがゆゑに」（往生礼讃）といへり。（註釈版・四一二頁）

と述べられるところである。「専修にして雑心なる者」というのは、専ら称名念仏を修めていながら自力の心から離れられない者で、第二十願の行者を指している。したがって、他力念仏の行者は大慶喜心をえて、仏恩を念報するということになるという逆説的な表現をされる。

また、先の「化巻」三願転入の釈を示された後には、

ここに久しく願海に入りて、深く仏恩を知れり。至徳を報謝せんがために、真宗の簡要を摭うて、恒常に不可思議の徳海を称念す。いよいよこれを喜愛し、ことにこれを頂戴するなり。（註釈版・四一三頁）

と結ばれる。「真宗の簡要を摭う」とは『教行信証』を著わされることであり、「不可思議の徳海を称念す」とは称名相続されることであると考えられる。そうすると『教行信証』撰述と称名相続の全体が「至徳を報謝せんがため」ということになる。現生十益の中に「知恩報徳の益」（註釈版・二五一頁）があげられているのは、その意味でもある。

四　至徳報謝の背景

「正信念仏偈」の作意（造由）について、従来、

I、広大・深重の仏恩を報謝せんがための故という（通由）。

II、真宗の宗要を顕示せんがための故という（別由）。

III、有縁の衆生を勧導せんがための故という。

の三由が指摘されるが、この中で通由として「正信念仏偈」直前の『論註』の言葉が注目される。

ここをもつて知恩報徳のために宗師（曇鸞）の釈（論註・上）を披きたるにのたまはく、「それ菩薩は仏に帰

す。孝子の父母に帰し、忠臣の君后に帰して、動静おのれにあらず、出没かならず由あるがごとし。恩を知りて徳を報ず、理よろしくまづ啓《けい》すべし。また所願軽からず。もし如来、威神を加したまはずは、まさになにをもつてか達せんとする。神力を乞加す、このゆゑに仰いで告ぐ」とのたまへり。已上　（註釈版・二〇二頁）

と述べられる。この『論註』部分の意訳は、

菩薩は仏にしたがう。それはちょうど、親孝行な子供が父母にしたがい、忠義な家来が君主にしたがって、自分勝手な振舞いをせず、その行いが、必ず父母や君主の意向によるようなものである。仏の恩を知ってその徳に報いるのであるから、何ごともまず仏に申しあげるのは当然である。また衆生救済の願いは、軽々しいことではない。如来の尊い力がなければ、どうしてこれを達成することができよう。そこで、如来がそのお力をお加えくださることを乞うのである。このようなわけで天親菩薩は仰いで世尊に告げられるのである。

（『顕浄土真実教行証文類（現代語訳）』一四二頁）

となる。菩薩の出処進退は「仏の恩を知ってその徳に報いるのであるから、何ごともまず仏に申しあげるのは当然である」という。そこで、

しかれば大聖（釈尊）の真言に帰し、大祖の解釈に閲して、仏恩の深遠なるを信知して、「正信念仏偈」を作りていはく、

（註釈版・二〇二～二〇三頁）

と、親鸞も「そこで、釈尊のまことの教えにしたがい、また浄土の祖師方の書かれたものを拝読して、仏の恩の深いことを信じ喜んで、次のように「正信念仏偈」をつくった」（現代語訳、一四三頁）と「正信念仏偈」の作意が述べられる。よって、正信念仏偈は親鸞が報徳の謝念をもって作られたものである。

「有縁の衆生を勧導せんがため」という作意も、「正信念仏偈」の最後にも「道俗時衆共同心　唯可信斯高僧説」

と結ばれてあり、『正像末和讃』には、

他力の信をえんひとは　仏恩報ぜんためにとて

如来二種の回向を　十方にひとしくひろむべし

（註釈版・六一五頁）

という仏恩を報ぜんためによる伝法、具体的には二種回向を十方に広めるという常行大悲の所作が求められている。よって恩を知り徳を報ずるとは、獲信の念仏者が「真宗の簡要を摭う」て述べ伝え、「恒常に不可思議の徳海を称念す」という相続の姿に他ならない。

五　仏弟子と三毒の慎み

しかしながら、今日問われているのは、そのような「念仏者の生き方」である。そこに何らかの生き様の変化という事があり、それが社会に対しても影響を与えるのではないかという事が問われている。

今この点を「信巻」真仏弟子釈に窺うと、真仏弟子釈には第三十三願・第三十四願を引用されて、以下のような引文構成にて念仏者の姿と利益が述べられている。

①道綽　『安楽集』引文　真仏弟子による仏道実践

②善導　『般舟讃』引文　希有難信の法と報仏恩

『礼讃』引文が二文　光明摂護

『観念法門』引文　現生護念増上縁

③善導　「序分義」引文　心歓喜故得忍

「散善義」引文　念佛三昧の功能

④王日休　　『浄土文』引文　　　　　　　　不退転・便同弥勒
⑤釈尊　　　『大経』・『如来会』引文　　　次如弥勒
　律宗の用欽『阿弥陀経超玄記』?引文　華厳・法華の不授、不可思議功徳の普授
⑥御自釈　　大般涅槃の超証・往相回向の真心徹到

この中で、①の『安楽集』には『大集経』『涅槃経』『大智度論』『大経』『大悲経』等が引文されている。そこには説聴の方軌を明かしている。つまり説法する者も聴聞する者も仏法を紹隆する存在である事が述べられる。特に説者である真の仏弟子は、聴者に即した法を説くことに重点を置いた訓点となっている。それは何よりも自らが念仏三昧を修する事であり、それにより十方諸仏が眼の前に現ぜるがごとくとなり、仏の功徳によって真の仏弟子は仏と共に歩む事となる。その念仏三昧は菩提心の伴ったものであり、他に念仏を勧める事において、仏に報恩し仏の大悲を行じている事となる。よってここでは真の仏弟子の念仏行者としての実践者の姿が示されているといえる。

また②の善導の一連の引文は、釈迦の力により弥陀の念仏法に遇う事は、私達にとって非常に希有な出来事であり、大悲がひろく普く化するので、まさに念仏し仏恩を報じていけと示される。そして、真仏弟子釈冒頭の願文の三十三・三十四願に誓われた、光明と聞名得忍の利益（光明・名号の利益）の内、まず心光の利益として現生護念増上縁の文が挙げられている。また、③では聞名得忍の利益が挙げられ、最後に念仏三昧による五種の功能が述べられる。これら②・③の善導の引文の配置順は、真仏弟子釈冒頭の『大経』願文引意を善導の釈により確かめており、同じ流れと言えるが、中でも韋提希の得忍は十信中の凡夫の忍と見られた点は注目できようか。逆に言えば、これは念仏三昧の功徳によって、凡夫が今生で他の雑善では比較にならないような功徳を獲ている事を主張しているとも言える。

④からは主題が不退転の問題へと変わってくる。第十八願成就文の「住不退転」は『法華経』では弥勒菩薩所得の報地であり、一念往生する事は弥勒にすなわち同じ（便同）だというのである。これを⑤の『大経』・『如来会』引文等で、弥勒の如く多くの不退の菩薩が浄土往生すると引証している。また、用欽の引文では、華厳・法華の教えは深妙であり、確かに勝れているが、凡夫に授記がなく、念仏の不可思議功徳の利益は不退に住し、浄土往生を遂げるという記を受けているのであると主張する。この④から⑤は住不退転を主題としながら、凡夫が念仏往生する事は自力不退の弥勒菩薩と同じであり、しかも普く救われる道であると主張される。よって⑥の御自釈には、

まことに知んぬ、弥勒大士は等覚の金剛心を窮むるがゆゑに、竜華三会の暁、まさに無上覚位を極むべし。念仏の衆生は横超の金剛心を窮むるがゆゑに、臨終一念の夕、大般涅槃を超証す。ゆゑに便同といふなり。しかのみならず金剛心を獲るものは、すなはち韋提と等しく、すなはち喜・悟・信の忍を獲得すべし。これすなはち往相回向の真心徹到するがゆゑに、不可思議の本誓によるがゆゑなり。（註釈版・二六四頁）

と述べられ、弥勒は等覚の金剛心を、念仏者は他力横超の金剛心を窮めるが故に大般涅槃を超証するのであり、「便同」というのだと示され、それだけでなく念仏者には三忍を獲得するという利益もあるとし、これは往相回向の真心が徹到するからだと示される。

以下、聖道諸師の念仏者の称讃・浄土念仏への帰依へと続くが、ここにもやはり慶びをもって念仏相続していく事が仏弟子としての姿であり、それは弥勒菩薩に同じであり、韋提と等しく三忍を獲得するとある。

ただし、ここに生活のうえでの煩悩の慎みは述べられていない。そこで、以下に三毒の煩悩の慎みについて少し触れている「化巻」『涅槃経』引文を論考しておく、

またのたまはく（涅槃経・徳王品）、「善男子、第一真実の善知識は、いはゆる菩薩・諸仏なり。世尊、なに

をもつてのゆゑに、つねに三種の善調御をもつてのゆゑなり。なんらをか三つとする。一つには畢竟軟語、二つには畢竟呵責、三つには軟語呵責なり。この義をもつてのゆゑに、菩薩・諸仏はすなはちこれ真実の善知識なり。また次に善男子、仏および菩薩を大医とするがゆゑに、善知識と名づく。なにをもつてのゆゑに、病を知りて薬を知る、病に応じて薬を授くるがゆゑに。たとへば良医の善き八種の術のごとし。まづ病相を観ず。相に三種あり。なんらをか三つとする。いはく風・熱・水なり。風病の人にはこれに蘇油を授く。熱病の人にはこれに石蜜を授く。水病の人にはこれに薑湯を授く。病根を知るをもつて薬を授くるに、差ゆることを得。ゆゑに良医と名づく。仏および菩薩もまたまたかくのごとし。もろもろの凡夫の病を知るに三種あり。一つには貪欲、二つには瞋恚、三つには愚痴なり。貪欲の病には教へて骨相を観ぜしむ。瞋恚の病には慈悲の相を観ぜしむ。愚痴の病には十二縁相を観ぜしむ。この義をもつてのゆゑに諸仏・菩薩を善知識と名づく。善男子、たとへば船師のよく人を度するがゆゑに大船師と名づくるがごとし。諸仏・菩薩もまたまたかくのごとし。もろもろの衆生をして生死の大海を度す。この義をもつてのゆゑに善知識と名づく」と。{抄出}……　光明寺の和尚（善導）のいはく（般舟讃）、「ただ恨むらくは、衆生の疑ふまじきを疑ふことを。浄土対面してあひ忤はず。弥陀の摂と不摂とを論ずることなかれ。意専心にして回すると回せざるとにあり。あるいはいはく、今より仏果に至るまで、長劫に仏を讃めて慈恩を報ぜん。弥陀の弘誓の力を蒙らずは、いづれの時いづれの劫にか娑婆を出でん、いかんしてか今日宝国に至ることを期せん。まことにこれ娑婆本師の力なり。もし本師知識の勧めにあらずは、弥陀の浄土いかんしてか入らん。浄土に生ずることを得て慈恩を報ぜよ」と。

（註釈版四〇九頁～四一〇頁）

と、ここで仏や菩薩は名医に同じだという。それは名医が病を治すのに、さまざまなすぐれた手当をするようなも

ので、病の原因を知って薬を与えるから病が治るのであり、仏や菩薩も同様だという。また、病の症状には三種類があり、その三つは咳と熱と寒気とであり、咳の出る人には溶かしたバターを与え、熱のある人には氷砂糖を与え、寒気のする人にはショウガ湯を与えるという。凡夫の三種の病は、いわゆる三毒であるが、貪欲という貪りの病には、骨相を観じさせる。それは身体は白骨を連ねたものにすぎないと観ずる事である。不浄を知らしめて愛着を除くという事である。瞋恚という怒りのものには、慈悲の相を観じさせる。愚痴という愚かさの病のものには、十二因縁（縁起）を観じさせる。

仏や菩薩という善知識は、人を渡す船頭を大船頭というようなもので、すべての衆生を導いて迷いの大海を渡らせるので善知識というと述べられる。したがって、私どもは仏・菩薩のような畢竟軟語、畢竟呵責、軟語呵責な説法はできないとしても、説教の展開の中において、煩悩の病を少しずつ慎むという具体性を持たせる事ができるかどうかが大切ではなかろうか。

結びにかえて

恩を知り徳を報ずるとは、心を弘誓の仏地に樹てた獲信の念仏者が、「真宗の簡要を攄う」て述べ伝え、「恒常に不可思議の徳海を称念す」という念仏相続の姿を現ずる事に他ならない。それは、二種回向を十方に広め伝灯している姿でもある。仏の功徳によって真の仏弟子は仏と共に歩む事となり、このような行者はもはや凡数にあらずとも称されるが、その生き方の姿として、最近つぎのような点も指摘される。(11)

善導は『法事讃』『往生礼讃』『観経疏』などの末に、仏と衆生が感応道交する姿を示される。親鸞は直接的には言及していないが、例えば、『観経疏』後序には、

この功徳をもつて衆生に回施す。ことごとく菩提心を発して、慈心をもつてあひ向かひ、仏眼をもつてあひ看、菩提まで眷属として真の善知識となりて、同じく浄国に帰し、ともに仏道を成ぜん。この義すでに証を請ひて定めをはりぬ。一句一字加減すべからず。写さんと欲するものは、もつぱら経法のごとくすべし、知るべし。

（註釈版七祖篇・五〇四頁）

と、「慈心相向、仏眼相看」という言葉で表現される内容である。菩提心を発して、仏のように慈悲をもって向かい合い、仏眼をもって互いに看る。これは私自身に対しては、仏の視線からどのように見られているかを意識し、他人を見る場合には仏の慈悲もって見る事でもあろう。「信巻」『安楽集』引文で説聴方軌として示された仏法紹隆は、説者にも聴者にも求められる点があったが、名医にも患者にもその生き方の姿勢が求められようか。

註

紙面都合と訓読を考慮して、原漢文の聖教も文言や訓読が問題とならない限りは『註釈版聖典』によって書き下し文としている。

（1）川添泰信『親鸞浄土教と師弟像』（自照社出版、二〇〇九年）一一〇～一一一頁。
（2）同上、二五四頁。
（3）http://www.hongwanji.or.jp/mioshie/kotoba/hw20161005.html
（4）同上
（5）『全訳　漢辞海』（三省堂、二〇〇一年）七五四頁。
（6）『顕浄土真実教行証文類（現代語版）』（本願寺出版社、二〇〇〇年）六五四頁参照。
（7）『華厳経』「入法界品」（大正十・四一二頁C）のこの引文に関しては、経典という仏言にもかかわらず、「言」の

「のたまわく」でなく「云」の「いわく」の語が使用されている。本来は瞿波が説いた偈頌部分であるからであろうか。この『華厳経』引文については、もともと『往生要集』巻下の問答料簡に、

問ふ。引くところの正文はまことに信を生ずべし。ただしばしばわたくしの詞を加す。いかんぞ人の謗りを招かざらんや。答ふ。正文にあらずといへども、理をば失せず。もしなほ謬ることあらば、いやしくもこれを執せず。見るもの、取捨して正理に順ぜしめよ。もしひとへに謗りをなさば、またあへて辞せず。『華厳経』の偈にのたまふがごとし。

「もし菩薩の、種々の行を修行するを見て、善・不善の心を起すことあるを、菩薩みな摂取す」と。〔以上〕まさに知るべし、謗りをなすもまたこれ結縁なり。われもし道を得ば、願はくはかれを引摂せん。かれもし道を得ば、願はくはわれを引摂せよ。すなはち菩提に至るまで、たがひに師弟とならん。

（註釈版七祖篇・一一七七～一一七八頁）

と、あるものに拠ったと思われる。『華厳経』の文脈ではこの「菩薩」は無上仏道をもとめる求道者で、道をもとめる菩薩は毀誉褒貶を意に介さず、それらをすべて摂取し歩むという意味である。しかし、親鸞の場合それは念仏者の利他の生き方を示されているとも捉えられる。

(8) 国宝本（草稿本）では十三番目となる。（聖典全書二・四六九頁）

(9) 聖典全書二・五三二頁下段。『影印　高田古典』第二巻・二七九頁。

(10) この点について、聖覚が報恩の仏事をした際に、善導の御影が掲げられていたことが関係あろうか。（四八巻伝第十七巻、法伝全・八二頁）

(11) 曽和義弘「浄土教における仏と人間」（日本仏教学会　第八七回学術大会、二〇一七年）の発表資料による指摘など。

親鸞撰述にみる第二十願の意義

殿内　恒

一

親鸞は「化身土文類」標挙で、自力方便の法門について次のように示している。

〔無量寿仏観経之意〕
至心発願之願〔邪定聚機／双樹林下往生〕
〔阿弥陀経之意也〕
至心回向之願〔不定聚機／難思往生〕（一八二頁）(1)

ここには第十九願が「至心発願」、第二十願が「至心回向」の願名のもとに並置され、それぞれに付された細註等により、第十九願は「無量寿仏観経」「邪定聚」「双樹林下往生」、第二十願は「阿弥陀経」「不定聚」「難思往生」に関する願であることが示されている。これらは自力方便の法門をあらわす名目とされ、いわゆる六三法門として生因三願に基づく法門の相違を示す中にも、第十九願・第二十願による法門の特色を示す項目として次の通り用いられている。

（三願）　（三経）　（三門）　（三蔵）　（三機）　（三往生）
第十八願――仏説無量寿経――弘願――福智蔵――正定聚――難思議往生
第十九願――仏説観無量寿経――要門――福徳蔵――邪定聚――双樹林下往生
第二十願――仏説阿弥陀経――真門――功徳蔵――不定聚――難思往生(2)

これによるなら、第十九願・第二十願はともに、他力真実の法門を成り立たせる第十八願に対し、自力方便の法門を成り立たせる願として同格に並置されているといえる。この両願の位置づけは、先の「化身土文類」標挙での並置に合致し、真宗教義における方便の法門についての基本枠組をなすものとなっている。(3)

だがここで一つ気にかかるのが、第十九願による法門と第二十願による法門とを並置して相対させるときに感じられる、ある種の曖昧さである。たとえば『真宗大辞典』の「方便化土」の解説に「真門の人の所入の化土を疑城胎宮とし要門の人の入る所の化土を懈慢界辺地と名けたのである(4)」等とあるように、第二十願による往生を第十九願による「懈慢（界）辺地」への往生と分判して「疑城胎宮」への往生とする見方が一定なされてきた。だが、親鸞の説示全体を見ていくと必ずしもそうとは言えず、近年の解説書には方便化土を両願で分判するこうした説示はほぼ見られなくなっている。(5)あるいはまた、「疑城胎宮」への往生を示すとされる『無量寿経』の胎化得失の文は、『浄土三経往生文類』（以下『三経文類』と略す）では第二十願による「弥陀経往生」の証文の一として引かれているが、一方で「化身土文類」においては第十九願文にはじまる引文の中、「要門釈」の証文の一として引かれている。従来、この文は『三経文類』の説示から第二十願成就文とされ、「要門釈」での引用は両願による自力往生の通底性を示すもの等と説明されているが、親鸞の説示を詳細に見ていくとき、この文を第二十願成就文として第十九願に相対させる理解は必ずしも当を得ないものであるようにも思われる。

真宗教義において第十九願・第二十願は方便の願として同格に並置されるが、親鸞撰述における両願についての説示からは、並置されるにとどまらない内容もまた見出されるのではないか。小論ではこうした視点から、特に第二十願に込められた真宗教義上の意義について、親鸞撰述全体の中で窺っていこうとするものである。(6)

二

まず、方便化土の分判に関する親鸞の説示を確認しておこう。先に触れた『真宗大辞典』の解説で主な根拠とされているのは、『愚禿鈔』巻上の次の説示である。

就弥陀化土有二種／一疑城胎宮　二懈慢辺地（二八六頁下）

ここには阿弥陀仏の「化土」に「疑城胎宮」と「懈慢辺地」の「二種」があると明示されている。『真宗大辞典』ではこの「二種」を第十九・二十の両願に配当しているが、その根拠とも考えられるものに、親鸞の消息に見られる次の説示がある。

仏恩のふかきことは、懈慢辺地に往生し、疑城胎宮に往生するだにも、弥陀の御ちかひのなかに、第十九・第廿の願の御あわれみにてこそ、不可思議のたのしみにあふことにて候へ。（七四五頁—七四六頁）(7)

ここには「懈慢辺地」「疑城胎宮」の語に続いて「第十九・第廿の願」と示されており、これによれば『愚禿鈔』にいう「二種」とは第十九願と第二十願とで分判したものとも考えられよう。では、親鸞による他の説示では、「懈慢辺地」「疑城胎宮」の語はどのように用いられているのだろうか。

まず「疑城胎宮」について、これを第二十願にあてる説示としては、「化身土文類」の「小経隠顕」自釈と『三経文類』「略本」の「弥陀経往生」冒頭総釈とが挙げられる。まず「化身土文類」には、

願者即植諸徳本之願是也。行者此有二種。一者善本、二者徳本也。信者即至心・回向・欲生之心是也〔廿願也〕。就機有定有散。往生者此難思往生是也。仏者即化身。土者即疑城胎宮是也。（一九九頁）

と、「植諸徳本」と示された第二十願に関する名目として、「善本」「徳本」の「行」、「至心・回向・欲生」の「信」、「難思往生」の「往生」等とともに「疑城胎宮」の「土」が示されている。また『三経文類』には、

このゆへに弥陀経往生といふ、他力の中の自力なり。尊号を称するゆへに疑城胎宮にむまるといゑども、不可称不可説不可思議の他力をうたがふそのつみおもくして、牢獄にいましめられていのち五百歳なり。（五九二頁下）

と、第二十願による「弥陀経往生」が「疑城胎宮にむまる」等と示されている。これらによれば、確かに「疑城胎宮」の語は、第二十願により往生する方便化土を意味すると考えられよう。

だが「懈慢辺地」の語については、これを第十九願にあてる明確な説示は見出されない。実は親鸞の説示において「懈慢辺地」の語がそのまま示されるのは、先の『愚禿鈔』と消息の用例を除き、次の『正像末和讃』「誡疑讃」中の一例のみである。

仏智疑惑のつみにより　懈慢辺地にとまるなり　疑惑のつみのふかきゆへ　年歳劫数をふるととく（五〇〇頁上）

ここでは「仏智疑惑」の罪によりとどまる浄土が「懈慢辺地」と示されているが、実はこの和讃の直前には、

罪福信ずる行者は　仏智の不思議をうたがひて　疑城胎宮にとどまれば　三宝にはなれたてまつる（同）

と説く和讃があり、これらの説示による限り、少なくとも「誡疑讃」の用例としては、「懈慢辺地」「疑城胎宮」は区別なくともに仏智を疑う中で往生する方便化土を意味する語ということになろう。

そもそも親鸞の説示において、「懈慢辺地」「疑城胎宮」とは固定的に用いられるものではなく、方便化土を表す語としては、「懈慢」「辺地」「疑城」「胎宮」といった語が、それぞれ単独で、あるいは適宜組み合う形で用いられている。それらの用例を見ると、たとえば先に引いた「誡疑讃」の前後には「辺地懈慢」の語が用いられており、(8)また『愚禿鈔』でも本節冒頭に引いた箇所以外には、まず巻上に、

横出浄土、胎宮・辺地・懈慢之往生也（二八四頁上）

と、また巻下に、

便往生者、即是諸機各別業因果成土、胎宮・辺地・懈慢界双樹林下往生、亦難思往生也、応知（三〇八頁上）

と、これらの語があわせ用いられている。(9)このように、親鸞の説示において方便化土を分判する説示はほとんど見出されず、こうした実状が先に触れた近年の解説書にも反映しているといえるだろう。

ではここで、これらの語の用い方について、「化身土文類」の内容を確認しておこう。その冒頭には次の通り、「懈慢界」「疑城胎宮」の語が方便化土を表す語としてあわせ示されている。

謹顕化身土者、仏者如無量寿仏観経説、真身観仏是也。土者観経浄土是也。復如菩薩処胎経等説、即懈慢界是也。亦如大無量寿経説、即疑城胎宮是也。（一八三頁）

ここでは、『観無量寿経』『菩薩処胎経』『無量寿経』による形で「化身土」について示されているが、やはりここにも「懈慢界」「疑城胎宮」間に明確な分判は見られない。一般にこの箇所は第十九・二十願による「化身土」を総じて釈示した「化身土文類」の「総釈」とされ、第十九願による自力往生の法門を釈示した「要門釈」がこれに続くと位置づけられている。(10)しかしその「要門釈」にも、第十九・二十の両願を分判していないと思われる引文が見出されるのである。

そこでは、冒頭の自釈に続いて『無量寿経』第十九願文、『悲華経』願文が引かれ、次にその「願成就文」が「三輩文」「観経定散九品之文」と示された後、『無量寿経』から、道場樹に始まる講堂精舎等についての文、そして「胎宮」の語が出る胎化得失の文が引かれている。この胎化得失の文と次に『如来会』から引かれる文とは、『三経文類』に「弥陀経往生」の証文として第二十願文に続いて引かれており、一般に第二十願成就文とされているものであるが、ここでは「要門釈」すなわち第十九願の法門を釈する中に引かれているのである。[11] 続いて、さらに『無量寿経』『如来会』から一文ずつが引かれた後、これも『三経文類』「弥陀経往生」の証文として経典の文に続いて引かれる「定善義」『述文賛』の文が引かれている。そして最後に『往生要集』から報化得失の文が引かれ、そこに『菩薩処胎経』に示されていた「懈慢界」「懈慢国土」等の語が、懐感の『群疑論』による形で示されている。こうしてみると、「要門釈」には「胎宮」「懈慢」といった語が特に区別なく用いられているといえ、「化身土文類」冒頭の「総釈」から「要門釈」に至るまでの箇所には、一貫して方便化土を分判する説示は見られないといえるだろう。

ここで一言しておきたいのが、「疑城胎宮」の語の由来についてである。『無量寿経』胎化得失の文は、疑惑をもってする方便化土への「胎生」を誡める内容のものであり、その文中に、

仏告弥勒、此諸衆生、亦復如是。以疑惑仏智故生彼胎宮。（一八五頁）

の一節が前後を「乃至」する中に示されている。ここに仏智を疑惑する者が往生する方便化土として「胎宮」の語が示され、これが「疑城胎宮」の語の由来とされている。しかしこの箇所に「胎宮」の語は出るものの「疑城」の語は見られず、実は『無量寿経』やその異訳にも「疑城」の語はまったく見出されない。さらに言えば、ここに出る「胎宮」の語さえも、現存する『無量寿経』とその異訳には見出されず、『無量寿経』の該当箇所は諸異本を通

じて「宮殿」となっている。(12)親鸞はこの箇所を一貫して「胎宮」と引いており、あるいはその所覧本に出ていた語であったかとも推されるが、少なくとも現存諸本による限り、『無量寿経』とその異訳、さらに七祖聖教全体を通じても「疑城」「胎宮」の語はまったく見出されないのである。こうした中、関連する説示として『群疑論』に出る、「無量寿経云。由疑彼仏不思議智。生彼胎宮。無有衆苦。但五百歳中胎宮掩閉」(『大正新脩大蔵経』四七・七二頁中)や、あるいは『楽邦文類』に出る、「無量寿経　不了仏智胎宮受生」(同・一五五頁中)、「有疑城者。有辺地者。有胎宮者」(同・二〇九頁中)といった文言が見出され、親鸞はこれらにより『無量寿経』引文に「胎宮」の語を出し、また「疑城胎宮」の語を用いたものかとも推される。(13)

以上のことを総じて見ると、「疑城胎宮」を第二十願による方便化土とする説示は親鸞撰述の一部に見出されるが、第十九願・第二十願により方便化土を分判する明確な説示は見出されず、また「疑城胎宮」の語自体、必ずしも由来が定かとはいえないものだったのである。

三

では次に、『三経文類』における『無量寿経』胎化得失の文の位置づけを確認しておこう。『三経文類』には「略本」「広本」の二本が伝えられ、その奥書からはまず「略本」、次いで「広本」が撰述されたことが知られるが、(14)ともに「大経往生」「観経往生」「弥陀経往生」の三段で構成されており、従来、「略本」に比して「大経往生」の内容が豊富な「広本」が主として用いられてきた。その「広本」における「弥陀経往生」の説示に見られるのが、『無量寿経』から第二十願文に続いて胎化得失の文を引く際に示された「願成就文」の語である。

そこでは、「弥陀経往生」の法門を自釈で示した冒頭の総釈に続き、まず、

植諸徳本願文、大経言、……（五九二頁上）

として『無量寿経』第二十願文が、続いて

同本異訳無量寿如来会言、……（五九三頁上）

として『如来会』願文が引かれている。そしてこれに続くのが、

願成就文、経言、其胎生者……（同）

と始まる『無量寿経』胎化得失の文である。これによれば『無量寿経』胎化得失の文は、続いて引かれる『如来会』の文とともに第二十願成就文と位置づけられていることとなる。

だがここで『三経文類』「略本」を見ると、胎化得失の文について「広本」とは異なる位置づけが示されているとも思われるのである。そこでは、冒頭の総釈に続いて、まず、

植諸徳本願文、大経言、……（五九二頁下）

と、『無量寿経』第二十願文が引かれるに続き、「広本」とは異なり、

又言、其胎生者……（五九三頁下）

と、『如来会』願文に先だって『無量寿経』胎化得失の文が引かれている。その後に改めて、

植諸徳本願文、無量寿如来会言、……（五九四頁下）

と『如来会』願文が引かれ、続いて、

又言、無量寿如来会言、……（五九五頁下）

と『如来会』の文が引かれている。このように「略本」では「広本」と引用順が一部異なっているが、そのことにも関連してまず注目したいのが、「略本」全体を一貫する「願文」「願成就文」の文言である。「略本」は「広本」

とは異なり、三段とも冒頭の総釈と末尾の結示とを除く全文が漢語の引文のみで構成され、その中、経典引文には逐一「願文」「願成就文」の語による位置づけが明示されている。具体的には「大経往生」において、「至心信楽本願文」二文（五七八頁下、五七九頁下）、「必至滅度願文」二文（五七九頁下、五八〇頁下）、「本願成就文」二文（五八〇頁下）、「必至滅度願成就文」一文（五八一頁下）と、また「観経往生」において、「修諸功徳願文」二文（五八六頁下）、「修諸功徳願成就文」一文（五八七頁下）、「道場樹願文」一文（五八九頁下）、「道場樹願成就文」一文（同頁下）、と、『如来会』『悲華経』を含むすべての経典引文に願名をともなう位置づけが示されており、中でも特筆すべきは、「大経往生」で当初「無量寿如来会言」とのみ示されていた『如来会』引文の三箇所について、それぞれ上部に「至心信楽本願文」「必至滅度願文」「本願成就文」と補記されていることである。[15]これは、すべての経典引文についてその位置づけを明示しようとする「略本」の一貫した姿勢を窺わせるものであるが、その中で唯一の例外となっているのが、いわゆる第二十願成就文にあたる二文である。「弥陀経往生」には経典引文が四文ある中、先にも引いた通り、願文にはそれぞれ「植諸徳本願文、大経言」「植諸徳本願文、無量寿如来会言」と、他の箇所と同様に願名による位置づけが示されているのに対し、残る二文はただ「又言」等と示されるのみで、一般に第二十願成就文とされるこの二文のみが、「略本」全体を通じての例外となっているのである。こうしてみると、あえて胎化得失の文を第二十願成就文とは示さない何らかの意図が「略本」には込められているように思われてくる。

もちろん、「広本」に「願成就文」とある以上、『無量寿経』胎化得失の文の内容が第二十願成就にあたらないということはできないが、ただここで再度確認しておきたいのが、先に触れた二本間で異なる引用順についてである。「略本」では、まず『無量寿経』から二文、次に『如来会』から二文の順に引かれていたのが、「広本」になると同じ四文について、まず願文を『無量寿経』『如来会』から続けて引き、その後に残る二文を引くといった形に改

められている。これは、たとえば「観経往生」における『無量寿経』『悲華経』から願文を続けて引いた後に成就文を引くといった形に引用順をあわせ整えたものとも考えられるが、うがった見方をすれば、『無量寿経』の第二十願文と胎化得失の文とを直接させないようにしたとも考えられないだろうか。つまり引用順の改変により、『無量寿経』第二十願文に続けて「願成就文」と示すのではなく、間に「同本異訳無量寿如来会言」とする引文をはさむことで、その後に引く『無量寿経』胎化得失の文を第二十願成就文と明確に位置づけることを避けたようにも思われるのである。とすればこの改変は「略本」の説示に見出される意図を継承したものとも見られ、『三経文類』における『無量寿経』胎化得失の文は、単純に第二十願成就文と位置づけられるものではないと考えられよう。

ではここで、総釈の説示を通して「弥陀経往生」の内容を確認しておこう。「略本」ではまず三段それぞれに、

大経往生といふは、……難思議往生とまふすなり。（五七七頁下）

観経往生といふは、……双樹林下往生とまふすなり。（五八五頁下―五八六頁下）

弥陀経往生といふは、……難思往生とまふすなり。（五九一頁下―五九二頁下）

と、冒頭と末尾に共通する形がとられる中、三段の別が、六三法門の三往生に配当される形で明示されている。(16) 続く引文でも三段それぞれの冒頭に該当の願文が引かれており、中略した箇所を見ても、基本的に「弥陀経往生」は、第十八願に基づく「大経往生」、第十九願に基づく「観経往生」に相対する内容の、第二十願に基づく自力念仏往生の法門を示すものということができる。具体的には、

係念我国の人、不可思議の仏力を疑惑して信受せず、善本徳本の尊号を、おのれが善根とす、みづから浄土に廻向せしむ、これを弥陀経の宗とす。（五九一頁下―五九二頁下）

と、「不可思議の仏力」を「疑惑」して名号を「おのれが善根」とする中に浄土往生を願う自力念仏往生の法門の

ありようが、またこれを「弥陀経の宗」とすることが示されているのであり、これは六三法門における第二十願による法門を端的に示した釈といえるだろう。

だが「略本」に見られるこうした「弥陀経往生」の意義について、「広本」になると一概にそうとはいえないように思われる。まず、もと「略本」では「大経の宗」（五七七頁下）「観経の宗」（五八六頁下）「弥陀経の宗」と、三段に共通して経典名による「宗」が明示されていたが、「広本」では、「大経往生」にこそ「大経の宗致」（五七七頁上）の語が示されるが、その他に経典の「宗」を示す文言は見られなくなっている。また、「観経往生」では「無量寿仏観経」（五八五頁）の経典名が「略本」「広本」ともに示されるのに対し、「広本」の「弥陀経往生」においては冒頭の見出し以外、経典名そのものが見られなくなっているのである。

加えてもう一点、注目しておきたいのが、願名に関する説示である。『三経文類』では第二十願の願名として「植諸徳本」「不果遂者」の二名が用いられているが、「略本」では総釈の冒頭が「不果遂者の誓願によりて植諸徳本の真門にいる」（五九一頁下）と示されていたのに対し、「広本」では「植諸徳本の誓願によりて不果遂者の真門にいり」（五九一頁上）と願名の順が逆に、つまり「真門」の語に係る願名が「植諸徳本」から「不果遂者」に改められている。また、総釈では「広本」において文言が全体的に改変される中、「弥陀経往生」の法門について、

定散自力の行人は、不可思議の仏智を疑惑して信受せず、如来の尊号をおのれが善根として、みづから浄土に廻向して果遂のちかひをたのむ。（五九一頁上―五九二頁上）

と、先に引いた「略本」で自力念仏往生の法門を示す釈にあたる文言に「果遂のちかひ」と願名にあたる語が加えて示されている。さらに、これらの総釈に出る「不果遂者」「果遂」の語、また続いて引かれる第二十願文に出る「不果遂者」の語には、すべて「ついにはたす」ことを意味する左訓が付されており(17)、こうしたことを総じて見る

と、「広本」では「弥陀経往生」の意義を「果遂」の語に込めて示していたと思われるのである。では、こうした「弥陀経往生」に見られる二本間での改変にどのような意義が見出されるだろうか。

四

まず、経典名についての改変に関連して思い起こされるのが、『一念多念文意』と「化身土文類」における、『阿弥陀経』の内容を方便の法門とはしない説示である。『一念多念文意』では、

この経は無問自説経とまふす。この経をときたまひしに、如来にとひたてまつる人もなし。これすなわち釈尊出世の本懐をあらわさむとおぼしめすゆへに、無問自説とまふすなり。（六七〇頁）

と『阿弥陀経』を「出世の本懐」、つまり真実の法門を説く経典とする文言が示されており、「化身土文類」の「小経隠顕」では『阿弥陀経』に隠顕を立てるにあたり、

准知観経、此経亦応有顕彰隠密之義。（一九九頁）

と、「観経」に「准知」する中、すなわち『観無量寿経』になぞらえる中に見出されるものとしてその隠顕が説かれている。これは、『阿弥陀経』自体に方便の法門が示されているのではなく、『観無量寿経』になぞらえることによりはじめて方便の法門が見出されることを示したものといえるだろう。先立つ「観経隠顕」に示された、

観経顕彰方便・真実之教。小本唯開真門無方便之善。（一九五頁）

の文言も、『阿弥陀経』には『観無量寿経』とは異なり方便の法門が説かれていないことをいうものと考えられる。これらの説示からすれば、『阿弥陀経』は単純に『観無量寿経』と同格に並置すべきものではないといえ、こうしたことが「弥陀経往生」における経典名についての改変に連なるものと考えられる。

では次に、「化身土文類」における「果遂」の語について見ていこう。「化身土文類」で、まずこの語が示されるのは「真門釈」中の次の一節である。

然則釈迦牟尼仏、開演功徳蔵、勧化十方濁世。阿弥陀如来本発果遂之誓［此果遂之願者廿願也］悲引諸有群生海。既而有悲願。名植諸徳本之願、復名係念定生之願、復名不果遂者之願、亦可名至心回向之願也。（二〇一頁）

ここには、第二十願にあたるものとして「果遂之誓」「果遂之願」の語が、またその願名を列挙する中に「不果遂者」の語が示されており、あわせて示される、釈尊の教説を指す「功徳蔵」の語や「植諸徳本」「係念定生」「至心回向」と列挙される願名からは、自力念仏往生の法門に向けた説示と考えられる。「化身土文類」では先立つ「要門釈」に、

是以釈迦牟尼仏、顕説福徳蔵、誘引群生海。阿弥陀如来、本発誓願普化諸有海。既而有悲願。名修諸功徳之願、復名臨終現前之願、復名現前導生之願、復名来迎引接之願、亦可名至心発願之願也。（一八三頁）

と、第十九願に基づく自力諸行往生の法門が説示されており、ここでの釈尊の教説を指す「福徳蔵」の語や願名の列挙等、「真門釈」の説示に共通する形が取られていることには、両願による法門を相対させて示そうとする意図が窺われよう。そして、その中での「果遂」の語は、方便の法門である自力念仏往生を「ついにはたす」ことを意味するものと見られ、六三法門に代表される従来の理解はこうした説示によるものといえるだろう。

だが、「真門釈」に続く箇所には、

是以愚禿釈鸞、仰論主解義、依宗師勧化、久出万行諸善之仮門、永離双樹林下之往生。回入善本徳本真門、偏発難思往生之心。然今特出方便真門、転入選択願海。速離難思往生心、欲遂難思議往生。果遂之誓、良有由哉。

（二一〇頁）

と、いわゆる三願転入の説示があり、その結びにも「果遂之誓」の語が示されている。ここに示される「果遂」の語は「難思議往生」すなわち第十八願に基づく他力真実の法門に転入したことを承ける内容のものであり、その意味するところは真実の法門である他力念仏往生を「ついにはたす」ことといえるだろう。「化身土文類」での「果遂」の用例はこれらの他になく、こうしてみると「果遂」の語に込められた意義には、方便の法門に向けたものと、真実の法門に向けたものとの両義があるようにも考えられる。

ここで、親鸞撰述に示された「果遂」の全用例を見てみると、まず『浄土和讃』「大経讃」において、三願のそれぞれについて和讃を三首ずつ説示する中に、

至心・廻向・欲生と　十方衆生を方便し　名号の真門ひらきてぞ　不果遂者と願じける
果遂の願によりてこそ　釈迦は善本徳本を　弥陀経にあらはして　一乗の機をすすめける
定散自力の称名は　果遂のちかひに帰してこそ　おしへざれども自然に　真如の門に転入する（三六九頁上―三七〇頁上）

と、第二十願については三首ともに「果遂」の語が示されている。その三首目には「真如の門」への「転入」が「果遂のちかひ」によると示されるように、これらの「果遂」は真実の法門に向けたものといえるだろう。(18) さらにもう一例、「行文類」大行釈の引文中、『述文賛』から、

又云、本願力故［即往誓願之力］、満足願故［願無欠故］、明了願故［求之不虚故］、堅固願故［縁不能壊故］、究竟願故［必果遂故］。（四一頁）

として引かれる末尾の「果遂」もやはり真実の法門に向けたものと考えられ、すでに見た『三経文類』と「化身土

文類」を除くとこれらが親鸞撰述における「果遂」の全用例となっていることからすれば、「真門釈」以外のすべての用例において「果遂」の語は真実の法門である他力念仏往生を「ついにはたす」意味に用いられているということになる。

ここで改めて「真門釈」の説示を見ると、そこでの「果遂」もただ方便の法門に向けたものとはいえないように思われてくる。すでに見てきた通り『阿弥陀経』自体に方便の法門が説かれているわけではなく、そこでの自力念仏往生の法門とは、『阿弥陀経』に説かれる念仏往生の法門を『観無量寿経』に説かれる諸行往生の法門と同列に見てしまう自力の行者によって成るものといえる。(19) 第二十願に示される「果遂」とは、そうした自力の行者を他力真実の法門へと導くはたらきをいうものと見るべきではないだろうか。

『三経文類』「広本」において、「観経往生」総釈の末尾には、

このゆへに観経往生とまふすは、これみな方便化土の往生なり。これを双樹林下往生とまふすなり。(五八六頁上)

と説かれているが、「弥陀経往生」総釈に「方便化土」の語は示されず、ただ「七宝の牢獄にいましめられ」「胎宮にとどまる」等と『無量寿経』胎化得失の文による文言が示されるのみで、その末尾は、

如来の尊号を称念するゆへに、胎宮にとどまる。徳号によるがゆへに難思往生とまふすなり。不可思議の誓願、疑惑するつみによりて難思議往生とはまふさずとしるべきなり。(五九二頁上)

と、「徳号」により「難思往生」とはいえるが「疑惑」により「難思議往生」とはいえないとして結ばれている。ここに「難思往生」を離れて「難思議往生」を遂げるべきとする、「弥陀経往生」の法門に込められた説意が窺われよう。

「化身土文類」「真門釈」でも、その引文全体からは自力念仏往生の法門というより、ただ念仏往生の法門が勧められるとともに、この法門が「難信」であることがもっぱら強調されているといえ、[20] その末尾は、

悲哉、垢障凡愚、……叵帰仏願力、叵入大信海。良可傷嗟、深可悲歎。凡大小聖人・一切善人、以本願嘉号為己善根故不能生信、不了仏智。不能了知建立彼因故無入報土也。（二〇九頁―二一〇頁）

と結ばれた上で、そのまま三願転入の説示へと続いている。こうした文脈によれば「真門釈」自体、自力念仏往生の法門を示すというよりも、自力方便の法門を離れて他力真実の法門に至るべきことがその説示の中心に置かれていたと見るべきではないだろうか。その中で用いられる「果遂」の語は、このことを「ついにはたす」はたらきを意味する語と見るべきであり、そしてこのはたらきこそ、第二十願に込められた真宗教義上の中心的な意義と考えられるのである。

五

第二十願は、第十八願・第十九願に相対しては六三法門に示される枠組の中、「至心回向」「植諸徳本」の願名のもと、自力念仏往生の法門を成り立たせるものとされている。だがその中心的意義は、念仏往生の法門を示すことによりすべての者を他力真実の法門へと導くことにあったと見るべきだろう。自力の行者は『阿弥陀経』に説かれる法門を、自ら積んだ念仏の功徳を浄土往生へと回向すべきものと捉えてしまうが、そのような自力の行者をまずは自力諸行から自力念仏へ、そしてついには必ず他力念仏へと導くことを誓ったのが第二十願だったのであり、そのはたらきこそが願文中に「植諸徳本至心回向」と示されるに続く「不果遂者」の語に込められた第二十願の中心的意義だったのである。

註

（1）親鸞撰述の引用等については『浄土真宗聖典全書』（以下『聖典全書』と略す）二・宗祖篇上（本願寺出版社、二〇一一）を用い、引用末尾の（ ）内にその出典頁数等を示した。なお、細註等の小字は前後に［ ］を付し、改行箇所は「／」で表記した。

（2）勧学寮編『親鸞聖人の教え』（本願寺出版社、二〇一七）一一二頁による。

（3）たとえば勧学寮編前掲書では、六三法門を示す前後の箇所に、「方便の願である第十九願と第二十願」（一〇九頁）、「方便の法門を誓われた願（第十九願・第二十願）」（一一〇頁）、「方便の願である第十九願も第二十願も」（一一三頁）等、一貫して第十九願・第二十願を同格に並置する文言が示されている。

（4）岡村周薩『真宗大辞典』（真宗大辞典刊行会、一九三七）一九四四頁下。

（5）勧学寮編前掲書にも、両願により方便化土を分判する説示は見られない。

（6）小論で取り上げる第二十願理解の内容は、すでに真宗教学の中に説かれてきたものでもあるが、ここでは親鸞撰述全体の中でその内容を確認することにより、第二十願の中心的意義について改めて明らかにできればと考えるものである。なお関連する拙論に「『阿弥陀経』の意義についての一考察」（『真宗学』一〇九・一一〇合、二〇〇四）が、またこれを「付録」に収めた拙著に『浄土三経往生文類』の講述』（永田文昌堂、二〇一七）があり、小論での考察はこれらの成果に多くを負っている。

（7）この消息は、ここにあげた真筆消息以外に、古写消息、『末灯鈔』、『血脈文集』によっても伝えられている（該当箇所はそれぞれ、七七二頁―七七三頁、七八二頁、八七四頁）。

（8）親鸞撰述における「辺地懈慢」の用例は、「誡疑讃」の前後に二例（四九九頁、五〇三頁）、また『浄土和讃』「大経讃」に一例（三七〇頁）見られるが、いずれも仏智を疑う中での方便化土を指している。

（9）『愚禿鈔』でこれらの語が用いられる箇所は他に見られない。

（10）『聖典全書』二「付録」の「『顕浄土真実教行証文類』科段」では、先の箇所が第一項「総じて身土を指す【総釈】」、続く第二項の第一科が「第十九願を釈す【要門釈】」と示されている（「付録」三一頁上）。

（11）なお「真門釈」には、『無量寿経』胎化得失の文から「疑惑不信」の語を含む一部分が引かれている（二〇一頁）。

（12）現存する『無量寿経』の諸異本を見ても、「疑城」「胎宮」の語はまったく見出されない。堀祐彰「三業惑乱期にお

ける『仏説無量寿経』について―諸本対校表から窺えること―」（共同研究「三業惑乱関連書籍の翻刻と註釈」内、『龍谷大学仏教文化研究所紀要』五五、二〇一七、二頁―六九頁）参照。
（13）なお「胎宮」の語は、続いて引かれる「定善義」の文に出る「宮胎」の語との関連が推され、また「疑城」の語に関連しては、善導・法然による「涅槃（之）城」（『聖典全書』一・七二八頁、一二九八頁）の語が想起され、これに対して示された語かとも推される。
（14）「略本」では「建長七歳乙卯八月六日／愚禿親鸞［八十／三歳］書之」（五九六頁下）、「広本」では「康元二年三月二日書写之／愚禿親鸞［八十／五歳］」（五九六頁上）と、それぞれ奥書に示されている。
（15）五七九頁下、五八〇頁下の本文に付された校異参照。
（16）『三経文類』「略本」には、この他にも三段に共通する形が種々見出され、三段の別を強調して示そうとする一貫した姿勢が窺われる。前掲拙著「序説」四等参照。
（17）総釈冒頭の「不果遂者」には「ハタシトゲズハトイフナリ」、続く箇所の「果遂」には「ツイニハタスベシトナリ」、第二十願文の「不果遂者」には「ハタシトゲズハトイフハツイニハタサムトナリ」と、いずれも「ついにはたす」ことを意味する左訓が付されている。なお「広本」に出る「果遂」の語はこの三例のみであり、「略本」に出る「果遂」に左訓は付されていない。
（18）国宝本では該当の和讃の「真如の門に転入する」の箇所に、「ホフシンノサトリヲヒラクミトウツリイルトマフスナリ」と左訓が付されている。
（19）このことは、「真門」が一般に「教頓根（機）漸」と説明されることからも知られる通りである。
（20）まず「小経隠顕」に「言彰者彰真実難信之法」（一九九頁）とあり、「真門釈」引文には「衆生邪見甚難信」（二〇四頁）等、繰り返し「難信」にあたる内容が説かれている。

釈尊と親鸞の伝道

――浄土三部経の序分に見る釈尊の伝道教化――

玉木興慈

はじめに

現在、龍谷大学文学部真宗学科の学生の進学先として、二つの大学院研究科が用意されている。文学研究科と実践真宗学研究科である。小論は、二〇一七年度後期に実践真宗学研究科開講の真宗伝道史研究を担当する機会が与えられたことを契機として、試論するものである。(1)

法然（一一三三～一二一二）の『選択本願念仏集』には、

往生浄土門者就此有二一者正明往生浄土之教二者傍明往生浄土之教初正明往生浄土之教者謂三経一論是也三経者一無量寿経二観無量寿経三阿弥陀経也一論者天親往生論是也或指此三経号浄土三部経也。(2)

往生浄土門とは、これにつきて二あり。一には正しく往生浄土を明かす教、二には傍らに往生浄土を明かす教なり。初めに正しく往生浄土を明かす教といふは、いはく三経一論これなり。「三経」とは、一には『無量寿経』、二には『観無量寿経』、三には『阿弥陀経』なり。「一論」とは、天親の『往生論』（浄土論）これなり。あるいはこの三経を指して浄土の三部経と号す。(3)

とあり、浄土に往生することを正しく明かす教えは、「三経一論」、すなわち、『仏説無量寿経』（以下、『無量寿経』と略す）・『仏説観無量寿経』（以下、『観経』と略す）・『仏説阿弥陀経』（以下、『弥陀経』と略す）の浄土三部経と、天親（四〇〇〜四八〇頃）の『浄土論』であると示される。(4)

小論においては、三部経の序分に語られる釈尊の伝道・教化(5)の基本姿勢における思惑を推量し、親鸞の伝道・教化についての一視点を提示できればと思う。(6)

1．釈尊の伝道教化の基本姿勢(7)

釈尊の成道は、三十五歳の十二月八日である。ブッダガヤーの菩提樹下での成道後、直ぐに伝道教化に向かうのではなく、躊躇逡巡する。この理由については、中村元『ゴータマ・ブッダ』から次の文言が紹介され、(8)釈尊の思惑が推量される。(9)すなわち、

苦労してわたしがさとり得たことを、いま説く必要があろうか。貪りと憎しみにとりつかれた人々が、この真理をさとることは容易ではない。これは世の流れに逆らい、微妙であり、深遠で見がたく、微細であるから欲を貪り、闇黒に覆われた人々は見ることができないのだ。

と思惟し、出家後六年を経てようやく気づいた真理の伝道教化をためらうのである。

かかる文脈を雲井昭善氏は、次のように語る。(10)

前五、六世紀のインド思想界は、神を、祭祀を説くバラモン宗教や、唯物論、業否定論、無因無縁論、そして宿命論などが渦巻いていた。このような時代にあって、縁起甚深の法や四諦最勝の法を説くことは、まさに世間一般の時流に逆らったものと言わざるを得ない。成道後のブッダに伝えられる高貴なる沈黙も、それが独自

の思考であったればこそで、説法躊躇も当然のことと言わねばなるまい。

これに続けて、雲井氏は、

だからこそ、ブッダの教化・伝道には、それにふさわしい決断と確信、そして何にもまして衆生哀愍という悲願が寄せられていたわけである。

と語る。さとりの真理を言葉に表現することを躊躇う釈尊が、発言に踏み切る契機は、梵天勧請と言われるが、その決断は釈尊自身である。釈尊は、一切衆生を哀愍するが故に、説法に踏み切ったのである。釈尊が説法の対象として最初に選んだのは、出家後に師事したアーラーラ・カーラーマとウッダカ・ラーマプッタの二人である。この二人に対する説法はかなわなかったが、その後、かつて共に修行した五人の修行者に対してサールナートで行った説法が最初と言われる。(11)

その後、八〇歳の二月十五日にクシナガラで入滅するまでの実に四十五年間の伝道教化の基本姿勢は、対機説法・随機説法であると言われる。初転法輪こそ、出家修行者が対象であったが、四十五年間の伝道教化の対象は、出家・在家を問わず、男女を問わないことは、比丘・比丘尼・優婆塞・優婆夷の僧伽の四衆が証する所である。対機説法・随機説法し得る釈尊の在世時が仏教(徒)にとっては、最も勝れた環境の時であるということができる。

たとえば道綽(五六二~六四五)の発揮は聖浄二門とされるが、『安楽集』には「去聖遙遠」と「理深解微」がその二つの理由と指摘される。(12)「去聖遙遠」はすなわち「末法」であるという指摘であるが、正法→像法→末法へと順次に、漸漸と、時代が衰微するという歴史観が三時思想である。しかし、親鸞『教行信証』「化身土巻」に引かれる道綽の『安楽集』には、(13)

弁経住滅者謂釈迦牟尼仏一代正法五百年像法一千年末法一万年衆生滅尽諸経悉滅如来悲哀痛焼衆生特留此経止住百年。

経の住滅を弁ぜば、いはく、釈迦牟尼仏一代、正法五百年、像法一千年、末法一万年には、衆生減じ尽き、諸経ことごとく滅せん。如来、痛焼の衆生を悲哀して、ことにこの経を留めて止住せんこと百年ならん。

とあり、正法・像法・末法へと移る三時思想の正法に先立って、釈尊在世時が並び示される。正法とは、釈尊の語る教えがあり、教えに基づいて行ずる事ができ、それ故、証を得ることもできる段階である。釈尊在世時と何ら変わらないかの如きであるが、釈尊在世時こそ、最も優れた時である。至極当然であるが、今一度確認すべきである。(14)釈尊在世時が最も優れた時であるのは、釈尊の対機説法・随機説法の故である。かかる点について、雲井氏は前掲論文において、次のように記す。

およそ教化・伝道に従事する場合、あらゆる人びととの対話が原則である。その場合、対象となる人びとは千差万別であり、且つ、聴聞者の性格も多様であり、画一化されたものではない。……それらの人びとを教化し、且つ伝道するには、画一的な在り方では十分に対応できない。ブッダの説法を対機説法と称する所以もここにある。

浄土真宗においても、善導（六一三〜六八一）の『観経疏』に、(15)

如来対機説法多種不同漸頓随宜隠彰有異。

また如来、機に対して法を説きたまふこと多種不同なり。漸頓よろしきに随ひ、隠彰異なることあり。

とあり、また『般舟讃』に次のようにある。(16)

一切如来設方便　亦同今日釈迦尊　随機説法皆蒙益。

一切如来方便を設けたまふこと　また今日の釈迦尊に同じ　機に随ひて法を説くにみな益を蒙る。

この対機説法は、医療における応病与薬にもたとえられる。[17] 名医とは、患者・怪我人・クライアントの症状を的確に診断することから始まる。目に明らかな外見に症状のある場合は言うまでもなく、外見に症状はなくとも精密な検査等によって正確に判断する者が名医と呼ばれうる。また、患者本人に自覚のある場合とそうでない場合もある。自覚の正否も含めて、的確に診断すれば、次になされるべき事は、その病状・症状に対する最適な治療や薬が処方されることである。最適な処置・処方のためには、病状と薬に対する最新且つ広範な知見が必要となる。病状を快復することができれば、継続的な予防と診断が肝要である。

以上、成道後の説法に対する躊躇と、不断なる対機説法・応病与薬の有用性について概観をした。次章以降、浄土三部経の序分における釈尊の説法の特徴について、若干の考察を進める。

2.『仏説無量寿経』における釈尊の姿勢[18]

『無量寿経』は浄土真宗における釈尊出世本懐の経典である。経典解釈の通例に倣い、序分・正宗分・流通分に分け、序分をさらに証信序（通序）と発起序（別序）に分ければ、『無量寿経』序分・発起序では、『教行信証』「教巻」にも引用される釈尊の五徳瑞現が示される。[19]

今日世尊住奇特法（今日世尊、奇特の法に住したまへり）
今日世雄住仏所住（今日世雄、仏の所住に住したまへり）
今日世眼住導師行（今日世眼、導師の行に住したまへり）
今日世英住最勝道（今日世英、最勝の道に住したまへり）

今日天尊行如来徳（今日天尊、如来の徳を行じたまへり）

かくの如く語る阿難は数いる釈尊の弟子の中、多聞第一と称される。

今日では、仏法聴聞の場・方法は多様である。面と向き合って聴聞する場合のみではなく、CDやDVDを用いたり、ラジオやテレビを見聞したり、テレフォン法話やインターネットによる方法も可能である。しかし、釈尊・阿難の時代にこれらは不可能であり、阿難は釈尊と同じ場に居り、面と向き合って聴聞したことが最も多かったということができる。同じ場に居て聴聞したと言うことは、釈尊の様子を誰よりもよく見ていたと言うことを意味する。その阿難が次の問いを発する。(20)

いまだかつて瞻覩せず、殊妙なること今のごとくましますをば。……去・来・現の仏、仏と仏とあひ念じたまふ。いまの仏も諸仏を念じたまふことなきことを得んや。なにがゆゑぞ、威神光々たることいまし、しかるや。

中略部分は先の五徳瑞現である。これまで接してきた釈尊のどの場面よりも、今日の姿は光顔巍々としている。おそらくは過去・現在・未来の三世の仏が互いに相念ずると言われるが、いま、まさにそうであるに違いないと推測しつつ、これほどまでに光り輝く姿をこれまで見たことがないが、それは何故かと問うのである。

この阿難の問いに対して、釈尊は即座に返答をしない。答えを与えずに、次のように反問する。

いかんぞ阿難、諸天のなんぢを教へて仏に来し問はしむるか。みづから慧見をもつて威顔を問へるか。

神々によって先の問いを促されたのか、或いは、自ら発する問いなのかを確認するのである。「慧見をもつて」とは、これまでとは異なる様子に自ら気づいたのか否かも併せて問われるのである。釈尊の反問に対し、阿難は訝しさを感じたやも知れないが、それ故、即座に次の如くに返答する。

諸天の来りてわれを教ふるものあることなし。みづから所見をもつてこの義を問ひたてまつるのみ。

他者に教えられて気付いたわけではない。自身で気づき、問わずには居られなかったが故に、問うたのだと返答する。末尾の「のみ」には、阿難の強い意志を感ずる。この阿難の強い想いを確かめた後に、「善いかな阿難、問へるところはなはだ快し。深き智慧、真妙の弁才を発し、衆生を愍念せんとしてこの慧義を問へり」と阿難の問いを褒めた後、[21]説法を開始する。

釈尊と阿難の応答は、「浄土和讃」大経讃にも謳われる。[22]

尊者阿難座よりたち　世尊の威光を瞻仰し　生希有心とおどろかし　未曾見とぞあやしみし

如来の光瑞希有にして　阿難はなはだこころよく　如是之義ととへりしに　出世の本意あらはせり

大寂定にいりたまひ　如来の光顔たへにして　阿難の慧見をみそなはし　問斯慧義とほめたまふ

これらの和讃に関して大峯顕氏は、「阿難は、弥陀の本願を説いてくださるお釈迦さまの説法を聞く前に、まず自分がこの大事な問いを持っていたのです。」と述べる。[23]黒田覚忍氏は「阿難よ、ようこそ尋ねてくれた、問うてくれるのを待っていたのだ」と註す。[24]

阿難の問いが、自ら発せられた問いであることを釈尊が反問し、確信した釈尊は阿難を褒め、自身も喜びつつ説法に踏み切るという。今、説法をすれば、必ず阿難に説法が届くことを確信し、喜んだといえる。満を持して説法に踏み切る釈尊と、釈尊に褒められつつ聴聞を始める阿難の双方が、喜びに満ちつつ伝道教化の関係性が保たれるのである。説く者だけではなく、真に聞こうとする者がいるが故に、教化伝道が成立するのである。

かかる『無量寿経』発起序にみえる釈尊と阿難の応答から、我々は何を問うべきであろうか。

阿難自らの問いであるか否かを反問し確認する釈尊は、仮に阿難の問いが自ら発せられた問いでなければ、『無量寿経』の説法を開始することはなかったであろう。しかしこれは、伝わる可能性がなければ説法しないというこ

とではなく、無益な説法を行わなかったと言うことでもなく、説法が伝わる関係性は一つの重要なポイントになるということである。如何に真実の法が語られたとしても、真実の法を聞き受ける事ができなければ、法が伝わる関係性にはないといわねばならない。(25)

親鸞の仏教においては、生涯聞法に勤しむべきわれらは、釈尊に問うた阿難と同様、釈尊の説法、つまり弥陀の本願をその如くに聞く状態にあるか否か、自身の状態を真摯に知らなければならない。

率直に言えば、親鸞の明らかにした答えを後追いするのみならず、親鸞の求め（求道）にも関心が開かれても良いのではないであろうか。筆者はかつて、疑蓋・疑蓋無雑の通途と別途について愚考を論じた。(26)疑蓋・疑蓋無雑なる語を用いるのは、『教行信証』「化身土巻」の一カ所を除いては、「信巻」三一問答に集中しているが、三一問答は、単なる知的な問答ではない。なるほど三一問答の第一の字訓釈は、「愚鈍の衆生」にとっての知的な問答であると言えるが、第二の法義釈（仏意釈）は、「愚悪の衆生」にとっての求道から生じる問いであると言える。『無量寿経』第十八願の至心・信楽・欲生の三心と、天親『浄土論』の一心とに関して、浄土往生のために、三心と一心の関係性を尋ねる悠長な問いではなく、切羽詰まったギリギリのところで発せられる問いであるに違いない。親鸞のギリギリのところで問われた問いは、たとえば『歎異抄』第二条に示される門弟の命がけの問いにも重なる。

『歎異抄』第二条冒頭には、(27)「おのおの十余箇国のさかひをこえて、身命をかへりみずして、たづねきたらしめたまふ御こころざし、ひとへに往生極楽のみちを問ひきかんがためなり。」とある。親鸞が東国から帰洛後、東国の門弟と親鸞との通信手段は消息（手紙）である。(28)御消息の中、東国で手紙の書かれた日付と、京都の親鸞が受けとった日付の二つが揃った物が何通かある。最短では、十月十日から十月二十九日の二十日間、(29)最長では九月二十七日から十一月九日であるから実に四十三日もかかることがわかる。(30)日数のみならず、旅程や衛生面にも、危険が

少なからずあったと推定できるが、それでもなお、「往生極楽のみち」を尋ねるために親鸞を訪ねる門弟はまさに命がけであった。

命がけで聞く者と、その者に届く真実の言葉を語りうる者との両者が揃って初めて教化伝道が成立するのであろう。

3・『仏説観無量寿経』における釈尊の姿勢(31)

『観経』序分・発起序には、いわゆる「王舎城の悲劇」が描かれる。(32)『涅槃経』にもよりながら、まず概略を記しつつ、『観経』説法の契機をうかがえば、韋提希と、頻婆娑羅王の息子阿闍世は悪友である提婆達多から、出生の秘密を知らされる。長らく子宝に恵まれなかった両親が、占い師の助言に従い、仙人を殺害した後、見事、懐妊するが、将来、親に刃向かう子となるという予言を聞き、高所から産み落とそうとしたという秘密である。それまで王子として大切に育てられてきた阿闍世であるが、その事実を聞いて、怒り心頭、父王を牢獄に幽閉する。直接、父の命を奪うことはできずに、餓死させようというのである。しかし、韋提希が密かに食事を運び、また牢獄から釈尊の弟子、目連・富楼那の説法を聴聞することができた頻婆娑羅王は、心身共に穏やかに過ごすことができた。父の様子を知った阿闍世は、今度は、母に対して怒りの矛先を向け、母をも牢獄に幽閉する。獄中の韋提希夫人は、心身共に疲れ果てて、遙か彼方の釈尊に説法を請う。韋提希の願いに応じて眼前に現れた釈尊に向かって、韋提希は次の言葉を出す。

世尊、われむかし、なんの罪ありてかこの悪子を生ずる。世尊また、なんらの因縁ましましてか、提婆達多とともに眷属たる。

悲しみのどん底に突き落とされた韋提希の口に出る言葉は、自身を嘆く言葉と、釈尊に対する愚痴の言葉である。懐妊するために仙人を殺害したこと、わが子を高所から産み落とそうとしたという事実はあったが、頻婆娑羅王も韋提希も溢れんばかりの慈愛の想いでわが子を大切に育ててきたにもかかわらず、こともあろうに、そのわが子に夫も牢獄に幽閉されてしまう韋提希は、「このような悪い子どもがどうして私たちの子どもなのであろうか」「私たちにどんな罪があって、このような悪い子を生んでしまったのであろうか」「どうして悪い子に育ってしまったのであろうか」など、阿闍世に関する答えのない「?」が噴出する。自己の犯した罪を責任転嫁する自己中心的な問いと言うことができる。(33)

また、阿闍世をそそのかした提婆達多と釈尊が親族であることにも、不満の矛先が向けられる。不満の矛先を釈尊に向けることが何の解決にもならないことは、韋提希自身は百も承知であろうが、そう口にせずにはおられなかったのでもあろう。

釈尊は、この韋提希の言葉を聞いても一言も応えず、じっと、韋提希の次の言葉を待つ、いわば、無言の説法である。そして韋提希から次の言葉が発せられる。

わが為に広く憂悩なき処を説きたまへ。われまさに往生すべし。……われに教へて清浄業処を観ぜしめたまへ

地獄・餓鬼・畜生の満ちた濁悪の世を厭い、憂いや悩みのない仏の世界を説いて欲しい、また、清らかな仏の世界を観せて欲しいと韋提希は懇願する。韋提希のこの言葉を承け、釈尊は白毫から光を放ち、十方無量諸仏の浄土の荘厳を観察させる。そして、諸仏の浄土の中、韋提希自身に弥陀の浄土を選ばせるのである。

世尊、このもろもろの仏土、また清浄にしてみな光明ありといへども、われいま極楽世界の阿弥陀仏の所に生ぜんことを楽ふ。やや、願はくは世尊、われに思惟を教へたまへ、われに正受を教へたまへ。

諸仏浄土は全て清浄で光り輝く浄土であるが、殊に阿弥陀仏の浄土に往生するための方法を韋提希が尋ねると、釈尊は初めて微笑し、[34]口を開く。まず、口から光を出し、幽閉される頻婆娑羅王を照らして、韋提希の心配の一つを解決する。そしてついに韋提希に説法を開始する。

なんぢ、まさに繫念して、あきらかにかの国の浄業成じたまへるひとを観ずべし。われいまなんぢがために広くもろもろの譬へを説き、また未来世の一切凡夫の、浄業を修せんと欲はんものをして西方極楽国土に生ずることを得しめん。（傍点引用者）

この説法は、釈尊の眼前にいる韋提希（汝）に対する説法であり、同時に、「未来世の一切凡夫」のためのものであると明言される。

かかる『仏説観無量寿経』発起序にみえる釈尊と韋提希の関係性から、我々は何を問うべきであろうか。

『無量寿経』においては、聞く者が、言葉の届く状態であるか否かを確認するために反問する釈尊の姿があった。『観経』においては、聞く者が、言葉の届く状態にない場合には、説法を開始せず、言葉の届く状態になるまで待つ釈尊の姿があったといえよう。しかし、釈尊はただ待つのではなく、いわば無言の説法を通じて、言葉の届く状態にまで導いたと捉えるべきであろう。聞く者をして、聞くことのできる状態にならしめることも、広義の伝道教化であるといい得る。[35]

4．『仏説阿弥陀経』における釈尊の姿勢

『無量寿経』『観経』には共に、証信序と発起序が存在する。『無量寿経』発起序において、阿難の優れた惠見による質問がなされ、『観経』発起序において、韋提希の真実なる求めが発せられた。しかるに、『弥陀経』では、問

いや請いがないにもかかわらず、釈尊自ら説法する。無問自説という『弥陀経』の大きな特色である。

かかる点を藤田宏達氏が、

浄土宗系で「如是我聞」を証信序、「一時仏…」を発起序とするが、真宗では「如是我聞」以下は証信序だけで発起序はないとする。

と記すように、[36]立場は異なるが、無問自説とする点には相違はない。[37]

親鸞は『教行信証』「化身土巻」に「この『経』は大乗修多羅のなかの無問自説経なり。」と記し、[38]『一念多念文意』にも、[39]

この『経』は無問自説経と申す。この『経』を説きたまひしに、如来に問ひたてまつる人もなし。これすなはち釈尊出世の本懐をあらはさんとおぼしめすゆゑに無問自説と申すなり。

と記され如きである。誰から問われたものでもなく、誰に求められたのでもないが、釈尊自らが説かんとして語った経典と考えられる。三部経の中では最も短く、文字数の少ない経典であるが、釈尊自らの意思で語られた説法であるが故に、他の二に比して決して遜色はない。

5. おわりに

前掲雲井論文には、質問者の質問内容に応じて答弁を如何になすべきかについて、ブッダ自身が次のように分類すると指摘される。すなわち、

①決定的に解答すべき質問に対して、決定的に解答する。
②別して解答すべき質問に対して、分別して解答する。

③問い直して解答すべき質問に対して、問い直して解答する。
④捨て置くべき質問に対して、捨て置く。

この条件を充たす人こそ、真に語るにふさわしい人であると述べる。(40)

『無量寿経』における釈尊と阿難の関係は、③及び①であろう。かつて見たことのない釈尊の光顔巍々とした様子に阿難が気づき、問いを発するが、その阿難の問いの真意を反問する釈尊は③と判断できる。そして、阿難自らの気づきと質問であることを確認し、「今こそ」との確証の元、弥陀の本願を説法する釈尊は①と判断しうる。

また、『観経』所説の王舎城の悲劇における釈尊と韋提希の関係は、④・①・②であると判断できよう。答えのない問いを発する韋提希に対して、釈尊は無言を貫く。無言の釈尊は④である。そして、言葉の届く状態となった韋提希に微笑し、説法を開始するが、現前の韋提希に対する説法は①であり、未来世の凡夫のためにも説法をする釈尊は②であると判断する。

最後に、無問自説の『弥陀経』は、決定的に説法をするという意味において、①であろう。

親鸞が伝道について積極的に語ることは皆無に等しい。先に『歎異抄』第二条の冒頭の言葉を引いたが、その後には、「親鸞におきては、ただ念仏して弥陀にたすけられまゐらすべしと、よきひとの仰せをかぶりて信ずるほかに別の子細なきなり。」とある。親鸞が師法然の言葉を直接聞いたのは、二十九歳から三十五歳である。親鸞三十五歳の承元（建永）の法難が法然との今生の別れであるが、おおよそ五十年後の晩年に、かかる言葉を語っていたのである。京都を離れる際にも、越後においても、東国においても、よきひと法然からの言葉が全てであり、約二十年住み慣れた東国を去る時にもそれは変わらず、晩年を過ごすときも同様である。親鸞においては師法然から弥陀の本願を聞く、これが全てであり、私・親鸞が誰かに語り伝道教化し得るとは念頭にはなかったであろう。しか

し、親鸞が弥陀の本願を仰ぐその言葉や姿・生き様に励まされる門弟はあまたいたことであろう。伝道教化を私がなし得るとは毛頭思わないにもかかわらず、結果的には多くの門弟が親鸞を通して弥陀の本願に出遇うことができたという意味において、親鸞は伝道教化のプロとも言い得るであろう。(41)

浄土真宗に親しむ我らが、「生涯、聞法」であることに全く異論はない。つまり、生涯弥陀法を聞き続けることに異論はない。しかし、『歎異抄』第二条において、東国の門弟が、身命をかへりみず、命がけで京都の親鸞を訪ね、往生極楽の道を尋ねることが示される。この門弟達に対して親鸞の語る第一声は、驚くほどに厳しい言葉である。(42)久々の再会を懐かしみ、無事の到着をねぎらう言葉はあったであろうが、それに続けて親鸞は、約二十年間にわたって皆に語ったこととは異なる言葉、違った内容のことを聞きたいのであれば、私の所に来ても無駄であるから、南都六宗や比叡山天台宗にも高僧が沢山お出でであるから、そちらに行きなさいと突き放すのである。この親鸞の態度は、④に該当するとも考えられる。

想像をたくましくすれば、この言葉を聞いた門弟の表情を親鸞は冷静に確かめたのではあるまいか。ハッとさせられ、親鸞の真意に気付かされた門弟もいたであろう。親鸞の意外な厳しい言葉に接して、戸惑う門弟も居たやも知れない。一呼吸置いて親鸞は、よきひと法然の言葉を語る。

釈尊の如き神通力を有しない我々末法の凡夫が、釈尊の伝道教化法をそのまま実践することは困難である。しかし、釈尊の説法に学び、親鸞の門弟との応答に見る姿勢から学ぶことは、決して、釈尊・親鸞を不遜に扱うことにはならないと考える。むしろ、親鸞聖人だから出来るけれども、我々にはできないと端から放棄する想いを抱くとすれば、親鸞はどのように思うであろうか。

甚だ稚拙な論考である。叱正を請う。

註

（1）講義概要は、「浄土真宗の伝道の基本は親鸞の伝道実践にあることは言うまでもないが、まず初めに仏教・釈尊における伝道を概観する。次に法然、親鸞、そして覚如、存覚、蓮如の伝道のあり方について講義する。さらに近世、近・現代の真宗教団における伝道の様相を紹介しつつ、最後に今後の伝道について考える。」である。これまでの担当者は龍溪章雄（二〇一六・二〇一五年度）、川添泰信（二〇一四年度）、林智康（二〇一三・二〇一二年度）、杉岡孝紀（二〇一一～二〇〇九年度）であるが、webシラバスによる限り、二〇一四年度以降、仏教・釈尊における伝道・実践に着目されることがわかる。受講生（浅井順顕、宇野淳成、岡至、葛野憂利華、木村友讓、千葉康功、中村由人、宗本尚瑛、栁原遊、奥田章吾）と共に学んだ一つの成果であり、ここに記して謝意を表する。

（2）『浄土真宗聖典全書Ⅰ』（以下、本書は『Ⅰ』と記す）一二五五頁。

（3）『浄土真宗聖典　七祖篇（註釈版）』（以下、『七祖篇（註釈版）』と略す）一一八七頁。

（4）親鸞も法然のこの見方を承けるが、法然にはない隠顕の見方を記す。『浄土真宗聖典全書Ⅱ』（以下、本書は『Ⅱ』と記す）一八七～二〇〇頁。『浄土真宗聖典（註釈版）』（以下、『註釈版』と略す）三八一～三九九頁。

（5）「伝道」の語は三部経には見られず、「教化」の語も『観経』・『弥陀経』には見られない。『無量寿経』にのみ見つけ得る。後掲藤田宏達氏の研究に拠れば、〈無量寿経〉の諸異本において、『無量寿経』では四例、異訳の『仏説諸仏阿弥陀三耶三仏薩楼仏檀過度人道経』（『大阿弥陀経』）と『無量清浄平等覚経』（『平等覚経』）では二例、『大乗無量荘厳経』（『荘厳経』）では一例の用例に出会うが、『無量寿如来会』（『如来会』）には用例がない。

『無量寿経』の四例は、「錠光如来、世に興出して無量の衆生を教化し度脱して、みな道を得しめてすなはち滅度を取りたまひき。」（『Ⅰ』二〇頁）、「無量の宝蔵、自然に発応し、無数の衆生を教化し安立して、無上正真の道に住せしむ。」（『Ⅰ』三二頁）、「群生を教化して五悪を捨てしめ、五痛を去らしめ、五焼を離れしめ、その意を降化して五善を持たしめて、」（『Ⅰ』五六頁）、「忍辱・精進・一心・智慧をもつてうたたあひ教化し、徳をなし善を立てよ。」（『Ⅰ』六三頁）とある。第一は過去諸仏が説かれる段、第二は法蔵修行の段、第三・四は五悪段である。

『大阿弥陀経』と『平等覚経』の用例は五悪段にある。『大阿弥陀経』では、「八方上下、無央数の仏国の中の諸天・人民は、みな自然に善を作して、大いに悪を為さざれば、教化し易し」（『Ⅰ』一八〇頁）、「恩を布き徳を施して、よく道の禁忌を犯さず、忍辱・精進・一心・智慧をもて、展転してまた相い教化して、善を作し徳を為せ」（『Ⅰ』一八

九頁）とあり、『平等覚経』では、「八方上下、無央数の仏国の中の諸天・人民は、みな自然に善を作して、大いに悪を為さざれば、教化し易し」（『Ｉ』二七一頁）、「恩を布き徳を施して、よく道禁を絶たず、忍辱・精進・一心・智慧をもて、展転してまた相い教化して、善を作し徳を為せ」（『Ｉ』二八〇頁）とある。

また『荘厳経』では、三十六願の中、第十六願に「われ、威力を以て、彼をして一切衆生を教化して、皆信心を発さしめ、」（『Ｉ』三五二頁）とある。

（6）葛野洋明「釈尊の説教「応病与薬」と浄土真宗の伝道」（『印度學佛教學研究』第五十巻第一号、二〇〇一年）では、「布教伝道に携わる者が、相手の悩みや苦しみに耳を傾けず、一方的に教義理解を押しつけているのではないか。聞法者の個別の苦悩を欠落したのではないか」という提言をする者の主張の論理的根拠が釈尊の「応病与薬」であったという点を問題視され、対機説法・随機説法・応病与薬は如来の行ずることであるから、浄土真宗の説法者（布教使など）がこれをなすことはできないとの論調がある。しかしながら、子ども会における法話と、壮年会におけるそれ（法話）、初産式におけるそれ（法話）などは、必然的に異ならざるを得ない。
釈尊の如き、他者の苦悩の全てを手に取るように知ることはできないが、釈尊の伝道教化の特徴に学びつつ、現在、そして未来の人・社会・世界に通じる伝道教化について、愚考を論ずる。

（7）本章は、次の論考から示唆を得た。
『佛の教化：佛道学』（宇治谷祐顕佛寿記念論集／宇治谷祐顕編、法蔵館、一九九六年）所収の櫻部建「釈尊の在家者教化についての所伝」、藤田宏達「浄土経典にあらわれた「教化」と「伝道」」（前掲）、前田惠學「ゴータマ・ブッダの教化～ヒンドゥー教の思想家シャンカラとの比較において～」、浜田耕生「仏の教化～三仏四つの弁～」など。

『佛教教化研究』（水谷幸正先生古稀記念会編、思文閣出版、一九九八年）所収の雲井昭善「ゴータマ・ブッダの教化と伝道」、朴先榮「釈尊の基本的な教育思想試論～伝道宣言を中心として～」、大南龍昇「教化の伝道」など。

（8）『ゴータマ・ブッダ〈普及版〉中』春秋社、二〇一二年、二六頁。

（9）清岡隆文「真宗伝道上の問題」『真宗学』第一二五号、二〇一二年。

（10）雲井昭善前掲論文。

（11）清岡氏は、「なにがしかの修行を経験した者でなければ、その教えを理解できないとする気持ちが伝道の開始にあたって、釈尊の心にあったと考えてみたい」と記す。「修行」と限定する必要はなく、説法を躊躇した釈尊が、真実

の教えを求め、真実の教えが伝わる相手を厳選したと判断することはできるであろう。

(12) 「大乗の聖教によるに、まことに二種の勝法を得て、もつて生死を排はざるによる。ここをもつて火宅を出でず。何者をか二となす。一にはいはく聖道、二にはいはく往生浄土なり。その聖道の一種は、今の時証しがたし。一には大聖（釈尊）を去ること遙遠なるによる。二には理は深く解は微なるによる。」『I』六一二頁、『七祖篇（註釈版）』二四一頁。

(13) 『II』二二二頁、『註釈版』四一六頁。傍点は引用者。

(14) この『安楽集』引文に先立つ御自釈では、

信知聖道諸教為在世正法而全非像末法滅之時機已失時乖機也浄土真宗者在世正法像末法滅濁悪群萌斉悲引也。（『II』二一〇頁）

まことに知んぬ、聖道の諸教は在世・正法のためにして、まつたく像末・法滅の時機にあらず。すでに時を失し機に乖けるなり。浄土真宗は在世・正法・像末・法滅、濁悪の群萌、斉しく悲引したまふをや。（『註釈版』四一三頁）

とある。正法・像法・末法から、法滅へと移る最初期の釈尊在世時が明記されている。

(15) 『I』六五八頁、『七祖篇（註釈版）』三〇二頁。

(16) 『I』九六八頁、『七祖篇（註釈版）』七二一頁。

(17) たとえば、佐々木恵雲氏は「それぞれ違った悩みや苦しみを持った患者さんに一番適切な薬=説法を投与するということで「応病与薬」とも呼ばれています。」（『いのちのゆくえ、医療のゆくえ』法蔵館、二〇〇六年、一八頁）と記す。

なお、前掲葛野論文によれば、『大乗本生心地観経』巻二・報恩品（『大正蔵』三・二九六・下）や、『同』巻八・成仏品（『大正蔵』三・三三〇・中）、『大般涅槃経』（南本）巻二三（『大正蔵』一二・七五五・中）などが用例とされる。『観経疏』『般舟讃』も同論文に示される。

(18) 本章は、次の論考から示唆を得た。

神戸和麿「希有の法界と成就～「希有」と「諸有」～」『親鸞教学』第四〇・四一号、一九八二年。

安富信哉「仏弟子阿難～『大無量寿経』発起序試考～」『親鸞教学』第四〇・四一号、一九八二年。

一楽真「聞の成就としての仏説～親鸞の眼を通して～」『日本仏教学会年報』第七十六号、二〇一一年。

加来雅之「『大無量寿経』における「難し」の思想(上)～伝承の難・己証の難～」『親鸞教学』第一〇二号、二〇一三年。

加来雅之「『大無量寿経』における「難し」の思想(下)～伝承の難・己証の難～」『親鸞教学』第一〇三号、二〇一四年。

(19) 安富論文では、阿難の伝記のうち、注目すべき事として「二十有余年、釈尊常随の弟子」「尼僧教団の成立に尽力」「第一結集に対する功績」と共に、仏典結集に臨んで、摩訶迦葉が、阿難の未だ煩悩を断じていないことを叱責する点を指摘する。この指摘は、黒田覚忍『聖典セミナー　浄土和讃』（本願寺出版社、一九九七年、一九九頁）にもある。

(20) 『I』一九頁、『註釈版』八頁。『教行信証』引文は『II』一〇頁、『註釈版』一三六頁。

(21) 以下の応答は註を略する。
『無量寿経』では、「真妙の弁才」は阿難に属するが、『如来会』では「善いかな善いかな、なんぢいま快く問へり。よく微妙の弁才を観察して、よく如来に如是の義を問ひたてまつれり。」（『I』二九六頁）と語り、「微妙の弁才」は阿難が観察する対象として、すなわち釈尊に属して語られる。『教行信証』「教巻」には、『無量寿経』『如来会』が連引され（『II』一二頁）、阿難に問わしめた釈尊が讃嘆される。

『如来会』の読みについて、『浄土宗全書』（第一巻一四三頁）では、「よく観察し微妙の弁才を以て」と読まれ、「微妙の弁才」は『無量寿経』同様、阿難に属している。江戸期の講録の中、僧鎔（一七二三～一七八三）の『本典一滴録』、石泉（一七六二～一八二六）の『教行信証文類随聞記』、芳英（一七六四～一八二八）の『教行信証集成記巻二十八』、善譲（一八〇六～一八八六）の『顕浄土教行証文類敬信記』などの検討も含め、拙稿「親鸞思想における釈尊の教説の意味」（『日本仏教学会年報』第七十六号、二〇一一年）を参照されたい。

(22) 『II』三六二頁、『註釈版』五六五頁。

(23) 前後の文章も紹介しておく。
（真理への）問いを持たなかったら、人は仏法には会えません。問いを抱かない人は、阿弥陀さまの本願を信ずるというところには入れないのです。人間に一番大事なのは、「なぜか」という問いです。問いを持たない人生

は、死んだような人生です。仏法を聴聞する人は、問いを持って聞くということがないと答えは得られません。

これは、必ずしも仏法に限ったことではなく、学校の勉強でも同じことでしょう。……阿難は、弥陀の本願を説いてくださるお釈迦さまの説法を聞く前に、まず自分がこの大事な問いを持っていたのです。

問いがない人に、お釈迦さまが答えを与えられるということはありません。……『仏説観無量寿経』でも同じです。現世に絶望した韋提希夫人の問いに応えて、お釈迦さまはお浄土を説かれたのです。……

阿弥陀さまの教えは、十方衆生を救おうという教えですが、その十方衆生に問いがなかったら、救われることはありません。仏法、ただ黙って聞いていればいいというものではなくて、問いがなくてはならないのです。

『永遠と今～浄土和讃を読む　上～』本願寺出版社、二〇一三年、二八二頁。

(24) 黒田前掲書、二〇六頁。
(25) 『教行信証』「総序」には、「難思の弘誓は難度海を度する大船、無碍の光明は無明の闇を破する恵日なり。」(「II」六頁、『註釈版』一三一頁)とあるが、この文に関して岡亮二氏は、「「救い」というのは、当然のことながら、救う者と救われる者との関係のなかで成り立っています。この関係が成立するためには、救う者と救われる者との願いが、完全に一致しなければ成りません。……救われる側の人間が、自分の現在の在り方をどう捉えているかが大前提になります。……自分の悪の状態と、いかなる救いを求めるかという二点を、自分自身の問題として考えてほしいのです。……私たちは、自分の今の状態が無限の悪、無限の惨めさのなかにうち沈んでいるものであると本当に捉えているかどうか。もしそう捉えていないなら、この一段は永遠に分からないということになるのではないかと思います。」(『教行信証』口述五〇講　第一巻　教行の巻』教育新潮社、一九九三年、一五頁)と解説を施す。
(26) 拙稿「親鸞思想における疑蓋の意味」『真宗学』第一一一・一一二合併号、二〇〇五年。
(27) 『II』一〇五四頁。
(28) 梯実圓・平松令三・霊山勝海『念仏と流罪：承元の法難と親鸞聖人』本願寺出版社、二〇〇八年、一一九頁。
(29) 『末灯鈔』第十四通、『II』七九七頁。
(30) 『親鸞聖人御消息集』第十一通、『II』八三九頁。
(31) 本章は、次の論考から示唆を得た。
広瀬杲『観経四帖疏講義　序分義I・II』法蔵館、一九九五年。

梯実圓『聖典セミナー　観無量寿経』本願寺出版社、二〇〇三年。
徳永道雄『観無量寿経を読む』本願寺出版社、二〇〇五年。
森田眞円『観経序分義窺義～「王舎城の悲劇」に聞く～』永田文昌堂、二〇一五年。

(32)『I』七七頁（以下、『観経』引文は頁数を略す）。また、「浄土和讃」『観経』讃は九首あり、その大半は「王舎城の悲劇」に関する和讃であり、親鸞の関心の深さがうかがわれる。
『教行信証』でも、「信巻」後半に『涅槃経』から長い引文がある他、総序「浄邦縁熟して、調達、闍世をして逆害を興ぜしむ。浄業機彰れて、釈迦、韋提をして安養を選ばしめたまへり。」（六頁）や「化身土巻」「達多・闍世の悪逆によりて、釈迦微笑の素懐を彰す。韋提別選の正意によりて、弥陀大悲の本願を開闡す」（一八八頁）など、悲劇の内容に言及する文言があることから、親鸞の関心の深さがうかがわれる。

(33)『観経四帖疏』（『I』七〇四頁）には、「われ一生よりこのかた、いまだかつてその大罪を造らず。いぶかし、宿業の因縁、なんの殃咎ありてかこの児とともに母子たる」と語られる。廣瀬前掲書I四〇一頁、森田前掲書二〇頁、梯前掲書六九頁。

(34) 釈尊の無言と微笑について、梯氏は、「韋提希の問いに答えはありません。答えのない問いとは、問うている人そのものが問題なのであり、彼女自身が転換しないかぎり、解決しないほど深い問題だからです。しかし全身全霊をあげて、自己自身を問い続けている彼女を、釈尊は、大悲をこめて暖かく包み、その痛みを共感しながら、その悩みを聞き受け、彼女の心が次第に転換していくのをじっと待ちつづけられます。じつはこの釈尊の沈黙こそ百の説法よりも、すばらしい教化だったのです」（梯前掲書七三頁。）、「過去世の問題を探るような後ろ向きの問いに答えるよりも、むしろ前向きの問いを導き出すことの方が賢明」（梯前掲書七一頁。）と説明する。

(35)〈無量寿経〉においても、異訳『如来会』では、阿難に質問せしめた釈尊の微妙の弁才が讃嘆される。質問せしめることも、広義の伝道教化とも言い得る。

(36)『阿弥陀経講究』真宗大谷派宗務所出版部、二〇〇一年、八八頁。『浄土三部経の研究』岩波書店、二〇〇七年、一六〇頁。

(37) 坪井俊映『浄土三部経概説』法藏館、一九九六年、五八〇頁。柏原祐善『浄土三部経講義』平樂寺書店、一九八〇年、六〇五頁。

(38)『II』一九九頁、『註釈版』三九八頁。
(39)『II』六七〇頁、『註釈版』六八六頁。
(40) これが釈尊の対機説法・随機説法・応病与薬であるが、現代の浄土真宗の説法者（布教使など）もこれに準ずるべきであろう。
(41) 親鸞の伝道教化を意識しつつ論じた愚考を列挙すれば、以下のささやかなものがある。これらにおいて、「利他をする」のではなく、「利他になる」という表現を丁寧に用いいつつ、親鸞自身、伝道教化の難しさを痛感していたことを論じている。
「親鸞思想における「常行大悲」の意味」『真宗学』第一〇九・一一〇合併号、二〇〇四年。

「「信巻」真仏弟子釈についての一考察」『真宗学』第一一八号、二〇〇八年。

「「信巻」真仏弟子釈についての一考察（二）」『真宗学』一一九・一二〇合併号、二〇〇九年。

「「行ずることもなほかたし」考」『真宗学』第一三六号、二〇一七年。

「大悲伝普化と大悲弘普化」『親鸞と浄土仏教の基礎的研究』永田文昌堂、二〇一七年。
(42)「しかるに念仏よりほかに往生のみちをも存知し、また法文等をもしりたるらんと、こころにくくおぼしめしておはしましてはんべらんは、おほきなるあやまりなり。もししからば、南都北嶺にもゆゆしき学生たちおほく座せられて候ふなれば、かのひとにもあひたてまつりて、往生の要よくよくきかるべきなり。」『II』一〇五四頁。

『教行信証』報化二土の引文を読み解く

――懈慢界説の歴史的帰趨――

高　田　文　英

は　じ　め　に

「報化二土（報化得失・報化弁立）」は、真宗学における源信（九四二～一〇一七）の釈功（教学的な発揮）であり、宗乗の教義論題の一つにも数えられている。すなわち、源信が弥陀の報土において報土・化土を弁立し、専修（他力信）の人は報土に生ずる得があり、雑修（自力信）の行人は化土に生ずべき失のあることを示されたことを言う。

その出拠は、『往生要集』大文第十問答料簡の文であり、親鸞（一一七三～一二六二）はそれを次のように『教行信証』「化身土文類」要門釈に引いている。

首楞厳院『要集』引二感禅師釈一云、

【問い】「問。『菩薩処胎経』第二説、西方去二此閻浮提一十二億那由他、有二懈慢界一。乃至 発レ意衆生欲レ生二阿弥陀仏国一者、皆深著二懈慢国土一、不レ能三前進生二阿弥陀仏国一。億千万衆、時有二一人一、能生二阿弥陀仏国一。云云。以二此『経』一准難、可レ得レ生。

【答釈①】答。『群疑論』引二善導和尚前文一而釈二此難一、又自助成云、此『経』下文言、何以故皆由二懈慢一執心不二牢固一。是知、雑修之者為二執心不牢之人一。故生二懈慢国一也。若不二雑修一、専行二此業一、此即執心牢固、定生二極楽国一。乃至

【答釈②】又報浄土生者極少。化浄土中生者不レ少。故経別説、実不二相違一也。」已上略抄

（括弧内および傍線は筆者の加筆、聖典全書二、一八六〜一八七頁）

このうち本稿で検討したいのは【答釈②】（傍線部）の内容である。とくに「経別説（経の別説）」とは具体的に何を意味するのか、また「実不二相違一也（実に相違せざる也）」とは何と何とが相違しないことなのか。じつは先学の理解も一様でない。

本願寺出版社発行の『顕浄土真実教行証文類（現代語版）』では、

また浄土に生れるといっても真実報土に生れるものはきわめて少なく、化土に生れるものはきわめて多い。だから『菩薩処胎経』と『観無量寿経』とはまったく矛盾しないのである(1)

と訳されている。これは後述するように義山や『本典研鑽集記』の説にもとづいて訳されたものと察せられるが、こうした『菩薩処胎経』の説（懈慢界往生）が『観無量寿経』の説（九品往生）と同一であることを示したものとする理解では、報化の得失を示すという親鸞の引用意図がはっきりしないように思う。それで本稿では『往生要集』引文の教理史的背景と『教行信証』独自の文脈に注意してその意味を検討したい。

一、『往生要集』引文の教理史的背景

親鸞が要門釈に引く源信『往生要集』の問答は、問いの部分も含めて懐感『釈浄土群疑論』からの引用（抄出）

である。それでまず『菩薩処胎経』の懈慢界の説と、その経説を会通した懐感『釈浄土群疑論』の問答について、その概要を確認したい。

以前、別稿にて検討したことであるが[(2)]、懈慢界とは諸経典のなか『菩薩処胎経』巻三、八種身品第八（大正一二、一〇二八頁上）にしか出てこない。そして、おそらく『菩薩処胎経』の懈慢界の説は『大阿弥陀経』あるいは『平等覚経』という初期無量寿経の辺地説をもとに創出されたものと推察される。しかし『菩薩処胎経』の懈慢界説には極楽浄土への信仰を勧める意図はなく、むしろ阿弥陀仏の信仰ではなく釈迦仏の信仰を勧める意図のもとに制作されているものと見られる[(3)]。そして、こうした意図により『菩薩処胎経』の懈慢界は、もともと極楽の内部世界であった初期無量寿経の辺地説をもとにしているにも拘わらず、極楽へ至る道中にある世界、すなわち極楽とは別世界として説かれることになった。つまり、極楽を願生してもほとんどの人は懈慢界にとどまってしまい、実際に極楽に往生できる者は億千万に一人しかいない。このように懈慢界を極楽とは別世界とすることで、極楽往生の困難性を強調し、暗に阿弥陀仏の信仰を貶めようとしていると考えられる。また付言すれば、後に浄土教の諸師によって注目される「執心」という言葉も、『菩薩処胎経』の上では決して良い意味で使われているわけではなく、この穢土での菩薩行を省みずに自分が他方世界へ生まれていくことだけをひたすらに願う利己的で頑なな心持ちをあらわす言葉として、批判的な意味が込められていたと推察されるのである。

このように『菩薩処胎経』の懈慢界の説は、もともとは阿弥陀仏の信仰に対する批判的な意図を含んでいたわけであるが、それが浄土教の諸師において、むしろ浄土教の思想を深く理解する契機として受容されていったことは興味深い。善導（六一三〜六八一）に師事した懐感（七世紀頃）はその著『釈浄土群疑論』巻四において、極楽への往生が極めて困難であるかのように説かれているこの『菩薩処胎経』の経説を取り上げ、それなのになぜ今極楽

への往生を勧めるのかという問いを設けてこれに二つの会通を施している。

【問い】問曰、菩薩処胎経第二巻説、西方去二此閻浮提一、十二億那由他、有二懈慢国一。其土快楽作二倡伎楽一。衣被服飾香華荘厳。七宝転関床。挙レ目東視、宝床随転。北視西視南視、亦如レ是転。前後発意衆生、欲レ生二阿弥陀仏国一者、而皆染二著懈慢国土一、不レ能三前進生二阿弥陀国一。億千萬衆時有二一人一、生二阿弥陀仏国一。以二此経一准難レ可レ得レ生。何因今勧レ生二彼仏国一也。

【答釈①】釈曰、只由三此経有二斯言教一故、善導禅師、勧二諸四衆一、専二修西方浄土業一者、四修靡レ墜、三業無レ雑、廃二余一切諸願諸行一、唯二願唯三行西方一行一。雑修之者万不二一生一、専修之人千無二一失一。即此経下文言。何以故、皆由二懈慢執心不牢固一。是知、雑修之者為二執心不牢之人一、故生二懈慢国一也。正与二処胎経文一相当。若不二雑修一専二行此業一、此即執心牢固、定生二極楽国一。妙符二随願往生経旨一。経言、娑婆世界人多二貪濁一、信正者少、習邪者多。不レ信二正法一、不レ能二専一一。心乱無レ志。実十方浄土無二差別一、令二諸衆生専心有一レ在。是故讃二嘆彼国土一耳。諸往生者、悉随二彼願一、無レ不レ獲レ果。故知、雑二其行一、墮二於懈慢之邦一。専二其業一、生二於安楽之国一。斯乃更顕三浄門専行而得二往生一。豈二是彼国難レ往而無一レ生。勗哉学徒、不レ可レ不レ専二其道一也。

【答釈②】又報浄土生者極少、化浄土中生者不レ少。故経別説。実不二相違一也。

（括弧内は筆者の加筆、大正四七、五〇頁下～五一頁上）

このうち【答釈①】では、『菩薩処胎経』の「執心」の牢固・不牢固を善導『往生礼讃』の専修・雑修の釈に重ねて理解し、『菩薩処胎経』に極楽への往生が極めて困難であると説かれているのは、雑修では往生し難いことを示しているだけで、もし専修によるならば往生は難しいわけではないと会通している。

またさらに【答釈②】では、一口に極楽と言っても報土と化土の別があり、たとえ報土往生者は極めて少なくと

も化土往生者は少なくない。報土往生と化土往生にはこうした難易の違いがあるから経典では別々に説いているのだ。よって極楽往生は極めて難しいと説く『菩薩処胎経』と九品すべてが往生できると説く『観無量寿経』の教えは相違しているわけではない。懐感はこのように述べて、極楽往生は必ずしも困難なことではないと会通している。

この【答釈②】については、後で検討する親鸞の理解とはいろいろと異なる点があり注意が必要である。まずこの問答の文面上には『観無量寿経』のことはどこにも出てきていないわけであるが、『釈浄土群疑論』においては『菩薩処胎経』と『観無量寿経』との経説の異同を問題としていると見ることができる。それは、この問答を含む一連の問答が特に『観無量寿経』の教えを基本として他経典の異説を会す一段の中にあることから知られる。

また、懐感は化土往生によって往生の困難性を否定しようとしており、この問答に関しては化土往生に否定的な意味は込められていないことにも注意したい。つまりこの問答に化土往生を誡める意味はないのである。さらに、ここで言われている「化の浄土」とは親鸞教学における方便化土すなわち所謂報中の化土のことではなく、三身三土中の化土のことであり、少なくともこの問答においては懐感は善導の極楽唯報説ではなく、法相唯識的な通報化説の上に立って議論を展開していると考えねばならない。またこのことと関連するが、懈慢界という世界は親鸞のように極楽浄土に摂まる世界（報中化土）とは捉えられておらず、『菩薩処胎経』の原意どおりに極楽浄土とは別世界として理解されている。

こうした『釈浄土群疑論』当面の理解にもとづいて【答釈②】の現代語訳とその構造を示せば次のようになる。

※『釈浄土群疑論』の【答釈②】現代語訳

原　文	現代語訳
報浄土生者極少 報の浄土に生ずる者は極めて少なし 化浄土中生者不ㇾ少 化の浄土の中に生ずる者は少なからず	報土に往生する者は極めて少ないけれど、化土に往生する者は少なくない（つまり化土への往生はそこまで難しいわけではない）。
故経別説 故に経に別に説けり	だから経典では（混乱を避けるために『菩薩処胎経』では報土往生に約して説き、『観無量寿経』では化土往生に約して説くという具合に報土往生と化土往生の教えを）別々に説いているのだ。
実不ニ相違一也 実には相違せざるなり	（こうしたわけであるから、極楽往生は極めて難しいと説く『菩薩処胎経』の教えは九品すべてが往生できると説く『観無量寿経』の教えと）実際には相違していないのである。

通報化説の報土往生・化土往生　　「実不ニ相違一也」

極楽
- 報土往生〈少〉――『菩薩処胎経』（極楽往生は極めて困難である）
- 化土往生〈多〉――『観無量寿経』（九品すべてが極楽に往生できる）

懈慢界――極楽とは別世界（極楽へと至る道中にある世界）

そして、こうした懐感の解釈は、この問答を引用している源信の『往生要集』の上にも基本的に継承されているものと考えられる。

二、『往生要集』引文の検討（一）

以上のような教理史的背景を踏まえ、「化身土文類」要門釈の『往生要集』引文【答釈②】に関する親鸞の読み方を検討しよう。本節では、まず読解にあたって留意すべきポイントを三つ提示したい。

ポイントの一つ目は、この要門釈『往生要集』引文の大きな特徴は、親鸞がこの問答を化土往生を誡め報土往生を勧めるものとして読んでいることである。前述のごとく懐感『釈浄土群疑論』の上では雑修や執心不牢はあくまで懈慢界にとどまる原因であって化土往生の原因ではなかった。つまりこの問答では、化土往生それ自体に否定的な意味は込められていなかったのである。それを親鸞は【答釈②】の化土往生の言葉に懈慢界往生は摂まるものと見て、【問い】や【答釈①】に示される懈慢界の失やそこに留まる原因（執心不牢）までも、すべて化土往生のことをあらわし誡めるものとして読んでいる。

そして、こうした親鸞の読み方からすれば【答釈②】の「又報浄土生者極少。化浄土中生者不㆑少」の文にしても、懐感においてそうであったような化土往生の易行性を主張する意で理解されているとは考えがたい。親鸞においては「報浄土生者極少」には他力信による報土往生を勧める意味があり、逆に「化浄土中生者不㆑少」には自力信による化土往生を誡める意味があると読まれているはずである。

以上のことを簡略に図示すれば次のようである。

※『教行信証』における【答釈①】【答釈②】の関係

【答釈②】　【答釈①】

報土
〈報土往生者―少〉――――（勧）……専修―執心牢固（他力信）
〈化土（懈慢界）往生者―不ㇾ少〉―（誡）……雑修―執心不牢（自力信）

ポイントの二つ目は「故経別説、実不相違也」に付された親鸞の訓点である。じつは『往生要集』の主な書写本・刊本に付された訓点と親鸞の『教行信証』に付された訓点では、この「故経別説、実不相違也」の訓み方が変わってくる。

まず『往生要集』の主な書写本・刊本の訓点は以下のようである。

○京都府青蓮院蔵承安元年書写本
故《ニ》経《ニ》別《ニ》説《ケリ》　実《ニハ》不《ス》㆓相違《セ》㆒也　已上(4)
○神奈川県最明寺蔵平安時代書写本
右の青蓮院蔵本に同じ。(5)
○龍谷大学図書館蔵建長五年刊本
故経別《ニ》説《ク》実《ニハ》不《ス》㆓相違《セ》㆒也　已上(6)

一方、親鸞の『教行信証』の訓点は以下のようである。

○真宗大谷派蔵親鸞聖人真蹟本（坂東本）

故《ニ》経《ノ》別説、実《ニ》不《ル》㆓相違《セ》㆒也《ト》 已上略抄(7)

○本派本願寺蔵鎌倉時代書写本（西本願寺本）

右の坂東本に同じ。(8)

両者の訓点を比べた場合、注目されるのが「経別説」の訓み方である。

※「経別説」の訓み方

- 『往生要集』書写本・刊本の訓み方
  ――「経に別に説けり」
  「経別に説く」
- 『教行信証』真蹟本・書写本の訓み方
  ――「経の別説」

親鸞はなぜ『往生要集』書写本・刊本のような「経に別に説けり」「経別に説く」ではなく「経の別説」という訓み方をしたのか。それは決してどちらの訓み方でもよかったわけではなく、そう訓まなければ意味が通らないと

いう必然性にもとづく親鸞の意図的な読み替えと考えるべきだろう。前者の「別に説けり」は形容動詞＋動詞であり、後者の「別説」は熟語という違いがある。

『往生要集』書写本・刊本が「経に別に説けり」「経別に説く」となっているように、『釈浄土群疑論』や『往生要集』当面の読み方としては、形容動詞＋動詞と読むべきである。すでに現代語訳を示したとおり、『釈浄土群疑論』の上では、報土往生と化土往生の教えを一経典で同時に説いては混乱してしまうため「だから経典では（混乱を避けるために『菩薩処胎経』では報土往生に約して説き、『観無量寿経』では化土往生に約して説くという具合に報土往生と化土往生の教えを）別々に説いているのだ」という意味であった。つまり「別に説けり（別に説く）」という形容動詞＋動詞の訓み方でなければ『釈浄土群疑論』や『往生要集』においては意味が通らない。一方、親鸞のように熟語として「別説」と訓むのであれば「別々に説いている」という意味ではなく、「別の説」「異なる説」「特別な説」などのいずれかの意味で理解されていると考えるべきであろう。

ポイントの三つ目は、『往生要集』引文の問いと答えとの対応である。問いをもう一度示せば以下の通りである。

問。『菩薩処胎経』第二説、西方去二此閻浮提一十二億那由他、有二懈慢界一。乃至 発レ意衆生欲レ生二阿弥陀仏国一者、皆深著二懈慢国土一、不レ能三前進生二阿弥陀仏国一。億千万衆、時有二一人一、能生二阿弥陀仏国一。云云。以二此『経』一准難、可レ得レ生。　（聖典全書二、一八六頁）

つまり、問いでは「『菩薩処胎経』では億千万人に一人しか阿弥陀仏国に往生できる者はいないと説かれている。この経典の教えにもとづくならば、阿弥陀仏の浄土に往生することは極めて難しいことになるが果して浄土往生は可能なのか」と問われている。そこからすれば、問いに対する答えの中には「阿弥陀仏の浄土に往生することは決

して困難なことではない」という意味が含まれていなければ問いと答えの内容が対応しないことになる。

これについて『釈浄土群疑論』の【答釈②】では「報土に往生する者は極めて少ないけれど、化土に往生する者は少なくない（つまり化土への往生はそこまで難しいわけではない）」と会通されていた。一方、親鸞においてはこのような会通と同じ理解がされているとは思われないわけだが、いずれにしても問いも含めて親鸞自身が引用しているのであるから、親鸞の理解においてもやはり問いと答えの内容は対応していると考えるべきだ。

三、『往生要集』引文の検討（二）

本節では、前節で述べた三つのポイントに注意して先哲の主な解釈を検討したい。

善譲『顕浄土教行証文類敬信記』巻一五には、

故経別説等トハ。正ク前ノ準難ヲ結答シ給ヘルナリ。処胎経ノ懈慢国ト。阿弥陀仏国ト多少別説シテアルモ。善導ノ専雑ノ得失ト相違セザルナリ。(9)


とある。すなわち【答釈②】の後半「故ニ経ノ別説、実ニ不ル二相違セ一也ト」に関して「経別説」とは『菩薩処胎経』が懈慢界と極楽を別々に説き分けていることとされている。(10) また「「実不二相違一也」とは『菩薩処胎経』の教えが善導の専雑の得失の教えと相違しないこととされている。つまりこの善譲説によって訳せば「『菩薩処胎経』は懈慢界と極楽を別々に説き分けているけれど、善導の専雑の得失の教えと同じ意である」となる。

しかしこの善譲の解釈では、少なくとも二つ目と三つ目のポイントについて問題があると思う。まず二つ目のポイントである「経の別説」という親鸞の訓み方と合致しない。善譲説のような意味であれば、例えば「経に別に説けども」などと訓むべきであろう。親鸞がわざわざ「別説」と熟語にして訓んだ意味が説明できない。

また三つの目のポイントである問いと答えとの整合性については、この後に取り上げる義山（『教行信証摘解』第七）がすでに次のように批判を加えている。

経別説とは、譲云く、懈慢は阿弥陀仏国の別説にして、終南の専雑得失と相違せざるなりと、私に云く、此文は前問を結答す、而して其所問終南と『処胎』との異に非ざれば（終南の文は、感師問に答ふるの中に出す所なるが故に）、此結は問に応ぜず(11)

つまり、この問答において善導の専雑の得失の教えは【問い】には出てこない。問者が善導の教えとの異同を尋ねているわけではないのに、答者が【答釈①】でみずから出してきた善導の専雑の得失の教えを再び持ち出して「『菩薩処胎経』の教えは善導の教えと同じなのだ」と述べても、それでは問いに対する答えとなっていないという批判である。確かにその通りであろう。また、直前の「又報浄土生者極少。化浄土中生者不レ少」からの意味的な脈略もうまくつながらないように思う。

次に義山『教行信証摘解』第七では、右に掲げた善譲説に対する批判に続けて、

今云く、別説とは、『処胎』の説と『観経』とは異なるが故に、不相違とは、二経の不相違なりと述べている。(12)

「経別説」とは『菩薩処胎経』と『観無量寿経』の説が異なっていることで、「実不二相違一也」とはこの二経の説が相違しないこととする解釈である。この説は冒頭に述べたように『本典研鑽集記』(13)や本願寺出版社の現代語訳にも継承されている。

この義山説は、二つ目のポイント「経の別説」という親鸞の訓み方には順じている。つまり「別説」を熟語と認識して「異なる説」という意味で解釈しているわけである。また、三つ目のポイントである問いと答えの対応に関

しても問題がない。この説でいけば「浄土往生は難しいのではないのか」という問いに対し「『菩薩処胎経』は報土往生に約した教説であるから往生は難しいと説いているのであって、『観無量寿経』のように化土往生に約して言えば往生は決して難しいわけではない」と答えたことになる。

しかし、この解釈では一つ目のポイント（化土往生を誡め報土往生を勧める問答として一貫していなければならない）に関して大きな問題がある。というのも、この義山の説は基本的に懐感や源信における意味と同じ理解であり、そのため問答それ自体の通りはよいが、結局のところ化土往生の易しさを言っているに過ぎず、自力信による化土往生を誡める要門釈の文脈においては相応しくないと言わねばならない。

最後に大谷派の深励『教行信証講義』では、

> 経別説とは報土の往生に対して懈慢界の往生を云ふなり。実不相違とは当時の機類経説に能く合すると云ふことなり。懐感同代の浄土を願生する人人。懶惰懈怠なる者多くして浄土の業を専修する者少し。実に経の所説と相違せず。経と能く合したと云ふことなり。礼讃に雑修十三の失を挙げ終りて云く「余自見二聞諸方道俗一乃至如二前已弁一」と。これ亦善導同代の者の諸行を雑修する者を云ふなり。此に準ずるに今の文も同代の者を取ると見ゑたり。[14]

と、「経別説」は報土往生に対する懈慢界の往生のことで、「実不二相違一也」とは懐感と同時代の人々がみな雑修的信仰にあることが『菩薩処胎経』の説（ほとんどの人が執心不牢で懈慢界にとどまる）に合致しているという意味だとしている。

この深励説にもとづいて読むなら「実不二相違一也」は化土往生を誡める意味になるから、一つ目のポイントに関

しては問題がない。しかも、現実の社会を問題にしている点で、この後に続く親鸞の私釈の結び＝「濁世道俗、善自思ニ量己能一也、応レ知」（聖典全書二、一八七頁）とも意味的につながることになるのも興味深い点だ。また、二つ目の「経の別説」の訓みとの整合性もクリアされている。しかしながら三つ目のポイントである問いと答えの対応については問題があると言わねばならない。というのも「（『菩薩処胎経』には往生は極めて困難と説かれているが）果して往生することはできるのか」という問いに対し、「『菩薩処胎経』の教えどおり、現実に真実報土への往生を遂げる者は誰もいない」というのでは、問いに答えた（反論した）ことにならないからだ。

四、『往生要集』引文の検討（三）

以上、先哲の主な解釈を見てきたが、どの解釈にも何らかの問題のあることが分かる。考えてみれば、筆者がさきに提示した三つのポイントの一つ目と三つ目はそもそも相互に矛盾している。つまり一つ目のポイントである「化土往生を誡め報土往生を勧める問答として一貫していなければならない」ということと、三つ目のポイントである「答えには阿弥陀仏の浄土に往生することは決して困難なことではないという意味が込められていなければならない」ということは、通常は両立不可能なのだ。なぜなら『釈浄土群疑論』の当面においては「浄土往生は困難なのではないか」という問いに対し「報土往生者は多いが化土往生者は少なくない」と示すことでその問いに反論しているのがこの【答釈②】であった。その反論の根拠であったはずの化土往生を否定する読み方をするならば、一体どこに往生の易行性の主張を読み取ることができるのか。問いと整合性がつかなくなるのは当然なのである。先哲の解釈がどれもすっきりしないのは、この矛盾が解決されていないからだ。

ではどのように理解すべきであろうか。筆者はこの矛盾を解決する鍵となる文が「信文類」横超断四流釈に引か

れている『無量寿経』とその異訳『大阿弥陀経』の文であると考える。

又言、「必得㆓超絶去㆒往㆓生安養国㆒横截㆓五悪趣㆒悪趣自然閉。昇㆑道無㆓窮極㆒。易㆑往而無㆑人。其国不逆違、自然之所牽。」已上

『大阿弥陀経』友謙言、「可㆑得㆓超絶去㆒往㆓生阿弥陀仏国㆒横截㆓於五悪道㆒自然閉塞。昇㆑道之無㆑極。易㆑往無㆑有㆑人。其国土不㆓逆違㆒自然之随㆑牽。」已上　（聖典全書一、九七頁）

ここには「易㆑往而無㆑人（易㆑往無㆑有㆑人）」という一文の中に「往生は易しい」ということと「往生する人がいない」という一見矛盾する内容が同時に示されている。そのこころは「（阿弥陀仏の国は本来）往生しやすいにも拘わらず（他力信心の人は滅多にいないために）往生する人がまれである」ということだ。つまり「往生は易しい」ということと「往生する人がいない」ということは矛盾しているのではなく、問題は受け取る側が自力の執心によって易行の教えをみずから生まれ難い道にしている点にある。だから「往生する人がいない」と説かれていても、そのこころは「だからこそ自力を捨てて他力にまかせよ（勧信誡疑）」ということであって、決して往生そのものが困難であることを意味しているわけではない。

そして、親鸞はこうした『無量寿経』の「易㆑往而無㆑人」の経説と同じこころを『往生要集』の「又報浄土生者極少」という一文の上にも見出しているのではなかろうか。このように考えるならば、「往生は難しいのではないか」という問いに「（真実報土に）往生する人がまれであるのは、自力の執心によって易行の教えをみずから生まれ難い道にして化土にとどまっているからである」という形で応答（反論）した釈として理解することができるであろう。このように読めば、一つ目のポイントである報土往生（他力信）を勧め化土往生（自力信）を誡める意味も明確であり、また三つ目のポイントの問いと答えの対応にも問題がないこととなる。

なおこのことに関して『尊号真像銘文』には、『無量寿経』の「易レ往而無レ人」の語について、

「易往而無人」といふは、「易往」はゆきやすしと也、本願力に乗ずれば本願の実報土にむまるゝことうたがひなければ、ゆきやすしと也。「無人」といふはひとなしといふ、人なしといふは真実信心の人はありがたきゆへに実報土にむまるゝ人まれなりとなり。
（引用は「広本」より、聖典全書二、六一〇頁）

と解釈した後に、

しかれば、源信和尚は、「報土にむまるゝ人はおほからず、化土にむまるゝ人はすくなからず」とのたまへり。
（同右）

と述べられていることも重要であり、右の私見を裏付けるものとして挙げることができる。

以上、まず特にポイントとなる点にしぼって私見を述べたのであるが、さらに検討を続けよう。【答釈②】と『無量寿経』との関わりを意識してみると、【答釈②】の「又報浄土生者極少。化浄土中生者不レ少」の文は、「信文類」所引の「易レ往而無レ人」の文だけでなく「化身土文類」要門釈の『無量寿経』引文とも関わりが考えられる。『往生要集』引文の「報浄土」「化浄土」にあたるものは、同じ要門釈の『無量寿経』胎化段とそれに続く『如来会』胎化段の引文に「胎生」「化生」等の言葉で詳しく示されている（聖典全書二、一八五頁）。

また、これら『無量寿経』胎化段・『如来会』胎化段の引文の後、要門釈では以下の四引文が続く（その後に本稿で検討している『往生要集』の引文となる）。

『大経』言、「諸少行菩薩、及修二習少功徳一者、不レ可二称計一。皆当二往生一。」
又言、「況余菩薩、由二少善根一、生二彼国一者、不レ可二称計一。」已上

光明寺釈云、「含レ華未レ出。或生二辺界一、或堕二宮胎一。」已上
憬興師云、「由レ疑二仏智一、雖下生二彼国一、而在中辺地上、不レ被二聖化事一。若胎生、宜二之重捨一」已上
（傍線は筆者、聖典全書二、一八六頁）

この四引文のうち、傍線を付した『無量寿経』の二引文に注目したい。ここにやはり往生者の数の問題が出されており、すでに『往生要集』引文の「化浄土中生者不レ少」を待たずして、自力の行者（諸少行菩薩）は数が多い（不レ可二称計一）と示されている。しかも「少行」「少善根」等とあって、誡めの意味もはっきりしており、この『無量寿経』引文と重ねて読めば「化浄土中生者不レ少」にも誡めの意味のあることが明瞭である。

このように【答釈②】「又報浄土生者極少。化浄土中生者不レ少」の文は、先行する『無量寿経』引文と左記のような対応が認められる。そしてこうした両者の対応からするに、親鸞はこの『往生要集』の文を〝源信和尚が『無量寿経』の教えにもとづいて示された釈文〟と捉えて引いているものと思われるのである。

『無量寿経』「化生」（化身土文類）
『無量寿経』「易レ往而無レ人」（信文類）
→『往生要集』「報浄土生者極少」（【答釈②】）
『無量寿経』「胎生」（化身土文類）
『無量寿経』「諸少行菩薩…不レ可二称計一」（化身土文類）
→『往生要集』「化浄土中生者不レ少」（【答釈②】）

それでは続く「故経別説、実不㆓相違㆒也」の意味はどうなるだろうか。直前の「報浄土生者極少。化浄土中生者不㆑少」を『無量寿経』の教えにもとづく釈文と読むならば、「実不㆓相違㆒也」は今問題とされている『菩薩処胎経』の経説がそうした『無量寿経』の教えと何も相違していないことを述べた文となりきれいに文脈が通ることになる（なおさらに言えば「実に相違せざるなり」の「実に」について。普通に理解すれば強調の副詞であるが、親鸞はこれを「真実（『無量寿経』の教え）に相違していない」という名詞＋助詞の意味で読んでいると見ることもできる。しかし敢えてそう読まなくても意味は通るから今はこの見方はとらないことにする）。

そして「故経別説」は「（『無量寿経』とは）別の経説である『菩薩処胎経』の説」を意味することになるわけだが、この理解は二つ目のポイントである親鸞の「経の別説」という訓み方からしても問題がない（さらに言えばこの「別説」の語には、単に「他の」という意味にとどまらず、「別館」や「別荘」などの場合に同じく、根本に対する枝末の意味で、根本経典たる『無量寿経』の説に対する枝末経典たる『菩薩処胎経』の説という意味があると読むことも可能かもしれない。しかしこれもまたいずれとも判断し難く、今はこの見方をとらないでおく）。

以上の考察を踏まえ【答釈②】の現代語訳を示せば以下のようになる。

※『教行信証』の【答釈②】現代語訳

原文	現代語訳
又報浄土生者極少 又報の浄土に生ずる者は極めて少なし 化浄土中生者不㆑少 化の浄土の中に生ずる者は少なからず	また（『無量寿経』には）報土に生ずる者は極めて少なく、化土に生ずる者は少なくない（と示されている）。

故経別説 故に経の別説	だから（『無量寿経』とは）別の経説である『菩薩処胎経』の説も、
実不㆓相違㆒也 実に相違せざるなり	（『無量寿経』の教えと）まったく相違していない。（つまり『菩薩処胎経』に億千万に一人しか阿弥陀仏の国に往生できないと説かれていることは「〈阿弥陀仏の国は本来〉往生しやすいにも拘わらず〈他力信心の人は滅多にいないために〉往生する人がまれである」という『無量寿経』の教えどおりであるし、また『菩薩処胎経』に多くの人が懈慢界〈化土〉に留まってしまうと説かれていることも「少功徳〈自力の善根〉によって往生する者〈胎生往生者〉は数え切れない」という『無量寿経』の教えと何も相違していないのである。）

小　結

以上、要門釈の『往生要集』引文【答釈②】の読み方について私見を述べた。もし親鸞の読み方がこのようであるとすれば、真宗学における源信の報化二土の釈功とは、源信の『菩薩処胎経』に対する優れた解釈という説明だけでは十分とは言いがたいであろう。「源信和尚は『菩薩処胎経』を解釈されるにあたり、まず『無量寿経』に説かれる胎生・化生の得失・勧誡の経意を簡潔な一文によって的確に示された（「報浄土生者極少。化浄土中生者不㆑少」）。そしてその的確に捉えられた『無量寿経』の経意をもとに『菩薩処胎経』の異説を捌き、両経の教えのここ

ろがまったく同一であることを結釈された（「故経別説、実不二相違一也」）。親鸞は源信の釈功をこのように受けとめているものと思われるのである。

　それにしても考察を終えるにあたって思われることは、経典解釈の歴史的展開の不思議さとでも言うべきものだ。本稿でも触れたように、もともと『菩薩処胎経』の懈慢界に関する経説は『大阿弥陀経』もしくは『平等覚経』という初期無量寿経の辺地説をもとに創作されたものと考えられる。その意味では懈慢界の説は初期無量寿経はもちろん、後期無量寿経の辺地・胎生の説とも本来は同じものであると言えるわけだが、『菩薩処胎経』の製作者は初期無量寿経の辺地説に様々な改変を加え、懈慢界を極楽とは別世界として描き、そして極楽への往生は極めて困難であると強調することで、阿弥陀仏への信仰を貶めようとしたわけである。

　これに対し懐感や源信は、『菩薩処胎経』の執心の牢固・不牢固と善導の専修・雑修の教えを重ねることにより浄土往生が易行の道であることを述べるとともに、通報化説にもとづく報土往生と化土往生の区別を持ち出すことによっても浄土往生が困難な道ではないことを示そうとしたわけである。ただしそれは懈慢界の捉え方について言えば、あくまでも『菩薩処胎経』の製作者の改変意図どおりに懈慢界を極楽とは別世界とする理解に立った上での会通であった。それが親鸞に至ると、こうした懐感や源信の解釈を介することでと言うべきか、あるいは介するにも拘わらずと言うべきであろうか、懈慢界の説は『菩薩処胎経』製作者の意図をさらに完全に超えて、その経説の大本であった『無量寿経』の辺地・胎生の説（胎化の得失・勧誡の教え）と全く一致する教えとして、言わば元の鞘に収まることとなったのである。

註

（1）『顕浄土真実教行証文類（現代語版）』（本願寺出版社、二〇〇〇年）四六三頁。
（2）拙稿「『菩薩処胎経』の懈慢界」（『東洋の思想と宗教』二八、二〇一一年）ならびに「懈慢界の解釈――『群疑論』とその後の展開――」（『真宗学』一二三・一二四、二〇一一年）を参照されたい。
（3）『菩薩処胎経』のこうした性格については以下の論考に指摘されている。Elsa I. Legittimo, "A comparative study between the Womb and the Lotus sutra: Miraculous stupa apparitions, two simultaneous Buddhas and related extraordinary narrations", *Journal of Indian and Buddhist studies* 56 (3), 2008, pp. 1114-1120.
（4）『浄土真宗聖典（七祖篇原典版）』一二五二頁。
（5）『最明寺本往生要集　影印篇』（汲古書院、一九八八年）五四五頁。
（6）淺田正博『往生要集講述』（永田文昌堂、二〇〇八年）六二八頁の影印。
（7）『宗祖親鸞聖人七百五十回御遠忌記念　顕浄土真実教行証文類（坂東本）影印本』（真宗大谷派宗務所、二〇〇五年）／聖典全書二、一八七頁。
（8）『宗祖親鸞聖人七百五十回大遠忌　顕浄土真実教行証文類　復刻』（浄土真宗本願寺派宗務所、二〇一二年）。
（9）善譲『顕浄土教行証文類敬信記』巻一五（『真宗全書』三一、四四五頁）。
（10）「経別説」の解釈については、善譲に先行する僧鎔『本典一渧録』でも「経別説等とは『処胎経』に懈慢国土と阿弥陀仏国を別ちて説き給ふと見れば相違なしとの給ふ也」（『真宗叢書』八、二九八頁）とあり善譲と同じ解釈である。また、柔遠『顕化身土文類本删補聴記』巻上（『真宗叢書』七、一一〇頁）も同様。ただし僧鎔・柔遠両師とも「実不㆓相違㆒也」の意味については具体的言及が確認できない。
（11）義山『教行信証摘解』第七（『真宗叢書』九、一〇一頁）。
（12）義山『教行信証摘解』第七（『真宗叢書』九、一〇一頁）。
（13）「経別説とは『胎経』の説と『観経』と異なるを謂ふ。不相違とは、二経其意、実は相違せざるを云ふなり。」（『本典研鑽集記』巻下〈復刻版〉、永田文昌堂、一九六九年、三一八頁）。
（14）深励『教行信証講義』（『仏教大系　教行信証』第八巻、五一二頁）。

小児往生論の研究（上）

――名代だのみを中心として――

井上見淳

序論

蓮如が創出した「改悔」という儀礼は、「開山聖人」親鸞の命日法要「報恩講」の期間中に、御影堂に安置された親鸞の木造真影に対して各人が領解内容を告白し、御開山の名代である宗主蓮如が指導を与えるという形で始まった。蓮如は「信心獲得」という真宗教義におけるもっとも重要な局面を、こうした劇的な舞台を用意して分かりやすく儀礼化したのであった。

ところでこの改悔は、創案者の蓮如なき後、さまざまな展開を見せた。その中でも興味深い展開のひとつが小児往生の議論における位置づけである。

――信心正因をかかげる浄土真宗において言葉を解さない小児の往生をどう考えるのか。

この問題は、各資料の記述を信頼するなら、寛文年間（一六六一～七二年）に至ると、紀伊（知空『鷺森含毫』）・筑前（『小児往生問答』）・越後（法霖『小児往生説』）と全国各地で、あたかも「シンクロニシティ」の如く一気に問題化した。現場から投げかけられたこの痛切な問いは、一たび教学の俎上にあがると十八世紀を最盛期と

して多くの研究者が挑んだ難問となった。十九世紀に入ると徐々に論じられなくなっていくが、こうした問題は潜在的にはもっと古くから存在したはずであり、また現代に至るまで続く切実な問題である。近代に入ると大正期頃から、江戸期に蓄積された成果に尋ねるべく整理がなされはじめる。(1)

筆者もまた少なからぬ関心をもってこうした成果に触れた一人である。しかしながら先人の苦心によって生みだされた研究成果と、研究史としてそれらが整理された成果とを見る時、やや疑問に感じる部分が残った。特に研究史として整理される時、諸資料それぞれで異なる問題意識やニュアンスが捉えられているのか、分類結果の妥当性に疑問を感じることが多かったのである。そこで本論では、江戸時代の研究のほとんどで言及される「名代だのみ」という儀礼を軸におおまかな分類を行い、それぞれの研究内容を紹介した上で、筆者なりの見解を述べてみたいと思う。

では名代だのみとは何か、先に触れておきたい。名代だのみとは小児の名代として、親が代わりに改悔を行うことでその子の信心（乃至往生）を保証するという儀礼である。この儀礼は、時代や地域によって単に「代だのみ」、「代帰命」あるいは「弥陀だのみ」（三河）、「御名がけ」（越後）等とも呼ばれた。これについて玄智の『考信録』に記録がある。

名代頼の式の事は、子を生じて数日を経て後、その親これを抱きて手次の寺に至り、師僧に志願を告求む。師僧これを本堂へ延き本尊に拝謁せしめて、即領解文を口授す。一句々々ごとに親その子に代て随て唱へ、来生の救摂を頼み奉り、念仏作礼して退く。但し領解文の中、「今度の我等が一大事の後生」と云をば、「今度のこの子の一大事の後生」と授る人もあり。やはり常の如く授る人もあり。共に妨あるべからず。他門にもこれに類する式あるべきことなるに他門には聞及ばず。今宗独り存すれば慶幸すべし。これも祖徳の致すところなら

ん。〔今宗にも田舎には処々にこれあり。京地には見聞せず、願くはこの式退転せざるやうにあらせたし〕

（『真宗史料集成』第九巻、五一〇頁）(2)

これによると、子が誕生して数日すれば手次の寺院に親子で参詣し、本尊に拝謁した上で師僧が、子の代わりに親に対して「領解文」を口授（口伝え）したという。この時、定型の「今度の我らが一大事の後生」という部分を「今度のこの子の一大事の後生」と授ける者もあった。玄智は、田舎の諸処でこの式はやられているが、京都では聞かないとしつつ、この式をなくさないようにしなくてはならないと註記して推奨した。しかしこの儀式を浄土真宗において認めるかどうかの賛否は分かれた。

そこで本論では、上述の方法で整理を行い、ひいては改悔が「名代だのみ」と展開して、小児往生においていかなる意味を持ったのか考察していく。本論で扱う資料は次の一覧の通りである。

書名	著者	執筆年	所蔵
①『改悔私記』	丈愚	一六六〇（萬治三）年	龍谷大学蔵
②『鷺森含毫』	知空	一六六四（寛文四）年	龍谷大学蔵
③『二十四箇条問答』	知空	一六八四（貞享元）年	龍谷大学蔵
④『嬰児帰仏弁』	知空	一七〇二（元禄一五）年	龍谷大学蔵
⑤『願生寺一件』	東派	一六六一～七二（寛文年中）	大谷大学蔵
⑥『北窓偶談』	峻諦	一六九二（元禄五）年	龍谷大学蔵
⑦『小児往生問答』	若霖（慧林）？	（一七二五～三九？）	龍谷・大谷大学蔵
⑧『北戸集』	春東	一七二〇（享保五）年	龍谷大学蔵

⑨『小児往生開疑鈔』	不明	一七二七（享保一二）年	龍谷大学蔵
⑩『日渓百問』	法霖	一七二八（享保一三）年	龍谷大学蔵
⑪『小児往生説』	法霖	一七三九（元文四）年	龍谷大学蔵
⑫『小児往生弁』	不明	一七四六（延享三）年	龍谷大学蔵
⑬『炉辺夜話』	慧鐺	不明	龍谷大学蔵
⑭『真宗安心朱紫稿縁起』	僧樸	一七五三（宝暦三）年	龍谷大学蔵
⑮『真宗帯佩記』	慧琳	一七六四（明和元）年	『真宗全書』第六四巻
⑯『考信録』	玄智	一七七四（安永三）年	『真宗史料集成』第九巻
⑰『帰命問答』	慧舶	一七七五（安永四）年	龍谷大学蔵
⑱『白糸篇』	善意	一七八一（天明元）年	龍谷大学蔵
⑲『小児聞名義』	柔遠	一七八八（天明八）年	龍谷大学蔵
⑳『小児往生章』	深励	一八一一（文化八）年	龍谷大学蔵
㉑『真宗護法篇』	観道	一八一七（文化一四）年	『真宗全書』第五五巻
㉒『小児往生諺決』	徳龍	不明	大谷大学蔵

プロトタイプとして知空

小児往生が教学史上に浮上したのは、おそらく丈愚の『改悔私記』（中）におけるごく簡単な次の問答であった。

問ふ。二尺の童も其の分弁無くして仏に本づくの形を示す。其の益ありや。答。芭蕉も耳無くして雷を聞て、葵藿は眼なくして日に随て旋る。故に口言はずと雖も、心足らずと雖も正に勝徳あり。…中略…これ依憑の力

なり。譬ば蒺蝿の驥尾に付くに一歩に数千程を踰るが如し。

ここでいう二尺の分別のない子が示す「仏に本づくの形」とは、まさに名代だのみであろう。丈愚は「口言はずと雖も、心足らずと雖も正に勝徳あり」としている。

そしてこの小児の往生が本格的に大問題として顕在化したのは、寛文三年（一六六三）におこった「黒江の異計」と呼ばれる異安心事件においてであった。そこで、この事件の詳しい顚末や意義に触れたすぐれた研究成果によりながら、(3)いま簡単に顚末を述べておきたい。

紀伊の黒江御坊では、「作太夫」という門徒が、当寺を預かる「貞岩」の教化を軽んじ、所謂「十劫秘事」のような領解を広めていたため争いとなった。そこで本山から御堂衆の「存空」なる人物が二度にわたってその争いを治めに派遣されたが、その都度おこなった彼の法談が内容を異にしていたためかえって混乱をきたし本願寺に訴えが出された。そこで存空の法談の内容について、若き能化知空(4)を中心に御堂衆が検討を加え、最終的には寂如宗主の御前にて存空と対論を行った。結果、存空の領解不足が指摘され、騒動は収束に向かったのであった。一地方の騒動が本山学林内への論争へと発展したこの事件について、深く関わった知空がその顚末を『鷺森含毫』と題して書き著した。時の宗主寂如も関わった経緯から、この書は一種「お墨付き」を得たような格好となり、後世に影響を残した。

ところで教学史全体から眺めてみると、この『鷺森含毫』を中心に知空が論じた内容に、実は小児往生の議論に関する問題点は、ほぼ胚胎されていると言い得る。いわばプロトタイプの役割を果したと思われるので、しばらく内容を確認してみたい。

紀伊からの訴えを元に知空や御堂衆が検討が加え、存空の問題点は以下の五点に絞られた。

一、一度だけ弥陀をたのむということが誤りであると述べた点
二、口授で弥陀をたのませることが誤りであると述べた点
三、自分の五人の子どもに弥陀をたのませていないと述べた点
四、楽を受けようと思って浄土を願うことを凡夫の欲心と述べた点
五、信をえたる者は盗や博奕などの悪業を犯さないと述べた点

このなか本論の問題意識からは四点目以外はすべて関わる。以下、知空の見解をみてゆく。後代に論点となる部分については【　】内に示した。

まず一点目では、存空は「一生に一度さえたのめばよいと心得て、特に仏願の生起と本末も聞き分けず、宿善開発の機でもないのに【宿善の厚薄】、坊主の口まね（口授）をして改悔を述べ、後に称名が相続するでもなく慶喜報恩の思いのない者を戒めたのだ」と申し開いた。これに対して知空方は一往は道理ありと認めるが、再往は宿善深厚ならば一度で成立することもあるではないかと述べ、それを誤りとするのは言い過ぎであるとした。

次に二点目で改めて口授が問題となる【口授だのみ】。知空は、存空が「貞岩の口真似をしなくてはならないと理解している人に対して述べた」という言い分をここでも一往認めるが、一概に口授を否定したものでもないとする。そこで知空は当時、たとえば他宗から真宗に入る者がいた場合、細やかに仏願の生起本末を話して聞かせた後「弥陀如来われらが後生御助け候へ」と口授にてたのませていた、そのことを事例として挙げ[5]、口授でたのんで往生決定することもあるし、口授をせずにみずからの領解を発しても往生が定まらない場合もあるという[6]。だから「おほよう（大様）」の者であっても、同じように「まづたのませば任運に決定の信心となるべし」と述べ、たとえ無宿善の者であっても利益するところは多いのだから、まずはたのませるのが「当流の古実」であり、「たのむ

すべ（術）」であると述べた。【伝統的儀礼】。さらに当時、阿佐布の光善寺と金杉の安楽寺とが口授だのみの是非を巡って争った事例を挙げ、「中古以来この改悔だのみにして信を得たるもの天下過半なれば、そのものはあやまりとはきはめがたし」とした。

そしてまさしく小児について問題としたのが三点目であり、強く連関するのが五点目である。存空は信を得たものは悪事を犯さない。よしんば不故思（「ことさらに思わず」の意）で犯した場合には随犯随懺し、改めて改悔を行う必要があると理解していた（五点目）[7]【たのみ直し】。これは当時信心を得た者に対する理解として常識的であったようであるが、存空はこうした理解をもとに、いきおい自分の五人の子どもたちが将来「如何様の悪事出来あらん」と思って、まだ如来をたのませていないと述べたのである。これについて知空は「これは当流の格式をしらず。当流の作法にむまれ子を忌もあきたらば、親がたのませたるがよきなり」と述べている。ここでいう「むまれ子」の「忌」が明けるとあるのは、古来から伝わる所謂「産の忌」のことである。時代・地方によって違うが、いずれにしても産まれて数十日という時点で「親がたのませる」というのは、まさしく名代だのみにほかならず、それを「よき」ことであると知空は支持した。対して存空は「むまれて三十日の忌あき、参銭をもたせて御堂へつれて参らせたるほどに、たのませ玉ふ同事」と申し開いたが、知空は、

そこにこそ当家の格律はあれ。父が替て「阿弥陀如来後生御助け候へ」とたのませたるか、さもなくはたのませんと同事とはいひがたし。…中略…隠には順次の生もあるべし。顕には遠生の宿縁となるなり。

と断じた。これによると、「当家の格律」として、当人が改悔を行えない場合、父が替わって「阿弥陀如来後生御助け候へ」と名代だのみをしないとたのんだことにはならないと述べている。加えてこの儀式について「隠顕」という教学用語を用いて説明し、「顕」としては遠生の結縁となるはたらきがあるし【名代だのみ→結縁】、「隠」と

しては宿因深厚の児であれば順次の生をうけることもある【名代だのみ↓信心獲得】と述べている。対する存空は、「まだ心が開けていない子どもがどうして教えを聞き入れて結縁することがありましょうか」と問えば、知空は、『口伝鈔』第六条（四、二五三）[8]の信楽房の故事を反証として引き、親鸞が「聖教を山野に棄てたとしても禽獣の結縁となるであろう」と述べているではないかと言うのである。

以上、知空の『鷺森含毫』から本論の問題意識に関わる部分を抽出した。【　】に示した内容に注意しながら改めて整理してみよう。

まず一点目で宿善深厚ならば一度如来をたのむだけで信心が成立するとした点と、二点目で口授について、大様の者でも無宿善の者でも、まずは改悔でたのませておくのが「当流の故実」であり、「たのむすべ」であると論じた点は注目に値する。

これらはいずれも小児について述べたものではないが、一点目の論理は、まさしく小児往生を問題にした三点目で、生後間もない赤子の「名代だのみ」であっても「宿因深厚の児ならば、順次の生をうくる辺もあるべし」と知空はそのまま援用している。そして二点目の理解は、やはり三点目において、赤子であれ、知空は名代だのみを含めた「改悔だのみ」をまずは行うことが「当家の格律」と再説し、これを行っていない場合はたのんだことにはならないと断じた。これによりこの儀礼は伝統面からも支持する理由が与えられ、たとえ獲信までは至らずとも結縁にはなると意味づけられたのである。この知空の強硬な姿勢を見ると、入信儀礼としては改悔だのみに一本化された形で当時は常識化していたのだろうと考えざるを得ない。

但し小児往生に限った場合、知空や御堂衆たちは五点目で、存空の子について「第一の娘は十三、四なるべし。第二の男子は十一なれば、もはやそのこころなきにあらず」とすでに法を聞くことが可能な年齢に達しているでは

ないかと存空を責めている点が目を引く。彼らは赤子でも宿因深厚ならば名代だのみによる順次往生は可能と主張したわけだが、ここから見れば、本当に名代だのみをさせた時点で赤子に信心の成立を認めていたのかどうか。この儀礼の是非を考える上で極めて重大な論点を提供しているといえる。ちなみに後世、名代だのみをさせた子が法を聞き分ける歳に達した時、改めてたのみ直す必要があるのかどうかという点は、一つ論点となっている。

さて知空は、五十一歳の時『二十四箇条問答』にて、六十九歳の時『嬰児帰仏弁』にて小児往生について再説している。前者は、名代だのみは『大乗義章』でいう所の自業自得の道理を越えた自作他受・他作自受ではないのかという問いから始まる。それに対し他宗で産後忌があけたら神社へ連れて行くのになぞらえて、当家では面々の意楽でそれを行っているのであり、「しからば先づ儀式にてさふらへば悪きことにてはあらじ」という。往生の得否については、

見仏等の小縁をかりて宿因忽発して、嬰児ながら傍よりたのませたるによりて往生するもの何ぞなしといわんや。十方衆生の願文には無智の嬰児も含むぞかし。しかれば一概に究むべからず。

と述べる。ここでいう「見仏等の小縁」とは本尊への拝謁、「傍よりたのませたる」とは名代だのみであろう。宿因によってはこうした小縁でも往生を得ることがある。「十方衆生」と願われた中には無智の嬰児も含まれているから、というのである。一方で宿因が弱く短命な場合、名代だのみは結縁となって来生に信を得て往生を得るという。[9] 結局、往生の得否は衆生には分からないと結論しているが、知空は初めの他作自受に関する明確な答えは行っていない。

また後者の『嬰児帰仏弁』では、

童孩喑啞の輩、三宝戒を、人をたのみてつとむること、小児なれば親、或は穏婦などにても仏前に詣し、かは

りて帰命頂礼すること当家の作法とし、宗師と師檀の契約の儀式としてこれをつとむ。諸宗に例なし。いかが出拠ありや。

と述べ、名代だのみをおこなう対象に小児に加えて聾唖者も挙げ、[10] これは「当家の作法」であり「宗師と師檀の契約の儀式」でもあるが、他宗にはなく根拠は何かと問う。そして『大集経』や『摩訶僧祇律』等さまざまに引用するが、特に『阿毘達磨大毘婆沙論』[11] によって、「胎中と嬰児とまた唖者などには他人をたのみ、他の語表にて三宝に帰依する儀式は諸宗ともにあるべき事なり」と述べ、ここでは更に「胎児」まで含めて諸宗にも例のあることと示し名代だのみを支持したのである。

こうした知空の見解が小児往生論のプロトタイプとなり、後世の議論に一つの基準を与えた。

名代だのみをめぐる諸説

ここから小児往生論について名代だのみを軸に、後世の議論を大きく以下のように分類した。

A……名代だのみという儀式そのものを認めない
B……名代だのみは結縁の儀式としては認める
C……名代だのみによって獲信（乃至往生）もあり得る

Aの立場の研究

Aの立場を主張する者は、小児往生の議論全体から眺めてみると意外に多くはない。筆者の見た限りでは、⑦『小児往生問答』（若霖《或いは慧林》）、⑨『小児往生開疑鈔』（不明）、⑲『小児聞名義』（柔遠）、⑳『小児往生

章』（深励）、㉒『小児往生諺決』（徳龍）である。

⑦『小児往生問答』（若霖《一六七五～五三》或いは慧林《?・》）の場合

『小児往生問答』（以下『問答』）は執筆時期は不明だが、寂如を「前住様」と称しているので住如在職時（一七二五～三九）の執筆とみられる。龍谷大学と大谷大学に各一本伝わっているが、多少、文言に出入りもある。龍大本（『古徳述録』第二巻に収録）は著者について冒頭に「桃溪能師説」と書かれており、これは第三代能化、桃溪若霖であろう。一方の谷大本には「漂泊慧林」と記されているが、慧林がいかなる人物なのかは不明である。

さて『問答』では冒頭に「小児を仏前にいざない如来を頼ませ候事」と題し、「黒江の異計」の時に出された裁定を「内益」と「外縁」に分け、以下のようにまとめている。

小児頼ませ候義、内益を置きて、外縁にしたがふと申す旨に落ち着き仰せ出され候。

「内益を置く」とは往生治定なりと申事、あらわにとり沙汰いたさるる事に候。その故は東西不弁の小児、本願名号を聴聞し、耳もいまだ開かず。領解申す心もいまだ開けず。また宿善の厚薄、信心の有無、その心中外より見えがたく、これを問うに知り難く、ゆえに内益の分斉は、ただ仏耳ご存じにて愚癡の凡夫の推量をもってとやかく申義にては是なし。只外へ顕れたる㒵に心うべし。依て内益を仏に任せ外縁に従ふとの義を仰せ出さるる也。「外縁にしたがふ」とは外へ見えたるままに心得候へとの御事に候。小児を仏前へ誘引いたし頼ませ候は、宗門の儀式作法にして、自然と勝因縁となる道理これありとの義にて候。

ここでは東西不弁（東西も弁えない）の小児は本願名号を聴聞し、領解を述べることはできない。また宿善の厚薄、信心の有無も外からは分からない。だからそうした内益は仏のみ知る所であり、凡夫の推量で顕わに論じるこ

とは措くように決した。一方で「外縁にしたがふ」の方は意味が取りづらいが、恐らくは内益は仏にまかせ、小児をたのませるという外縁によって往生は決定と心得よ、というほどの意味かと思われる。小児を仏前でたのませるのは「宗門の儀式作法」であり勝因縁となる道理があるから、外縁としてこれまでのように続けるべきだとしたという意味であろう。

しかしながら『問答』では、往生とはあくまで当人が「南無阿弥陀仏の六字の御理を聴聞申分、宿善の御催しより一念発起して弥陀仏とたのみ奉り候」時に決定するというスタンスをとる。だから親が幼児をたのませたのだとしても、赤子について名代だのみをしたのだとしても、それによってその子の心中に信心が生じたかどうかを問題にするのであるが、「内益」は凡夫には分からない。その「凡夫にては知りがたき所をおして往生は治定とするは僻事」と述べ、名代だのみを行いさえすれば往生は決定と一律に理解することを批判するのである。信もない子を形ばかり仏前へ押し向けていても、信心を獲得するということも必要ない事になっていき、「信心をもって本とせられ候と御開山の御一流、たちまちにすたれ、やぶるる義にて候」という。更には、

また面々にも覚えあるべく候。四、五歳までは「極楽」と云とも「弥陀如来」と云とも、「本願」も「名号」もわきまえもなきものなり。かくのごとく小児の心を押さえて往生は治定せしと許す事、はばかりもなき申す事なり。

と述べ、「面々にも覚えあるべく候」と幼少時の記憶に関して訴えかけ、名代だのみを否定する。更に著者は、宿善のすばらしさにより小児の時にたのんで往生が定まる者が万に一つもいない、とまではいわない。しかしながら、それをもって一切の小児に適用することは出来まいという。したがってたのみなおすことの必要に触れて、小児の時に信心決定している頓機ならば、

「宿善の御催しに依っていまだもの言わざる時、頼みて往生は治定してあれば今更にたのむに及ばず」と云べし。かように明らかに申す小児なら重ねて頼むには及ばずなり…中略…しかれどもかくのごときの小児はおそらくは稀なるべし。其の外は皆参る所、不定なり。

とあり、こうした稀な事例を除けば、参る場所はすべて不定であり、重ねてたのみ直す必要があると主張するのである。そして、仏も法も知らない酔いつぶれた大人を仏前へ担いでいき、この者に代わってたのんだから、この酔いつぶれた者は往生決定と許すのかと例を出して批判している。このように名代だのみや、理解力の乏しい幼少期に親がたのませることに関しては否定的であるが、真宗へ入門する時の口授だのみについては、

未安心の輩にても仏前にひざまづき、知識の詞を受けて、口に唱える間に、不覚不知、恭敬の心起こり歓喜の思いあらわれてたちまちに往生を決定する者多し。世間おおかたは左様なり。

と述べ、実際当時の大半がこの方法により信を得て往生決定しているし、これは当人によるものという点で一定の評価を与えているのである。

⑨『小児往生開疑鈔』（不明）

次に『小児往生開疑鈔』（以下『開疑鈔』）は刊本であるが、著者は記されていない。[12] この書は、当時風聞として「本願を信楽するについて、小児往生をゆるさず。十歳已下の往生、のぞみたへたりと云々」といい「このことくにしのびず」と始まる。著者は小児往生を認めない場合、五点にわたって難点を指摘する。要約すると以下である。

一、真言・天台等は小児の成仏（乃至往生）をゆるす道があるが、真宗がそれを許さないなら、難行より難に

なるのではないか。

二、二乗・三乗ですら真如縁起によって識情あれば成仏を認める。いうまでもなく円頓教ではそれを広く認めてゆくものであり、『華厳経』では善財童子が、『法華経』では龍女八歳が成仏する。真宗はこれに劣るというのか。

三、諸仏菩薩の名号ですら小児を利益する。弥陀はそれに劣るのか。

四、他家は赤子が亡くなっても追善することで一分心意開解の利益を説く。真宗はこれをしないが悪道にとどまるのか。

五、本願文・成就文の「十方衆生」・「諸有衆生」をどう考えるのか。

見て分かるとおり、この書には他宗に対する時代特有の強い意識が下敷きとなっている。では具体的な内容をみていきたい。

この書ではまず宗義について「第十八願の信心をもって往生を決定し、そのうへの念仏は仏恩報謝とこころふべきなり」と押さえ、六字釈・機法一体について説明し、真宗の他力回向の主体は阿弥陀仏であることを確認している。

そして改めて小児往生へと移り、赤子には念ずる心がなく、四、五歳の子は話せても聞信までは困難である、どう考えるのかと問いを起こす。対して本願に「十方衆生」といっても、中には赤子を含めてさまざまな機類がおり、「長命には十念をあたへ、短命には一念の利益を成就したまふ」のだという。一機一縁の利益を施すのが諸仏菩薩であり、ましてわが弥陀は万機普益の主、無上殊勝の願王である。『無量寿経』には浄土の徳として、仏道を成るに至るまで、耳根清徹にして苦患に遭はず。目にその色を覩、耳にその音を聞き、鼻にその香を知

り、舌にその味はひを嘗め、身にその光を触れ、心に法をもつて縁ずるに、一切みな甚深の法忍を得て不退転に住す。（一、三七）

と六根全てにはたらくことを示し、これは浄土の徳であるがそのまま名号の徳なのだと展開する。つまり耳根にだけはたらく如来ではないというのであろう。そして、

光明の十方にきれまなく、名号の三世に利益さわりなきがゆへに、三塗黒闇をも度したまふなり。豈にそれ赤子をもらしたまふべきや。

と、赤子もその不可思議のはたらきの中にあることを述べた後、「赤子たりといへども、光照を拝せん宿善あらば善知識にあい名号を念ぜん」とまでいう。つまり宿善によっては赤子が善知識にあって称名することもあると述べるのである。

さて『開疑鈔』では、名代だのみについて「赤子・幼少の子、臨終の体を見て、親、名代に立ち如来をたのみ申すこと世間にこれありそふろう」と説明する。これにより出産前後のみならず、子の死に際しても名代だのみを行う例もあった事が知られる。この書では名代だのみを「自力宗流の通法」とし他宗では用いるが、「当流の人これをもちゆるこころあらば、凡夫自力のくわだてなり」と述べる。そして一往は「大善の名号なるがゆへに結縁となってついに安楽にいたらん」とする。しかし再往論じるならば、

ただはからいを息めて、如来大悲不思議の仏智をもってかかるものをたすけたまふと歓喜して自身領解の仏恩を称名念仏すべきばかりなり。名代となりたのみ、常に仏号を称して迷闇をはらさんと自力の功を積まば、頓教の中の漸教、他力の中の自力凡夫、いかでか廻向を成就せん。

と述べ、名代だのみとは自力廻向に他ならないと断じる。この書では特に「もし仏智をおのれが機にとりて用いる

ときは自力廻向となる」という旨がたびたび語られ、不可思議の回向の主体である如来の大悲不思議を仰ぎ念仏するほかはないという点が強調されている。

またこの書で特筆すべきことは、還相回向について語った所である。「安楽浄土の菩薩、衆生を利益したまふこと自在なり。あるいは女人、国王、…中略…親となり妻となり、童男、童女、身得道者と云々」と述べ、和泉式部作と伝えられる古歌「かりにきて　親にあだなる世をしれと　をしえてかえる子は　知識なり」[13]を引用している。小児往生をさかんに論じた江戸の宗学において、亡き子について還相と理解して位置づけをはかったものは実は少ない。その意味でこの『開疑鈔』の理解は注目すべきものであるといえる。

⑲『小児聞名義』（柔遠《一七四二～九八》）

次に『小児聞名義』（以下『聞名義』）では、冒頭に、

問。今家悲化の法式として、師僧、仏前にて改悔文を「もろもろの雑行雑修、自力の心をふりすてて…中略…このうへの称名は、御恩報謝とよろこびまうし候ふ」と一句二句宛これを説に、父母等その通りまた説て小児に聞かして、その童の往生一定と安堵せしむ。しかるに近来異解まちまちなり。

と師僧の口授によって父母から子へと行われる改悔だのみを「悲化の法式」と表現し、この理解にばらつきがあることを指摘して始まる。そしてこの儀式について、柔遠は、

師僧の説く所、これ仏祖相承の法談なり。または略讃嘆ともいうべし。父母等、その法談の通り、また小児に説き、聞かしむ。何ぞこれを代憑といわんや。それ往生浄土の法門は智愚老少、唯だひとしく聞其名号の信心ならくのみ。これを代憑といふものはただ相を見てその実を知らざる故なり。

という。つまりこれは親が名代としてたのんでいるのではなく、師僧の法談を父母が、そして父母の説を小児が、あくまで聴聞しているのだと主張し、「代憑」と表現するのは形式だけをみて、その実を知らないのだという。しかしながら無智の児が聞信するのかという問いに対しては、宿善がなければ八十歳の老翁でもどうしようもないといい、「仏力不思議、なんぞ疑わんや」と述べると「ただ仰信してすみやかにとき聞かしめ悲化の法式に違背する事なかれ」と子どもに速やかに法義を説き聞かせて、悲化の法式に背くことがないようにとひたすら強調するのである。次に父母がその子の往生の得否を尋ねてきたらどうするのかと問い、「聞名の端的、すでに心光摂護の益を獲たてまつる。何ぞ往生に疑いあらんや、よろしくこの旨を得て示すべし」と答え、悲化の法式の時点で心光摂護の益により往生に疑いはないという。また凡夫が往生の得否を決してよいのかと問い、「遇無空過者」の法義だから「法徳のなり」からいえば「遇わざれば止どむ。遇うたからは決定往生、なんぞ猶予せんや」といい、悲化の法式によって法に遇っているのだから猶予する必要があろうかというのである。そしてもし宿善がなければ聞法しても遠生の結縁にしかならないのではないか、それをいう必要はないのかという問いを発し、二通りの答えを示す。すなわち一つ目の答えでは「空遇する者は真宗の行者にあらず。なんぞこれを取り上げて論ぜんや」と答える。そして二つ目では、

もし二途にこれを示さば、父母等、凶児もし悪趣にや堕せんと猶予し、香華等の供養も追善廻向におのづからなり行き、自身の往生も不定に思い、称礼念、ことごとく不如実修行に堕せん事、道理必然なり。故に専ら法徳について教示す。何ぞこれを偏見といはんや。

といい、遠生の結縁と伝えることは、父母を不安にさせかえって自力の法義への流れてしまう恐れがあるからもっぱら法徳からだけ伝えるのだというのである。この辺の柔遠の、ある意味で実践的な場での応答を意識した態度は

注目すべきものがある。

柔遠の立場は名代だのみという呼称に惑わされるが、あれは「悲化の法式」による遇法であり、その瞬間に往生決定の身となるというものである。つまり儀式そのものは「悲化の法式」として大いに肯定するが、「名代だのみ」という表現を用いるべきではないという立場である。

⑳『小児往生章』（深励《一七四九～一七》）・㉒『小児往生諺決』（徳龍《一七七二～五八》）

最後に『小児往生章』（以下『往生章』）は冒頭に当時の通説として三説を挙げる。一つには、真宗の家の子として生まれたのは宿善が深厚だからであり、子は人欲にひかれて罪も造らない。宿善が深厚で罪もなければ仏智不思議によって往生するとする説。二つには、東西不弁の子は聴聞ができない。信心がないのだから往生は不可とする説。三つには名代だのみによる往生を認める説である。深励はいずれも不可とするが、中でも名代だのみについては、

親がかはりて帰命したればとて、其の小児たしかに御助けにあづかると云ふことは、弥陀の本願を初め、相承の聖教にかつてこれなきゆえ、依用するにたらず。

と述べ、根拠がないと否定している。

そしてここからの展開は『開疑鈔』とよく似ているが、深励は願文・成就文の「十方衆生」「諸有衆生」に赤子を除くいわれはない、として所被の機に赤子が含まれることを確認する。次に東西不弁の子に念仏はできまいと問うが、対して真宗は信心正因であるから必ずしも念仏は必要ないとする。しかしながら父母の顔さえわからないような小児がどのように信を得るのかと問うと、深励は

たれか小児はみな信心を得ると云や。大人すら信心をえるは甚だかたし。されども東西不弁の児ゆへふつと信心をえぬとはかたぎられぬなり。なぜなればこの名号のいわれ、本願のいわれを意に信受することは唯だ今生一世の智解分別にあらず。光明名号の因縁に催されて過去の宿善開発すればなり。

と答え、大人でもそうであるように、小児がみな信心を得るわけではない。しかしながら東西不弁だからといって「信心を得ないとも限らない」と答え、要は光明名号により宿善が開発されるかどうかであるというのである。そして「信心を得る第一の縁は宿善なり」と強調し、「虫のごとくにして襁褓（おしめ）の内にあるをもって小児に宿善なしとは云べからず」という。そして信心を得る因について次の様にいう。

信心を得るは、ただ耳にて法を聞くのみにあらず。すべて仏の説法もさまざまなり。「玄義分」に云く「六根通説相好」と。…中略…此娑婆界は耳根円通と云て耳に聞きて法に入る習いなれども、他方世界には見識聞香によて法に入るあり。睡眠にて法に入る処もありと云ことなり。

これによって仏の説法とは耳根のみならず六根それぞれにはたらきかけるのであるとする。そして弥陀の本願は万機普益なればただ娑婆の衆生のみ被るにあらず。然れば耳に聞きて信心を得るばかりにかぎらず。目に見鼻にかぎて法に入る衆生も信心をえせしめ玉ふ。

と述べ、阿弥陀仏が信を得させるのにもさまざまなはたらきかけのあることを示し、小児が聞くことが叶わないからといって信を得ないとは限らないという。続けて、

此信心を得るの、或は信心をえざるのと云は、凡夫の解せざるところなり。これは凡慮のはからざるところ、脇目よりしられぬ事なり。

と述べ、要するに信心を得たかどうかというのは赤子であっても、脇目よりは知る事は出来ないとし、小児往生の

可能性を残して結論付けている。徳龍の『小児往生諺決』は、『往生章』と文言や論の運びも似通っており、主張としては同様である。

小結

Aの論者の中でもそれぞれ主張する点が違っている。最後に簡単にまとめておきたい。

⑦『小児往生問答』（若霖《或いは慧林》）は「黒江の異計」の際に出された裁定を「内益」「外縁」と分類して始まる。内益は仏を除いて当人以外は分からないから、凡夫が他からとやかくいう性質のものではない。しかしながら信心とは聞信するところに生じるものである。赤子に決して信心が生じないとまではいわないが、もし信心があるとすれば、それは極めて稀な事例である。成長してから覚えていない様ならば、頼み直すべきだと実質名代だのみを否定している。この立場ならば所謂「ものごころ」がつく前の小児の往生は不可という立場になるのであろう。

また⑨『小児往生開疑鈔』（不明）は、名代だのみとは自力回向であると明確に断じて否定する。一方であくまで赤子であっても、当人が善知識の教えを聞信する所、宿善によっては念仏することもあるとまで論じた。またこの書は亡き子を還相として位置づけをはかっており、筆者が見た中では唯一のものである。この見方が後世に与えた影響は計り知れない。しかしながら場合によっては赤子が念仏する事もあるという主張は、はたして当時にあってもどれだけ受け入れられたものであっただろうか、と考えさせられるものがある。

⑲『小児聞名義』（柔遠）の場合は、改悔を出言するという儀式内容そのものは「悲化の法式」としてむしろ重要視しているが、「名代だのみ」という言葉を嫌うのである。彼は赤子であっても、赤子の名代として親が頼むの

ではなく、あくまで赤子本人による聴聞だと主張するのであり、その瞬間に決定往生となるのである。また父母への影響という点から考えると「遠生の結縁」ということもいうべきではなく、「他力の法徳不可思議」の「なり」を聞かせさえすればよいという。その意味ではAではなくCの分類と見る事もできる。

⑳『小児往生章』（深励）、㉒『小児往生諺決』（徳龍）は、名代だのみは根拠がないと否定する。その上で、全ての赤子が信を得るわけではないが、本願に「十方衆生」とある以上、宿善によっては赤子が獲信しないとも限らないと論じるのである。途中『開疑鈔』と似た論の運びとなっており、その意味では『開疑鈔』に感じたのと同様の疑問を感じる所である。

総じてAに立つ見解は、信心とは当人が聞信していく所に生じるものであるという原則を重んじるものである。したがってある程度、法義を聞き分けることのできる年齢に達していない場合、必然的に往生の可能性を狭めることになる。しかしその一方で、信を得たかどうかは傍からは分からないことであり、様々な他力のはたらきを受ける中で、宿善によってはその子が信を得ないとは限らない、念仏しないとも限らないという説明を用いるのである。これが果たして当時にあってどれほどに受け止められたであろうか、という点は考えさせられるものがある。紙枚の都合により、B・Cの立場に立つ研究は次の機会に論じる。（続）

註

（1）内田舜圓「小児往生の論争に就て」（『六條学報』二三六号、一九二一年）、岡村周薩「小児往生之論」（『真宗大辞典』、一九三六年）、星野貫了『小児往生論』（一九三八年）、北塔光昇『真宗と水子供養』（一九八三年）、持田良和「日本における〈子ども〉概念の成立に関する試論：一八世紀浄土真宗における《小児往生》論争」（『龍谷大学社会学論集』第九号、一九八九年）、東光真法香「小児往生について」（龍谷大学文学研究科修士論文、二〇一三年）、

川本佳苗「夭折者と遺族の救済―小児往生を中心とする仏教観―」（『宗教研究』第八十九号別冊、二〇一六年）、渡辺有「小児往生の研究」（『龍谷大学大学院文学研究科紀要』（三十九）、二〇一七）

（2）本論で引用した資料は、読解の便を優先し、平仮名・新漢字に改め、漢文のものは書き下しに改めた。また濁点・半濁点も補い、句読点・中点・カギ括弧を付して表記した。

（3）薗田香融「黒江の異計―近世宗学史研究ノート―（上）」（『近世仏教　史料と研究』〈第一号〉、一九六〇年）・「同（下）」（同〈第三号〉、一九六一年）、尾崎誠仁「真宗「改悔」の歴史的展開」（『龍谷大学大学院文学研究科紀要』（三十七）二〇一五年）。両氏の論文ともに、江戸初期の教学史における興味深い観点をいくつか提供したすぐれたものである。特に尾崎氏の論文は、筆者と問題意識が近似していることに加えて、筆者の目の届かなかった史資料がいくつか紹介してあり、教えられる所が多かった。

（4）西吟の入寂して以後、法輪寺戒空・教宗寺閑隆・知空とが、交替で能化代役を命ぜられているが、知空が正式につ第二代能化になったのかについては諸説ある。『本願寺派学事史』には、初代能化西吟がこの年に入寂し、知空が能化に補せられたとある。

（5）ここで出てきた他宗より帰参するものについて、前掲尾崎論文は良如時代の仲居衆石川弥右衛門の日記の中に、他派より帰参した坊主衆が経るべき手続きの一つとして、本山両堂において改悔を申させることが記されていることを指摘し、帰参改派の問題がピークに達する慶安（一六四八～五一）年間とも年代的に合致することを指摘している。

（6）『鷺森含毫』では、改悔は口授でたのむことも、自分で述べることもあると両方の例を示している。まだ現行の定型文による一斉唱和になりきる前の状況を示していると思われる。

（7）知空は、『歎異抄』第十四条を引いて、

この証拠をたのみて回心せずして命終るとも往生すとゆるす時は、衆生の機が放逸になるべし。兎角善悪二業の沙汰をせざるが当流の故実なり

と述べる。つまり悪業を犯したままでも往生すると許せば、倫理面で衆生が放逸になるから抑止して言っているのであり、とかく善悪二業の沙汰をしないのが当流の故実だと答えている。

（8）特に断らずに（　）内に示した出典を示す数字は『浄土真宗聖典全書』の巻数と頁数である。

（9）仏教の歴史において、寿命の長短を過去世の業因（宿因）によって説明してきた事実が確かに存在する。現前の不

条理と感じる現実について、「過去世の行い」という我々に認識し得ないものによって説明を行う教説は、時に社会的差別を仏教思想から合理化させ、助長してきた一面をもっている。本論では当時の理解を知るためにこうした差別的な理解と思われるものも含めて、そのまま依用して紹介している。しかしながら現代において、充分注意を払うべき内容である事はいうまでもない。『浄土真宗聖典―註釈版―』補注（要語解説）「5業・宿業」参照

(10) ここで赤子や胎児と、身体の障害である聾唖者とを同一に扱っていることについて、現代社会に生きる筆者からすれば、ある種の違和感を覚えざるを得ない。十分に注意が必要な内容を含んでいることはいうまでもないが、註(7)と同様の理由であえて記している。

(11) 『大正蔵』第二七巻、一七八中

(12) 星野貫了は前掲註(1)の論文において、柔遠の『小児聞名義』と『開疑鈔』について「快楽院柔遠師の所説すら多少強弁の迹が見へるのは、此代憑の儀が殆ど一派の公式の如くなつて居たからで、開疑鈔に著者の名が載せてないのも、恐らく其筋に対し憚る所があつた為であらう。」と指摘している。

(13) この歌は古来和泉式部の作と伝えられるが、懐疑的な研究もあり諸説ある。（前掲註(1)川本論文）本論のものとは別に「夢の世に　あだにはかなき　身をしれと　教えて還る　子は知識なり」というものも伝わる。

「浄土真宗の実践」
――その射程とそれを立ちあがらせるものについて――

中平了悟

1、はじめに――「実践的真宗学」としての関心

近年宗教者によるさまざまな活動や社会貢献といった実践が活発に行われている。また、それら宗教者による諸実践はアカデミックな領域でも研究対象として関心がむけられるようになってきている。そのような宗教者による実践の活況ともいえる中、宗教者にとっては、その「実践」と自身がよりどころとする「教義」との関わりについての関心もまた高まりつつある。

真宗学においても、従来より「実践」を問題にした議論が行われてきた。そこでは、それら諸実践が浄土真宗の教義に照らしてふさわしいものであるか否か、特に一見、自力的にも見られる諸実践（あるいは日常の生活）と「他力」の教義との整合性をいかに語るのかといった、教義学上の問題を中心とした議論が行われてきた。しかしながら、現在、今日的な新しい種々の実践が展開されていること、またそれらに対してより密接にかかわる「実践真宗学」という学問領域が設定されたことを考えるならば、「教義学」とは異なる視座から「浄土真宗の実践」について考えてみることが許されるのではないかと思われる。

そこで本論においては、僭越ながら「実践真宗学」に関わった者として、浄土真宗の実践に関して、その意味するところと、それら実践がいかに立ちあがってきているのかという構造的な問題について、少しく検討を行ってみたいと思うものである。

2、「浄土真宗の実践」とはなにか——実践の定義とその範疇

さて、まずは「浄土真宗の実践」とはなにか、ということについて、あらためて確認しておかなければならない。本論においては、「(信徒も含めた)真宗を信ずる者」すなわち「真宗者」・「念仏者」による「実践」について検討したいと考えている。その「実践」の定義については、極力広い範囲で何を真宗的な実践と理解することができるのか、ということから考えてみたい。すなわち「浄土真宗の実践」に広義・狭義があるとすれば、最広義の「浄土真宗の実践」とは何か、ということである。

・「浄土真宗の実践」の定義について

「実践真宗学」に関して複数の成果を発表している葛野洋明によれば、浄土真宗の実践とは、「いずれも浄土真宗という教法の基に行う実践である」とし、「教義的な拠りどころがなければならない」とされている。(1)また、「浄土真宗に直接的には相応していないと思われる活動」についても「いかにそのような活動であっても、本人が阿弥陀仏の救いに値遇し得た、その喜びを基底とした活動ならば、真宗伝道の活動、あるいは念仏者の実践として、位置付けることは可能である。ただし、その行為によって浄土真宗というみ教えについて誤解を招いたり、妨げになるようなことは容認されることはない。(2)」と、述べられている。

これらの指摘に従えば浄土真宗の実践とは「教義的な拠りどころ」があること、「救いに値遇したよろこび」すなわち「信」にもとづいた実践であるということが条件となろう。また「浄土真宗には直接的には相応していないと思われる活動」とは何を指すかは、必ずしも明確ではないが、一見浄土真宗に見えないもの、あるいは「間接的」な関連が認められるものであっても、浄土真宗の実践に含めて考えるという理解が示されたものかと思われる。いずれの場合においても「教義」「信」との関わりが、浄土真宗としての実践を根拠づけると指摘されている点は留意しておくべきであろう。

・浄土真宗の実践の範疇

従来の教義学上の議論を参照すると、浄土真宗における実践については、いわゆる「宗教的行為」、あるいは社会的意味が認められる実践――いわゆる社会貢献等――のみではなく、「信後の宗教生活」、すなわち、その日常の生活一般まで範疇に含めて議論が行われている。

特に「助正論」と題される議論においてそれらを見ることができる。たとえば、法然上人の『諸人伝説の詞（禅勝房伝説の詞）』には「衣食住の三は、念仏の助業也」[3]という「衣食住」すなわち日常の生活も念仏のための「助業」と位置づける説示がある。それに基づいて「念仏の相続をさまたげることなく、毎日の日暮らしを豊かな念仏生活にして行く場合には、念仏の助業として認めていく（中略）、毎日の生活の様々な行為をも含めて念仏の助業と認める一面がある」[4]とも言われる。

あるいは、「助正論」の議論の中で、「弘願助正論の所顕は但に宗教的実践に止まらず、さらに拡大されて、信後に於ける宗教生活の基本を論ずる、すなわち真宗念仏者の道徳的・社会的実践にまで拡大されるべき意義を含蓄す

る」[5]とか、「この助正両様の見方の中、われわれは助正を弘願の行業、即ち信後の報恩行とする立場に於いて、信後における宗教生活の基本を見ようとする」[6]等といわれるように、日常生活にいたるまで浄土真宗の実践の範疇に含めて考える理解が示されている。

これら先行研究の蓄積を踏まえれば、浄土真宗における実践とは、浄土真宗として、教義を拠りどころに持ち、信のもとで行われるべき実践であり、その範疇はいわゆる宗教的行為・社会的貢献等にとどまらず、広くは衣食住を含めた日常生活全般までも含まれるものであるといえる。

3、「宗教的なことがら」と「非宗教的なことがら」の境界とその設定に関して

さて、浄土真宗の実践を考えるならば、広義には衣食住、日常生活までその範疇に含まれると述べた。しかし、その場合、次のような疑問が予想される。すなわち、（1）いわゆる「非宗教的なもの」（すなわち日常生活一般）まで（宗教である）浄土真宗の実践に含めて考えることは適当であろうか、と。あるいは、（2）日常生活まで含められたその「実践」に教義はどのように関わるのであろうかと。

広くは日常生活一般まで浄土真宗の実践の射程に含めることは、すでに見たように「助正論」等の教義学的な議論で言及されていたことである。しかし、そもそも、そのような「非宗教的な領域」まで、いわゆる宗教である浄土真宗の教義と関わらせて考えるべき必要があるであろうか。以下は、少しそれらについて考えを進めてみたい。

・宗教的か否か、教義的か否かという区分の設定

まずは、第一の「非宗教的なもの」まで浄土真宗の実践に含めて、教義・信仰との関連性を考えることは適当で

（図１）

—	（A）宗教的なことがら	（B）非宗教的なことがら
（１）明確に教義的に導かれるもの	・称名念仏 （五正行：読誦・観察・礼拝・称名・讃嘆供養、等）	「文化的」・「慣習的」な領域。
（２）教義的に明示されないもの	・儀礼の形式 ・月忌参り等、地域的な差異のある慣習 ・ボランティア　等	日常生活 （A-1、A-2　B-1以外の行為）

あろうかという疑問について考えていこう。考えを進める上で、さまざまな行為・実践について、仮に以下のような二軸を想定し、分類を試みたい。

一つ目の軸は、（1）明確に教義的に導かれるものと（2）教義的に明示されないもの。もう一つの軸は、（A）宗教的なことがらと、（B）非宗教的なことがらというものである。このような区分を仮に設定すると、上の図1のような構図がイメージできる。

まず、教義的に導かれるか否か（1と2）という軸は、教義学的な見解によって線引きされるものであり、論理的に検討されることがらといえる。もちろん個人の教義的な理解や見解の相違によって、そこに含まれるものの差異や再設定が行われることもありえるだろう。

次に、宗教的かどうか（AとB）という軸は、おおよそ、それを判断する主体の主観的、認識的な判断によって線引きされる。あることがらが、ある人には「宗教的」だと認識されても、別の人には「非宗教的」だと認識されることもあるだろう。そもそも「宗教とは何か」ということ自体が、観察者によって見解の相違が生じるものである以上、この設定は「主観」によって線引かれるものとならざるをえない性格を有する。このように、絶対的に判断を行う基準となりえるものではないが、ひとまずは、検討を行うための便宜上の、暫定的な設定と理解されたい。

さて、上記の二軸をもとに区分すると、

・教義的に導かれ、かつ宗教的と認識される実践（A・1）
・教義的に明示されないが、宗教的と認識される実践（A・2）
・教義的に導かれるが、宗教的とは認識されない実践（B・1）
・教義的に明示されず、かつ宗教的とも認識されない実践（B・2）

の四つの分野を設定することができる。以下これらの区分について説明を加えておこう。

・教義的に導かれ、かつ宗教的と認識される実践（A・1）

この区分は、真宗においては「称名念仏」のような、教義的にも認識的にも、もはや論じまでもなく「宗教的実践」とされることがらが該当する。一般化すれば、明確な宗教的実践であり、あるいは単に宗教的な行・修行と名称することも可能な領域である。

・教義的に明示されないが、宗教的と認識される実践（A・2）

この区分における実践は、まさに「教義的に認められるかどうか議論になる実践」を想定している。例えば、「月忌参り」等のように地域によって慣習的に行われている（そして別の地域ではおこなわれていなかったりする）一概に教義的に規定しえない行為、宗教者（真宗者）によるボランティアや教義的に明示されないさまざまな実践一般を含んでいる。(7)「真宗者（宗教者）の実践」であるとは認識されながらも「教義的」な議論の余地が残ることがらが該当するような領域であるともいえよう。

・教義的に導かれるが、宗教的とは認識されない実践（B・1）

これは、真宗者・念仏者にとっては、該当しえない分野といってもよいかもしれない。すなわち、真宗者にとって、それが教義によって導かれるのであれば、教義に基づく「浄土真宗の実践」に他ならない。もしこの区分に該当するものがあるならば、それは一般の市民や、教団に対する帰属意識の高くない人が（元来は教義・聖典に由来を持つものでありながら）宗教的な行為であると自覚なく行っている慣習的な行為・行動ということになるであろうか。言い換えれば、（非宗教者による）文化的、習俗的、慣習的なことがらとして認識されているようなケースといいえる。

・教義的に明示されず、かつ宗教的とも認識されない実践（B・2）

いわゆる日常生活の範囲、そして上記の三つの領域のいずれの枠にも該当しないものが、この分野に含まれる。

さて、今まずもって問題としたいのが、このB・2の枠である。そもそも「真宗者」「念仏者」という浄土真宗の教義を重んじ、信をよろこぶ者に、その教義・信心からまったく分離された「日常」等を認めることができるのであろうか。あるいは逆に、先の助正論の議論を踏まえて言及したように、日常生活まで（広義とはいえ）「浄土真宗の実践」として含めることが適当なのであろうか。以下に、この枠組みの有効性を検討することで、我々の宗教観、さらには、宗教的実践の枠組みを考えてみたいと思う。

・宗教と非宗教の分割に関して――「真俗二諦」から

真宗において、宗教的な部分から切り離された「日常」「非宗教的な実践（行為）」を想定しようとするとき、二

つの関連した問題が想起される。

一つは、真宗にとって大きな議論のテーマであり、真宗学において実践に関わる議論でも扱われてきた「真俗二諦」の問題。もう一つは、おもに社会学、宗教学の分野において近代以降の社会を説明する概念の一つである「世俗主義（世俗化）」とその限界に関する議論である。

まず、「真俗二諦」について考えていこう。これは従来より、真宗学において実践を議論する際に取り上げられてきたテーマでもある。真宗においては、特に明治以降に、仏法の領域「真諦」と、世俗の価値・倫理である「王法」と称される領域「俗諦」、この両者の関係性が「真俗二諦」と称する教義・宗義において示されていた。(8) 過去の歴史におけるこの真俗二諦の最大の問題は、明治維新以後の日清・日露戦争、あるいは第二次世界大戦以前の国家体制を許容し、また教団として協力する教義的根拠をこの真俗二諦が荷っていたという事実である(9)

一方で真俗二諦は、当時の社会状況においては本願寺教団にとって、国家との軋轢、衝突を回避するための、いわば「緊急避難的な要素をもつ苦肉の教説(10)」として提示されたものであったともされる。徳永一道によれば、「これらの主張がなされた意図がその組織を世俗の権力から擁護するためのものであったことに疑いはない。(中略)真宗別途の真俗二諦が説かれたのは、本願寺という組織と世俗の権力の摩擦を避けることがその第一の目的であったことは明らかである。(11)」と評される。

とはいえやはり、真俗二諦という教説には、ぬぐいさることのできない歴史があることは事実である。その歴史性・問題点を踏まえつつ、真俗二諦が意味したところ、その思想的構造を見たならば、真俗二諦とは「浄土真宗としての宗教的価値観をいったん留保してでも、世俗的価値・王法すなわち〝俗諦〟に随順することを教義的に是認するシステム」ということができよう。そう捉えることが許されるならば、以下の二つの示唆をえることができる。

一つは、真俗二諦の教義は、教義を重んじる真宗者に、世俗的価値を無批判に受容し、宗教的価値と世俗的価値の矛盾を等閑視させるという、ダブルスタンダードを是認する教説であったという点である。そこには徳永一道が、

そもそも真俗二諦の問題は、その内容を最大限に拡大して考えるとき、それは宗教的真理とその真理によって信仰者が社会において生きる生き方の問題であるから、いかなる宗教においても、またいつの時代においても必ずついて回るものだといわなければならない。（中略）

この命題を浄土真宗における社会性・倫理性の問題と言い換えてもよいが、過去の真俗二諦に見られたような一人の念仏者における真諦と俗諦との並立、すなわち往生浄土に向う自己と世俗に随順する自己との分裂、というが如きものではなく、往生浄土に向って生きる自己との不可分の社会性ひいては倫理性でなければならない。つまり往生浄土に向って生きるというそのことに内包された社会性・倫理性というものでなければならない[12]

（傍線部は筆者補）

と、述べるように本来宗教者としてあるべき姿との乖離が指摘される。

そしてもう一点は、徳永が「往生浄土に向う自己と世俗に随順する自己との分裂」と表現するダブルスタンダードも、「真俗二諦」という教義によって語られているという構造的問題である。すなわち、真俗二諦的な考え方とは、真・俗並立というダブルスタンダードを、より高次の教義によって是認するという入れ子式の構造の上になりたっているのである。実は非宗教的な部分も教義的説明や宗教的価値の上に設定され、是認されるものであったといえる[13]。その意味では、教義によって宗教的価値観を停止させるシステムともいえる。あるいは非宗教的な領域も教義によって設定されるとも言え、逆説的に「純然たる（B・2）のような領域は宗教者においては想定されない」、とも言えよう。

（図２）

教義の射程・浄土真宗の実践の範疇

—	（A）宗教的なことがら	（B）非宗教的なことがら
（1）明確に教義的に導かれるもの	・称名念仏 （五正行：読誦・観察・礼拝・称名・讃嘆供養、等）	「文化的」・「慣習的」な領域。
（2）教義的に明示されないもの	・儀礼の形式 ・月忌参り等、地域的な差異のある慣習 ・ボランティア　等	日常生活 （A-1、A-2　B-1以外の行為）

これらはいずれも真宗者にとって真宗の価値を等閑視するあり方の問題を指摘するものといえる。ここではひとまず、今指摘したような入れ子型の構造を採用して、先の（図1）を上の（図2）のように発展して提示しておきたい。

・宗教と非宗教の分割に関して――「世俗主義」から

また、宗教者の実践に関して、「宗教的なもの」と「非宗教的なもの」を区分して考える構図は「世俗主義」的な枠組みを連想させる。

世俗主義・世俗化とは、近代化の進展にともなって、宗教の社会的影響力が小さくなっていくこと提示した概念である。「社会と文化の諸領域が宗教の制度ならびに象徴の支配から離脱するプロセス[14]」などとも説明される。世俗化の理論によると、宗教の「衰退」と「私事化」、すなわち社会の営み全般が宗教的な権威から離脱していき、宗教・信仰はプライベートな領域に限定して行われるものとなっていくと考えられてきた。そのような例としては、例えば、近代的理性によって信仰と切り離された個人としての発言や公共の場での振る舞いを、内面的な矛盾を抱えることなく行なう主体が確立されているような事例も提示されている[15]。

しかし、近年になると、現実には現代社会においてなお、宗教的な影

響力が色濃くある状況が確認され、世俗主義・世俗化理論の限界が指摘されるようになってきている。むしろ、宗教的なことがらを公的な場から排除する「世俗化」を推し進めるのではなく、宗教と社会、国家、あるいは、公共圏との関わりについてのとらえなおしが進められている。[16] その中では、宗教的なことがらと世俗的なことがらの二元的なあり方は現実的には困難であるという指摘もされる。[17] 例えば、ユルゲン・ハーバーマスがポスト・世俗化社会のあり方について語る中で、リベラルな共同体において、宗教的な住民と非宗教的な住民を同じ民主的な共同体に属する対等な成員とみなして、両者のコミュニケーションによって、民主的な市民社会を形成するべきである、という主張を示している。このハーバーマスの主張は、「世俗主義」において、宗教的な主体が公共の場においては非宗教的なふるまいを要請される不自然・不公平を指摘したものであり、「ポスト・世俗主義時代」においては、宗教的な主体は、極力その価値観、その振る舞いを損なわない形で社会の成員として存在し、言葉を発することが望ましいという見解がしめされたものといえよう。そしては、それは「信教の自由」が担保された、多様性や多文化的なありかたを認めていく社会を提示しているようにおもわれるが、どうであろうか。

改めて先の図について考えてみよう。われわれは、真宗者の実践を考える際に、「教義的」かどうか「宗教的」かどうかの二軸を用意して分類を試みた。そこに教義的説明もつかず、宗教的でもない行為（実践）というフィールドが仮定されたわけであるが、そもそもその想定自体が、真俗二諦における「真諦」と「俗諦」、あるいは世俗主義における「宗教」と「世俗」といったダブルスタンダードな規範、換言すれば、近代という時代が志向していた「世俗主義」の投影ではなかったかという疑問を抱かなければならなくなったわけである。

これらの議論から「宗教」と「非宗教」を分けた先の図を「暫定的」と述べておいた意味が理解されるのではないかと思う。宗教と非宗教を公・私の場面で使いわけて我々は思考をめぐらせ、行動している。しかし、世俗主義

に対する限界の指摘、そして今日の社会の状況を踏まえるならば、どこかでその枠組みを脱臼させていくような視点こそが求められているように思われる。[18]

教義学上の議論（「真俗二諦」説の構造的問題）からも、宗教学・社会学的な理論モデル（世俗主義）とその限界への指摘からも、浄土真宗において教義・信仰の影響、真宗者・念仏者の行為・実践の範疇をその一部分に限定することはふさわしいとはいえない。衣食住もふくめた生活、あるいは真宗者・念仏者の生存の全体に関わるものであると捉えていくべきといえるのである。

4、実践と教義との関わりについて

・実践の理論化に対する困難

では、次に「日常生活まで含められたその「実践」に教義はどのように関わるのであろうか」という問題に進んでいきたい。

真宗学において、教義と実践との関係について考えを及ぼすとき一つの壁に突き当たる。浄土真宗では、社会において何をなすべきか、どのように生きるべきか、具体的な実践の理論的根拠を教義に求めたとしても、それらが明示的に示されてはいないのである。[19] この点については、すでに先行研究でも指摘されるところである。例えば、「親鸞の著作において念仏者の実践を明示したものは寥々たるものに過ぎない。それゆえ親鸞教義における念仏者の実践論理の演繹という試みは不可能であるといっても過言ではない。[20]」とか、「親鸞教義において「すべし」といった形で、実践を根拠づけることは不可能である。著述中に根拠は求められず、真実信心も「悲歎」「自己否定」を内容とするからである[21]」等と述べられている。

ただ、一つ明確に次のことは言える。教義的に実践を根拠づけることができない、にも関わらず、現実には真宗者によるさまざまな実践が行われているのである。そして、それは単なる「行為」「営為」ではなく、場合によっては、浄土真宗的な、あるいは仏教的な価値の反映として、ある場合には、真宗者・念仏者の生き様として理解されている。

まさに、問題とすべきはそこにある。これら諸実践において「教義」はいかにはたらき、いかなる影響を与えているのであろうか。

・なにが実践をさせるのか—縁による実践というモデル

教義の必然として実践が立ちあがるモデルの限界を見たわれわれは、すこし「実践」について別の方向から考える必要がありそうである。

そこでいささか視点を変えて、宗教社会学的なアプローチからの成果を参照してみたい。そこにはいくつかの「信仰と実践」に関する興味深い視座が提示されている。すなわち、宗教に関わる者の実践について、必ずしも明確な教義や、信仰のみによって行われているわけではない、という指摘をみることができる。

浄土真宗本願寺派の住職と坊守、門信徒を対象とした聞き取り調査の結果に基づいて「浄土真宗における信仰と実践」について発表した菊川一道によれば、[22]教義と実践の関係について、(1)「信仰を拠り所とする実践」、(2)「信仰と実践の相互作用」、(3)「信仰を紐帯としない実践」の3つの類型が見られるという。

この中、(3)「信仰を紐帯としない実践」とは、菊川によれば、教義よりも住職や坊守の人間性・信頼性によって活動が展開されるものであるという。ただし、この(3)のケースについて、回答者が「教義」との関係性を明

確に語らなかったとしても、そこには「無自覚の宗教性」[23]とよばれるものが背景としてある可能性が指摘されている。すなわち、本人に「教義」や「信仰」に基づく自覚がないという点を持って、一概に信仰と切り離されたものとして理解されるのは早計とも思われる。また、一方で当事者の自覚としては、教義よりも具体的な人間関係に影響を受けて「実践」が立ちあがっていると認識している点にも注目しておきたい。[24]

また、「なぜ宗教的なひとが社会活動に参加するのか」という問いに関しては、次のような研究成果も提示されている。すなわち、伝統仏教と社会活動への参加の関係性に注目した研究をおこなった寺沢重法によれば、「宗教的な人」が社会参加する理由として、（1）宗教属性効果、（2）宗教意識効果、（3）宗教ネットワーク効果という3点の理由が指摘されるという。（1）「宗教属性効果」とは、所属する教団の組織的特性が社会参加に影響を与えるというものであり、所属する教団がヒエラルキー的な組織であるのか、水平的な関係で組織されているのかといったことにより、社会参加に関して傾向を見ることができるという。（2）の「宗教意識効果」とは、その宗教が有する思想・教義によって社会参加、あるいは活動が促される、というものである。（3）「宗教ネットワーク効果」とは、教団に所属する仲間との接触、関係性から、社会活動への参加が促されるというものである。[25]

これら上記の三つの効果の中で、（3）宗教ネットワーク効果、すなわち人間関係が、もっとも有力であるという指摘もあるとされる。[26]我々の関心はどれが一番影響力があるのかという点にはないが、ここで指摘される三点については、そのどれもが主体とその行動に影響を与えているものであることを、われわれの経験則的に、実感をもって首肯しうるのではなかろうか。

すなわち、現実の場面において具体性をもった実践は、その宗教（今、問題とするのは浄土真宗）が有する思想、教義の論理的必然としてのみ立ちあがっていたものではなく、教義・思想もその要因の一つでありつつも、その主

体が所属する組織のありようや、またその主体の対人的な関わり、人間関係によっても影響を受けつつ行われているものということができよう。

浄土真宗に限定して語るならば、浄土真宗の実践とは、その要因を教義のみに一元的に回収することができるものではない。「複合的な要因」——まさに我々が「縁」と呼ぶような状況——によって、現実の社会の中で、具体性・多様性をもちながら、立ちあがっていたものなのではないだろうか。(27)

5、真宗者・念仏者として実践する、生きるということ

さて、ここでこれまでの議論を踏まえて、浄土真宗の実践と教義・信仰について、以下に仮説的私見を提示しておきたい。

すでに見たように、浄土真宗においては、「教義の必然として具体的な実践が展開される」というモデルで理解していくことには困難がある。しかしすでに、我々は現実に社会の中でそれぞれが置かれた社会的、歴史的コンテクストのもとで意志決定を行い、具体的な実践を展開することが求められている。(28)そこでは「浄土真宗を信ずる主体」すなわち「真宗者」「念仏者」として、教義・信仰に生きながら、日々の決断・実行していくことが求められるのである。真宗者は、明文化された教義や、聖教の根拠がない場合においても社会的判断や、日常生活をおくることが要求されるであろう。(29)判断のなかには、先の菊川や寺沢の指摘に見られたような教団や寺院などの信仰社会の人間関係さえも実践に影響を与えているケースもあると想定される。

このように考えるならば、真宗における実践とは、「真宗者」「念仏者」という、信心と教えのなかで生きる主体が、その「真宗者」・「念仏者」であるという主体（アイデンティティ）をかけて、日常の様々な行為に対して、い

かに関わっているのか、そして自身の行為や、その行為がもたらす結果に対して、いかに自身の中に蓄えられた思想や信に照らしているか、その「真宗者」「念仏者」としてのあり方や、信に照らした見つめ直しの中に、立ちあがってくるものといえるのではなかろうか。

すなわち、真宗者・念仏者が実践を行うためには、そのような「真宗者」・「念仏者」としての主体が確立・構築されている必要があるといえる。場合によっては、本人にそれという明確な自覚がないケースもありえるかもしれない。しかし、教義や信仰は、実践に先んじて、その主体―「真宗者」「念仏者」―をそれたらしめる背景として、関わりをもつ必要があるのである。

すなわち、このモデルにおいて教義・信仰とは、実践を行う主体―「真宗者」「念仏者」―をそれたらしめる背景となるものであり、またその主体の実践を問い直すはたらき、契機となるものとしてとらえている。そしてまた、主体をかけて行われた実践とその問い直しは、さらにまたその主体を「真宗者」「念仏者」たらしめることにもつながっていくだろう。そのようなダイナミクスの中で、実践と教義・信仰の関係をとらえることができるのではないだろうか。

そのように理解すれば「教えを伝える」と表現される「伝道」においても一つの視座が開かれてくるように思われる。すなわち、伝道の目的とは「教義」を知識的に伝えることではなく、「教義」に感銘を受け「真宗者」・「念仏者」として生きようとする主体が立ちあがることに置かれるべきではないだろうか。とはいえ、現段階でその「主体を立ちあがらせる」ということについて、明確な方途を有しているわけではない。しかし、少なくとも「人(主体)」と「教義」「信仰」そして「実践」との関わりについて、我々は新しい視座にたってとらえ直す時期にきているようにも思われる。

註

（1）葛野洋明「浄土真宗における実践の研究――浄土真宗本願寺派「宗制」による社会貢献の視座を通して――」（『真宗研究』五七号、二〇一三年）七九頁、八一頁。

（2）葛野洋明「真宗伝道における実践論の教義的研究」（『真宗研究』四九号、二〇〇五年）二二頁。

（3）『和語灯録』「諸人伝説の詞」（『昭和新修法然上人全集』四六三頁）

（4）葛野洋明「真宗伝道における実践論の教義的研究」（『真宗研究』四九号、二〇〇五年）一八～一九頁。

（5）水戸善英「弘願助正義の意味するもの」（『龍谷教学』一二号、一九七七年）一〇七頁。

（6）普賢大圓「方便助正説の研究」（『真宗学』一三・一四号、一九五五年）六六頁。

（7）ここで「ボランティア」を挙げたことは、木越康『ボランティアは親鸞の教えに反するのか―他力理解の相克』（法蔵館、二〇一六年）で提示されているような問題を念頭においている。木越によると、ボランティア活動に対して、「あるいは時に真宗者を自称する他者から、「お前たちの行為は、親鸞の他力思想に背くのではないか」と、批判を浴びせかけられることもあったようだ」（ⅳ頁）等という批判があったことを紹介している。

木越自身「私は、たとえばボランティア的な活動については、それを正当化する意義や理念など、宗教的背景を直接的に持ち出す必要は「〈まずは〉ない」と考えている。」と、明確には教義として位置づけられていないものであるという認識も示している。また、（ボランティア等に）「「行くべきではない」という否定的発想は、実は「真宗者としては積極的に住持すべきだ」という主張と同じ背景を持つものであって、実はいずれも、親鸞思想から導き出すことができない。」と、真宗者の実践に対して、「する」ことも「しない」ことも同様に教義から導き出すことができない、という見解を述べている。この指摘は、筆者の真宗における実践と教義についての見解と近い。

（8）浄土真宗本願寺派の立場からは、浄土真宗本願寺派勧学寮編『浄土真宗と社会――真俗二諦をめぐる諸問題――』（永田文昌堂、二〇〇八年）が刊行され、ここに基礎的研究として真俗二諦の議論に関する「歴史的展開課程の研究」（本書「序」二頁）の成果がまとめられている。

（9）この点について、梯實圓「王法仏法と真俗二諦」（浄土真宗本願寺派勧学寮編『浄土真宗と社会――真俗二諦をめぐる諸問題――』永田文昌堂、二〇〇八年）では、真俗二諦は「明治、大正を経て、昭和二十年の第二次世界大戦の敗戦まで、約八十年間、ある時は国家神道を許容する受け皿となり、戦前・戦中の富国強兵の国策を支え、戦争が

起こったときにはそれを正当化し、信者を鼓舞して戦場に送るための教説として機能してきたといわれても申し開きのできない実績を持っていたのである」（七一頁）と評されている。

（10）梯實圓「王法仏法と真俗二諦」（浄土真宗本願寺派勧学寮『浄土真宗と社会—真俗二諦をめぐる諸問題—』永田文昌堂、二〇〇八年）七〇頁

（11）徳永一道「「新しい真俗二諦」の構築か「信心の社会性」の確立か」（浄土真宗本願寺派勧学寮編『浄土真宗と社会—真俗二諦をめぐる諸問題—』永田文昌堂、二〇〇八年）七七頁。

（12）徳永一道「「新しい真俗二諦」の構築か「信心の社会性」の確立か」（浄土真宗本願寺派勧学寮編『浄土真宗と社会—真俗二諦をめぐる諸問題—』永田文昌堂、二〇〇八年）七八・七九頁。

（13）磯前順一が当時の状況について、

「安丸良夫がやや舌足らずな表現をもって「日本型政教分離」と呼んだように、日本において宗教として認定されるためには、仏教教団もまた国家権威の庇護下に入り、みずから進んでそれを内面化していくという道をとらざるを得なかったと見るべきであろう。その点で、厳密には政教分離とは呼べないにせよ、日本においても成立した〈世俗／宗教〉という二分法は、一見すると〈公的領域／私的領域〉という二分法を自明の前提とするようにみえて、その背後でいかにして国民の内面を宗教という回路をつうじて国家権力のもとに規律化していくかというメカニズムを有するものであった」（傍線部筆者註）（磯前順一『宗教概念あるいは宗教学の死』東京大学出版会、二〇一二年、一三六頁）と評している。この指摘には、本論で述べるような問題設定・枠組みをもって世俗主義との関わりを考えていくことの妥当性を見出すことができるように思われる。

（14）『日本大百科全書』（小学館）

（15）たとえば、タラル・アサドは、「信念と行動の近代的な分離」を示すものとして、カトリック信者のある州の首相が「同性婚結婚」と「妊娠中絶」に対する支持を表明しながら、「私の私的な信念が、私の立場を決定することはありません」と述べた新聞記事を例示している。タラル・アサド「世俗主義を超えて」（磯前順一、山本達也編『宗教概念の彼方へ』、法藏館、二〇一一年。）所収、三八九〜三九〇頁を参照。

なお、この文中の「信念」は「belief」の訳語として用いられているものである。アサドの持ちいるビリーフとは、

「アサドは（中略）宗教的な主体をビリーフ（belief）とプラクティス（practice）の重なり合いとして捉えなおす。ここでいうビリーフとは教義のような言語化された信条であり、人間の意識と密接なかかわりをもつ。一方、プラクティスとは儀礼のような身体的実践を指すものであり、必ずしも概念化された教義の媒介を必要としないものである。」（磯前順一『宗教概念あるいは宗教学の死』東京大学出版会、二〇一二年、五八頁）と説明される。

(16) エドゥルアルド・メンディエッタ、ジョナサン・ヴァンアントワーペン編、箱田徹、金城美幸訳『公共圏に挑戦する宗教―ポスト世俗化時代における共棲のために』（岩波書店、二〇一四年）所収、講演録ユルゲン・ハーバーマス「政治的なもの―政治神学のあいまいな遺産の合理的意味」（二七頁等）参照。

(17) 「つまり多くの公民は政治的な立場表明に際して、宗教的な言語による発言と世俗的な言語による発言とを区別するように求められても、それができないかそのつもりがないというものです。」ユルゲン・ハーバーマス「政治的なもの」（エドゥルアルド・メンディエッタ、ジョナサン・ヴァンアントワーペン編、箱田徹、金城美幸訳『公共圏に挑戦する宗教―ポスト世俗化時代における共棲のために』岩波書店。二〇一四年所収）二七頁、というような言及がそれを象徴しているように思われる。

(18) 「ポスト世俗主義の言説のもとにおいてこそ、近代の世俗主義社会のもとで私的領域として成立した宗教概念は否定的に脱構築されていかなければならない。日本社会についてもまた、（中略）むしろ〈宗教＝私的領域〉と〈世俗＝公的領域〉に分かつプロテスタンティズム的な二分法そのものが成立不可能なものとして脱臼されていく場として受け止められていく必要がある。」磯前順一『宗教概念あるいは宗教学の死』（東京大学出版会、二〇一二年）四二頁。

(19) その意味では、先に挙げた図の（A・1）さえも、それが明確に成り立つのかということも、実は検討の余地があるといわなければならない

この問題について、次のような反論があるかもしれない。「称名念仏」は教義によって明確に位置づけられているではないかと。しかし、真宗においては、「称名念仏」を語ることはできたとしても、いつ、どのように、何回念仏するのかという「具体性」をもってその念仏を語ることはできない。（明確に規定されることはない）その意味では真宗においては、称名念仏でさえも、非常に抽象化して語られているといえよう。

(20) 内藤知康「親鸞における実践の論理構造」（『真宗学』七五・七六合併号、一九八六年）二七四頁。

(21)　岡崎秀麿「親鸞聖人における実践—弘願助正説を中心として—」(『浄土真宗総合研究』八号、二〇一四年)一七五頁。

(22)　菊川一道「浄土真宗における信仰と社会実践」(『宗教研究』八七巻別冊、二〇一四年)。ここでいわれる各項目については、以下のように解説されている。(1)「信仰を拠り所とする実践」とは、真宗教義が推進力となって実践を後押しするもので具体例として「差別撤廃運動」や「ビハーラ活動」等があげられている。(2)「信仰と実践の相互作用」とは、実践したことで信仰が確かなものとなり、また活動もより一層深まるという事例であり、(3)「信仰を紐帯としない実践」は、教義と言うよりも住職や坊守の人間性・信頼性によって活動が展開されるものであるという。

(23)　無自覚な宗教性とは、稲場圭信が『利他主義と宗教』の中で指摘するもので、「日本では、いわゆる教団型の宗教、「見える宗教」を信仰し、実践している人は少数派である。しかし、日本人の精神基盤には、今なお、宗教と関わり深いものが残されている。」「特定信仰、教団としての宗教を持つ人、あるいは重要視する人が少ない一方で、宗教的な心の重要性を感じる人は多いのである。」「無自覚な宗教性は、(中略)「つながりの感覚」と「おかげさまの念」を内包している。」等と述べるものである。稲場圭信『利他主義と宗教』(弘文堂、二〇一一年)一二三〜一二四頁参照。

(24)　また、菊川はこの調査結果の興味深い点として、「教義と意識した社会実践の多くは、宗教者によって語られ、一方門信徒の多くは活動の要因を住職などの人間性に求めている点である」と述べる。これは、傾向として、実践を語るコンテキストが、宗教者と信者・門信徒の間で異なっていることを示唆するものと理解できる。この点についても、後にとりあげる宗教に関わる人の社会参加の要因の見解と一致するものがあること、また現実的には、必ずしも「教義」の発露としての実践のみで語り切ることができない実情が提示されているものと理解できると思われる。菊川、前掲論文参照。

(25)　寺沢重法「現代日本における伝統仏教と社会活動への参加—全国調査データの計量分析」(『(叢書　宗教とソーシャルキャピタル第一巻)アジアの宗教とソーシャル・キャピタル』(明石書店、二〇一二年)参照。

(26)　前掲の寺沢論文では、以下の文献が紹介されている。
Norris,Pippa and Ronald Inglehart. Sacred and Seculer:Religion and Politics Worldwide. 2nd ed.:Cambridge University Press, 2011.

Ruiter,S and N.D.De Graaf. "National Context, Religiosity, and Volunteering: Result from 53 Countries" American Sociological Review71(2006.2): 19-201

（27） 本論の趣旨とすこし異なるが、「宗教団体（組織・教団）」の社会貢献について、稲場圭信氏の次のような言及がある。

ある宗教団体が社会貢献に積極的であるか消極的であるかは、その教団の宗教的理念、教祖や指導的立場にある人の思想によって決まってくる。社会貢献の形態についても教祖や指導的立場にある人たちの影響によって特色が出てくる。しかし、ある国、ある社会において、宗教団体の社会的貢献が盛んであるか否か、その形態がどうであるかは、その社会の特質、文化的背景、そしてそのような活動に関連した社会制度に多くの影響を受けていると考えられる。制度も文化的背景に影響されていることを考えれば、宗教のおかれるコンテキストがいかに重要かが分かってもらえるだろう。（稲場圭信「宗教的利他主義・社会貢献の可能性」（稲場圭信・櫻井義秀『社会貢献する宗教』）三七頁〜三八頁。）

宗教教団の社会貢献の姿勢については、①教団の宗教的理念、②教祖や指導的立場にある人物の影響、そして③国や社会における社会的特質、文化的背景、社会制度に影響をうけて、それらが決まってくるものであるといわれる。

この指摘を踏まえると、宗教的実践についても、現実的に教義（すなわちここでいうならば、①の教団の宗教的理念に該当すると思われる）からの一元的に発生するのではなく、多様な要素、状況の影響下にあって立ちあがってくるべきものということが知られるだろう。

また、稲場氏のこの指摘は、教団・組織による社会実践についてのものであるが、その合意形成は、政治的な合意によって、その実践が選択され、合意を得て、教団としての活動になっていくという実態を指摘しているようにも思われるが、どうであろうか。

現実的に、教団として、あるいはそれよりも規模の小さいグループとしてであっても、「集団」としての実践やその形式については、さまざまなバリエーションも含めた可能性を考えることができるケースがほとんどであろう。にもかかわらず、現実には、具体的なひとつの形式を選択せねばならない。そのような現実の「選択」には、集団である以上「合意形成」あるいは「意思決定」のプロセスが生じる。そこには、「教義」からの必然として具体的な実践が立ちあがるという単純な構図ではなく、人間関係の影響、社会状況・歴史的文脈も踏まえて行われる「政治的な判

断」とでも呼ぶべきものあるといえよう。大小問わず、集団として行われる「実践」は「合意形成」「意思決定」を経る以上、それが宗教教団であれ、それ以外のグループであれ、その現実的な行動は、「政治的」な側面を有するものであると把握したいがどうであろうか。

(28) 真宗者、念仏者の実践と社会の関係については、先行研究でもすでに指摘されている。

例えば、「好むと好まざるとに拘わらず、私たち念仏者も社会的存在の例外ではなく、社会的制約の中にあり、また社会的責任を負う。すなわち「社会性」を忌避することはできないのである。」（満井秀城「文献研究と実践的視座との接点」『浄土真宗総合研究』六号、二〇一一年、一〇頁）、「社会構成している私自身の究極的な関心事、根源的な苦悩を解決する宗教が、社会と無関係であるわけがない」（葛野洋明「浄土真宗における実践の研究」『真宗研究』五七号、二〇一三年）。

(29) この明文化された教義や、聖教の根拠がない中においても判断やなんらかの実践をおこなわなければならない、ということについては、内藤知康が、親鸞における実践の論理構造について論究する中に、以下のように述べられている点と通じるものがあると考えている。「すなわち、善悪の基準は仏にのみあり、しかも衆生はその善悪を徹底的に知りとおすことはできないというのが親鸞の立場であったということができる。衆生が善悪の基準を持ち得ないのであれば、まさしく衆生は自らの行為の決定について何らの当為も持たず、まさしく自らの行為の決定は自己自身で決定しなければならない。もし所与の規範が存在すれば、自らの行為の決定にあたってその規範に従えば良いのであるが、所与の規範が存在しない以上、自らの行為の決定は自己自身の責任において為されなければならない。（中略）その意味では、自らの行為の決定基準を所与の規範に求めることは、誤解を恐れずにいえば、たとえその規範を親鸞自身の言葉に求めてもかえって親鸞の意に反することとなってしまうのではなかろうか。」（内藤知康「親鸞における実践の論理構造」（『真宗学』七五・七六合併号、一九八七年、二八八頁）。

三毒五悪段にみられる奪算説について

佐々木　大悟

○・はじめに

『無量寿経』は多くの宗派の所依の経典とされており、その意味の確定は重要である。その『無量寿経』のなかには異質な訳語をもつとされる三毒五悪段という一段があり、一般に読みにくいとされ、研究上解明されず残っている問題も多い。『無量寿経』の古い異訳である『大阿弥陀経』『平等覚経』の三毒五悪段になると、さらに未解明である。(1)とくに来世への業が展開する部分や、中国古来の思想が入り込んでいるとされるところが十分に解明されていない。例えば、それは以下のようなものである。

・業が来世まで離れずついていく思想
・法則が業とその報いを統括しているという思想
・善行をおこなえば善鬼神が守護するという思想

これらが三毒五悪段で課題としてまだ十分に解明されていない思想である。『大阿弥陀経』『平等覚経』『無量寿経』を改めて検討すると、そのような難渋な漢語と複雑な思想内容をもった文章のなかに二義以上の意味をおびた字が

存在した場合、その単語（たとえば本稿においては「自然」「隨」「趣」など）を中心として理解に様々な乱れがあることがわかった。翻訳も不安定となっている。逆に言えば、それらの語の周辺に何らかの未解決な問題が潜んでいると考えられる。本稿ではそのうち一箇所において新しい読みを提示することを試みる。

〇―一・方法論

研究の方法としては、『大阿弥陀経』『平等覚経』『無量寿経』を全体的に眺めること（『無量寿経』の三毒五悪段は、『大阿弥陀経』や『平等覚経』などを参照して編纂されている）、また近い時代の他経典・外典での語の使用を参考とすること、同類の思想を説く一連の経典群(2)を参照すること、そして過去の註釈書の見解を参照することを基本としている。

また今回は、特に一経典内での連携に注視して考察を行う。三毒五悪段は、大きく三毒段と五悪段の二つのまとまりからなる。段落として分断はあるが、内容的には実質同じ方向性をもっており、主に悪業の問題について記述されている。また、三毒段と五悪段には、類似する表現がいくつか存在する。たとえば「身自當之、無有代者」という語はまったく同じ文句が両方にでてくる。また三毒段には「不信作善得善。不信爲道得道」という語があり、五悪段には「不信作善得善。不信作惡得惡」という類似の語が存在する。このように同一の内容をもつ思想がその他にも多く見られる。両者はそれぞれに分断された章として考えられてきたため、照らし合わせて理解しようとして読む作業はこれまであまりなされなかったが、その内容の方向性は両者同じであり、表現も類似するため、難読箇所を考える際に、相互に参考となると筆者は考える。

〇―二・仮説

一つその用例が存在したので、本論文で問題にした。それらは以下の箇所である。一つは三毒段である。

三毒段

『大』　道徳非悪先随與之、恣聴所為、　其壽未至、便頓奪之、下入悪道。

『平』　道徳非悪先随與之、恣聴所為、　其壽未至、便頓奪之、下入悪道。

『寿』　自然非悪先随與之、恣聴所為待其罪極、其壽未盡、便頓奪之、下入悪道。(3)

ここは、読解が特に困難な箇所であり、諸註釈書や諸現代語訳における理解も分かれている。ここは一体どのように読むべきなのだろうか。問題となる箇所である。もう一箇所は『大阿弥陀経』『平等覚経』の第四悪にある文章である。

『大』『平』　自然衆悪、共趣頓之。　（三一四c一二、二九六c一三）(4)

一見大きく異なるように見えるこの二箇所がともに奪算の思想を説いているのではないかというのが、本稿の仮説である。前者については資料が多いため、主に『無量寿経』をメインのテキストとし、後者は（『無量寿経』が大きく編集し改変してしまっているため）『大阿弥陀経』を主な考察対象としていく。

一・三毒段の奪算説

一―〇・文脈の確認

最初に三毒段当該箇所の全体的な文脈の確認を行う。『無量寿経』を中心に検討していく。本箇所の前後の文脈を確認すると、悪い行為をおこなったものが、その悪業の影響により、寿命より前に命が奪われ、そしてさらに悪

道に行くという流れになっている。いわゆる「奪算」の思想が説かれる箇所である。

一—一・従来の理解の確認

まずは三毒段の箇所の従来の理解を確認していく。特に「自然」に対する解釈の相違に注目していく。

『浄土宗訳』(5) 一三五頁

犯すべくして犯す非道・悪行は、まずは〔縁に〕随って〔そうした人の〕ものとなる。〔彼らは〕やりたい放題にやることを〔自ら〕是認する。〔そうなると、もはや重ねる〕罪が極まるのを待つばかりだ。〔そういう人はまだまだ〕寿命が残されていながらも、たちまち〔罪の報いによって〕命を奪われ、〔地獄・餓鬼・畜生の〕悪しき世界に堕とされる。

↓　この翻訳では、「自然」の理解が特徴的である。ここでは「犯すべくして犯す＝必然」ととっている。

『大乗仏典訳』一一〇頁

必然の懲悪をあらわす悪因悪果の法則は、最初のうちはその悪行に逆らわないでこれを助け、そのなすがままに任せるのであるが、その罪がきわまるのを待って、その人間の寿命がまだ尽きていないうちに、一挙にその寿命を奪ってしまう。

↓　この翻訳では、「自然」を「法則は」とする理解が特徴的である。

『西本願寺訳』一八七頁

このような人々は、これまでの悪い行いが必ず悪い縁となって、またほしいままに悪い行いを重ねるのである。ついにその罪が行きつくところまで行くと、定まった寿命が尽きないうちに、とつぜん命を奪われて苦しみの世界に落ち……

↓この翻訳では、「自然」について表に出して翻訳していない。また、そのことと関係しているが、全体が受動態で翻訳されている。

『無量寿経』の翻訳として、主要な三訳は、このように大きく異なっている。また近年『大阿弥陀経』の翻訳も出ているので参考に載せる。『大阿弥陀経』の場合は、文頭の「自然」にあたる箇所が「道徳」となっている。

辛嶋静志「『大阿弥陀経』訳注（八）」一四頁(6)

（仏）道の働きは、悪人にまずはそのまま好きなようにさせておいて、その（授かった）寿命がまだ尽きないうちに、突然その命を奪う。悪趣に落ち、幾世にわたって苦しみを受け…（『大阿弥陀経』）

このように現状、訳がさまざまにあり、一定していない。筆者はそのうち『大乗仏典訳』・「辛嶋訳」に大枠において賛同する（細部では意見の相違はある）。

一-二．個別の単語の検討

現状の『大乗仏典訳』「辛嶋訳」は、それ以前の諸解釈書にない理解である。『無量寿経』の全体的な訳の流れからすると、業を統括するような主体についての言及が突然なされるため、意外性が高い翻訳となっている。はたして本当にそのような翻訳でいいのだろうか。以下では、個別の確認を行う。本箇所はさまざまなパーツに分かれて

いるが、それぞれに読みが困難であり、様々な訳が存在している。基本的には本文の語順通りに検討していく。

一—二—一・道徳／自然

主語は大きくは「道徳／自然」であり、その次のレベルの主語では「非・悪」である。「道徳／自然」については、「辛嶋訳」は「(仏) 道の働き」、『大乗仏典訳』は「必然の懲悪をあらわす悪因悪果の法則」としている。筆者もこの「道徳／自然」が全体の主語となり、以下の文章の監視・統括を行い、影響を及ぼす存在であると考える。その主体は、『大阿』『平等』では「道徳」(7)とあり、『無量寿経』では「自然」という表記になっている。筆者はこの二語は近似した内容を示していると考える。「自然」は「道徳」と類似の意味で使用されており、本箇所以外にも「道徳」と「自然」とが近似した内容として使用されるところがある。

例えば、第一悪でもみられる。『大阿』『平等』「道之自然、當往趣向」(8)とあったものが、『無量寿経』になると「自然趣向」(9)となっている。また第一悪のその直後の文脈を見ると、

『大』神明記識、犯之不貰。　（三一三c一一）

とあり、神明が監視した結果を名簿に記載することが述べられる。さらに同じ第一悪の続きの箇所に

『大』天地之間自然有是。　（三一三c二四）

とあり、さまざまに法則により統括・監視され業が展開されていることが述べられている。また第五悪にも「道之自然」という表現がでる。(10)三毒段の当該箇所もまさにこの内容が示されている場面であると考える。

また統括に関して、無量寿経類には、王法が統括している表現も見られる。たとえば『無量寿経』には

『寿』今世現有王法牢獄、隨罪趣向受其殃罰。　（二七六b九）

とあり、そこでは王法がしっかりと規則として機能し、悪業に相応した罪を与えている様子が説かれている。また「第一悪」には、

『寿』世有常道王法牢獄、不肯畏愼、爲惡入罪、受其殃罰、求望解脱難得免出。世間有此目前現事、壽終後世尤深尤劇、入其幽冥轉生受身、譬如王法痛苦極刑。（二七六a五）

また世間には、日常に守るべき道として、王法で定められた牢獄の制度があるが、これをおそれ慎まず、悪事をはたらいて罪を犯したものは、これによって懲罰をうけることになる。そこから脱出を望んでも、免れて出ることはむずかしい。この現世には、このような目前の現実の応報があるが、寿命が終わってからの来世では、もっと深刻で、もっと激しいものがある。来世の薄暗い世界にはいりこみ、そこでさまざまなものに生まれかわって生をうけるのは、あたかも王法によってあたえられる痛苦に満ちた極刑に等しいものがある。[11]

とあり、死後の業の報いの必然性が、王法の極刑と類比的に描かれている。[12]

また、同様に五悪の総括が説かれる部分では、

『大』王法施張、自然糾擧、上下相應羅網綱紀、煢煢忪忪、當入其中。古今有是。（三一五b一九）

王の法律ははりめぐらされ、（天の）法則は罪を数え上げ、天上においても天下においても同様に業道の網がはりめぐらされ、のがれられず、孤独で頼るものがなく、心がさわぎ、その中にはいってしまう。古来も今もずっとこのようである。（私訳）

とある。ここの「自然」も「自然（法則）は」として、天の法則と捉えるほうが王法と「上下相應」するということの文脈と一致する。[13] そうした場合、ここでも「王法」と「自然」が並列的に説かれていることになる。

それらを想定した場合、三毒段当該箇所の「自然／道徳」の意味は、「辛嶋訳」に「（仏）道の働き」、『大乗仏典訳』に「必然の懲悪をあらわす悪因悪果の法則」とあるとおりであると考えられる。(14) 第四悪の「天道自然(15)」や三毒段の直前の「其國土不逆違、自然之隨牽(16)」に出る「自然」とも似た概念であると考えられる。

当該箇所の実際の訳としては、「自然に」（『浄土宗訳』）ではなく、「自然は」と主語とするのがいいと考える。

一-二-二．非・悪

筆者は「非悪」は「悪人」の意味ではなく、「非道・悪道」（『浄土宗訳』）や「悪い行い」（『西本願寺訳』）のように抽象化された名詞と理解した(17)（後に見るように第四悪に出る「衆悪」と同義の語であると考えている）。次にみる「隨與」の主語になると考える。

一-二-三．隨與

「隨與」については、大きく三つの理解がある。

『浄土宗訳』は、「縁にしたがって」とあり、「隨」を「従って」「よって」の意味で理解している。また『大乗仏典訳』は「逆らわないで、助け」とあり、「隨與」を「隨」と「與」に分けて理解している（「隨」は「逆らわない」、また「與」は「助ける」の意味でとったと考えられる）。坪井俊英氏はここを「非業や悪業がつきまとい」と訳しており、(18) 筆者は「隨與」に関してふさわしい訳（＝悪業がつきまとう）であると考える。「與」自体もここは「つきしたがう」の意味と考えられる。(19) よって、二字で「ついていって」と訳すべきであると考える（すなわち悪、あるいは悪業の影響がついていく）。「隨與」は他の箇所に見られる「隨逐」「隨行」と同じであると考える。すな

わち五悪を統括する箇所では、

『大』威勢無幾隨悪名焦。身坐勞苦久後大劇。自然隨逐無有解已。（三一五b一八）

威勢がなくなると、悪に従い、名を落としめる。身は労苦のなかにあって、しばらくすると大きく激しくなる。必然的に（咎は）追いかけてきて、解放されることがない。（私訳）

とあり、[20] 悪による咎が「隨逐」することが述べられる。また『無量寿経』の五悪を総括する部分には

『寿』但作衆悪不修善本、皆悉自然入諸悪趣。或其今世先被殃病、求死不得、求生不得、罪悪所招示衆見之。身死隨行入三悪道。[21]（二七七b一〇）

多くの悪を行い、善を行わないならば、皆必然として悪趣に入る。あるときは今世に病をうけ、死のうと思っても死ねず、生きようと思ってもかなわず。罪が招いたところを人々に示すのである。身がほろぶと（悪の潜在力は）ついていって三悪道に入る。（私訳[22]）

という用例がある。実際には悪業やその影響力が随っていくという表現はしばしばみられる。三毒五悪段では、過去世の善行・悪行が今世・未来世に影響を及ぼすことが多く説かれており、そのときの「及ぼす」ことを示す動詞表現は多種ある（隨逐、隨行、追逐など）が、「隨與」もその一つと考える。

一―二―四・恣聴所爲

一―二―四―一・主体

先の「自然／道徳」の理解とも関連するが、ここでは「恣聴所爲」の主体は何かという理解の対立がある。『浄土宗訳』『西本願寺訳』は「人が（おそれずにやる）」とあり、一方で『大乗仏典訳』「辛嶋訳」は「人がほしいま

まにやることをやらせる」となっている。主体が人か、ほしいままにやらせるもの（＝自然／道徳）かで見解が相違している。筆者は「ほしいままにやらせる」という「自然／道徳」が主体であるとする理解に賛同する。

一-二-四-二・恣聴

「恣聴」は、『浄土宗訳』では「〔彼らは〕やりたい放題にやることを〔自ら〕是認する」と理解している。『西本願寺訳』は「ほしいままに悪い行いを重ねる」としている。『大乗仏典訳』は「なすがままに任せる」、「辛嶋訳」は「そのまま好きなようにさせておいて」としており、注で「恣聴」で「まかせる。言うとおりにする」の意味とする。筆者もこの見解に賛同する。

この「一旦好きなようにさせる」という記述の背景には「業の影響はいつ発動するか分からないが、必ず発動される」という考え方がある。平岡聡氏は「業の不可避性」と述べている。[23] ここに見られる思想と類似の内容が、（表現は変わるが）三毒五悪段では見られる。後の五悪段第一悪に、以下のような文がある。

雖不臨時卒暴應時、但取自然之道、皆當善悪歸之。（三一三c二五）

すぐにたちまちに報いが現れないけれども、必ず自然の道理のとおりに進んでいき、（結局は）善悪はみなこれに帰する。（私訳）

ここからも業がすぐには結果を及ぼさないという考え方を無量寿経類も採用していたことが分かる。

一-二-五・便頓奪之

以下では、本箇所の最後の部分である「便頓奪之」を見ていく。

一―二―五―一・頓

「頓」には様々な意味があるが、『浄土宗訳』は「たちまちに」、『大乗仏典訳』はおそらく「一挙に」、『西本願寺訳』「辛嶋訳」は「突然」と副詞で解釈する。その様な理解は語順としては可能で、文脈にも沿うが、「頓」には、別に動詞「不要として捨てる」の意味もある（「頓綱縦網」曹植・七啓など）。「頓」をこの「不要として捨てる」とする理解は、この当時では特に不自然ではない。実際『大乗仏典訳』は当該箇所ではないが、第四悪の箇所で、「頓」を「捨ててしまう」と翻訳しており、その「不要として捨てる」という訳を採用している。

筆者はこの三毒段の箇所においてもその「不要として捨てる」の意味が適切であると考え、これによって「奪」と同義の二字「頓奪」という語を形成していると考える。実際にはどちらの理解も可能であるし、結果的にはあまり意味も変わらないが、後述するように、第四悪との対応を考えた場合ふさわしいと考える。

一―二―五―二・奪〈奪算説について〉

この「奪」は、寿命よりも前に命を奪うこと、すなわち「奪算」の意味でとられている。[24]『大乗仏典訳』は「（その人間の寿命がまだ尽きていないうちに、一挙に）その寿命を奪ってしまう」とし、「辛嶋訳」は「その命を奪う」としている。他の二訳も同じであり、どの翻訳も共通して「命を奪う」という意味内容のものであるとしている。

筆者は「頓奪」という動詞でとり、その「頓奪」で一字だけの「奪（＝うばう）」と同じ意味であると考えている。一―二―一で見たように、法則が統括している際の機能の一つに寿命を奪うことがあると考える。「頓奪」ときて目的語に命がくる並びの用例は、例えば『弁正論』では

府君大怒曰、小吏敢頓奪人命。（『大正蔵』五二、五三八a一八）

などとあり、『法苑珠林』においても、

府君問主者、禮壽命應盡、爲頓奪其命。　（『大正蔵』五三、七五六b一〇）

などとある。それぞれ目的語が「命」となっている。

一−二−五−三．主体

「命を奪う」ことが能動態で語られるのか、受動態で語られるのか、という相違が諸訳のなかにはある。『大乗仏典訳』と「辛嶋訳」では主体が「自然／道徳」と明確にあるため、ここは能動態で語られる。一方、『西本願寺訳』・『浄土宗訳』では、そもそもの大きな主体がみえにくく翻訳されているため、ここでは受動態で「奪われる」というように描かれている。筆者は『大乗仏典訳』「辛嶋訳」に賛同する。

検討の結果、三毒段に見られる奪算が説かれる箇所の私訳は以下の通りである。

法則としてのはたらきは、非行悪業はまずこの人についていき、ほしいままにさせておくが、（最終的には）その寿命が至らないうちに、この命を奪う。

以上、個別に見てきたが、この一見意外性のある訳がおそらく正しいと考えられる根拠の一つに第四悪にある表現「自然衆惡共趣頓之（↑乏）」との類似がある。この二箇所は、前後の流れ、文脈、文の構造が類似している。構造上の類似に着目してその箇所を参考にすると、本箇所もまたとらえ直すことができる。

二．第四悪の奪算説

以下では、この三毒段当該箇所（「道德非惡先隨與之、恣聽所爲、其壽未至、便頓奪之」）と同じ内容をもつと考

えられる第四悪について詳しく見ていく。

『大』『平』自然衆悪共趣頓之（↑乏）[25]。

以下、『無量寿経』も含め、三訳の第四悪を並べて状況を確認すると、

『大』壽命終身、衆惡繞歸、自然迫促、当往追逐、不得止息。自然衆惡、共趣頓之（↑乏）。
『平』壽命終身、　惡繞歸、自然迫促、当往追逐、不得止息。自然衆惡、共趣頓之（↑乏）。
『寿』壽命終盡、諸惡所歸、自然迫促、　　　　　　　　　　　　　　共趣頓（奪）之。

となっている。『大阿弥陀経』『平等覚経』にある「自然衆悪、共趣頓乏」は、すでに『無量寿経』の時点で、相当読解困難であったと考えられる。おそらく理解が困難であったため、『無量寿経』では、「自然衆悪」を継承せずに、編集し消している。すなわち『無量寿経』では、その部分を大きく削り、「自然迫促、共趣頓之」という流れの文章を新たに作成し、通りをよくしている。その編集後の『無量寿経』の和訳は、たとえば『大乗仏典訳』（一四五頁）では、

そのうち寿命が終わって尽きると、犯してきた諸悪が帰着するところの報いが、必然的に迫ってきて出発をうながし、その人間を悪道に連れていって捨ててしまう[26]。

とある。しかし、この訳は主体の存在が分かりにくい。また、「共」の訳が通りづらい（そのためか『大乗仏典訳』では無視している）。これは『無量寿経』が文脈を編集した結果であるので仕方がないと考える。

では、この意味のとりづらい『大阿』『平等』にある「自然衆悪共趣頓之（↑乏）」は、もともとどういう意味で説かれてあったのだろうか。筆者はまだ現在まで十分に解明されていないと考え、本箇所に注目した。以下では『大阿弥陀経』を中心に見ていく。

二-〇・第四悪の文脈の確認

まず、その第四悪はどのような文脈になっているのか。前後の文脈の確認のため、関係する前後の文章を引用する。ここでは、現存最古の形である『大阿弥陀経』のほうで見ていく。

天神記之。

頼其前世宿命頗作福德、小善扶接、營護助之、
今世作惡盡傷、諸善日去、見惡追之。

身獨空立、無所復依、受重殃讁。

壽命終身、衆惡繞歸、自然迫促、當往追逐、不得止息。

自然衆惡共趣頓之（↑乏）。

有其名籍在神明所、殃咎引牽、當値相得。


（『大阿弥陀経』[27] 三一四c七）


天神はこれを**記録**する。

（**人々は**）**過去世**の**少し**の**福徳**を**行**ったことを**頼**りにし、〔**また実際に**〕**少し**の**善**がもりたて、この**人**を**保護**するけれども、**今世**において**行**った**悪**が（**諸善**の**功徳**）を**使**い**尽**くしてしまい、**善**は**日々**なくなっていき、**悪**がそれを**追**いたてるのを**見**る。

（その**人**は）**独**りでどうにか**立**ち、**何**の**寄**りかかるもの（＝**善**）もなく、**重**い**罰**を**受**ける。

命が**終**わる**際**には、**身**に**多**くの**悪**がついてふりかかり、**自然**にせまってきて、（この**人**を）**追**いかけ、（この**人**は）**安息**となることができない。

—自然衆惡共趣頓之（↑乏）—

その名簿は神のところにあり、（罪による）とがの引く結果はまさにそのとおりにうける。（私訳）

森三樹三郎氏は、この（『無量寿経』の）第四悪の周辺に注目し、全体を通して「神の裁き」を示す文章と理解している。(28) 森氏の言うように、ここでは全体として、天神が統括して、人々の業とその結果を管理している描写がなされている。また神が統括する記述は三毒五悪段に散見するが、そのなかでも第四悪はその神の統括記述が最も集中的になされている箇所である。現在問題としている箇所（自然衆悪共趣頓乏）も、その流れにふさわしい方向性の文章としてあることが本来望ましい。

二―一・従来の理解の確認

問題の「自然衆悪共趣頓乏（之）」（『大阿』『平等』）の箇所は、現地点では、現代語訳は一つも出されていない。よって、訓読資料を参考にして、従来おおよそどのように読解されてきたかを確認する。

『真宗聖教全書』　自然《ノ》衆悪共《ニ》趣《キ》頓《ル》レ乏《ニ》　（一七八頁）

『聖典全書』　自然《ニ》衆悪共《ニ》趣《キ》二頓《ル》之《ニ》一　（一八五頁）

『浄土宗全書』　自然《ノ》衆悪共《ニ》趣《キ》頓《ル》レ之《ニ》　（三二頁）

これらの諸本では、「自然」は「自然に」あるいは「自然の」で理解されている。また「頓」は三つの訓読文のすべてにおいて「いたる」と理解されている（たとえばさらにそれを現代語訳するなら「必然的に多くの悪がこの人に到達する」などとなる）。

また末木文美士氏は当該箇所の『大阿弥陀経』の「自然」を「必然」と理解しているが、(29) 筆者は「道徳」と近似した意味の「自然」であり、「法則」の意味であると考える（すなわち末木氏の分類における「神の裁き」）。＝前出

の三毒段の内容と同じ「自然」である可能性を考えた。

二－二．仮説の再説

以下では、この第四悪の箇所が先に見た三毒段の記述と文脈は同じで、同じような意趣を表現しようとしていると考えて第四悪を分析していく。管見の限りでは、三毒段の前出箇所とこの部分を合わせてみていく見方をしたものはない。筆者は、三毒段と照らし合わせて読むことでこれまでと異なる一つの読みの可能性が出てくると考える。まず三毒段の「道德非惡先隨與之、恣聽所爲、其壽未至、便頓奪之」うちの「恣聽所爲、其壽未至」のような経過を詳細に表す記述は第四悪では語られていないと考えて、そこを削ってみると「道德非惡先隨與之便頓奪之」という形となる。さらに二つの動詞（隨與と頓奪）の後におかれる目的語の「之」を一つにまとめ、またそれによって不要になった接続詞の「便」をとると、「道德非惡先隨與、頓奪之」という文章が出来上がる。それと第四悪を比較すると

道德非惡先隨與、頓奪之（『大阿』『平等』三毒段、改変後）
自然衆惡共趣、頓乏　（『大阿』『平等』第四悪）

となる。また先（一－二－一）に見たように「自然」と「道德」は近似するものであるという考えに立つと（また実際に『無量寿経』三毒段当該箇所は、「道德」であったものが「自然」と変わっていた）、実質的に主語も同一のものとなり、同じ構造をもつ文章になると筆者は考える。

二－三．個別の単語の確認

以下では、仮説の検証作業として第四悪のほうを一つ一つ個別に見ていく。

二―三―一・衆悪

「衆悪」の意味は「多くの悪業」であると考える。対応する『無量寿経』は「諸悪」としているが、それと同じ意味である。また今回比較して見ている三毒段の「非悪」と同義と考える。

二―三―二・趣

「趣」には、様々な意味が存在する。三本の諸訓読文は、すべて「趣く（おもむく）」としている。[30]「趣」には、「すぐに」「たちまち」などの意味もあるが、語句の並びなどから、筆者は諸訓読文と同じ「おもむく」の意味であると理解する。

「悪業（あるいはその潜在力）が趣く」という用例については三毒五悪段ではいくつか見られる。例えば「第五悪」では、

『大』慈心教語開導死苦、善惡所趣向有是、復不信之。[31]　（三一五a一八）

慈しみをもって教え、死の苦しみや、善悪の結果の行きつく先があることを示しても、全くこのことを信じない。（私訳）

とあり、「善」や「悪」が「趣く」ことが説かれる。また「第五悪」の別の箇所には

『大』會當歸就生死勤苦善惡之道。身所作惡殃咎衆趣、不得度脱。[32]　（三一五a一六）

当然生死勤苦の善悪の道に帰ってきてしまう。身に行う悪によって咎が多くもたらされ、解放されることが

ない。

（私訳）

とあり、「（悪）殃咎」（悪の潜在力）が「趣く」ことが述べられている。このように「悪が趣く」という記述は散見される。第四悪当該箇所の「趣」もやはり「おもむく」であると考える。

この「趣く」の意味は、「随與」と同義と考えられる。「随」と「趣」が互換される現象は、先ほどあげた五悪の総括部分（壽終趣入至極大苦／身死随行入三悪道）にも見られ、そこからも実際に互換されうるものと考えられる。よって「非悪随與」（三毒段）と「衆悪趣」（第四悪）とは同じ意味になる。

二－三－三・頓

「頓」について、この箇所を『西本願寺訳』（『無量寿経』ではあるが）は「その人とともに次の世にいたる。」ととり、『浄土宗訳』は「一緒に（悪しき世界へと）至る」ととる。「頓」を「いたる」の意味でとっている[33]（もし下の文字が「乏」であった場合、たしかに「いたる」の意味が最もふさわしい）。またここに出てくる「頓」を先出の『大乗仏典訳』は「その人間を悪道に連れていって捨ててしまう」と理解している[34]。すなわち「捨てる」と理解しており、注目すべき翻訳である。

筆者はここは『大乗仏典訳』（第四悪）の「頓」の理解と同じく、「捨てる」と理解する。「頓」の部分は（『無量寿経』ではあるが）「奪」を採用している版本や写本（高麗版再雕本・磧砂版・明版・清浄華院本・誓願寺本など）[35]もある。「奪」にしている本があるということは、「奪」でも意味が通っていたということである。「頓」と「頓奪」と「奪」は同じであると考える。そしてここでの「頓」も「奪」に近い文脈（＝即ち「捨てる」）の意味であったと考えられる[36]。その場合、捨てられる「乏」とは、本来あるべきであった「寿命」を指すだろう。すなわち、この

消されたほうの『大阿』『平等』の当該箇所では、三毒五悪段で二度目の奪算説が説かれていたと考える（この奪算の考え方は、これまで無量寿経類で三毒段にそれぞれ一度だけ説かれているという理解がされていた）。『大阿』『平等』の第四悪には、かつては二度目の奪算説が説かれていたが、『無量寿経』の段階では理解不能となり（継承されることが不可能となり）、全く違う方向へ編集されていった、という変遷過程があったと筆者は考えている。

二―三―四．之／乏

「之」と「乏」はどちらでも意味は通るが、一つには「頓乏」の可能性もある。その場合の翻訳は**法則としてのはたらきは、悪はまずその人についていかせておき、（最終的には）貧しい状態にさせる。**となる。奪算ではないが、法則が統括をしているという文脈なかで翻訳をすることはできる。ただし文末の最後の一字であるため、「之」（＝「頓之」）であった可能性が高い（また、その場合、三毒段とも合致する）。実際、先の三つの訓読資料のうち、『聖典全書』と『浄土宗全書』が「之」を読みの通るものとして採用していた。

二―三―五．共

順番は前後するが、「共」は最も難解な箇所であるので最後にまわした。先に見た諸訓読文はすべて「共に」と訓じている。「共」は現状では意味が通りにくい。過去の諸理解として、そもそも文章は異なるが、参考までに編集後の『無量寿経』の第四悪（壽命終盡、諸悪所歸、自然迫促、共趣頓(奪)之）に対する諸現代語訳をみると、『西本願寺訳』は、「その人とともに」とし、また『浄土宗訳』は「一緒に」と訳し、業と人間が一緒に次の世に

趣くと理解している。(『大乗仏典』は翻訳していない)。しかし「共」をそのように理解し、業と人が一緒に次の世にいたるという内容をこの文脈で出す必然性はない。

ところが三毒段と比べると見えてくることがある。それは「先」との互換の可能性である。「共」と「先」とは字形が似ており、おそらくどこかの伝承の段階で入れ替わってしまったと筆者は考える。もし、ここが「先」であった場合、三毒段とかなり近い本文となり、また意味も通りやすくなる。

二-四・最終的な確認

再度これまでの分析を反映し、二箇所を並べると、

道徳(／自然)非悪先随与、頓奪之　(『大阿』『平等』三毒段、改変後)

自然　衆悪共(先?)趣、頓(／奪)之　(『大阿』『平等』第四悪)

となり、文の構造などの類似が確認できる。

また、ここで、今の新しい訳(奪算の意味をもつ訳)をした場合、第四悪全体の文脈に沿うかどうかを再度確認する。(原文自体は同じなので今回は省略する)

天神はこれを**記録**する。

(**人々は**)**過去世の少しの福徳**を**行った**ことを**頼り**にし、〔**また実際に**〕**少しの善**が**もりたて**、この**人**を**保護**するけれども、**今世**において**行った悪**が(**諸善の功徳**)を**使い尽くして**しまい、**善は日々なくなって**いき、**悪**がそれを**追**いたてるのを**見る**。

(**その人は**)**独りで**どうにか**立ち**、**何の寄り**かかるもの(=**善**)もなく、**重い罰**を**受ける**。

命が終わる際には、身に多くの悪がついてふりかかり、自然にせまってきて、（この人を）追いかけ、（この人は）安息となることができない。

法則としてのはたらきは、悪はまずその人についていかせておき、（最終的にはこの人の寿命より）先に命を奪う。その名簿は神のところにあり、（罪による）とがの引く結果はまさにそのとおりにうける。

（『大阿弥陀経』）

従来の理解では「必然的に多くの悪がこの人に到達する」であったが、それではすでに「悪がついてふりかかり、安息となることができない」とあるが、その後になぜかもう一度「悪が到達する」という話題が展開されることになり、通りがよくなかった。一方で、ここを奪算を意味する訳で解釈した場合、全体的に天の統括を中心とした文章が形成され、文脈としては、統一感が出る。

三・おわりに

本稿では、三毒段と第四悪という二つの離れた箇所の文章について関連性の強いものとして読むという方法を用い、三毒段のほうでは翻訳を検証し、第四悪は新しい理解の可能性を示すことを一例として見た。(37) まず、三毒段の訳としては

法則としてのはたらきは、非行悪業はまずこの人についていき、ほしいままにさせておくが、（最終的には）その寿命が至らないうちに、この命を奪う。

と理解するのが最もいいと考える。

また『大阿弥陀経』『平等覚経』では、かつて三毒段とは別にもう一箇所「第四悪」において奪算を表す文章が

あったことが考えられる。すなわち、以下のとおり。

自然《ハ》衆悪《ニハ》先《ヅ》趣《カセ》頓《ツ》（／奪《フ》）レ之《ヲ》。

法則としてのはたらきは、悪はまずその人についていかせておき、（最終的にはこの人の寿命より）先に命を奪う。

このように『大阿弥陀経』『平等覚経』においては二ケ所において奪算の思想が説かれていたが、『無量寿経』の編集段階において、そのうちの第四悪の奪算の記述が消えていき、そのため先述したように『無量寿経』では意味が取り難い文脈が形成されたと筆者は考える。

森三樹三郎氏による翻訳が出され、また『大阿弥陀経』三毒段の翻訳（辛嶋訳注8、9）[38]が初めて出され、この研究分野に画期をもたらしている。少しずつより細かな網目によって文章が把握できるようになってきたなかで、本稿で行ったような三毒段と五悪段の全体的把捉の方法も、さらなる解明への一手法となると考える。

略号

『大正蔵』：『大正新脩大蔵経』
『聖典全書』：『浄土真宗聖典全書』Ⅰ　三経七祖篇
『大』：『佛説阿彌陀三耶三佛薩樓佛檀過度人道經』『大阿弥陀経』『大阿』とも略す
『平』：『佛説無量清浄平等覚經』『平等覚経』『平等』とも略す
『無』：『佛説無量壽經』『寿経』とも略す
『西本願寺訳』：浄土真宗聖典編纂委員会編纂『浄土三部経』
『浄土宗訳』：浄土宗総合研究所編『浄土三部経：現代語訳』
『大乗仏典訳』：『大乗仏典〈6〉浄土三部経』中公文庫

「辛嶋訳」：「『大阿弥陀経』訳注(八)」

○／△：○と△とが両方あり、とりあえず併記していることを示す。

○（↑△）：高麗版には△とあるが、○とある異読を採用しているということを示す。

註

(1)『無量寿経』の三毒五悪段は『大阿弥陀経』『平等覚経』の困難なところを改編しつつやや短くしている。

(2) 望月信亨『浄土教の起源及発達』山喜房佛書林、一九七二年、一三三―二五七頁。

(3) それぞれ、『大正蔵』一二、三一二c一一、二九四b二七、二七五a二七、『聖典全書』では、それぞれ一七六頁一四行、二六七頁一行、五四頁五行。

(4)『聖典全書』では、それぞれ一八五頁六行、二七六頁四行。本文中に（　）で示した数字は『大正蔵』一二巻のページ情報である。

(5) 現代語訳を用いるときは、基本的に『西本願寺訳』・『浄土宗訳』・『大乗仏典訳』を出し、その検討材料とする。他の訳も基本的には参照しているが、必要があるときだけ用いた。近年の現代語訳としては、阿満利麿『無量寿経』ちくま学芸文庫、二〇一六年二月、戸次公正『意訳無量寿経』法蔵館、二〇一七年六月がある。

(6) 辛嶋静志「『大阿弥陀経』訳注(八)」『佛教大学総合研究所紀要』第一四号、二〇〇七年。

(7) 松村巧氏は「このように「天地」の上位に神々の世界を構想する中において、究極の根元として「道」や「一」を、「天地」を越え、神々の世界をも越えて、形而上の遥か彼方に引き上げた」と述べている。『岩波講座東洋思想』第十四巻、一九九〇年、一二〇頁。

(8)『大正蔵』一二、三一三c一一、二九五c四。

(9)『大正蔵』一二、二七六a一。

(10) そこを『無量寿経』は「數之自然」（二七七a二六）としている。その場合「数」は「法則」「規律」の意味と考えられる。

(11) ここは『無量寿経』と『大阿弥陀経』とはほぼ同じなので、現在和訳の存在する『無量寿経』のほうをのせた。

『大乗仏典訳』一二九頁。

(12) 末木文美士『仏教—言葉の思想史』岩波書店、一九九六年、一二二頁。

(13) ちなみに対応する『無量寿経』の諸現代語訳をみると、いずれの本もここを「自然は」とはしていない。「必然的に」という意味でとっている。

(14) これらの翻訳は、諸解釈書にない画期的な訳であり、様々になされている「自然」研究に対しても、新たな知見をもたらすことが考えられる。

(15) 『大正蔵』一二、三一四c一五。

(16) 『大正蔵』一二、三一一c二九。

(17) 辛嶋氏は『大阿弥陀経』の文脈ではあるが、ここを悪人ととっている。

(18) 坪井俊英『浄土三部経概説 新訂版』法蔵館、一九九六年、三〇八頁。

(19) 用例としては「桓公知天下諸侯多與己也」（『国語』）などがある。

(20) 『平等覚経』は全く同じ。『無量寿経』は「自然隨逐、無有解已」の部分がない。

(21) この部分に対応する『大阿弥陀経』は以下のとおり。世間人民不肯爲善、欲作衆惡、敢欲犯此諸惡事者、皆悉自然當具更歴入惡道中。或其今世、先被病殃、死生不得、示衆見之。壽終趣入、至極大苦。愁憂酷毒、自相焦然。（三一五b八）『平等』も四文字の些細な異同以外は同じ。（二九七a一）

(22) 『西本願寺訳』二三三頁「罪の報いを世の人々の前にさらすのである。そして命が終れば、その行いに応じて地獄や餓鬼や畜生の世界に沈み、はかり知れない苦しみに……」ここでは、ここの「隨」を「〜にしたがって」としてとっているようである。『浄土宗』一五六頁も同じく「応じて」、『大乗仏典訳』は「その行ないに応じて」（一五七頁）。たしかに文法上そのようにとることは可能であるが、「隨行」にはこの時代の使用例として別に二字で「ついていく」という意味がある（『史記』袁盎病免居家、與閭里浮沈、相隨行、鬪雞走狗など）。「人のあとについていってお供をすること」。その場合「行」は「おもむく」の意味である。初期の漢訳仏伝の一つである『修行本起経』には「佛天眼淨見人物死神所出生、善惡殃福、隨行受報、……」（『大正蔵』三、四七二a一九）とある。これもここで使われる「ついていく」と同義の「隨行」と考えられる。この「隨行」に類似する語には「追逐行生」「當行至（苦樂之處）」

考える。

「前行（入其火鑊）」（第四悪）などがある。また当該箇所の対応する『大阿』『平等』は「趣入」であったことを考えると、「それぞれの行（業）にしたがって」よりも「ついていく」の意味で「随行」を理解することがよりよいと考える。

(23) 平岡聡『〈業〉とは何か』筑摩選書、二〇一六年、七〇頁。そこでは、「業は陰のようにその行為者につき従い、決して見逃してはくれない」とある。

(24) 望月信亨、前掲書、一九七二年、二〇八頁。吉岡義豊『道教と仏教』第二、図書刊行会、一九七〇年、一六七―一九六頁。

(25) 『大阿弥陀経』は高麗版再雕本・元・明版などでは「乏」となっている。『大正蔵』一二、三一四c一一。『平等覚経』は高麗版再雕本・宋・元・明版などでは「乏」となっている。『大正蔵』一二、二七六c一九。

(26) 『西本願寺訳』は「そうして寿命が尽きると、これまでに犯したさまざまな悪がおのずからその身に集まってきて、その人とともに次の世に至る。」（二二一頁）とあり、「悪がおもむく」という解釈を行っている。『浄土宗訳』は「寿命が尽き果てると、〔それまでの〕悪行〔の報い〕が〔その者の身に〕寄り集まる。当然〔悪行はその者を〕押し流し、一緒に〔悪しき世界へと〕至るのである」（一五〇頁）とあり、人と業が一緒にととっている。諸説分かれている。

(27) 『大阿』の「今世作悪、盡傷諸善、日去見悪追之」が『平等』では「今世作悪、福徳盡傷、諸善鬼神各去離之。」（二九六c一〇）となり、また『大阿』の「衆悪繞歸」が『平等』では「悪繞歸」となっているという相違がある。それ以外は同じである。

(28) 森三樹三郎『老荘と仏教』二〇〇三年、講談社学術文庫、二五四―二五六頁。

(29) 末木、前掲書、一二〇頁。

(30) また「取」の意味の「趣」もある。たとえば、「悪心在外不自修業。盗竊趣得欲撃成事。恐勢迫脅歸給妻子。」『無量寿経』第三悪、二七六b二五など。また副詞で「わずかに」という意味の「趣」もある。「所以然者、貧窮乞人底極厮下、衣不蔽形食趣支命、飢寒困苦人理殆盡。皆坐前世不殖徳本。」『無量寿経』帝王と乞人、二七一c一四。

(31) 『平等覚経』もほぼ同じ（二九七a二〇）。ちなみに当該箇所の『無量寿経』では「令其念善、開示生死善悪之趣自

然有是、而不信之。」（二七七a二〇）（『浄土宗訳』一五三頁　生死の中には善によって赴く世界と悪によって赴く世界があるべくしてあると説き示して……）と変えられている。「趣」は『大阿』『平等』では動詞であったが、『無量寿経』では名詞で輪廻の一境界を表す「道」に変わっている。この現象は、読みがその当時でも難しかったことと、『無量寿経』がこの部分を翻訳しておらず、ただ『大阿』『平等』などを見つつ改変していることの一つの証拠となる。

(32)『平等』はまったく同じである（二九七a一八）。『無量寿経』は「會當歸死」（二七七a一九）となり、大きく改変されている。

(33) またここは「趣」のなかにある「取」の意味で、「取奪」という意味の可能性もある。

(34)『大阿弥陀経』ではなく『無量寿経』の訳についてではある。『西本願寺訳』は二二一頁、『浄土宗訳』は一五〇頁、『大乗仏典訳』は一四五頁。

(35) 堀祐彰「三業惑乱期における『仏説無量寿経』について～諸本対校表から窺えること～」『仏教文化研究所紀要』第五十五集、二〇一七年、五九頁参照。

(36)「頓」の字は『大阿』『平等』『寿経』全体で、今回検討している三毒段当該箇所と、第四悪当該箇所にしか出現しない。

(37) 仮に翻訳が間違っていたとしても、それでも対応関係については関連性がある可能性がある。

(38) 辛嶋静志「『大阿弥陀経』訳注(九)」『佛教大学総合研究所紀要』第一七号、二〇一〇年。

親鸞と対象喪失（上）

〜グリーフケアとの接点を求めて〜

打本弘祐

はじめに

近年、実践真宗学に関連する領域で関心の高い分野にグリーフケアを挙げることができよう。なかでも葬儀と仏教僧侶の拝金主義とが結びついて揶揄されがちな「葬式仏教」が、遺族ら愛する人を死別で亡くした人々の喪失の悲嘆を癒す宗教儀礼と捉え直されるようになった昨今、葬儀自体を心を込めて丁寧に行うことや、寺院を会場にして残された人々がそれぞれの悲嘆を語り合う分かち合いの会なども開催されるようになってきている。また、あくまでペットロスを経験した人々を対象にした調査ではあるが、喪失悲嘆を抱えた人への読経が悲嘆の緩和につながるという実証的研究も発表されている。(1) そういった意味で上記の「葬式仏教」という言葉が今までと異なった意味で捉えられるようになっているという状況の変化は、真宗学の四分野の中でも伝道学、特に実践真宗学にとって注目しなければならないターニングポイントであることを認識しておく必要がある。

すでにグリーフケアに関連する仏教や真宗関連の先行研究には、教義的立場から悲嘆を抱えた遺された人たちをケアする立場へと自らを置き、現代の課題に応答しようとする意欲的論考がある。しかし、本論考ではそれらの立

場とは、異なったアプローチを試みたいと考えている。筆者が取り組んでいる臨床宗教師教育の源流となる臨床牧会教育（Clinical Pastoral Education：以下CPE）には、『聖書』やキリスト教神学から直接的に応用可能な教義理解を導く座学講義のみならず、臨床で出逢うケア対象者の語りをあるがままに聞くことを可能とするために、臨床教育の中で自らの生育歴を見つめるグループワークが教育方法の一つとして採用されている。[2] それまでの神学教育が知識の伝達を目的とするものであったことに対し、CPEの創設者らが提唱したのは神学生の生育歴や性格、生き方を検討しながら聖職者を人格的に教育するというものであった。[3] 以降、CPEは他者のみならず自己を教材として扱う教育として神学教育の一分野を担い、本邦にも導入され、今日では日本におけるスピリチュアルケア教育やグリーフケア教育、臨床宗教師教育にも応用されている。

往々にして人は成長の過程において心の中に様々な課題や傷を背負う。それらの多くは家族や人間関係など育ってきた環境や、愛する人との別れなどの喪失体験に由来することも少なくない。CPEの流れを汲むケアの提供者を志す者は、それらの課題や傷を生育歴のグループワークの中で見つめ、メンバーやスーパーヴァイザーによって、自らがケアを受けることによってケアする者へと成長していくことが求められる。その理由は、伊藤高章が述べるように「スピリチュアルケアやグリーフケアの提供者は、自らのスピリチュアルな痛みや悲嘆を押し隠して、ケア提供者として成長することはできない」[4] からに他ならない。ケア対象者の語りに耳を傾けるとき、このプロセスを経ていなければ、相手のそれらの苦悩がケア提供者自身の課題や傷に触れて、意識的にも無意識的にも相手の語りを遮断したり、課題に踏み込めない事態が生じる。そうしたケア提供者が十全な能力を発揮できなくなる事態を回避するとともに、ケア提供者が課題や傷を持ちながらもケア対象者と共にいて、逃げずに、相手の言葉を待ってあるがまま聞くことを可能とするために生育歴のグループワークが行われている。

本論考では、上記のような臨床宗教教育で行われている生育歴の観点から、真宗学を基調としてグリーフケアに関わる実践者自身が、自らの喪失した対象を見つめるプロセスを経た上で、ケアに関わる事の重要性を主張したい。そのために、まず筆者の主張とこれまでの論考とがいかに異なったアプローチであるかを明瞭なものにするため、仏教者のグリーフケア活動の動向や真宗学におけるグリーフケア関連の先行研究を取り上げて考察し、続いて対象喪失について論じる。なお今回の論考は紙枚の関係上そこまでに留め、次稿で親鸞の生涯における様々な対象喪失を論じる。

一　仏教界とグリーフケア

喪失に伴う悲嘆は、有史以来人々の心に重くのしかかってくる問題であった。しかし、今日ほど大きな問題として取り上げられることはなかった。特に日本においては、戦後以降の核家族化による家族形態や地域コミュニティの変化、それに伴う宗教との接点の希薄化によって、遺族の孤立が顕著になったと言われる(5)。

また一九七八年以降、在宅死よりも病院死の数が多数を占め続ける状況が続き、死は家の中ではなく病院の中で起こる出来事となった。すなわち死の医療化の時代の到来である。この死の医療化に伴って、日常生活から死が見えにくくなっていった。在宅死の時代には地域の顔なじみの人が老い、病み、死んでいくところを目の当たりにし、共に葬送儀礼を行うことによって、人のいのちのはかなさを知り、自らの死生観の涵養が図らずもなされてきた。葬送儀礼の中には、遺族をはじめ、残された人々が故人について語り合う時間や場があり、各人の悲嘆が軽減されてきた。葬送儀礼は仏教僧侶と地域コミュニティのメンバーが総出で関わる一大事であった。

こうした葬送儀礼や葬儀後の宗教儀礼の重要性は、主にグリーフケアを専門とする研究者から指摘されている。

山本佳世子は、「悲嘆の癒しの場」として重要であるとし、次のように述べている。

お通夜、告別式、その後の法要などの葬送儀礼も、悲嘆のさなかにある人を癒す場であった。お通夜、告別式、初七日、四十九日の法要、初盆、一周忌、三回忌と故人に関係のある人が集まり、悲嘆の深い人がいたら話を聞き、皆で故人の思い出話をする。それは、こんなにも多くの方が故人のことを思っている、忘れていないということがわかり、同じように辛い思いをしている人がいることに気づく場となり、それが癒しの場となっていた。(6)

また、悲嘆学の坂口幸弘は法事や法要が長期にわたる有効なケアであると論じている。

法要・法事といった宗教儀礼が体験を共有する機会を提供するだけでなく、一周忌や三回忌など記念日反応が懸念される節目の時期に行われ、加えて長期に渡って実施されるという点で、遺族への有効なケアとしての要素を備えているとも考えられる。(7)

さらに医師であり仏教僧侶でもある佐々木恵雲は、こうした法要において仏教僧侶が形式的儀礼的に終始するのではなく、遺族の心に寄り添い、心理的・社会的ケアを心掛けることによって、「仏教には新たなグリーフケアを提供する可能性がある」と述べ、さらには「宗教的な出遇いといったスピリチュアルな支援も可能となるであろう」とまとめている。(8)

こうした宗教儀礼の重要性は指摘の通り首肯できる。しかしながら、山本が地域社会の崩壊などによって「悲嘆を癒す場」が欠如し、葬送儀礼の空洞化を招き、悲嘆を抱えた人が孤立していると指摘するように、現代では葬儀のための準備のための担い手が地域コミュニティから葬儀会社へと移っている。さらには近親者や家族のみによる「家族葬」や、葬送儀礼を行わずに病院から直接火葬し埋葬する「直葬」の選択もできる。「家族葬」や「直葬」の選択の是非を本稿で問うつもりはないが、すくなくとも葬送儀礼の変化によって、その後の法事等の機会は必然的に減少し、「悲嘆を癒す場」はより失われていくことになろう。それに伴い、坂口の指摘する遺族への有効なケアの提供も困難となっていくことが予想される。

二　仏教僧侶とグリーフケア

こうした葬送儀礼を巡る状況の変化に対して、葬儀社や仏教僧侶によるグリーフケアの視点を取り入れた先鋭的な取り組みが行われている事例があるので確認したい[9]。まず仏教僧侶の活動を概観するにあたり、大河内大博が代表的人物を挙げて評している論考を取り上げる[10]。

まず大河内は、長野県松本市にある神宮寺の高橋卓志による檀信徒一人一人の思いに添うオーダーメイドの葬儀やお別れ会の実現を「葬儀の在り方を挑戦的に改革していくもの」と評する。次にスピリチュアルケア専門職でもある岐阜県飛騨高山にある千光寺住職の大下大圓の取り組みを取り上げる。大下は、満中陰まで行われる法要後に、説教をするのではなく、遺族同士が語り合うグループワークをコーディネートすることによって遺族の立ち直りをサポートしている。大河内は、こうした仏教僧侶自身のスタンスの変革によって「家族間の思いの再構築を主眼としたグリーフケアの場を作り出している」と論じている。三人目に大河内は大阪の應典院代表の秋田光彦を取り上

げ、應典院で行われている「グリーフタイム」を紹介している。この「グリーフタイム」は、専門家のもと悲嘆を抱えた人たちが「個々人がやりたいように想いのまま自身の悲嘆を見つめるグリーフワークができる機会」を提供するものであり、大河内は「お寺という空間を個々人のワークを通した行き来自由なグリーフケアの場に創造し実践している」と評している。(11)

このように、大河内によって積極的な活動を展開する著名な三名が取り上げられているが、これ以外にも、例えば大河内自身が副代表として超宗派の仏教僧侶で組織する「いのち臨床仏教者の会」（代表：谷山洋三）によって、寺院を会場として死別の悲嘆を分かち合う会「ともしび」が運営されている。(12)同様に、超宗派を標榜し宗派色を出さない活動として、長野県松本市の曹洞宗薬王山東昌寺の飯島惠道の活動がある。飯島は、看護師として緩和ケア病棟でチーム医療に取り組んでいた経験から、患者本人の死亡退院後であっても遺族を支援できるよう医療・僧侶・葬儀社をつなぐ取り組みとして、地域社会における「生老病死のトータルケア」を目指すケア集団「ハートビート」を立ち上げている。その活動の一環として、死別悲嘆の分かち合いの会の開催や、冊子『大切な人をなくしたあなたとき―長野県・中信地方版―』の作成・配布といった啓発活動など、地域社会に根ざしたグリーフケアを展開している。(13)

右記の活動は宗派色を出さない傾向にあるが、逆の傾向として、東京都世田谷区にある真宗大谷派存明寺の取り組みがある。同寺は、門信徒の活動を超えた出会いを目指しつつも、「浄土真宗の雰囲気の中でグリーフケアの活動を行っている」ことを謳い、グリーフケアの会のスケジュールの中に宗教儀礼として「正信偈」の勤修と住職の法話を組み込んでいる点に特徴がある。(14)

このように仏教僧侶のグリーフケア活動をみていくと、かつて筆者がビハーラ活動の類型で論じたように、超宗

派型と教団主導型の傾向が見られる。特にグリーフケアにおいては超宗派型の傾向が多く見られるが、存明寺のように教団主導型と言えないまでも一宗派を前面に出す活動が見られる点は独特で興味深い。では、一宗派の中でグリーフケアがどう教義的に捉えられているのか、特に親鸞を宗祖とする浄土真宗における論考を確認しておきたい。

三　真宗学とグリーフケア

前節でみたように仏教界におけるグリーフケアに関する活動や研究動向は、二〇〇〇年代以降に頻出する。これは井藤美由紀が指摘しているように、死別の悲しみに対してグリーフケアの専門家を求める動きがあり、グリーフケアの専門家になる為の知識と方法を学べる場が日本社会に広く知られるようになったこととパラレルな動きとして捉えることができる。(15) ただし、真宗学においてグリーフケアに言及する先行研究はそれ以前に遡り、一九九〇年代のビハーラ活動に関連するコンテキストの中に現れる。

まず藤泰澄は、グリーフケアを「僧侶よ、お寺よ、動けと現代社会から呼び覚まされる活動である」と位置付ける。そして寺院や仏教僧侶の本来性を取り戻すためにグリーフケアの導入を真宗寺院に呼びかけると共に、遺族の悲嘆を傾聴した上で受け入れられる為の法話を検討している。(16)

また、鍋島直樹は教義学の立場から親鸞における愛別離苦への姿勢とその超克を詳述している。その中で、国内外でのチャプレン経験を有する斎藤武のグリーフケアへの言及を承けて、「グリーフケアが伝統ある仏教寺院においても、積極的に活用されていくことができればよいと思われる」と述べ、寺院におけるグリーフケアを推奨している。(17) また、鍋島は、『末灯鈔』や『口伝鈔』に見られる親鸞の愛別離苦に苦悩する人々への対応を三つにまとめている。

A：悲しいときには涙を抑えなくてもよい。（愁いを表出することの大切さ）

B：しかし、悲しみをさらに深めるばかりになってはならない。（愁嘆は一人ひとり異なり、悲嘆のプロセス全体がそのまま心の傷を見つめ癒す行程である。）

C：悲しみは、究極的な拠り所が心に確立されることによって、徐々に乗り超えられていく。（他力の仏法に依って、愛執の迷いは断ち切られる。別れの悲哀さを胸一杯に感じながらも、仏の摂取によって生死無常が冷静に受け止められ、亡き人を道標として別れから新しい意味を学ぶことができる。）

このAとBから親鸞の愛別離苦への姿勢が窺われ、Cから親鸞浄土教独自の救済観が示される。鍋島は「親鸞における愛別離苦の超克は、阿弥陀仏の本願に抱き取られた信心が成就されることによって、揺り動かない心の領域が確立され、悲しみは悲しみとして、ありのままに受けいれられて、往生浄土の道が前に見開かれてくることであったといえるだろう」と結んでいる。筆者の言葉で換言すれば、阿弥陀仏の救済成立の根拠は、悲嘆の消失が条件となるのではない。救済は阿弥陀仏の摂取不捨のはたらきによるのであって、愛する者の喪失の悲嘆を乗り超えているか否かは、阿弥陀仏の救済成立を左右するものではない。悲嘆を抱えたままであっても、また乗り超えられずとも、悲嘆を抱えたその人をそのまま摂取し、必ず往生浄土し仏となる身へと転じていくのが阿弥陀仏の本願なのである。

四　対象喪失について

親鸞教義とグリーフケアについて論じた藤・鍋島の論考の中心は、グリーフケアにおける悲嘆を愛別離苦と捉え、特に愛する者の死を中心としている。[18] しかし、現在語られるグリーフケアの焦点は必ずしも愛する者との死別（bereavement）に限定されている訳ではない。グリーフケアは、愛する者との離別を含めて大切なもの等の喪失など、対象喪失に伴う悲嘆全般に関わるケアとして理解されている。よって、対象喪失を経験した人々の感情に可能な限り平等な視点から関わる必要がある。筆者は、仏教僧侶が愛する者との死別のみに限ったこととしてグリーフケアを論じた結果、グリーフケア全体が矮小化されて捉えられてしまうことを危惧している。現代の多様な悲嘆（さらには、後述する「公認されない悲嘆」の未だ公認されていない状態）に関わるためには、悲嘆の要因となる喪失とは一体何を失い、何を失って悲嘆が生じるのかに注意を払う必要がある。そこで今節では対象喪失とは何かについてまとめておきたい。

現代におけるグリーフケア研究は、対象喪失を取り上げたジークムンド・フロイト（Sigmund Freud, 1856〜1939）が嚆矢であることは論を待たない。対象喪失は、彼の論文「悲哀とメランコリー」の中で次のように述べられている。

悲哀はきまって愛する者を失ったための反応であるか、あるいは祖国、自由、理想などのような、愛する者のかわりになった抽象物の喪失に対する反応である。これと同じ影響のもとにあって、病的な素質の疑われる人たちでは、悲哀のかわりにメランコリーが現われる。悲哀は、たといひどく正常な生活態度から逸脱している

ときにも、われわれはそれを病的状態とはみなさないし、医師の治療にゆだねようとはけっして思わないのは、注意してよいことである。われわれは、時期がすぎれば悲哀は克服されるものと信じていて、悲哀感のおこらぬことはかえって理屈にあわぬ不健全なことと思っているのである。[19]

この箇所において、精神疾患の病因論に関心を持っていたフロイトの論旨は二つある。

第一に、悲嘆（悲哀）[20]とメランコリー（うつ病）とは区別されるものであり、悲嘆は医師の治療対象とはならないということである。通常の愛する者やそれにかわる対象喪失に伴う悲嘆によって引き起こされる心理的反応は、のこされた人が時間を経過していくなかで克服されるものであり、その喪失した人が単独で行う作業過程をフロイトは「悲哀の仕事（mourning work）」と呼んだ。この「悲哀の仕事」は「多くの時間とエネルギー（リビドー）を要する能動的な過程を経てはじめて死別者は新たな人間関係に身を投じることができるようになる[21]」とされる。フロイトの立場からは、この「悲哀の仕事」を他者が援助することがグリーフケアということになる。

第二に、悲嘆は愛する者の喪失のみを対象に生じるのではないということである。フロイトによれば、愛する者以外にも「祖国、自由、理想」といった「抽象物の喪失」によっても我々は悲嘆を抱えるのである。前節で見たように、仏教者の活動や真宗学におけるグリーフケアの論考は、愛する者のみを取り上げており、フロイトの言う「抽象物の喪失」を扱っていないという点において補完する余地がある。現代において仏教僧侶が葬送儀礼を中心として愛する者との死別に関わる事が多いことは事実であるが、グリーフケアを矮小化して愛する者という人物喪失のみに限定してしまってはならない。グリーフケアの観点からすれば、他の対象喪失によって生じる悲嘆にも視野を広げて把握しなければ、その苦悩を見逃すことにつながりかねない。また、同じ悲嘆であるにも関わらず、

喪失の対象が異なることを理由に軽く見てしまうことは決してあってはあらない。筆者は愛する者を失うこと以外の悲嘆にも関わることが今後の仏教僧侶に求められると考える為、広く対象喪失を把握しておく必要性を改めて強調しておく。

さて、本論考において広く対象喪失を取り上げる意義を述べた訳だが、このフロイトの喪失対象の捉え方は、我が国におけるフロイト研究の第一人者であった小此木啓吾が著した『対象喪失[22]』によって広く知られるようになった。フロイト以降、対象喪失といった場合の対象とは、愛情や依存の対象であり、意識的にも無意識的にも自分が大切にし、慣れ親しんでいるもののことである。それらは必ずしも愛する者としての人だけではないことは、現代社会の諸問題に関わる仏教僧侶がグリーフケアの観点から学ぶ必要がある。よって、ここからは対象喪失（object loss）について小此木啓吾をはじめとした先行研究から以下にまとめておきたい。

対象喪失の第一に人物の喪失の喪失がある。これはフロイトが挙げているように愛する者の喪失であり、多くの人にとっては両親や家族などの近親者や親友、同僚、先生、隣人、恋人などとの死別である。死別によって遺された人へのケアとして藤や鍋島が取り上げているのは、対象喪失の中でもこの人物の喪失の一部であることが分かる。しかし、人物の喪失の中には、配偶者との離婚やそれに伴う子どもとの離別、子どもの成長に伴う子を失う経験としての親離れと子ども側の経験としての子離れ、失恋など、愛情を持った人物との離別も含めて人物の喪失といわれ、それらへのケアもグリーフケアであることに注意しなければならない[23]。

対象喪失の第二に環境の喪失がある。これは、住み慣れた家や故郷、通い慣れた職場や学校、行きつけの場所などから、引越、転勤、進学、転校、海外移住、結婚などによって環境が変化することに伴って生じる喪失である。小此木によれば、これらの環境変化を対象喪失と呼ぶのは、必然的に以下の三つの喪失が伴うからであるという[24]。

まず、環境の変化は、親しい一体感をもった人物の喪失を生じさせる。つまり上司や同僚、親友、生まれ育った家族など親密感や一体感のあった人物との離別を伴うからである。二つ目に、自己を一体化させていた環境の喪失も伴う。これは自然環境や家庭環境など親しみや安定感を得ていた場所の映像、におい、雰囲気などを失うことによる。三つ目に、環境に適応するための役割や様式の喪失が伴う。例えば転勤や転職によってそれまでの職場で身につけてきた能力や役割、しきたりを失う。また結婚の場合、それまでの生活様式に大きな変化が生まれる。結婚前に一人暮らしであった者はそれまでの自由な一人の時間や生活空間を喪失し、家族らと暮らしていた者は、結婚を機に育ってきた家庭環境や家族の中での役割を喪失することになる。このように環境の喪失は三つの観点から対象喪失として捉えられるのである。

対象喪失の第三に目標や自己イメージの喪失がある。これは先に挙げた論考の中でフロイトが「祖国、自由、理想」を喪失対象として挙げていたことに端を発する。つまり人々が帰属する国家、民族、集団、宗教教団、企業など、自分自身が一体化し自らの誇りとし、自己のアイデンティティーとなっているような精神的な対象の喪失である。JR福知山線脱線事故において、加害者側であるJR西日本の社員のケアに尽力した高木慶子によれば、遺族の元に派遣された社員らの多くが「信頼を失い、自尊心を失い、多くの人の命を奪ってしまった自責の念を強く抱いていた」とし、加害者側も多くの喪失を経験したことを述べていることがその一例となろう。(25) 加害者側の責任が免れるわけではないが、それら社員の企業と一体化していた自らの誇りやアイデンティティーの喪失が語られているると捉えてよい。

また、達成せんとして掲げた自己の目標やその達成を思い描いていた自己のイメージもまた喪失する対象として捉えられる。例えば、大学受験において志望校合格を目標にし、明るい学生生活をイメージしていた者が、受験の

結果不合格となった場合、それまでやってきた受験勉強の意味や自己の価値を失うこともしばしばである。対象喪失にはこうした目標や自己のイメージの喪失が含まれている。

対象喪失の第四に所有物の喪失がある。これは愛情や依存の対象として大切に持っていた物質的なものの紛失や損壊、自己の価値を支える地位や名声、能力、財産などの喪失がある。大切な物や財産といった物質的な喪失もあれば、地位や名声といった社会的心理的なものも所有物の喪失に含まれる。(26)

対象喪失の第五に身体の一部分の喪失がある。これは何にも変えることのできない自己の身体に関する喪失である。病気や事故、手術によって身体に傷や障がいが残った場合や、失明や失聴などによる身体機能の低下がある。また、乳がん患者の手術による乳房喪失や、抗がん剤治療に伴う脱毛などボディイメージの変化と呼ばれる一連の状態変化も身体の一部の喪失として捉えられる。(27)

このようにグリーフケアにおいては、これら五つの対象喪失が基本とされてきた。それらに加えて、近年、他にも喪失の対象や喪失のあり方が注目を集めているので触れておきたい。

ケネス・ドカ（Kenneth Doka）は、対象喪失を経験しているにも関わらず他者に知られないことによって起こる「公認されない悲嘆」を提唱し、それに五つの場合があるとする。(28)

まず、恋人やＬＧＢＴのパートナー、友人・隣人・里親・同僚、以前の配偶者や恋人、病院や介護施設の同室者など家族ではない関係にあった人物を喪失した喪失者が悲しみに沈んでいても、その悲嘆が認められない「関係が認められない喪失」の場合がある。次に人工妊娠中絶や流産・死産、認知症の悪化に伴う心理社会的喪失など、喪失したこと自体が社会的に「認められない喪失」の場合や、幼児、高齢者、認知症の高齢者、脳損傷の患者、精神疾患の患者、知的障がい者、発達障がい者など喪失した人自体が悲嘆を経験していない者として扱われてしまう

「認められない悲嘆者」の場合がある。また、自死やアルコール依存症による死、事件の加害者、死刑者など「死に方がしかるべきものではない」場合や、悲嘆の表出方法が文化的社会的に異なることによって、喪失者の悲嘆の表現方法が暗黙の規範に外れていると見做されてしまう「悲嘆の表し方」が公認されない場合がある。(29) ドカによれば、こうした「公認されない悲嘆」を理解する上で最も重要なことは、悲嘆を抱える人に関わる者が、世間に公認されていなかった悲嘆を見つめ、理解するために「名前をつけること」(30) だという。すなわち喪失した者が抱えながらも誰にも知られなかった悲嘆を読み取り、両者の対話の中でその悲嘆を言語化し、「名前をつけること」が悲嘆している者による喪失体験を認めることにつながる。「公認されない悲嘆」を抱える者にとっては、周囲に認知されずに独りで抱えていた悲嘆に関わる者が「名前をつけ」てくれたことによって、初めて悲嘆として認知され「悲嘆を受け止めてもらえた」と実感することができる。このプロセスが「公認されない悲嘆」へのグリーフケアとなる。

このように「公認されない悲嘆」が名付けられるプロセスは、これまで公認されてこなかった種々の喪失や悲嘆を当たり前のものとして社会が認知するように発信し、それらの悲嘆者へと支援の光が当たるようになることにもつながる。こうした「公認されない悲嘆」の展開の一例として、山本佳世子は大きな事故や事件によって社会の安全性への感覚が失われることから、対象喪失に「社会生活の安心・安全」を加えている。これは阪神・淡路大震災や東日本大震災などの地震や津波、台風、山火事などの自然災害や、東日本大震災後の福島原発事故やそれにともなう放射能汚染、御巣鷹山日航機墜落事故、JR福知山脱線事故などの交通機関の事故など、数多くの人為災害によって、人々の安心感や安全性への信頼が失われていることに着目したものである。

同様に、筆者は高齢者施設におけるビハーラ僧の観点から、入居した利用者の経験する「宗教的なことがらの喪失」(31)を提唱している。それには以下の六つがある。第一に、宗教家と会う機会や宗教に関する悩みを相談する指導

者などの相手を失う「宗教家とのつながりの喪失」がある。第二に、菩提寺など所属する寺社教会や宗教的指導者との調整役や、仏壇などのへの給仕役といった宗教に関連する役割を失う「宗教的役割の喪失」がある。第三に、神仏の礼拝の機会や、法事・墓参・法要などの宗教行事に参加する機会が失われる「宗教的機会の喪失」がある。第四に、寺社教会で出会った信仰を共にする仲間を失う「宗教的共同体の喪失」がある。第五に、仏壇や位牌、過去帳などの宗教用具を失う「宗教的所有物の喪失」がある。六つ目に、読経や供香・献華・献灯などの宗教儀礼を行う場を失う「宗教的環境の喪失」がある。これらの「宗教的なことがらの喪失」は、高齢者施設の利用者の場合を論じたものだが、病院など他の施設の中で過ごさざるを得ない人々においても生じると考えられる。

ドカの「公認されない悲嘆」のように、悲嘆を見つめ「名前をつける」ことによって、様々な対象喪失が明らかにされてくる訳だが、最後に喪失の状態として、東日本大震災以降、我が国で特に注目を集めたポーリン・ボス(Pauline Boss)の「曖昧な喪失」に触れておきたい。[32]

ボスは、「曖昧な喪失」として二つの状態を挙げている。まず、行方不明者や誘拐された子どもを例に挙げ、「身体的には不在であるが、心理的には存在していると認知されることにより経験される喪失」とする。次に、認知症、慢性の精神疾患、仕事人間を例として、「身体的には存在しているが、心理的に不在であると認知されることにより経験される喪失」を挙げている。この「曖昧な喪失」のどちらかを経験している人は、状況の不確実性の継続に当惑し、無力感や抑うつ、不安を示しがちで、家族内での葛藤が生じることもある。特に最初の「身体的には不在であるが、心理的には存在していると認知されることにより経験される喪失」は、死していれば行われる節目の宗教儀礼や悲嘆プロセスが凍結され、始められないという問題があるとボスは論じている。

以上、グリーフケアに関わる場合、こうした様々な対象喪失や対象喪失の状態について理解して臨む必要がある。

まとめにかえて

前節まで対象喪失を中心に述べてきた訳だが、そもそも親鸞自身も多くの対象喪失をし、悲嘆を経験していることは、残された資料や近年の親鸞研究によって掘り起こされた伝承からも推察することができる。続稿では、それらの諸研究に依拠しながら、親鸞の生涯にあった対象喪失を時系列で確認し、その後前節で論じた喪失の分類に基づいて論じる。その上で本稿冒頭に述べたように、臨床牧会教育で行われている生育歴の観点から、親鸞とグリーフケアとの接点を求めて、人物以外の対象喪失も含めた親鸞における愛別離苦の姿勢を明らかにすることを試みる。

悲嘆ケアを行おうとする真宗者は、自身の内面の中に、親鸞同様に対象喪失の悲嘆を抱えた凡夫であることの自覚を深め、自他共に対象喪失を経験するともがらとして、相手の悲嘆に寄り添い、同じ場にいられることができるようにならなければならない。それは経典や聖典に残されている祖師らの対応を顧慮しつつも、現実の臨床の場においては、他者と私とが対面し「いま」「ここ」にいるその瞬間ごとに、私の中でどのような感情がわき起こり、どのように対応せんとするのか、その場その時に、どう関わるのか、あるいは止まり踏み込まずに他の専門職に引き継ぐのかといった判断も、教えをうけた自分自身に問われてくるからである。それらを含めた考察も、次稿において論じることとし、本稿は擱筆とする。

註

（1）谷山洋三・得丸定子・奥井一幾・今井洋介・森田敬史・郷堀ヨゼフ・カールベッカー・高橋原・鈴木岩弓「経文聴取により悲嘆は緩和されるのか？―心理尺度と生化学指標による実証―」（日本仏教看護・ビハーラ学会第一三回年次大会プログラム・予稿集、二〇一七年）。

（2）この教育方法は、講義、臨床実習、グループワークから構成され、生育歴はグループワークに含まれる。生育歴のグループワークについては今秋からスタートしている浄土真宗本願寺派による「ビハーラ僧養成研修会（仮称）【試行】」にも採用されている。また、東北大学大学院文学研究科実践宗教学寄附講座や龍谷大学大学院実践真宗学研究科などが行っている「臨床宗教師研修」では願書と共に生育歴に関する小論の提出が求められている。なお、臨床牧会教育の主眼は「living human documents」に学ぶことにあり、創立メンバーの一人であるアントン・ボイセン牧師自身が精神疾患に罹患してボストン精神病院やウエストボロー州立病院へと入院した経験が多分に影響している。

（3）窪寺俊之「ホスピス・チャプレンとスピリチュアルケア」『講座スピリチュアルケア学第一講　スピリチュアルケア』（ビイング・ネット・プレス、二〇一四年）、一一六頁。

（4）伊藤高章「人材養成の理念と方法―現象学的ケア教育の試み―」『グリーフケア』創刊号（上智大学グリーフケア研究所、二〇一二年）、六〇頁。

（5）西岡秀爾「グリーフケアにおける仏教の役割」（『大法輪』八四巻三号、二〇一七年三月）。

（6）山本佳世子「グリーフケアとは」高木慶子編著、上智大学グリーフケア研究所制作協力『グリーフケア入門―悲嘆のさなかにある人を支える―』（勁草書房、二〇一二年）、四頁。

（7）坂口幸弘『悲嘆学入門―死別の悲しみを学ぶ―』（昭和堂、二〇一〇年）、一四八頁。

（8）佐々木惠雲「グリーフケア―仏教のもつ可能性―」『心身医学』第四五巻第三号（三輪書店、二〇〇五年）、二三二～二三五頁。

（9）葬儀社の遺族へのグリーフケアは、全米葬儀協会が葬儀社の役割と明示したことから葬儀社のサービスとして認知された。日本ではグリーフケアに取り組む葬儀社として先駆的な役割を果たした公益社が二〇〇三年十二月から分かち合いの会「ひだまりの会」を始め、それに続いて他社も様々な取り組みを行っている（月刊『仏事』「特別企画葬儀社が取り組むグリーフケア」『仏事』二〇一一年八月号他参照）。なお「ひだまりの会」については、古内耕太郎・坂口幸弘『グリーフケア―見送る人の悲しみを癒す「ひだまりの会」の軌跡―』（毎日新聞社、二〇一一年）に詳しい。

（10）仏壇がグリーフケアに資するという論考もある。坂口は日本人遺族における文化的特性として「仏壇」の果たす効果的役割の調査結果から、仏壇の意義について「仏前で故人と対話するということは、多くの日本人にとって日常生

活の一部となっていることが分かる。そして、身体はなくとも、「聞き役」や「相談役」として故人の存在や役割は維持され、仏壇は遺族が故人と向き合う「窓口」のような働きを有していると考えられる。」とまとめている（坂口前掲書一五〇～一五一頁）。また、西岡秀爾はデニス・クラスが提唱した「継続する絆」の観点から仏壇の役割を再考し、仏壇に「死者と生者が共に暮らし続ける装置としての機能」があり、「日常的に個人との連帯感を育む働き」によって、家庭において貴重なグリーフケアがなされていたことを明らかにしている（西岡秀爾「仏壇再考―日常的セルフケア・グリーフケアの視点から―」曹洞宗総合研究センター学術大会紀要第十六回、二〇一五年）。

(11) 大河内大博「日本社会の伝統的なグリーフケア」（高木慶子編著、上智大学グリーフケア研究所制作協力前掲書）、八〇～八三頁。

(12) 「いのち臨床仏教者の会」は、医療福祉分野などで活躍する仏教チャプレンが中心となって二〇一一年十二月に発足し、スピリチュアルケア・グリーフケアと会員相互のケア、ならびに臨床で活動する仏教者のネットワーク構築を柱とした団体である。（「いのち臨床仏教者の会」ホームページ（http://www.acls.gr.jp/index.html　二〇一七年九月二日アクセス）。同様に、超宗派の仏教僧侶によるグリーフケアとしては自死問題に特化した「自死・自殺に取り組む僧侶の会」の活動がある（同会ホームページ　http://www.bouzsanga.org/　二〇一七年九月二日アクセス）。

(13) 月刊『仏事』二〇一二年九月号（鎌倉新書、二〇一二年）一〇～一二頁ならびに、ケア集団ハートビートホームページ「大切な人を亡くしたとき～信州・支えあいひろば」（https://www.hbshinshu.jp/　二〇一七年九月二日アクセス）。

(14) 月刊『仏事』二〇一一年二月号（鎌倉新書、二〇一一年）、九〇～九一頁。

(15) 井藤美由紀「グリーフサポートと民俗」（竹ノ内裕文、浅原聡子編著『対話する死生学―喪失とともに生きる』ポラーノ出版、二〇一六年）、四五頁。

(16) 藤泰澄「グリーフ・ケアのすすめ―ビハーラ活動の諸問題をふまえて―」『仏教文化』第十三号（九州龍谷短期大学仏教文化研究所、二〇〇四年）。

(17) 鍋島直樹「親鸞における愛別離苦への姿勢」『真宗学』第九九・一〇〇合併号（永田文昌堂、一九九九年）、三六七頁。

(18) 過去に応用仏教学を論じた吉元信行が述懐しているように、釈尊の実践が心理学や英国のソーシャルワーク研究者

などの仏教者以外から注目を集めているにもかかわらず、仏教の実践分野の萌芽さえも見られなかった過去の状況と比すれば、実践宗教学や実践真宗学、臨床仏教などが知られるようになった現在の状況は、仏教界全体が実践的な指向を強めていると言えよう。しかし、現代社会で釈尊の対応や親鸞の愛別離苦への姿勢を硬直的に受け止め、「そのまま」適応／応用して他者へと関わろうとすることは十分な注意を払わなければならない。藤が前掲論文で論じているように、聖典に根拠がなければどのような行動もしないという聖典第一主義のいわば逆である。また、書いてあればその通りにしか動かないようなことは、リチャード・K・ペインが論じている次の批判に通じる。ペインは、仏教者のグリーフケアの姿勢をキサー・ゴータミー説話に根拠を求めるあり方に対し、悲嘆の状態にある対象者の状況をよく理解せず、釈尊によるキサー・ゴータミーへの関わりを伝えれば、世の無常と仏教の教えが伝わる契機となると蓋然的に判断し、歴史的文化的な限定を受けたテキストに沿って現代の問題に対応することを問題視している。（「キサー・ゴータミーは誰に語ったのか？：聴衆による受容、解釈、そして治療への応用」（那須英勝訳　龍谷大学人間・科学・宗教オープン・リサーチ・センター『仏教・浄土教を基軸としたグリーフサポートと救済観の総合的研究』二〇一三年度報告書）。この問題については別の機会に論じたい。

(19)　S・フロイト、井村恒郎・小此木啓吾他訳『フロイト著作集六』「悲哀とメランコリー」（人文書院、一九七〇年）、一三七～一三八頁。

(20)　坂口によれば、精神分析学の領域では、喪失反応である「悲嘆（grief）」やその過程を表すgrievingを表す用語として「悲哀（mourning）」が用いられ、その場合、日本では「悲哀」と訳されると言い、その原点はフロイトの前掲論文にあると指摘する（坂口前掲書九頁）。また、山本力によれば、「悲哀」は精神分析学と臨床心理学で用いられ、医療や看護では「悲嘆」が用いられるとし、「悲しみを乗りこえていく内的営みやその対処過程にはモーニングという用語がふさわしく、死別後の心身の状態にはグリーフが適切である」という見解を示している。この場合、「悲哀」は悲しみを扱うが、「悲嘆」は悲しみを中核としながらも他の感情や身体的反応も含まれる（山本力『喪失と悲嘆の心理臨床学―様態モデルとモーニングワーク』誠信書房、二〇一四年、一八九～一九〇頁）。なお、本論考では悲嘆と悲哀を互換して捉える坂口に倣い、用語の混乱を避けるために「悲哀」の語は原著の引用の場合のみとし、「悲嘆」に統一して用いている。

(21)　坂口前掲書、一五頁。

(22) 小此木啓吾『対象喪失』（中公新書、一九七九年）、二七～四六頁。
(23) 山本力は、「喪とメランコリー」執筆の背景に、フロイトの息子らが徴兵されたことや、精神分析学の後継者と見込んでいたユングと上手くやっていけなくなったことなど、フロイト自身が抱えた人物との離別の苦痛があったと指摘している（山本力前掲書、一八頁）。
(24) 小此木前掲書、二九～三〇頁。
(25) 高木慶子・山本佳世子「災害時のグリーフケア―阪神・淡路大震災、JR福知山脱線事故を経験して」（高木慶子編著、上智大学グリーフケア研究所制作協力前掲書）、三四頁。
(26) 日本でもペットを失ったことがペットロスと表現され定着している。このペットロスは所有物の喪失にあたるが、内閣府の『平成十三年度国民生活白書』コラム「ペットと家族の関係」によれば、六四、三％の人が「ペットも家族の一員」と捉えているという報告もあり、人物の範疇に入れるまでにはいかないものの、ペットは人物相応として他の所有物とはやや異なる性格を持つものとして捉えておく必要があろう（http://www5.cao.go.jp/seikatsu/white-paper/wp-pl/wp-pl01/html/13104c10.html　二〇一六年一〇月二四日アクセス）。
(27) 石谷邦彦監修・東札幌病院編集委員会編集『チームがん医療実践テキスト』（先端医学社、二〇一一年）一六三頁。
(28) ケネス・ドカ「私の悲嘆を理解して」（カール・ベッカー編著、山本佳世子訳『愛する者の死とどう向き合うか―悲嘆の癒し』晃洋書房、二〇〇九年）、七四～七八頁ならびに、山本佳世子「悲嘆とは何か」高木慶子・山本佳世子共編『悲嘆の中にある人に心を寄せて―人は悲しみとどう向き合っていくのか―』（上智大学出版、二〇一四年）、四～六頁を参照。
(29) 坂口によれば、「公認されない悲嘆」のうち、「死に方がしかるべきものではない」と「悲嘆の表し方」はドカが後から追加したカテゴリーであるとされる（坂口前掲書、六頁）。
(30) ドカ前掲書、七八頁。
(31) 打本弘祐「特別養護老人ホームにおける悲嘆―〈ビハーラ僧〉の視点から―」（高木慶子・山本佳世子共編前掲書）、一八一～一九三頁。
(32) ポーリン・ボス著、南山浩二訳『「さよなら」のない別れ　別れのない「さよなら」―あいまいな喪失―』（学文社、二〇〇五年）、一〇頁。

明治期の真宗における女性教化
――「妙好人」楫取希子と小野島行薫を中心に――

岩田真美

はじめに

本稿では従来の仏教研究において周辺化されがちであった女性仏教徒に焦点をあて、「女性と仏教」研究の視座を取り入れながら、近代初期の真宗における女性教化の実態の一端を明らかにする。

日本の「女性と仏教」研究は、一九八〇年前後から急速に発展した分野である[(1)]。この視座の導入は男性研究者による男性僧侶の研究という、それまでの仏教研究の常識を覆すものであったといわれる[(2)]。また、それは日本人の信心・信仰の歴史を考えるための新しい視点として注目された[(3)]。松下みどりの指摘によれば、「女性と仏教」の研究視座は大よそ次の三つに分類される。(一) 仏教側が女性をどのように捉え、何を説いてきたのかに関する研究。(二) 仏教さらには社会において女性はどのような役割を果たし、そこにはいかなる意味があったのかを明らかにする研究。(三) 女性の立場において、仏教はどのように受け入れられたのかを解明する研究。以上の三つのうち、これまで主流であったのが (一) の立場で、(二) や (三) は比較的新しい研究であり、そこには女性の立場から日本仏教の展開を見直していこうとする傾向があった[(4)]。一方で、従来の研究においては古代・中世が中心となって

おり、近世や近現代の「女性と仏教」に関する研究は進展していない点が指摘できよう。[5]

そこで本稿では、近代の妙好人伝に登場する「妙好人」の楫取希子[6]（寿子、一八三九〜一八八一）を取り上げる。吉田松陰の妹でもあった楫取希子は妙好人伝をはじめ、明治期の仏教婦人向けの雑誌や教化本にも度々登場しており、当時は婦人信者の模範的存在であったと考えられる。楫取希子が真宗の教えをどのように受け止めていたのか、妙好人伝の記述をもとに検討する。加えて、本稿では楫取希子を教化した真宗僧の小野島行薫（一八四七〜一九二七）にも注目してみたい。小野島は一八七五（明治八）年、希子の要望を受けて西本願寺から関東布教のために派遣され、仏教婦人会や女学校の創設にも関わっている。楫取希子のみならず、小野島行薫による女性教化活動を取り上げることで、上述の（一）さらには（二）や（三）の研究視座との接続を試みたい。そして、近現代の真宗における「女性と仏教」研究の進展にわずかばかりでも寄与したいと考える。

一　「妙好人」楫取希子について

吉田松陰の妹でもある楫取希子は熱心な真宗信者で、明治期の代表的な妙好人伝である平松理英編『教海美譚―一名新妙好人伝―』第一編（一八八六年）（以下、『教海美譚』と略す）や濱口恵璋編『新妙好人伝』初編（一八九八年）をはじめ、島地黙雷編『妙好人楫取希子の伝』（一九一〇年）、前田慧雲編『妙好人楫取希子の伝―並に其遺言書―』（一九一三年）などに「妙好人」として紹介されている。さらに楫取希子の妙好人伝は、仏教系の婦人月刊誌の先駆的存在であった『婦人会雑誌』第二巻（一八八八年）、小野島法幢編『婦人の鏡』（一八九二年）など、仏教婦人向けの教化資料にも転載されており、当時は真宗婦人信者の模範的存在として知られていたようである。吉田松陰といえば一般には神道のイメージが強いが、実家の杉家や養子先の吉田家は浄土真宗の門徒であり、希子

のみならず松陰の母の杉瀧子（滝）も熱心な真宗信者で、濱口恵璋編『新妙好人伝』初編などに「妙好人」として紹介されていた(7)。

では、楫取希子の妙好人伝にはどのような真宗信者像が示されていたのだろうか。平松理英編『教海美譚』第一編(8)によれば、希子は「深く真宗の法義を信じ、常に人を勧めて仏道に帰せしむる以て無上の快楽」とし、まさに自信教人信に生きた女性であったとされる。その伝記として、希子は長州藩士の杉常道（百合之助）の次女であり、一六歳のとき楫取素彦（一八二九〜一九一二）と結婚し、後に男子二人を生んだ。幕末には時事に奔走する夫を支え、烈婦とも称されたという。明治新政府が成立すると夫の素彦は中央政府に出仕したが、長州藩主の意向により辞任して山口に戻った。そして一八七一（明治四）年、藩主の毛利敬親が逝去すると素彦は希子とともに三隅村二条窪（現在の山口県長門市三隅町二条窪）において一時期、隠棲生活を送っていた。熱心な真宗信者であった希子は、この地に御堂を建立して木像の阿弥陀如来を安置し、真宗僧を招いて法座活動を行い、村民を教化しようとした。これによって不穏だった村内の気風が一変したといわれる。その後、一八七四（明治七）年には夫の素彦が熊谷県（一八七六年より群馬県）の県令となり、希子も関東に移住することになった。当時この地には真宗寺院が少なく、また人心も荒く、法令を犯すものも多くいたことから、ここでも希子は真宗の教義によって県民を教化しようとした。そして、西本願寺を通じて真宗僧の小野島行薫を招き、彼の布教活動を支援していた。小野島は仏教結社「酬恩社」の創設し、群馬における真宗伝道の基盤を築いていくが、それは希子の尽力によるところが大きかったといわれる。

一八八一（明治一四）年、希子は四三歳にして病没するが、妙好人伝の末尾には、希子が息子の妻に宛てた「遺書」が掲載されている。そこには希子が真宗の教えをいかに受けとめていたのかが窺えるため、以下にその一部を

あげておきたい。

我真宗の法義は辱なくも全国無二の教法にして、我等如き愚昧の者にも聞ひらき易き他力本願に候へバ、能々心を止め聴聞すれバ、御慈悲にて候間、信心ハ頂かるるとの御示にて……信後の俗諦門ハ、成丈心を附けて、嗜めよとの御示と、兼て聴聞申居候。然れバ此世渡りの俗諦門、祖師善知識の掟をあやまらず、男ハ男、女ハ女の道を尽し……国の為や法の為、家の為、夫の為など、世に益あることを為すが、この世、滞留の仕事と心得、夫を楽みに進みて勤むべきことなり。これ誠に我国古今無二の有りがたき、真宗、真俗二諦の教なりと、兼て聴聞申候。……またたとひ此の御法ハ弘り居るとも、良人たる人忌嫌ひて聴聞するを許されずバ、五障三従の女の身ハ、思ふバかりにて自由は出来ず……夫にさからはず、夫の機嫌を能々慰め、家の内波風なく、内外の者よりもなつかるるやう心がけなバ、自ら夫の心も和ぎ、御法聴聞も美く出来、終には家内残らず、御法に入り、此の世かぎりの親みならず、未来永劫手に手を引きて、同じ楽を受くる身となる……御報謝の勤めぞと心得、御称名もろともに万の世話に立働くときハ、仏の光明の中に棲む身ゆえ自やさしく、すなほなる心バえとなるものなり。猶ほ又前にも申候やう、外国の教になびく人の出来候も、此の御法の有がたき事を知らぬ故なれバ、せめてハ早く此の有りがたき程を知らせまほしく候(9)

ここでは真宗は「真俗二諦の教なり」と記されており、明治維新後に本願寺の宗主が消息の中で示した真俗二諦説がみられる(10)。また信心獲得後、俗諦門の教示として「男は男、女は女の道」を尽くすべきだと示され、男女の役割が分けられていた。つまり、「女の道」とは「国の為や法の為、家の為、夫の為」に尽くすことであり、報謝の念仏を称えつつ、「万の世話に立働くとき」には触光柔軟の願益（第三十三願）によって身心もおだやかに柔らかくなるという。また「良人たる人忌嫌ひて聴聞するを許されずバ、五障三従の女の身ハ、思ふバかりにて自由は出来

ず」といい、「家の内に波風」を立てないように振る舞うよう説かれている。そして「家内残らず」真宗のみ教えを相続するようにと家庭での教化の重要性が示された。ここでは五障三従説はみられるものの、女人往生思想は説かれていない。一方で、日本人が外国の教え（キリスト教）になびかぬよう、真宗の教えを広めてほしいと記されている。当時、群馬ではキリスト教が活発な伝道活動を行っていたが、そこにはキリスト教に対する対抗意識も表れていた。

そもそも希子の「遺書」は息子の妻に宛てたものであり、婦人の心得を説いた私的な文章であった。しかし、それが妙好人伝や婦人雑誌などに掲載されることで、いわば全国の婦人へ向けた希子の遺言として発信される意図を持つこととなった。管見の限りでは、楫取希子の「遺書」が最初に掲載されたのは、曽我智教編『瑞華叢譚』初編（一八八二年）であると思われるが、「妙好人伝」として詳しい伝記とともに紹介されたのは、平松理英編『教海美譚』第一編（一八八六年）が初出である。『教海美譚』に楫取希子の妙好人伝を寄稿したのは小野島行薫であった。また晩年の希子は中風症を患い半身不随であったことから、この「遺書」は小野島に代筆させたのではないかとも指摘されている。[11] したがって、そこには楫取希子を教化したとされる小野島行薫の思想が大きく関わっていたと推察される。そこで次章以降、小野島の教化活動にも注目してみたい。

二　小野島行薫による関東での真宗布教

1　小野島行薫について

まず小野島行薫の経歴について概観し、[12] 楫取希子の依頼により、群馬へ派遣されることになった経緯についても触れておきたい。

小野島行薫は一八四七（弘化四）年、周防国熊化郡麻郷村（現在の山口県熊化郡田布施町）の熱心な真宗門徒の家に生まれた。幼少の頃から家族と共に真宗僧の法談を聴聞する機会が多く、やがて行薫は僧侶を志すようになっていった。同郷の月性（一八一七〜一八五八）の影響も受けていたようで、幕末には月性門下の世良修蔵らが軍監をつとめた第二奇兵隊に参加し、砲兵隊の訓蒙師となった。また大洲鉄然（一八三四〜一九〇二）などの真宗僧が中心となって行われた長州藩内の宗風改正運動にも参加し、西本願寺の教団改革運動にも関わっていた。その後、豊前に遊学し、儒学者の白石照山（一八一五〜一八八三）の門に入り、福沢諭吉らを輩出した「晩香堂」において塾頭を務めた。宗学は勧学の吐月（一八一一〜一八九四）、さらに金山仏乗に学んでいる。

一八七四（明治七）年、楫取素彦が熊谷県（一八七六年より群馬県）の県令となったが、当時この地には真宗寺院が少なく、希子は夫の素彦を通して、西本願寺第二一代宗主の明如（大谷光尊）に同郷の山口から真宗僧を派遣するよう懇願した。そして、このとき金山仏乗の推薦によって、小野島行薫が派遣されることになった。(13) 小野島は法話に長け、名談家であったといわれる。小野島の法話を聞いた楫取夫妻は大いに喜び、彼の教化活動を支援していた。小野島は群馬において真宗布教を始めたころの様子を次のように語っている。

同志社の社長でありました新島襄と申す人は。元上州安中の士族ですから。外教の事に付ては非常の工夫を凝らし。莫大の入費をもかけましたもので。常に牧師宣教師が立かはり入りかはり。此処にも、此処にも伝道を致しまして。一時は丸で耶蘇教の外には。宗教と云ふものはない様になってありました。かかる処へ私が単身飛び込んで参りました……楫取男爵の夫人が無二の信者でありまして。県令も中々学徳の勝れた方ではありますし。地方の人気の荒々しくて。施政の困難なるも無礼者の多いのも。畢竟は仏教の所謂因果業感の道理が。信ぜられぬからの事であると云ふ事も。深く看破してをられますから。開教の事業は非常に賛成でありまず故。

出来る限りの保護はするから。たゆまずやれと励されました(14)すなわち群馬県内では、すでに安中出身の新島襄がキリスト教の伝道を行っており、有力者の多くがキリスト教に入信し、この地での真宗布教は困難を極めたという。そこで小野島は結社という方法で仏教を広めようと考え、一八七六（明治九）年に「酬恩社」を組織した。酬恩社の創設によって宗派問わず入会を勧め、次第に多くの会員を獲得していった。さらに布教以外にも学校創設や慈善事業を行うなど活動を拡大させていき、やがて酬恩社の会員は各地に広がっていった。また楫取希子が県庁所在地である前橋に説教所を設立し、真宗伝道の拠点にすることを念願したことで、一八八〇（明治一三）年には前橋説教所（後の浄土真宗本願寺派清光寺）が設立された。しかし、希子は中風症を患い、開所式には立ち会うことができず、翌年四三歳で病没している。他にも酬恩社の事業として熊谷、高崎、浦和、八王子、藤岡、安中、杉戸など関東各地に説教所が開設された。

また小野島は群馬県内において監獄布教などにも従事していた。さらには女性教化に力を入れ、明治二十年代には上毛婦人教育会や清揚女学校の創設にも関わっていることから、この点については後述したい。

2 『真俗二諦領解文百席談』の検討

楫取希子の真宗理解に影響を与えたと思われる小野島行薫は、どのように教化活動を行っていたのだろうか。小野島には真宗教学に関する体系的な著作はないものの、その法話を収録した『真俗二諦領解文百席談』上下巻（興教書院、一八九八年）がある。本書をもとに彼がどのように民衆を教化していたのか、彼の思想の一端を明らかにしたい。

上述したように小野島行薫は関東での教線拡大を目指して仏教結社「酬恩社」を創設し、布教活動を行っていた。

小野島は四恩に酬いるという意味で、この結社を酬恩社と名付けたとされる。すなわち、ここでいう四恩とは『心地観経』(『大乗本生心地観経』)で示された「父母の恩」「衆生の恩」「国王の恩」「三宝の恩」の四つである。しばしば小野島の布教では、この四恩について次のように説かれた。

第一此身を生み育て。恥しからぬ一人前の人となし下されたは。取も直さず父母の御蔭であります。又我々が安々と五十年の境界を渡りまするは。偏に天皇陛下の余りこぼれたる。御仁政の顕はれと申すもの……人たる者が人の道を弁へ人の徳を全ふずるは。全く三宝教化の御恩徳であります。又更に未来にかけて申しますれば……此世の縁の尽き次第。快楽不退の御浄土に。往生遂る仕合せと云ふが。即ち第三の三宝の恩で御座ります。如此仕合の身となりましては。別して家内の和合は勿論。総ての人々と交際を親密に致しまして。進んでは国家の為に力を尽し退ては子孫の繁栄を心掛て参ります処が。即ち一切衆生の恩に酬ゆると云ふ味いであります。(15)

すなわち人間は四恩の中に生きているものであるから、この恩に報いるべきだとしつつ、小野島は『心地観経』の四恩に独自の解釈を施している。まず私を生み育てた「父母の恩」をあげ、その私たちの生活を守る天皇に対する「国王の恩」があると説く。さらに「三宝の恩」として現世においては真宗の教化によって「人たる者が人の道を弁へ人の徳」を全うし、来世においては浄土に往生する身となること、そして家内の調和を図り、国家や子孫繁栄のために尽くすことが「衆生の恩」に報いることだとしている。また小野島は四恩について真宗の真俗二諦説を用いて、次のように述べている。

御当流の念仏行者は。二諦相資と申して。真諦を以て俗諦を資け。俗諦を以て、真諦を助くると云ふ。有難い甘ひ味が御座ります。先づ宿善開発の時。善智識の御教化により。真諦門を聴聞して。他力の信を得奉れば。其信心の徳として。知恩報徳の御利益を蒙る故に。自ら父母の恩の深き事も知らるる様に。なりて参ります。

其故は此本願を聞く耳も。合す両手も拝む眼も。身体髪膚父母より受けたる此身なれば。かかる御法を信ずる事も。全く父母の御恩で。此理を心得ますれば親の恩を大切に明け暮れ喜ぶ心になります「父母の恩をば深く思ふべし。弥陀をたのむ身を育てたまへば」是が即ち真諦門より。俗諦門を資ける道理であります。且又昼夜朝暮に守らせ玉ふ天朝の御政恩を深く蒙り……又信心決定の上からは。我身の職業を大切に致し。此職業があればこそ。家内もろとも楽々と一座の御法も。聞く身となり。年忌仏事の御取持も。出来る身となるまでが。全く家業の御蔭と心得。此仕事を片付て。又も御法が聞きたいと。御座を目当に家業に励み。称名念仏を忘れぬ様。喜ぶ心にならるるが。俗諦門を以て真諦門を資くると申すものであります。(16)

ここでは小野島が真諦と俗諦の関係をどのように捉えていたのかもうかがえる。すなわち真諦門において、他力の信心を獲得した者は、その利益として現生十益の「知恩報徳の益」によって如来の恩を報ずる身となる。これによって自ずと「父母の恩」さらには「天朝の御政恩」（国王の恩）をも知るようになり、それが真諦より俗諦を資けることになるという。そして、信心決定の上には聴聞の機会を楽しみに家業に励むようになり、この家業のお蔭で年忌法要のお取り持ちもでき、家内もろとも真宗の教えをよろこぶ身となることが、俗諦を以て真諦を資くることであるとされ、四恩説によって二諦相資の関係が説かれた。そこには真俗二諦を用いて、世俗的な恩を取り込もうとする問題点がみられる。また小野島の布教では四恩のうち「父母の恩」が強調され、さらに「家」単位での教化活動に力をいれていたことがうかがえる。彼は「家内相続」と題する法話の中で、

蓮如上人は我妻子程不愍なる事はなし。それを勧化せぬは浅間敷事なりと。仰せられまして。……親は子を誘ひ子は親を勧め。妻は夫を勧め夫は妻を誘ひ。共に手を引て行ねばなりませぬぞ。共に引立て引立てられて。弘誓の船に乗込だら。朝な夕な膝突合せて。御法義の相談が出来ますぞ。……一味の御法を味ひ。共に喜で暮

す処が真俗二諦。身体こそ親子なり夫婦なり。心と心は友同行。極楽参の道連なれば。先立つ者は後を導き。後るる者は跡を追ひ。二度の対面は御浄土で。待たれつ待ちつの身になるのでこそ。因縁結んだ所詮なり。[17]

と述べている。小野島は酬恩社を創設し、各地で真宗布教を行う中で、このようにしばしば「家内相続」の重要性を説いていた。そして、家庭における婦人の教化力の大きさに注目していた。すなわち小野島は「夫たるものには。夫の尽すべき務めがあり。女房たるものには。女房たる者の守るべき道が。明かに備ってある」[18]とした上で、「男子の教育は固より必要であるが。其男子を教育すべき。婦人の教育別して宗教の教育は。尤も必要と云はねばなりません」[19]とも発言している。つまり、小野島が女子教育の必要性を主張したのも将来的には家や夫を支え、男児を生み育てる女性への宗教教育こそが重要だと考えていたからではなかろうか。小野島行薫の教化を受けた楫取希子の「遺書」においても、家族とともに真宗の教えを相続するようにと「家内相続」が説かれていた。明治維新以降、新政府は従来の身分制を廃止し、いわゆる寺檀制度の束縛も無くなったことで、仏教による「教化」は新たな可能性を有するようになった。[20]しかし、近代に入ってからも依然として家単位での教化活動が重視されていたことがうかがえる。

三　小野島行薫と女性教化

1　清揚女学校の創設

仏教者による女学校の設置は、一八八六（明治一九）年に始まるといわれる。[21]その翌年、小野島行薫らが発起人となり、群馬県前橋に清揚女学校が創設された。同校を設立した理由を小野島は次のように語っている。

宗教の発展を計らんとせば、婦人の教育を専らにするを捷径とし良法とす。故に余は全国の小教校（その頃各

地に小教校あり）を女学校とし、其檀家の重なる者の女子の入学を奨励し、文学寮の学科を改め、従来小教校在学の子弟をば、地方の中学に入学せしめ、卒業の後文学寮に入らしむべし等、当局者に意見を具申し、且つ集会にも建議したりしが、当時は大洲鉄然氏以外、女子教育などいふことに賛同する人なくして行はれず、故にまず群馬県に上毛婦人教育会を設け、清揚女学校を建て、上毛婦人教育雑誌を発行したり。本山も各地の有志も、未だ茲に注目する者無し。(22)

小野島は宗教の発展のためには女性への教化が重要だと考えており、女子教育機関の設置を本山当局者に進言したようであるが、賛同を得られず、まず群馬県内に清揚女学校を創設することから着手したという。そして女学校の設置に関連して、上毛婦人教育会という仏教婦人会を組織し、その機関誌『婦人教育雑誌』を創刊したことがわかる。

清揚女学校は創設後まもなく廃校になり、ほとんど知られていないことから、その実態を概観しておこう。清揚女学校は一八八七（明治二〇）年八月、小野島行薫の所有地であった前橋南曲輪町九三番地（現在の前橋市大手町）に創設された。学齢は十四歳以上の女子を対象としており、定員は一〇〇名、修業年限は三年であった。設置目的として「本校ハ英語ヲ主トシ且和漢普通ノ文学ヲ修メシメ傍ラ女子ニ適応スルノ技芸ヲ授クルモノトス」(23)とあることから、英学校であったことがわかる。このため教科書もウェブスターの『スペリング・ブック（綴書）』（Noah,Webster,*Spelling Book*,1866）、バーンズの『ニュー・ナショナル・リーダー』（Barnes,*New national reader*,1884）、パーレイの『万国史』（Peter Parley,*Universal History*,1887）などの英字書籍が用いられていた。(24)また英学以外にも漢学や数学を教授し、その傍ら「女子ニ適応スルノ技芸」として裁縫や編物、割烹、点茶などを教えていた。同校の校主は、京都の女紅場や東京女子師範学校、群馬県女学校などで教師を務めた蘆沢鳴尾という

女性であった。[25] なお同年十二月には校主が川本僧円に変更されている。彼は東京専門学校（早稲田大学の前身）英学科を卒業し、英語教師を務めていた。清揚女学校の創設時の教員数は四名と表記されており、前述の川本僧円や蘆沢鳴尾のほか、漢学教師には楫取素彦の弟で朱子学者の松田謙三、数学の教師は未定となっている。[26] 本校は仏教者によって創設されたが、仏教に関する科目はなく、残された資料からはどのように宗教教育が行われていたのかは明らかではない。

しかし、清揚女学校は経営が困難となり、わずか三年で閉校となった。その背景として、一八八八（明治二一）年に前橋教会牧師の不破唯次郎や基督教婦人会が中心となり、近隣に前橋英和女学校というキリスト教主義の英学校が創設された影響は大きかったようである。群馬県内にはキリスト教の影響下に成立した前橋婦人教会や藤岡婦人会、原町の婦人会などにおいて、早くから婦人信者中心に恒常的な学習会が行われており、東京の桜井女学校の外国人教師を招いて英語演説会が開催されていた。[27] 上流婦人たちは知識を広め地位を高めようと会を作り、西洋料理や編物などを習い、また流行の英語を学んだのである。[28] 小野島らによって前橋の中心に真宗系の清揚女学校が創設されたことは、キリスト教の女性教化活動への対抗という面も大きかったと考えられる。

2　上毛婦人教育会と機関誌『婦人教育雑誌』

ここでは清揚女学校に本部を置いた上毛婦人教育会とその機関誌『婦人教育雑誌』に注目してみよう。上毛婦人教育会は一八八六（明治一九）年に結成された前橋婦人相談会を中軸として高崎や安中などに組織された仏教婦人会を翌年十月に統合し、発足した。[29] 同会は清揚女学校の創設に関連し、小野島行薫らによって創設されたものと考えられる。

上毛婦人教育会の会長には群馬県知事（佐藤與三）の夫人の佐藤たけ子、副会長には裁判所長夫人の千谷こう子らが就任し、群馬県下の有力者の妻たちが名前を連ねている。その発会式は、一八八八（明治二一）年一月二九日、群馬県高崎の春靄館において行われ、小野島行薫も講演を行っている。発会式には東京から島地黙雷（一八三八〜一九一一）らが招かれ、地域の上流婦人や清揚女学校の生徒をはじめ、前橋、高崎、安中などの本願寺派の婦人会を中心に三〇〇名以上が集結した。[30] また同年五月二一日には『婦人教育雑誌』が創刊され、このとき会員数は約四〇〇名にも及んだ。小野島行薫らの依頼を受けた清揚女学校教師の川本僧円が同誌の発行兼編集人となっている。

『婦人教育雑誌』第一号には、発刊の主旨として「近時に起り最も世人の注意を呼び最も必要にして重且大なるものは蓋女子教育なるべし……吾輩は全国姉妹諸君の為め否社会前途の改良進歩の為に此至貴至大なる開化の要素を導きたるの幸運を祝せざるべからざるなり而して此祝声を発すると共に聊か女子教育に関するの所見を述べ以て姉妹諸君に謀る所あらんとす[31]」とあることから、本誌は女子教育の普及を図り、その教育法について議論する目的で発行されたようである。そこでは、次のような課題が議論された。

女子は身体軟弱智覚敏捷にして微細の意匠に富む故に其職務とする所賓客を遇し児童を育し家政を調理し男児をして専ら力を外事に尽さしむるに在り女子の職分果して斯の如きものなりとせば是等の職分を尽さんとするに善方便を与ふるの学は即ち女子の学ぶべき必要の学問なり……然らば彼の修身、衛生、家政、経済、理学、心理学等の諸課を始め礼式、裁縫、割烹、編物、刺繡、押絵、組糸、造花、点茶、音楽等の諸芸は何れも必要の科程なりと云へども就中何れが急務なるや何れが要点なるや何れを先にし何れを後にすべきや且つ是等の学芸を修めしむるに当り如何なる方法を以てせば婉娩貞淑の日本女子を養成し得べきやは我らが号を追て続々論ぜんとするの一大問題にして吾等をして頗る取捨に迷はしむるの難物なり[32]

つまり、女子教育の必要性を唱えつつも男女分業を強調しており、主眼が置かれたのは「婉娩貞淑の日本女子を養成」するためには、どのような教育が必要であるかという点にあった。本誌の立場は島地黙雷の次の発言にも、よく表れている。

吾輩は吾同志諸学士と謀り過る四月三日神武天皇元祭に当て日本人と題する一雑誌を発行せり否日本人と称する集合体の一男児を出産せり此児や国礎確定を骨髄とし国粋保存を精神として和魂洋才文質彬々として他日日本帝国を文明の頂上に開進せしむべき経綸の事業を企図する……該誌は吾輩莫逆の友なる小野島川本等の諸氏が周旋担当する所なれば吾輩と終始方向を同轍にし主義を一定にし骨肉同胞ただならざる者の手に成れば其目的に於ける方法に於ける決して吾輩の希望に背かざるべきを予知する……即ち婦人特有の性質たる婉娩貞淑の本徳を養成し之を荘厳するに婦人適当の学芸を加え以て日本男児に配偶して恥ることなき日本婦人の面目を全うすべき也(33)

すなわち「国粋保存を精神」とする「日本男児」にふさわしい「日本婦人」を養成するための教育に力点が置かれ、国粋主義的な視点から女子教育を論じようとしている。そこでは家父長制的な家族制度を基にした婦人像が示され、日本女性特有の「徳」を養成して本来の性質を全うすべきだというような議論がなされている。そして、それは島地黙雷が「莫逆の友なる小野島」とは「終始方向を同轍にし主義を一定」にすると述べているように、小野島行薫の女子教育に関する見解とも相通ずるものであった。

『婦人教育雑誌』の特別寄稿家には島地黙雷をはじめ、赤松連城、井上円了、菅了法、干河岸貫一ら真宗関係者がいる一方で、志賀重昂、三宅雪嶺（雄二郎）、坪内逍遙（雄蔵）、中江兆民（篤介）、高田早苗、天野為之、土子金四郎、山田一郎、中川重麗、広瀬進一、棚橋一郎、鈴木弘恭などの名士が名を連ねており、雑誌『日本人』を創

刊した政教社のメンバーが多く関わっていた。しかし、そこには女性の主体的な参加はみられず、男性知識人が女子教育を論ずる場であったといえよう。

また『婦人教育雑誌』第七号（一八八八年一一月二一日）より、本誌の発行所が群馬から東京府本郷区真砂町一番地（現在の東京都文京区本郷）に変更され、各地の仏教婦人会との連携も一層強化されていった。上毛婦人教育会と連合していた本願寺派の仏教婦人会には、高崎婦人教育会、桐生婦人教育会、安中婦人教育会、藤岡婦人教育会、埼玉婦人教育会、令女教会、長野婦人教会、姫路婦人共愛会、徳島婦人会、釧路婦人教会などがあった。(34) 明治二十年代には真宗系の仏教婦人会が関東を中心に結成されはじめ、その動きは地方へと広がっていった。(35) それはキリスト教の婦人会や女学校創設の動きに危機感を抱いた一部の真宗僧や地域の保守勢力が中心となって創設されたものであったが、やがて明治三十年代になると本山が主導する形で真宗婦人会が創設されるようになっていった。

おわりに

明治期の真宗における女性教化の一端を明らかにするべく、本稿では妙好人の楫取希子と、彼女を教化した小野島行薫の真宗思想を取り上げた。そこには女人往生思想などはみられず、来世の往生に関することよりは、むしろ真俗二諦説の俗諦の教示によって現世における女性の在り方が説かれていた。すなわち女性の役割として「家の為、夫の為」に尽すべきことが示され、また男児を生み育てる女性への宗教教育が必要であるとされた。つまり、家庭における良妻賢母的な「婦人」としての役割が強調される一方で、そこには「個」としての女性の救済は重視されていないように思われる。(36) それは女性の多様な生き方を認めず、女性を解放するどころか、「家庭」に閉じこめてしまうことにつながりはしないだろうか。

楫取希子の妙好人伝が掲載された『教誨美譚』第一編（一八八六年）が出版された明治二〇年前後は、仏教者による婦人会や女学校の草創期にあたる。これらの動きを促進するため、楫取希子の妙好人伝は理想的な真宗婦人信者像として、婦人向けの教化資料に用いられていたと考えられる。また、そこには明治期にキリスト教の影響が強かった群馬で真宗布教を行っていくため、妙好人伝や婦人雑誌の発行、清揚女学校や上毛婦人教育会の創設などによって直接・間接に布教の手段を尽くし、キリスト教に対抗しようとする小野島の伝道姿勢が大きく関わっていたといえよう。(37)

本稿で取り上げた小野島行薫は真俗二諦説や四恩説を用いて女性教化を行っていた。これまで真宗の真俗二諦説について教学者たちの学説は検討されてきたが、(38)真俗二諦説が民衆への布教にどのように用いられていたのかに関する研究は進展していない。とりわけ近代の女性教化において真宗の真俗二諦説はどのように機能していたのか、その問題点も含め、今後の課題としてさらに検討を進めていきたい。

註

（1）一九八四年から一九九三年まで活動した「研究会・日本の女性と仏教」が牽引役となり、その成果として、大隅和雄・西口順子編『シリーズ　女性と仏教』全四巻（平凡社、一九八九年）などが出版された。
（2）福島栄寿「女性と仏教」（佛教史学会編『仏教史研究ハンドブック』法藏館、二〇一七年）三五二頁。
（3）勝浦令子「女性と仏教」（末木文美士編『新アジア仏教史一一　日本Ⅰ：日本仏教の礎』佼成出版社、二〇一〇年）参照。
（4）松下みどり「女性と仏教」（日本仏教研究会編『日本仏教の研究法―歴史と展望―』（法藏館、二〇〇〇年）二四三頁。
（5）近年はジェンダーの視点を取り入れた研究として、女性と仏教 東海・関東ネットワーク編『新・仏教とジェンダ

――女性たちの挑戦―』（梨の木舎、二〇一一年）など注目すべき成果もある。

（6）「楫取希子」という名前の表記について、平松理英編『教海美譚』第一編（令知会、一八八六年）では旧姓を用いて「杉希子」と記されており、濱口恵璋編『新妙好人伝』初編（興教書院、一八九八年）、島地黙雷編『妙好人楫取希子の伝』（一九一〇年）、前田慧雲編『妙好人楫取希子の伝―並に其遺言書―』（高崎修養会、一九一三年）など他の妙好人伝では「楫取希子」となっている。なお一般には楫取寿子（寿）として知られているが、「希子」と表記する場合があるのは、明治維新後に夫の楫取素彦の諱の「希哲」から一字取って、同音の「希」を用いていたためとされる。本稿では複数の妙好人伝で用いられた「楫取希子」に統一した。

（7）武田晋「吉田松陰をめぐる真宗念仏者（一）―杉滝・楫取寿・大厳師を中心として―」（『真宗学』第一三一号、二〇一五年）。当論文では吉田松陰の家族に影響を与えたとされる真宗僧の大厳についても取り上げられており、参照されたい。

（8）平松理英編『教海美譚―一名新妙好人伝―』第一編（令知会、一八八六年）。

（9）『教海美譚―一名新妙好人伝―』第一編、前掲書、六四〜六六頁。本稿では資料の引用に際し、漢字は原則として現行の通行体を用いた。但し一部、人名など旧字体を残した場合がある。

（10）拙稿「幕末維新期の西本願寺門主消息にみる真俗二諦の形成過程」（『龍谷大学大学院文学研究科紀要』第三二集、二〇一〇年）参照。

（11）韮塚一三郎『関東を拓く二人の賢者―楫取素彦と小野島行薫―』（さいたま出版会、一九八七年）二〇九頁。楫取希子の「遺書」を代筆したのは小野島行薫か島地黙雷だといわれてきたが、現在では楫取希子との個人的関係が深い点から小野島による代筆ではないかといわれている。

（12）小野島元雄編『對楊閑話』（発行者：小野島元雄、一九二九年）、韮塚一三郎『関東を拓く二人の賢者―楫取素彦と小野島行薫―』（前掲書）を参考にした。

（13）三島了忠「革正秘録光尊上人血涙記」（『真宗史料集成』第一二巻、同朋舎、一九七五年）一一八頁。

（14）小野島行薫『王法仏法御法乃香』（興教書院、一八九五年）二七〜二九頁。

（15）龍澤自慶編『真俗二諦領解文百席談』下巻（興教書院、一八九八年）一八二〜一八三頁。本書は小野島行薫の布教に随行していた龍澤自慶によって筆記された。

(16)『真俗二諦領解文百席談』下巻、前掲書、一四二〜一四四頁。
(17)『真俗二諦領解文百席談』下巻、前掲書、三四〜三七頁。
(18)『真俗二諦領解文百席談』下巻、前掲書、一七八頁。
(19)『真俗二諦領解文百席談』下巻、前掲書、二一三〜二一四頁。
(20)中西直樹「真宗布教近代化の一断面—本願寺派「特殊布教」の成立過程を中心に—」(中西直樹・近藤俊太郎編『令知会と明治仏教』不二出版、二〇一七年)参照。
(21)中西直樹『日本近代の仏教女子教育』(法藏館、二〇〇〇年)二五頁。
(22)小野島元雄編『對揚閑話』、前掲書、八七〜八八頁。
(23)「私立女学校設置伺」(前橋市教育史編さん委員会編『前橋市教育史』上巻、前橋市、一九八六年)四八三〜四八四頁。
(24)『前橋市教育史』上巻、前掲書、四八五〜四八六頁。
(25)『前橋市教育史』上巻、前掲書、四八三〜四八九頁。
(26)『前橋市教育史』上巻、前掲書、四八九頁。
(27)千野陽一「仏教婦人会の組織化と婦人教化活動」(同『近代日本婦人教育史—体制内婦人団体の形成過程を中心に—』ドメス出版、一九七九年)六五〜六七頁。
(28)群馬県史編さん委員会編『群馬県史』通史編九・近現代三(群馬県、一九九〇年)三四八頁。
(29)入江寿賀子「明治の仏教系婦人雑誌—二つの系譜—」(近代女性文化史研究会『婦人雑誌の夜明け』大空社、一九八九年)。
(30)『婦人教育雑誌』第一号(上毛婦人教育会本部、一八八八年五月二一日)。
(31)『婦人教育雑誌』第一号、前掲書。
(32)『婦人教育雑誌』第一号、前掲書。
(33)島地黙雷「能く日本人の細君となり得るや否や」(『婦人教育雑誌』第一号、前掲書)。
(34)『婦人教育雑誌』第一七号(婦人教育雑誌社、一八九〇年九月二一日)。
(35)千葉乗隆編『仏教婦人会一五〇年史』(仏教婦人会総連盟、一九八二年)一八一頁。

(36) 福島栄寿「仏教婦人雑誌『家庭』にみる「家庭」と「女性」―「精神主義」のジェンダー―」(同『思想史としての「精神主義」』法藏館、二〇〇三年)、碧海寿広「近代仏教とジェンダー―女性信徒の内面を読む―」(同『近代仏教の中の真宗―近角常観と求道者たち―』法藏館、二〇一四年)は近代仏教研究にジェンダーの視点を取り入れた先駆的な成果である。ここでも「個」ではなく「家庭」を中心とした女性への救済の語られ方が問題視されている。

(37) 小野島行薫『王法仏法御法乃香』、前掲書、三二一~三二三頁。

(38) 信楽峻麿「真宗における真俗二諦論の研究(その一)」(『龍谷大学論集』第四一八号、一九八一年)、同「真宗における真俗二諦論の研究(その二)」(『真宗学』第六五号、一九八二年)等。また、浄土真宗本願寺派勧学寮編『浄土真宗と社会―真俗二諦をめぐる諸問題―』(永田文昌堂、二〇〇八年)の末尾には真俗二諦に関する著作および論文の目録があり、参照されたい。

『教行信証』坂東本に付された角点に関する諸問題

能美潤史

はじめに

現在、『教行信証』の唯一の自筆本といえば、真宗大谷派蔵本（以下、通称である「坂東本」と記す）ということが定説となっている。そして、その坂東本の中に角筆によるとみられる書き込みが発見されたのは二〇〇四年のことである。当時行われていた坂東本の修復作業中に発見されたとのことで、「修理も最終段階に入り、後は綴じるだけになっていた状態、すなわち冊子に戻る前の一紙ものの開いた状態での最終確認を行っていた時であった(1)」とあるように、修復の最終盤に至って角筆による書き込みが見つかったようである。この発見がメディアによって報じられた際には、「親鸞の秘密の書き込み」が見つかったとして、その内容に大きな注目が集まった。しかし、見つかった角筆書き込みの内容については、以後、長きにわたり詳細な調査が続けられ、二〇一五年九月、角筆による書き込み箇所とその内容とが明示された『坂東本「顕浄土真実教行証文類」角点の研究』（以下、『角点の研究』と略称する）が東本願寺出版より刊行され、その全貌がついに明らかとなった。坂東本における角筆書き込みについての本格的な研究は、この『角点の研究』の発刊を契機として始まったばかりである。本小論では坂東本に

みられる角筆書き込みの内容を整理し、そこからみえてくるいくつかの課題について論じてみたい。

一、角筆と角点について

角筆とは、木の先などを尖らせた筆記具であり、墨を用いずに紙を引っ掻くようにして傷をつけることで文字を記すところにその特徴がある。小林芳規氏は角筆について、

角筆は箸一本の形で、象牙や堅い木や竹で作り、一端を筆先の形に削り、その尖らせた先端を和紙などの面に押し当てて凹ませて迹を付け、文字や絵などを書いた。毛筆が主な筆記用具であった時代に、今日の鉛筆のように使われ、毛筆と並んでそれを補うもう一つの筆記具であった。毛筆が墨や朱などの「色」で文字や絵を記すのに対して、角筆の文字は光と影で浮かび上がる凹線である。それは視覚に訴えることが弱く目立ちにくいために、今まで古文献の研究者などから昼間の星のごとくに見逃されてきた。(2)

と述べ、また同氏は続けて、

筆記具としての角筆は、毛筆と異なる幾つかの特性を持っている。色が着かないので目立たない、墨継ぎの不便さがない、神聖な経典の紙面を汚さない、旅に持っていける、などである。この特性のどの面を強調して使うかによって、角筆の文献の性格も異なってくる。目立たない点を強調すれば、秘かな意志表示となり、墨継ぎの不便さがない点では、師の講義を聴講する時のメモ書に適し、貴重な紙面を汚さない点では、経典読誦の迹を記入するのに便となる。

と解説し、角筆の様々な用途について言及している。このように、様々な用途で使用されてきた角筆であるにもかかわらず、角筆によって記された内容は、色を持たない文字という特性のために気づかれにくく、それゆえ角筆に

よる書き込みを対象とした研究は決して多いとは言えない。

角筆を用いて書かれた文献については、「現存する角筆文献は紙本の文字資料としては、奈良時代を最古として、各時代を通じてみられ、最新は大正時代までの長きにわたっている」[(3)]と指摘されるように、角筆文献は日本の文字文化史において欠くべからざる要素であるといえる。しかしまた、角筆文献の研究がこれまで盛んに行われてきたのかといえば、実際そうではない現状は先に述べた通りであるが、近年、訓点語研究の第一人者である小林芳規氏を中心に角筆文献の研究が精力的に進められ、研究の蓄積は日進月歩の様相を呈している。

さて、まずはここで、本小論の題目に「角筆」や「角筆点」ではなく「角点」という語を用いていることについて少し述べておきたい。この「角点」という語は前述の『角点の研究』にならった言葉の使い方であり、実は親鸞は角筆ではなく小刀の背の部分を用いて紙面を凹ませて訓点を記しており（詳しくは後述する）、『角点の研究』にも、

　小刀の背による訓点記入である以上、厳密に言えば、「角筆点」との呼称は正確とは言い難く、また、平安・鎌倉時代における実際の使用例としても「角点」のみで、「角筆点」は用いられていないため、本稿においても術語としては「角点」を用いることが相応しいものと考える。[(4)]

と述べられている。本小論においてもこれを踏襲し、角点という表現を用いることとした。

さて、坂東本における角点の内容について考察する前に、まず仏書に付されてきた角点についてみておきたい。先に確認したように、角筆文献自体は奈良時代にはすでに存在しているわけであるが、この時代のものは現存する資料が僅少であることから、ここでは平安期、そして親鸞が活躍した鎌倉期の仏書における角点の内容についてみていきたい。

まず、平安期の仏書にみられる角点についてであるが、特に平安初期のものを中心として、そこには「ヲコト点」が角筆によって付されている場合が多い。ヲコト点とは、漢字のどの場所に点を付すか、あるいはどのような記号を付すかによって、その文字の読みや送り仮名を示したものであり、各博士家や寺院などにおいて独自のヲコト点が伝わっている場合も多い。その他、当時の仏書にみられる角点として、万葉仮名を用いて漢字の音訓を記したものが、平安初期から後期まで、平安期全般を通して確認できる。また、角筆によって書き込まれたものは文字だけではなく、声点やミセケチ、区切り点などが書き込まれている場合も多い。

次に、鎌倉期の仏書にみられる角点についてであるが、平安期のものにはヲコト点が多くみられたことに対し、鎌倉期になるといまだヲコト点も散見されるものの、漢字の音訓や送り仮名など、仮名を直接記している場合が多くなっている。また、平安期と同様に区切り点や声点の記入も認められ、重要な箇所に斜線を付した合点が角筆によって書き込まれている場合も多くみられる。また、角筆で訓点を書き入れた後に、朱によってそれをなぞっているものもあり、このことから、下書きを記すために角筆が使用された場合も認められる。

このように、平安期及び鎌倉期の仏書にみられる角点には、ヲコト点を用いるか、仮名を直接記すかといったような違いはあるものの、漢字の音訓や送り仮名、諸符号が角筆によって書き込まれていることは共通している。親鸞が生まれ、そして活躍した平安末期から鎌倉期においては、訓点の記入法のひとつとして角筆を用いることは特異なことではなく、角筆によって多くの角点が書き込まれることが習慣化していたことが分かる。それでは次章より、具体的に坂東本にみられる角点について検討を加えてみたい。

二、角点の内容について

まずはじめに、今回の研究対象としている坂東本について確認しておきたい。かつて『教行信証』については、西本願寺蔵本・坂東本・専修寺蔵本の三本全てが親鸞自筆本であると言われてきた。しかし、書誌学等の進展により、西本願寺蔵本と専修寺蔵本とはいずれも鎌倉期の写本であることが判明し、親鸞自筆本は坂東本のみであることが明らかにされ、現在はそれが定説となっている。それゆえ、唯一の自筆本である坂東本において、角点の書き込みが発見されたことの意味は非常に大きいといえる。

しかし、坂東本における角点の考察に入る前に一点、確認しておかなくてはならないことがある。それは、これらの角点は本当に親鸞が書き込んだものであるのかということである。実は坂東本には、親鸞とは別の者が書き込んだと思われる訓点がいくつも確認されており、そのような状況からして、坂東本に見つかった角点についても、親鸞による書き込みではなく他者によって書き込まれた別筆である可能性も否定できない。しかし、この問題については、「字体、また踊り字の起筆位置等から加点時期は鎌倉中期と考えられ、加点者は親鸞聖人である可能性が高い(5)」との指摘がなされており、あるいは、坂東本の角点の形状から以下のような指摘もなされている。

その線の縁（エッジ）は丸みを帯びない角張った形であり、また、線の底も平坦になっている。このような線は、角筆の一般的な形態とされる竹や木の先を尖らせてペン状にした角筆では現れず、ヘラや小刀の背のような刀子状の筆記用具（罫線を引くために用いたヘラや小刀状のもの）を用いて加点したものと考えられる。(6)

このように、坂東本の角点は角筆ではなく刀子《とうす》状のものの背の部分を用いて書き込まれたものであると推定されている。刀子とは、一度書き込んだ文字を書き換える際、最初に書いた文字を紙の表面から削り取るための小刀であ

る。またこの刀子は、文字を紙から削り取るという使用法のみならず、その背の部分を用いて紙を凹ませて線を引くこともできることから、刀子の背の部分は紙に罫線を引いたり、本文の行頭の位置を定める印（アタリ）を付したりすることにも利用され、実際に親鸞は坂東本において刀子の背を頻繁に用いながら罫線を引いたり行頭にアタリをつけたりしている。坂東本における角点が刀子状のもの（刀子の背の部分）を用いて記されている点と、親鸞が本書の製作に刀子を頻繁に使用している点とを勘案すると、坂東本にみられる角点はやはり親鸞自身によるものであると結論付けることが妥当であろう。(7)

さて、坂東本にみられる角点が親鸞自筆のものであるということを前提として、次にそれらの角点が坂東本全体にわたってみられるのかという点についてみておきたい。これについては結論からいうと、角点は坂東本のその全体に偏りなく付されたものではなく、その多くは八行書部分に記されていることを確認することができる。坂東本は八行書部分と七行書部分がその大半を占めており、これについては、

基本的には半面八行の書写であるが、七行書きもある。八行書きが当初の形式であり、七行書きが改変・改訂後の形式とされているが、これには問題はない。(8)

とされ、親鸞はその九十年の生涯の最晩年まで『教行信証』の増補改訂を行っているが、当初の形式とされる八行書部分に角点が集中しており、七行書部分にはわずかしか角点がみられない。また坂東本には、一度本文を記した紙を漉き返して、改めて書き直している箇所が少なからずあるが、このような漉返紙の部分に角点が施されている箇所は非常に少ない。このようなことからすると、『教行信証』の成立の流れの中において、角点は比較的早い段階で付されたものが大半であるといえ、『角点の研究』においても、「大きな改変の後に角点は殆ど付されていないようである」(9)と指摘されている。

このように、まず坂東本に見られる角点は親鸞自身による書き込みであり、また、それらは比較的早い時期に付されたものであるということが分かる。それでは次に、具体的にそれら角点の内容について考察していきたい。

坂東本において発見・確認された角点は約八百七十箇所であり、その内訳は、漢字に付された右左仮名が約百七十箇所、様々な符号が七百箇所である。(10) このように坂東本にみられる角点は、右左仮名と諸符号とに大別されることから、まずはそれぞれの基本的性格について、『角点の研究』を参照しつつ簡単にまとめておきたい。

まず、漢字に付された右左仮名の角点についてであるが、これらは大きく分けて、「墨で記された訓の補読となっている場合」と、「角点自身が漢字の訓の一部、もしくは全部を表している場合」とがある。「墨で記された訓の補読となっている場合」とは、例えば「汎」の字の右下に墨で「ク」とのみ記されている箇所について、その「ク」の上に「ヒロ」という角点が記されることで、「ヒロク」という読み方が示されているような場合である。坂東本にみられる訓点は、墨書→角点→朱書という順で書き込まれていることから、当初、「汎」の字には「ク」という墨書しか付されておらず、後に推敲の段階で補読仮名として「ヒロ」という角点が付されたと考えられる。次に「角点自身が漢字の訓の一部、もしくは全部を表している場合」とは、例えば「便」の字の右下に「チ」という角点を付すことで、「スナハチ」という読み方を導くものや、あるいは「畢」の字の傍に「ヲハル」という角点を付して全訓を示すものなどである。これらについても恐らく、後の推敲時になって、その字がやや難読である、あるいは他の読み方も想定されるなどの理由によって、補助的な訓、あるいは全訓が角点として示されたものであると考えられる。

このように、角点によって記された右左仮名にはいくつかの機能が認められるが、いずれも漢字の読み方をより正確に把握するための書き込みであることがわかる。

次に、今回発見された角点のその大部分を占める諸符号についてであるが、その内容を分類すると、「二字の漢字が熟語であることを示す合符」と「特定の箇所への注意を促す合点」とに大別される。前者は文字どおり、二つの漢字が熟語であることを示す符号であるが、後者の合点については少し詳しくみていく必要がある。合点とは基本的に、漢字の右上か左上に斜線等を記すことでその字句やその文章の内容を強調するものである。坂東本の角点中の合点では特にどのような箇所が強調されているのかについては、『角点の研究』の解説ではあまり言及されていないため、筆者の見解を示しておくと、「一種」の「一」や、「五百歳」の「五百」、「第五門」の「第五」といった数字の箇所や、あるいは「阿弥陀」や「天親」といった固有名詞が記された箇所、そして、「〜と名づく」「〜と為す」の「〜」に該当する部分に頻繁に合点が付されていることが確認できる。また、他書の本文を引用する際、原文の一部を省略した箇所に合点が付されている場合も多い。

このように、合点は本文の内容でとりわけ注意すべき箇所に付されているわけであるが、実は坂東本においては特定の箇所への注意を促す場合以外にも合点が様々な意味で使用されていることに注意が必要である。例えば、合点が付された漢字の上に語句が欠落していることを示す補入符のような意味を持った合点や、上から墨を塗って抹消された字に合点を付して、正しい漢字は上欄に補記するといったように、訂正符号のような機能を果たしているものもある。あるいはまた、一つの漢字の傍らに複数の訓が墨で記されているものについて、ここではどの読み方を選択すべきかを示すために、特定の訓に対して合点が付されている場合もあり、本文読解の上で極めて重要な機能を果たしているといえる。

さてここまで、坂東本にみられる角点の内容について概観した。それらは右左仮名と諸符号とからなり、右左仮名は漢字の読み方についてすでに墨で記された訓の補読、あるいは漢字の全訓や訓の一部が記されたものであり、

また諸符号の多くを占める合点は主に重要箇所の明示や読み方の指示などの意味合いで用いられていることを確認した。また、先に鎌倉期の仏書における角点の内容について確認しておいたが、その内容と上記の坂東本の角点とを比べると、いずれも漢字の右左仮名や合点等の諸符号といったものであり、親鸞の記した角点は同時代の他の仏書におけるそれと基本的には性格が異なるものではないことが分かる。坂東本における角点の発見がやや過熱気味に報道されたこともあり、あたかも歴史的に特異なものが発見されたがごとく世に受けとめられた感もあるが、坂東本における角点は決して特異なものではなく、当時の慣習に基づいて親鸞が書き込んだものであるといえる。

ちなみに、親鸞が当時の慣習に基づいた記述法をしているという点に関しては、親鸞が漢字の意味や訓について釈していく字訓釈についても、

親鸞の多彩な字訓釈は巨視的に見て当時通用の古字書掲載訓と多く一致し、しかも掲載訓の上位との一致が多いことが見られた。敢えて難解な字訓を使用せず、当時の一般的な通用字訓の使用がその性格として確認できるようである。(11)

と指摘されており、親鸞の用語法は当時の通用字書の内容に極めて忠実なものであったことが確認できる。このように、基本的には親鸞の記述法や用語法というものは、当時の慣習や辞書的内容にかなり忠実なものであったといえるのである。もちろん、中には親鸞独自の記述法といえるものもあり、例えば他の典籍から文章を引用する際に、経典からの引用は「〜ニノタマハク」とし、経典以外の典籍から引用する際には「〜ニイハク」とすることを徹底していることはよく知られており、その他にも、格助詞の「ガ」と「ノ」について、「仏」が主語の場合には「仏ノステシメタマフオバスナハチステ」というように「ノ」を用い、主語が仏以外の場合には「ガ」を用いるということを自主ルール化するといった特徴はあるが、(12) これらの特徴もそれほど特異であるとは言い難く、あくまで自己

内で一定の法則を設けていたという範囲内に収まるものである。

このように、親鸞の記述法や用語法は当時の慣習に忠実な点が多く、角点の内容についても当時の他文献に記された角点の性格に類するものであるといえる。

三、角点に関する諸問題

前章では坂東本に付された角点の具体的内容について確認し、坂東本の角点には右左仮名と諸符号とがあることを述べた。ここでは、それら角点の内容に関する二、三の問題について考えてみたい。

まず取り上げてみたいのは、坂東本の角点の中でもかなりの割合を占める合点についてである。合点にはいくつかの機能があることはすでに述べた通りであるが、合点のもう一つの重要な機能として、「文の切れ目を示す」というものがある。これについては『角点の研究』の解説においても具体例などにはあまり言及されていないが、筆者の見るところでは、実はこれにも少し種類があるように思われる。すなわち、単純に引用文の始めや終わりの部分に区切りとして付された合点が多いのも確かであるが、その他に、経典の偈文を引用している部分の句と句との切れ目に合点が付されている場合も多く、そして、最も注目すべきは、本文中の話題が展開・転換されていく箇所、すなわち本来であれば改行されてしかるべき箇所に文脈の大きな区切りとして合点が付されている場合があることである。『教行信証』の諸本の中でも唯一の自筆本であるこの坂東本は、他の本に比べて改行が非常に少ないという特徴がある。そのような坂東本において、親鸞が文脈の切れ目を角点によって示していることは、『教行信証』を読解していく上で非常に大きな教示となることはいうまでもない。これまで、内容や文脈の切れ目を窺う際には、適切に改行が施されている西本願寺蔵本等が大いに参照されてきた。しかし、親鸞自筆本である坂東本に、内容の

区切りを意味すると思われる角点が見られることは、坂東本と西本願寺蔵本との関係性を再考する契機ともなりうるのではなかろうか。[13]坂東本の臨写本である西本願寺蔵本はその書写者が現在でも不明であるが、適切と思われる箇所を改行して整然と本文が書写されていることから、西本願寺蔵本は相当高い教学理解をもった者によって書写されたものであると考えられてきた。しかし今回、坂東本に内容の区切りを示したと思われる合点も存在することから、例えば西本願寺蔵本の書写者はこの合点を目安として改行した箇所もあるのではないかと考えることも可能となってくる。また、西本願寺蔵本の書写者は坂東本を臨写できるほどの人物であることから、相当親鸞と近しい関係にあった者であったことは間違いなく、そのような人物であれば、書写が親鸞往生後のこととはいえ、親鸞が書き込んだ角点の存在も知っていた可能性が極めて高い。このことについては、坂東本における区切りの合点と西本願寺蔵本の改行箇所との整合性を検証し、稿を改めて詳しく論じてみたい。

次に、角点における仮名遣いの問題について取り上げたい。坂東本の角点の右左仮名には、角筆によって紙を凹ませて角点が記された後、それを朱筆でなぞっている箇所が多く存在する。実はその中に、角点の書き込みと朱筆の書き込みとで仮名遣いが替わっているものがあるのである。それは角点では「ヲ」と記されていたものが、それを上書きした朱筆では「オ」というように仮名遣いが替えられているものであり、具体的には「赴」という字の右仮名が、角点では「ヲモムキ」、朱筆では「オモムキ」となっているものや、「怖」という字の右仮名が、角点では「ヲソル」、朱筆では「オソル」となっているものなどである。そこで、このような角点と朱筆との仮名遣いの変化について考えてみたいが、その際に一点注意しておかなくてはならないことは、坂東本にみられる朱筆の書き込みは、親鸞以外の者が記した別筆のものが多く存在するという点である。[14]つまり、坂東本における角点と朱筆とは、角点は親鸞により記され、それを別の者が朱筆で上書きした可能性が考えられる箇所も存在するのである。このよ

うに、親鸞が書き込んだ角点を別人が朱筆で上書きするとは一体どういった状況であろうか。これについては、親鸞聖人は、坂東本において、自身が推敲を重ねると共に、角点で読み方を示し、その角点に従って朱筆による重ね書きをすることを周囲の者に依頼、または、指示し、その結果を点検・補訂したという、単なる注釈・推敲といった側面ではない教育的側面の可能性が考えられる。(15)

という指摘がなされており、これは大変興味深い指摘である。これまで『教行信証』の成立を考える際、親鸞が本書を初めて他者に書写を許したのが親鸞七十五歳の時であり、それまでは他者への披見は許されず、基本的には親鸞自身によって黙々と執筆・改訂の作業が行われたと考えられてきた。しかし、上記の指摘からすると、本書は近侍する門弟に角点を朱筆で上書きすることを指示するなど、親鸞が門弟と共に作り上げたものであるとみることもできるのである。

さてここで先ほどの角点と朱筆との仮名遣いの相違についてであるが、朱筆による上書きが親鸞自身によって書き込まれたものにしても、別の者によって記されたものにしても、仮名遣いが角点と朱筆とで異なっていることは事実である。この仮名遣いの相違についてはどのように考えるべきであろうか。ひとつには、「オ（ヲ）モムク」や「オ（ヲ）ソル」の語は、「ヲ」と記しても「オ」と記しても発音は変わらないことから、角点と朱筆とで仮名遣いが変わっていることに特段の意味はないと考えることもできるであろう。しかし筆者は、「発音が同じ」という単純な理由で仮名遣いがユレているとは考えない。この仮名遣いの問題については、筆者は次の点に注目したい。それは、角点から朱筆への仮名遣いの変化をみると、「ヲ」が「オ」に替えられている場合はあっても、「オ」が「ヲ」に替えられている場合は一箇所もないということである。これが単なる偶然ではないとするならば、どのように考えるべきであろうか。ここでは紙数の都合上、親鸞の仮名遣いについて先行研究を示しつつ詳しく論述する

ことはできないが、[16]結論から述べると、親鸞は「オ」あるいは「ヲ」ではじまる自立語の語頭を「オ」に統一しようとする傾向があることが明らかとなってきており、[17]これは仮名遣いに一定のルールを用いることで、親鸞が読み手の読解を容易にすることをねらったものであるとされる。つまり、角点の段階で「ヲ」とあるものが、朱の上書きの際に「オ」と改められていることは、単に発音が同一であるから表記の違いには注意がなされなかったということではなく、透明な文字である角点から目に見える朱書へと改められる際に、自立語の語頭を「オ」の表記に統一しようとする親鸞ルールに基づいて仮名遣いが改められた可能性もあるのではないかと筆者は考えるのである。そして、朱書が親鸞以外の者による別筆であったとしても、そのように親鸞の角筆の上から朱書を施すことができるような人物であれば、親鸞に特に近侍していた人物であることは言を俟たない。そのような人物であれば親鸞ルールを知っていた、あるいは直接親鸞から「ヲ」から「オ」への表記の変更を指示されたとも考えられる。

また、そのように朱筆の上書きが他者による別筆である場合、そもそもその他者が、親鸞が記した角点の仮名遣いを「発音が同じ」という理由で自由に替えたとは考えにくい。なぜならば、当時、親鸞の筆跡は門弟の間において大変尊崇の念を持って受け止められており、例えば親鸞門弟中の最有力者の一人であった真仏は多くの親鸞著作を書写しているが、真仏の写本は親鸞の筆跡を極めて忠実に写したものであり、かつては真仏書写本が親鸞の自筆本として扱われていたケースもあるほどである。そして、真仏に限らず、親鸞の筆跡は他の門弟からも特別なものとして扱われていることから、親鸞の筆跡を忠実に再現することはあっても、勝手に仮名遣いを替えて記すということはおそらくなかろうと思われ、ましてや親鸞が記した角点とは異なる仮名遣いで上書きをすることはさらに考えにくい。そのようなわけで朱書をした者の自由意志で「ヲ」から「オ」に仮名遣いが替えられたとは考えられない。いずれにしても、「ヲ」から「オ」への仮名遣いの変更の問題は、読み手を慮った親鸞の独自の表記法に基づ

くものではないかと筆者は考えるものである。

小結

『角点の研究』の発刊により坂東本における角点の全貌が明らかとなったが、その数、八百箇所以上ということもあり、今後はその一つ一つに詳細な検討を加えつつ、慎重に内容を考察する作業を続けていかねばならない。本小論では坂東本における角点の概要、そして、そこから見えてくる課題として、坂東本と西本願寺本との関係の再考、あるいは角点と朱筆との仮名遣いの相違の問題等があることを指摘したが、その他にも例えば、加点の意図が掴みづらい合点も存在することから、その意図を読み解いていくことも大きな課題である。このように、坂東本における角点研究は、角点の全体を確認することが可能となったことで、考えるべきいくつかの問題も見えてきた次第である。あるいはまた、坂東本において親鸞による角点が見つかったということは、その他の親鸞自筆聖教についても、親鸞によって書き込まれた角点などが存在する可能性は十分に考えられる。親鸞の自筆聖教はいずれも国宝や重要文化財等の指定を受けていることから、そこにおける角点等の有無を確認することは容易なことではないが、親鸞自筆聖教の成立過程を窺う上で、今後必ず果たされねばならない課題である。

紙数の関係もあり、いささか総論的に述べることとなったが、提起した問題についてはそれぞれ稿を改めて論じてみたい。

註

（1）赤尾栄慶・宇都宮啓吾編『坂東本〈顕浄土真実教行証文類〉角点の研究』（二〇一五年　東本願寺出版）一頁

（2）小林芳規著『角筆のひらく文化史』（二〇一四年　岩波書店）前書き

（3）　小林芳規著『角筆文献研究導論　中巻』（二〇〇四年　汲古書院）四〇三頁
（4）　赤尾栄慶・宇都宮啓吾編『坂東本〈顕浄土真実教行証文類〉角点の研究』（二〇一五年　東本願寺出版）十九頁
（5）　『同』、十九頁
（6）　『同』、十九頁
（7）　もし他者が後に書き込んだのであれば、そこには通常、角筆が使用されるはずであるが、そうではなく刀子の背で角点が記されていることも、坂東本の角点が著者自身の手によって書き込まれたものであることの証左といえよう。
（8）　赤尾栄慶・宇都宮啓吾編『坂東本〈顕浄土真実教行証文類〉角点の研究』（二〇一五年　東本願寺出版）十一頁
（9）　『同』、二十頁
（10）　『同』、二十頁
（11）　金子彰「親鸞遺文の左注について―その形式と字訓の性格―」（『小林芳規博士喜寿記念国語学論集』　二〇〇八年）
（12）　このようなルール化された親鸞の用語法については、佐々木勇著『専修寺蔵〈選択本願念仏集延書〉影印・翻刻と総索引』（二〇一一年　笠間書院）の解説編において詳しく述べられている。
（13）　もっとも、坂東本において内容の区切りとして付された合点の位置と、西本願寺蔵本の改行位置とが重なっている場合も多いことから、これまで西本願寺蔵本を参照してきたことに問題があるわけではない。
（14）　この点については、重見一行著『教行信証の研究―その成立過程の文献学的研究―』（一九八一　法蔵館）に詳しい。その他にも本書は親鸞の筆跡を手がかりとしつつ、多くの重要な指摘をしている。
（15）　赤尾栄慶・宇都宮啓吾編『坂東本〈顕浄土真実教行証文類〉角点の研究』（二〇一五年　東本願寺出版）三十頁
（16）　この点については、藤田保幸編『言語文化の中世』（和泉書院、二〇一八年六月刊行予定）に本論文を先行研究の成果を示しつつ増稿したものが掲載予定であり、そちらを参照されたい。
（17）　佐々木勇「親鸞遺文における「オハ」等の仮名遣い開始時期と異例について―漢文の訓点における実態調査とその位置づけ―」（『国文学攷』二〇九号）